शंकराचार्य के

विवेकचूडामणि की छंद मीमांसा

प्रो. रत्नाकर नराले

Pustak Bharati, Toronto, Canada

Author :
Dr. Ratnakar Narale
Ph.D(IIT), Ph.D(Kalidas Sanskrit Univ.);
Prof. Hindi, Ryerson University, Toronto, Canada
web : www.pustak-bharati-canada.com
email : pustak.bharati.canada@gmail.com

Book Title : शंकराचार्य के विवेकचूडामणी की छंद मीमांसा

अद्वैत वैदिक धर्म के पुनरुत्थापक आदि शंकराचार्य के महान तात्त्विक चिकित्सा ग्रंथ छंद प्रचुर "विवेकचूडामणि" के छंदों की यह वैयाकरणीय मीमांसा है. संस्कृत के विशाल साहित्य सागर के महाकाव्य संपदा में 193 छंद-उपछंदों का जितना विस्तृत सोदाहरण प्रयोग विवेकचूडामणि में विद्यमान है उतना अन्यत्र कहीं प्रयुक्त नहीं है. कविवर शंकराचार्य जी की सुंदरतम और अलंकृत वाणी के प्रत्येक पद्य के प्रत्येक चरण का छंद-सूत्र, संधिविग्रह और उनका विश्लेषण जिज्ञासू पाठकों के लिए सुव्यवस्थित रीति से तालिकाबद्ध पद्धति से यहाँ सुविधाजनक प्रस्तुत किया है.

This book is a Research Work on the Prosody of the epic Vivekchudamani poem of the Great Poet Shankaracharya. It has a deep analytical and grammatical study of 193 meters and sub meters of Vivekachudamani. It is hoped that this study will inspire and provide ample material for the thinkers, students and the research scholars.

Published by :
PUSTAK BHARATI (Books India)
Toronto, Ontario, Canada, M2R 3E4
email : pustak.bharati.canada@gmail.com

ISBN 978-1-989416-70-9

9 781989 416709

ISBN 978-1-989416-70-9

विवेकचूडामणि अनुक्रम

2
शंकराचार्य के विवेकचूडामणि की छंद मीमांसा

शंकराचार्य के विवेकचूडामणि की छंद तालिका

1. अनुष्टुभ् छंद : 15, 19, 21, 24, 25, 52, 55, 60, 62, 64, 65, 68, 79, 90, 107, 109, 128, 160, 196, 201, 205, 216, 241, 281, 283, 287, 314, 326, 345, 366, 372, 428, 429, 432, 438, 461, 462, 463, 465, 478, 502, 507, 511, 518, 530, 533, 539, 547, 551, 556, 560, 564, 567, 571 = 57

2. अनुष्टुभ् श्लोक छंद : 1, 3, 5, 7, 9, 10, 11, 12, 13, 14, 16, 17, 18, 20, 22, 23, 26, 27, 28, 29, 30, 31, 32, 33, 34, 35, 36, 46, 47, 50, 53, 54, 57, 58, 59, 61, 63, 66, 69, 70, 73, 80, 82, 86, 87, 88, 89, 92, 105, 106, 108, 126, 127, 129, 130, 131, 132, 146, 158, 159, 174, 178, 182, 183, 186, 194, 195, 197, 200, 202, 203, 204, 206, 208, 210, 212, 213, 214, 215, 217, 218, 225, 226, 235, 236, 242, 270, 271, 272, 273, 277, 279, 280, 282, 284, 285, 286, 288, 289, 290, 291, 292, 293, 301, 302, 315, 316, 317, 318, 319, 323, 324, 325, 328, 330, 331, 343, 355, 360, 369, 373, 374, 375, 381, 383, 384, 388, 390, 394, 399, 401, 402, 403, 404, 405, 407, 408, 409, 414, 419, 420, 421, 422, 423, 425, 426, 430, 431, 433, 434, 435, 436, 437, 439, 440, 441, 442, 444, 445, 446, 447, 448, 449, 450, 451, 452, 453, 454, 460, 464, 466, 467, 468, 469, 470, 471, 472, 477, 479, 482, 485, 486, 487, 490, 491, 492, 498, 506, 517, 521, 526, 529, 532, 534, 535, 536, 543, 545, 546, 549, 550, 552, 555, 557, 561, 563, 566, 568, 569, 570, 572, 574, 575, 576, 578, 579, 580 = 217

3. आर्या उद्गाथा छंद (मात्रा 12-18, 12-18) : 97, 102, 125, 151, 152, 153, 154, 191, 227, 228, 229, 300, 305, 306, 349, 350, 493, 494, 495, 558 = 20

4. **आर्या गाथा** (मात्रा 12-18, 12-15) : 513 = 1

5. **इंद्रवंशा** छंद (त त ज र) : 4, 234 = 2

6. इंद्रवज्रा छंद (त त ज ग ग) : 37, 189, 340, 501, 509 = 5

7. उपजाति छंद : 6, 8, 38, 39, 42, 43, 44, 45, 49, 51, 56, 71, 72, 74, 75, 76, 77, 78, 81, 84, 85, 91, 94, 95, 96, 98, 99, 100, 101, 103, 104, 110, 111, 112, 113, 115, 117, 118, 119, 120, 121, 122, 123, 124,

133, 134, 135, 136, 141, 144, 148, 149, 150, 155, 161, 162, 163, 164, 165, 166, 167, 170, 171, 172, 173, 176, 177, 179, 180, 181, 184, 185, 187, 188, 190, 192, 193, 207, 211, 220, 221, 222, 223, 224, 230, 231, 232, 234, 237, 239, 240, 243, 244, 245, 246, 247, 249, 250, 251, 252, 267, 268, 274, 275, 276, 278, 294, 295, 296, 297, 298, 299, 303, 308, 309, 310, 311, 312, 313, 320, 321, 322, 327, 332, 333, 334, 336, 337, 338, 339, 341, 344, 347, 348, 351, 352, 353, 354, 358, 359, 361, 362, 363, 364, 365, 368, 371, 376, 377, 382, 385, 386, 391, 392, 395, 400, 406, 413, 415, 417, 418, 424, 443, 456, 457, 458, 459, 473, 474, 475, 480, 483, 488, 496, 497, 499, 500, 503, 504, 505, 508, 510, 512, 519, 524, 525, 527, 528, 531, 537, 538, 541, 542, 548, 559, 562, 573 = 197

8. उपेंद्रवज्रा छंद (ज त ज ग ग) : 141, 148, 329 = 3

9. कामदत्ता छंद (न न र य) : 481 = 1

10. पुष्पिताग्रा छंद (न न र य – न ज ज र ग) : 387, 522, 581 = 3

11. मंदाक्रांता छंद (म भ न त त ग ग) : 139, 269, 357 = 3

12. मत्तमयूर छंद (म त य स ग) : 168 = 1

13. मालिनी छंद (न न म य य) : 83, 137, 138, 145, 335, 356, 397, 410, 411, 412, 416, 577 = 12

14. रथोद्धता छंद : (र न र ल ग) : 256, 257, 258, 259, 260, 261, 262, 263, 264, 265, 266, 367, 489 = 13

15. वंशस्थ छंद : (ज त ज र) : 40 = 1

16. वसंततिलका छंद : (त भ ज ज ग ग) : 93, 156, 157, 169, 175, 346, 553, 554, 565 = 9

17. विकृति छंद (वर्ण 12–12) : 238 = 1

18. शार्दूलविक्रीडित छंद (म स ज स त त ग) : 2, 41, 67, 116, 147, 209, 219, 253, 254, 304, 342, 370, 378, 379, 380, 396, 427, 455, 484, 523, 540, 582 = 22

19. शालिनी छंद (म त त ग ग) : 48, 114, 198, 199, 233, 248, 255, 389, 476, 514, 515, 516 = 12

20. शिखरिणी छंद (य म न स भ ल ग) : 140, 142, 143, 307, 393, 398, 520, 544 = 8

Total = 582

छंद:शास्त्र परिचय

<u>आरंभ करने से पहले यह दस बिंदु जान लिजिए</u>

1. **<u>मात्रा</u>** को **<u>मत्त</u>, <u>मत्ता</u>, <u>कल</u>** अथवा **<u>कला</u>** भी कहा जाता हैं. लघु मात्रा का चिह्न " । " और गुरु मात्रा का चिह्न " ऽ " होता है.

2. दो कल का **<u>द्विकल</u>** (।।, ऽ जैसे: रघु, श्री) होता है, तीन कल का **<u>त्रिकल</u>** (।।।, ।ऽ, ऽ। जैसे: भरत, उमा, राम), और चार कल का **<u>चौकल</u>** अथवा **चतुर्मात्रा** (।।।।, ।।ऽ, ।ऽ।, ऽ।।, ऽ ऽ जैसे: दशरथ, गिरिजा, गणेश, लक्ष्मण, सीता.

3. संगीत स्वर लीपि में जो स्वर **<u>अधो-रेखांकित</u>** लिखा गया है वह कोमल स्वर होता है (जैसे, कोमल ग = <u>ग</u>), जो स्वर **<u>उर्ध्व-रेखांकित</u>** लिखा है वह तीव्र स्वर होता है (जैसे, तिव्र म = मॅ), जिस स्वर के **<u>नीचे बिंदु</u>** है वह मन्द्र सप्तक का स्वर है (जैसे मन्द ग = ग़), और जिस स्वर के **<u>ऊपर बिंदु</u>** लगाया है वह तीव्र सप्तक का स्वर है (जैसे, तीव्र ग = गं).

4. छन्द रचना की पद्य पंक्ति में जहाँ वैकल्पिक विश्राम समय होता है उसे **<u>यति</u>** (*cadence*) कहते हैं. राग में यति लेना या नहीं लेना यह **<u>लय के अनुसार</u>** निर्भर होता है. जहाँ यति निर्देशित नहीं होता है वहाँ विश्राम स्थान चरण के अंत में होता है, और राग के लय के अनुसार यति के व्यतिरिक्त पंक्ति के बीच में भी विराम आयोजित हो सकता है. चरण की अंतिम लघु मात्रा भी गुरु मानी गयी है.

5. जो रचना छंद बद्ध हो वह **<u>पद्य</u>** होती है, जो छंद के विना है वह **<u>गद्य</u>** है. जहाँ गद्य पद्य दोनों हैं वह **<u>चंपू</u>** कहलाती है. जिस पद्य के चरणों में मात्रा, गति, यति, अंत समता का विचार किया जाता है वह **<u>छंद</u>** होता है और जहाँ लय को प्राधान्य होता है वह **<u>राग</u>** होता है.

6. स्वर विरहित व्यंजन **अर्ध–अक्षर अथवा शून्य मात्रा** का होता है (जैसे, क्), लघु स्वर वाला व्यंजन **लघु अथवा एक मात्रा** का है (जैसे, क, कि, कु, कृ), दीर्घ स्वर वाला व्यंजन **दीर्घ अथवा दो मात्रा** का है (जैसे, का, की, कू, के, कै, को, कौ, कः), और आघात युक्त संयुक्ताक्षर के पूर्व वाला अक्षर दीर्घ अथवा दो मात्रा का माना जाता है (जैसे, कश्मल का क).

7. विसर्ग (:) वाले वर्ण दीर्घ होते है (जैसे, कः), अनुस्वार वाले अक्षर दीर्घ होते हैं (जैसे, अंबर का अं).

8. तीन वर्ण के समूह को **गण** कहते हैं, बायनरी ऑक्टल के वैज्ञानिक आधार पर **शून्य को प्रथम अंक मान कर :** 0 = 000 = ।।। (सर्वलघु) = **न गण**, 1 = 001 = ।। ऽ (अंतगुरु) = **स गण**; 2 = 002 = । ऽ। (मध्यगुरु) = **ज गण**, 3 = 011 = । ऽ ऽ (आदिलघु) = **य गण**; 4 = 100 = ऽ।। (आदिगुरु) = **भ गण**; 5 = 101 = ऽ। ऽ (मध्यलघु) = **र गण**; 6 = 110 = ऽ ऽ। (अंतलघु) = **त गण**; और 7 = 111 = ऽ ऽ ऽ (सर्वगुरु) = **म गण** आदि आठ गण हैं । लघु मात्रा = । = **ल**, और गुरु मात्रा = ऽ = **ग** आदि दशाक्षर माने हैं.

9. छंद के मुख्य दो प्रकार हैं : 1. **मात्रिक छंद**, जो पद्य लघु–गुरु मात्रा गिन कर रचे जाते हैं, और 2. **वार्णिक वृत्त**, जो अक्षर गिन कर रचे जाते हैं. जिस छंद के सभी चरण समान मात्रा या वर्ण के होते वे **सम छंद** होते हैं, जिस छंद के केवल सम चरण आपस में समान मात्रा या वर्ण के होते हैं और विषम चरण आपस में समान मात्रा अथवा वर्ण के होते है वे **अर्ध–सम छंद** होते हैं. जिस छंद के सभी चरण असमान मात्रा या वर्ण के होते वे **विषम छंद** होते हैं. जिस छंद के चरण में 32 से अधिक मात्रा अथवा 26 से अधिक वर्ण होते हैं उसको **दंडक** कहते हैं.

10. **मात्रिक छंदों के** मात्रा संख्या के अनुसार जो 32 वर्ग माने गए हैं वे, इस प्रकार हैं :

एक मात्रा का चान्द्र छंद वर्ग, दो मात्रा का पाक्षिक वर्ग, 3 मात्रा का राम, 4 का वैदिक, 5 का याज्ञिक, 6 का रागी, 7 का लौकिक, 8 का वासव, 9 का आंक, 10 का दैशिक, 11 का रौद्र, 12 का आदित्य, 13 का भागवत, 14 का मानव, 15 का तैथिक, 16 का संस्कारी, 17 का महासंस्कारी, 18 का पैराणिक, 19 का महापैराणिक, 20 का महादैशिक, 21 का त्रैलोक, 22 का महारौद्र, 23 का रौद्रर्क, 24 का अवतारी, 25 का महाअवतारी, 26 का महाभागवत, 27 का नाक्षत्रिक, 28 का यौगिक, 29 का महायौगिक, 30 का महातैथिक, 31 का अश्वावतारी और 32 मात्रा का लाक्षणिक छंद वर्ग होता है.

उसी तरह से **वार्णिक वृत्तों के** अक्षर संख्या के अनुसार जो 26 प्रकार हैं, वे इस प्रकार हैं :

केवल 1 वर्ण का उक्था वृत्त वर्ग, 2 वर्ण का अत्युक्था वर्ग, 3 का मध्या, 4 का प्रतिष्ठा, 5 का सुप्रतिष्ठा, 6 का गायत्री, 7 का उष्णिक, 8 का अनुष्टुभ्, 9 का बृहती, 10 का पंक्ति, 11 का त्रिष्टुप्, 12 का जगती, 13 का अतिजगती, 14 का शर्करी, 15 का अतिशर्करी, 16 का अष्टि, 17 का अत्यष्टि, 18 का धृति, 19 का अतिधृति, 20 का कृति, 21 का प्रकृति, 22 का आकृति, 23 का विकृति, 24 का संस्कृति, 25 का अतिकृति और 26 वर्ण का उत्कृति वृत्त वर्ग होता है. 8-वर्णीय अनुष्टुप् छंद वर्ग से 26-वर्णीय उत्कृति तक छंद-वर्गों के लक्षण और सूत्र अगले पाठ में दिए गए हैं.

छन्दः

जिस लक्षण सूत्र से पद्य के अक्षरों या मात्राओं का विशिष्ट **परिमाण** निश्चित् किया जाता है उसे **छन्द** कहते हैं (**अक्षरपरिमाणं छन्दः**), और पद्य की विशिष्ट **शब्द रचना** को **वृत्त** कहा जाता है (**काव्यरचना वृत्तम्**).

वर्ण की गिनती से **वार्णिक वृत्त** होते हैं, और मात्रा की गिनती से **मात्रिक छन्द** होते हैं.

राग रचना में लय-बद्धता जितनी अपरिहार्य होती है उतनी ही सूत्र-बद्धता छन्द रचना में अनिवार्य होती है.

✍ **दोहा॰** **तीन वर्ण का गण बने, लघु गुरु कल का ठाठ ।**
पिंगलमुनि ने गण कहे, न स ज य भ र त म आठ ।।

यथा सर्व ब्रह्माण्ड है, पंच भूत से व्याप्त ।
छंद शास्त्र भी है तथा, दश अक्षर से व्याप्त ।।

कल गति यति प्रति पाद में, और चरण का अंत ।
नियुक्त हों जिस पद्य में, वह कहलाता "छन्द" ।।

छन्द बद्ध वह "पद्य" है, बिना छंद है "गद्य" ।
गद्य पद्य मिल कर रचा, "चंपू" है वह हृद्य ।।

छन्द रचना की पद्य पंक्ति में जहाँ वैकल्पिक विश्राम समय होता है उसे **यति** कहते हैं । यति लेना या नहीं लेना यह पाठक पर अपनी **सुर सुविधा व लय** के अनुसार निर्भर होता है. जहाँ यति निर्देशित नहीं होता है वहाँ विश्राम स्थान चरण के अंत में होता है और गायक अपनी सुर सुविधा व लय के अनुसार यति के व्यतिरिक्त पंक्ति के बीच में भी विराम आयोजित कर सकता है.

सूत्र युक्त कृत पद्य को, कवि कहते हैं "छन्द" ।
अलंकार रस वर्ण का, मन को दे आनंद ।।

सुंदर लघु गुरु वर्ण का, चार चरण न समान ।
मात्रा संख्या सम जहाँ, "मात्रिक छन्द" प्रमाण ।।

लघु गुरु अक्षर क्रम जहाँ, चारों चरण समान ।
संख्या भी सम वर्ण की, "वर्णवृत्त" है नाम ।।

लक्षण, संख्या सम जहाँ, रहे चरण में चार ।
कहा उसे "सम वृत्त" है, करके छंद विचार ।।

प्रथम तीसरा सम जहाँ, दो अरु चार समान ।
उसे "अर्ध सम" है कहा, दोहा छंद प्रमाण ।।

चारों पद जिस पद्य के, लक्षण में असमान ।
"विषम वृत्त" उसको कहें, जिन्हें छंद का ज्ञान ।।

छंद:सूत्र

पिंगलाचार्य के छंद:सूत्र ग्रंथ को छंद:शास्त्र अथवा छंदोविचिती कहा जाता है. छंद:शास्त्र के आर्ष–काव्य के इतिहास में सबसे प्रारंभिक छंद अवतार था वाल्मीकि मुनि प्रणीत अष्टवर्ण का अनुष्टुप् छंद, जिसमें छठा वर्ण गुरु और पाँचवाँ वर्ण लघु होना अनिवार्य होता है. आगे चल कर :

1. अष्टाक्षरावृत्ति के अनुष्टुप् छंद वर्ग में विद्युन्माला छंद (म म ग ग), लक्ष्मी (र र ग ल), प्रमाणिका (ज र ल ग), विपुला छंद (भ र ल ल), गजगती छंद (न भ ल ग), तंग (न न ग ग), आदि 256–छंद समूह की उत्पत्ति हुई. विद्युन्माला छंद के उदाहरण के लिए हमारे संगीत श्रीकृष्णायन का मोती 91 देखिए :

विद्युन्माला छंद

म म ग ग

ऽ ऽ ऽ ऽ ऽ ऽ ऽ ऽ

कंसारिपूजनम्

कंसध्वंसं दुष्टारिं तं, गोपीनाथं कृष्णं वन्दे ।
ऋत्वा पुष्पं तोयं धूपं, गन्धं क्षौद्रं नारीकेलम् ।। 1 [1]
वन्दे सर्वज्ञं धातारं, देवेशं योगेशं श्रीशम् ।
गोपालं गोविन्दं विष्णुं, राधानन्दं गोपीनाथम् ।। 2
वन्दे सानन्दं श्रीकृष्णं, लक्ष्मीकान्तं भक्ताधीनम् ।
सर्वाधारं सर्वात्मानं, राधाप्राणं सर्वानन्दम् ।। 3
ऊरू जानू पादौ बाहू, कोष्ठं स्कन्धौ ग्रीवां कण्ठम् ।
वक्त्रं कर्णौ नेत्रे शीर्षं, जिह्वां चित्तं मे रक्षेत्सः ।। 4

2. नवाक्षरावृत्ति के बृहती छंद वर्ग में हलमुखी (र न स), महालक्ष्मी (र

---

[1] **क्षौद्रं** = मधु, शहद । **नारीकेलम्** = नारियल ।

र र), शुभोदर (भ भ भ) आदि 512–छंद समूह निर्माण हुआ. हलमुखी छंद के उदाहरण के लिए संगीत श्रीकृष्णायन मोती 328 देखिए :

हलमुखी छंद

र न स

ऽ।ऽ।।।।।ऽ

श्रीराम का गुरुकुल समापन

बैठके गुरुचरण में, ध्याइके सब स्मरण में ।
राम ज्ञान समझ लिया, क्षात्र–धर्म ग्रहण किया ।। 1
आज राम गुरुकुल से, आगये अवध पुर में ।
देख राम, दशरथ जी, मातु तीन मुदित भयी ।। 2

3. <u>दशाक्षरवृत्ति</u> के पंक्ति छंद वर्ग में मत्ता छंद (म भ स ग), मयूरी (र ज र ग), कामदा (र य ज ग), बाला (र र र ग), कीर्ति (स स स ग), चंपकमाला (भ म स ग), सारवती (भ भ भ ग), बिंदु (भ भ म ग), आदि 1024–छंद समूह निर्माण हुआ. मत्ता छंद के उदाहरण के लिए संगीत श्रीकृष्णायन मोती 32 देखिए :

मत्ता छंद

म भ स ग

ऽऽऽऽ।।।।ऽऽ

(लक्ष्मीनारायण स्तवन)

लक्ष्मीनाथा! परम पियारे! ।
दाता धाता जगत नियारे! ।। 1
तारो मोहे भवजल पारे ।
आया हूँ मैं चरण तिहारे ।। 2

4. <u>एकादशाक्षरावृत्ति</u> के त्रिष्टुप् छंद वर्ग में उपेंद्रवज्रा (ज त ज ग ग), शालिनी (म त त ग ग), वातोर्मि (म भ त ग ग), रथोद्धता (र न र ल ग), स्वागता (र न भ ग ग), द्रुता (र ज स ल ग), विध्यंकमाला (त त त ग ग), इंद्रवज्रा (त त ज ग ग), आदि 2048–छंद समूह निर्माण

हुआ. उपेंद्रवज्रा छंद का सुंदर संस्कृत उदाहरण है पांडवगीता श्लोक 28 है :

उपेंद्रवज्रा छंद

ज त ज ग ग

। ऽ । ऽ ऽ । । ऽ । ऽ ऽ

त्वमेव माता च पिता त्वमेव ।
त्वमेव बंधुश्च सखा त्वमेव ।
त्वमेव विद्या द्रविह्मां त्वमेव ।
त्वमेव सर्वं मम देवदेव ।।
सुखस्य दुःखस्य न कोऽपि दाता ।
परो ददातीति कुबुद्धिरेषा ।
अहं करोमीति वृथाभिमानः ।
स्वकर्मसूत्रे गैत्तितो हि लोकः ।।

शालिनी छंद के हिंदी उदाहरण के लिए संगीत श्रीकृष्णायन का मोती 77 देखिए :

शालिनी छंद

म त त ग ग

ऽ ऽ ऽ ऽ ऽ । ऽ ऽ । ऽ ऽ

पनघट पर राधा गोपी

कैसे लाए नीर ग्वालीन गोरी ।
कान्हा रोड़ी मार कामोर फोरी ।। 1
भीगी राधा की चुनैया गुलाबी ।
राधा गालों पे सजायी गुलाली ।। 2

5. द्वादशाक्षरावृत्ति के जगती छंद वर्ग में भुजंगप्रयात (य य य य), स्त्रग्विणी (र र र र), तोटक (स स स स), सारंग (त त त त), इंद्रवंशा (त त ज र), मणिमाला (त य त य), जलोद्धगति (ज स ज स), तामरस (न ज ज य), कुमुदविचित्रा (न य न य), तरलनयन (न न न न), आदि

4096–छंद समूह निर्माण हुआ.

भुजंगप्रयात छंद के उदाहरण के लिए संगीत श्रीकृष्णायन का मोती 141 देखिए :

भुजंगप्रयात छंद

य य य य

। ऽ ऽ । ऽ ऽ । ऽ ऽ । ऽ ऽ

सा रे–ग– म प–म–ग रे–म– गरे– सा–

हिंदी

आत्मा

न जन्मा, न आरंभ, तेरा कहीं से ।
सदा साथ होते न, जाना किसी ने ।। 1
न आया कहीं से, न जाता कहीं है ।
निराधार आत्मा, जहाँ था वहीं है ।। 2
कटे ना, जले ना, गले ना, झुरे ना ।
वही आतमा है निराकार जाना ।। 3
सभी के दिलों में बसा एक देही ।
अनेकों घटों का कहा एक गेही ।। 4

संस्कृत

निष्काम

सारे– ग–मप– म–ग रे–म– ग रे–सा–

बिना–वासनां यस्य सर्वं हि कार्यम् ।
अनिन्दा च निन्दा च सर्वं समं यम् ।
न बध्नाति तं कर्म कृत्वाऽपि सर्वम् ।
स जानाति त्यागं च निष्कामयोगम् ।।

6. त्रयोदशाक्षरावृत्ति के अतिजगती छंद वर्ग में प्रहर्षिणी (म न ज र ग), कन्दुक (य य य य ग), कन्द (य य य य ल), तारक (स स स स ग), आदि 8192–छंद समूह निर्माण हुआ.

प्रहर्षिणी छंद के उदाहरण के लिए संगीत श्रीरामायण का मोती 378 देखिए :

प्रहर्षिणी छंद

म न ज र ग

ऽ ऽ ऽ । । । । ऽ । ऽ । ऽ ऽ

दशरथ प्रयाण

सीता को रघुपति ने कहा, विदेही! ।
देहों के सम मरता कभी न देही ।। 1
चोला है दशरथ ने तजा पुराना ।
लेने को अपर शरीर में ठिकाना ।।

7. चतुर्दशाक्षरावृत्ति के शर्करी छंद वर्ग में वसंततिलका (त भ ज ज ग ग), असंबाधा (म त न स ग ग), कुटिल (स भ य ग ग), आदि 16384–छंद समूह निर्माण हुआ.
वसंततिलका छंद के सुंदर उदाहरण के लिए संगीत श्रीकृष्णायन का मोती 129 देखिए :

वसंततिलका छंद

त भ ज ज ग ग

ऽ ऽ । ऽ । । । ऽ । । ऽ । ऽ ऽ

सा–नि़–सा रे– रेसा रेग–, मग रे–ग रे–सा–

(अर्जुन का विषाद)

कौन्तेय ने जब लखे, प्रिय बंधु आगे ।
खोये हवास उसके, अरु होश भागे ।।
बोला, विषाद–युत वो, "शर ना धरूँगा ।
चाहे, जनार्दन! यहाँ, रण में मरूँगा" ।।

अनुप्रास उदाहरण

ऽ ऽ । ऽ । । । ऽ । । ऽ । ऽ ऽ

सा–नि़–सा रे–रेसारे ग–, मग रे–ग रे–सा–

दैवी संपदा

सद्धर्म से सजित जो, शुचि सत्य श्रद्धा ।
सद्भाव सुकृत सही, सहसाधना से ।।

स्वाध्याय के सहित जो, सब सर्वदा ही ।
दैवी कही सकल वो, सत्-संपदा है ।।

संस्कृत उदाहरण

ऽ ऽ । ऽ । । । ऽ । । ऽ । ऽ ऽ

सा-नि़- सारे-रे सारेग- म गरे-ग रे-सा-

जटायुविलाप:

रामं जटायुविहग: स उवाच दु:खी ।
यानेन भो: अपहृता दनुजेन देवी ।।
खड्गेन राम समितौ मम पक्ष्म छित्वा ।
मार्गेण दक्षिणदिशा च पलायित: स: ।।

8. पंचदशाक्षरावृत्ति के अतिशर्करी छंद वर्ग में चामर (र ज र ज र), चंद्रकांता (र र म स य), नलिनी (स स स स स), मालिनी (न न म य य), शशिकला (न न न न स), आदि 32798-छंद समूह निर्माण हुआ.
चामर छंद के उदाहरण के लिए संगीत श्रीकृष्णायन का मोती 190 देखिए:

चामर छंद

र ज र ज र

ऽ । ऽ । ऽ । ऽ । ऽ । ऽ । ऽ । ऽ

द्वंद्व-भाव

राग क्रोध दु:ख मोद, लाभ-हानि द्वंद्व हैं ।
श्वेत कृष्ण शीत उष्ण, द्वंद्व राग रम्य है ।। 1
जन्म-मृत्यु पाप पुण्य, शत्रु मित्र अन्य हैं ।
जो न द्वंद्व-भाव मुग्ध, सो महान धन्य है ।। 2

9. षोडषाक्षरावृत्ति के अष्टि छंद वर्ग में पंचचामर (ज र ज र ज ग), नील (भ भ भ भ भ ग), अचलधृति (न न न न न ल), आदि 65536-छंद समूह निर्माण हुआ.
पंचचामर छंद के उदाहरण के लिए संगीत श्रीरामायण का मोती 445 देखिए:

पंचचामर छंद

ज र ज र ज ग

। ऽ । ऽ । ऽ । ऽ । ऽ । ऽ । ऽ । ऽ

सेतु बंधन

लिखे चलो, लिखे चलो, पवित्र नाम राम का ।
अटूट यत्न से बने समुद्र सेतु अश्म का ।। 1
बढ़े चलो, बढ़े चलो, बड़ा महान काम है ।
सिया अशोक बाग में जपे अखंड नाम है ।। 2

10. सप्तदशक्षरावृत्ति के अत्यष्टि छंद वर्ग में पृथ्वी (ज स ज स य ल ग), शिखरिणी (य म न स भ), मंदाक्रांता (म भ न त त ग ग), हरिणी (न स म र स ल ग), आदि 131072–छंद समूह निर्माण हुआ. पृथ्वी छंद के उदाहरण के लिए संगीत श्रीकृष्णायन का मोती 25 देखिए:

पृथ्वी छंद

ज स ज स य ल ग

। ऽ । । । ऽ । ऽ । । । ऽ । ऽ ऽ । ऽ

मप– धपमग– गम–पमगरे– सारे– मगरे सा–

व्यासवन्दनम्

महाकविवरो रविर्मतिमयो मुने व्यास त्वम् ।
त्वया विरचितं गुरो सुललितं बृहद्वाङ्मयम् ।। 1
तथा च लिखितं सनातनकृतं महाभारतम् ।
करोमि नमनं प्रभुं परमव्यासद्वैपायनम् ।। 2

हिंदी पद्य

कैकई का हर्ष

चले विपिन में, सिया लखन को, लिये राम जी ।
दुखी जनन हैं, सभी अवध के, हँसे कैकई ।। 1
कहे, भरत को, करूँ नृपति मैं, जभी आयगा ।
बिना हरि–सिया, सुखी अवध ये, मुझे भायगा ।। 2

शिखरिणी छंद

। ऽ ऽ ऽ ऽ ऽ । । । । । ऽ ऽ । । । ऽ

साग–नि़–सा– रेगरे– सारेगपमगरे ग–रेगरे सा–

संस्कृत

सीता उपलब्धि

कपिर्ब्रूते रामं नलिनिनयनं मङ्गलवचः ।

प्रभो! श्रीवैदेही दशमुखवने शोकव्यथिता ।। 1

तदा श्रीरामस्तं मधुरवचनैराह प्लवगम् ।

कपे! त्वं मे भ्राता प्रियतरसखा दासपरमः ।। 2

हिंदी

सीता मिल गयी

साग– नि़–सा–रेग रे–, सारेगपम गरे ग–रेग रेसा–

कहा वज्रांगी ने, अवधपति को वन्दन किये ।

रघो! श्री सीता हैं, असुर-वन में व्यग्र दुखिता ।। 1

सिया-भर्ता बोले, पवन-सुत को आशिष दिये ।

सखा तू है मेरा, प्रिय अनुज भी लक्ष्मण यथा ।। 2

11. अष्टादशक्षरावृत्ति के धृति छंद वर्ग में हरिणीलुप्ता (म स ज ज भ र), चित्रलेखा (म भ न य य य), शार्दूल (म स ज स र म), आदि 262144–छंद समूह निर्माण हुआ.

हरिणीलुप्ता छंद का छंद प्रभाकर पृ. 185 का उदाहरण देखिए:

हरिणीलुप्ता छंद

म स ज ज भ र

ऽ ऽ ऽ । । ऽ । ऽ । । ऽ । ऽ । । ऽ । ऽ

मैं साजो जु भरो घड़ा, तट में लख्यो हरिण-लुप्ता ।

क्रीड़ावन्त हरो भरो, विलसै तहाँ, हरिणो युता ।।

कस्तूरी त्यहि नाभि जो, तिहि सों सजैं, निज आननै ।

हे आली तिहि क्यों बधैं, हठ धारिकै, नृप काननै ।।

12. ऊनविंशत्यक्षरावृत्ति के अतिधृति छंद वर्ग में शादूलविक्रीड़ित (म स

ज स त त ग), मेधविस्फूर्जिता (य म न स र र ग), छाया (य म न स त त ग), मकरंदिका (य म न स ज ज ग), आदि 524288-छंद समूह निर्माण हुआ.

शादूलविक्रीड़ित छंद के उदाहरण के लिए संगीत श्रीरामायण का मोती 302 देखिए :

शादूलविक्रीड़ित छंद

म स ज स त त ग

ऽ ऽ ऽ । । ऽ । ऽ । । । ऽ ऽ ऽ । ऽ ऽ । ऽ

सा- रे-ग-मग रे-, गम-पम गरे- ग- प- मग- म-ग रे-

वाल्मीकि रामायण

जो रत्नाकर[2] को, महाकवि किया, वो है कृपा नाम की ।
श्रीवाल्मीक रची अनुष्टुप् कथा, वो है दया राम की ।। 1
श्रीरामायण में सती बड़ कही, वो है सिया, राम की ।
जो सर्वोत्तम है प्रभा, भँवर में, वो है हनूमान की ।। 2

13. विंशत्यक्षरावृत्ति के कृति छंद वर्ग में सुवदना (म र भ न य भ ल ग), गीतिका (स ज ज भ र स ल ग), मत्तेभविक्रीड़ित (स भ र न म य ल ग), आदि 10448576-छंद समूह निर्माण हुआ.

सुवदना छंद के उदाहरण के लिए संगीत श्रीरामायण का मोती 343 देखिए:

सुवदना छंद

म र भ न य भ ल ग

ऽ ऽ ऽ ऽ । ऽ ऽ । । । । । । ऽ ऽ ऽ । । । ऽ

राम का राजतिलक

बोले मंत्रीसभा में दशरथ, युवराजा आज चुनिये ।
बूढ़ा मैं हो चुका हूँ, अब जनमत में देरी न करिये ।। 1
कौशल्या मातु बोली, सद् गुण सब हैं मेरे तनय में ।

---

[2] रत्नाकर = रत्नाकर डाकू ।

कैकेयी ने कहा, अग्रज हरिहर है, वो ही कुँवर है ।। 2
बोली रानी सुमित्रा, हरि मुनिमन है राजा वह बने ।
मंत्री बोले, हमारा तन-मन प्रिय जो है राम, चुनिये ।। 3
बोला सौमित्र, मेरा हरि सुख बल सोता प्राण तरु है ।
स्वामी आदेश से, चंदन तिलक लगाया राजगुरु ने ।। 4

14. एकविंशत्यक्षरावृत्ति के प्रकृति छंद वर्ग में स्त्रग्धरा (म र भ न य य य), सरसी (न ज भ ज ज ज र), आदि 2097152-छंद समूह निर्माण हुआ.

स्त्रग्धरा छंद के उदाहरण के लिए संगीत श्रीरामायण का मोती 406 और श्रीकृष्णातन का मोती 173 देखिए:

स्त्रग्धरा छंद

म र भ न य य य

ऽ ऽ ऽ ऽ । ऽ ऽ । । । । । । ऽ ऽ । ऽ ऽ । ऽ ऽ

राम विलाप

सीते सीते! पुकारे, उस घन वन में, राम आँसू बहायो ।
वैदेही! तू कहीं है, छुप कर चुप या, दैत्य तोहे भगायो ।। 1
पंछी! पेड़ों! बताओ, गगन पवन भो:! दार मेरी कहाँ है ।
बोला पक्षी जटायू, असुर जित उड़ा, नार तोरी वहाँ है ।। 2

गीता के छह योग

स्त्रग्धरा छंद

म र भ न य य य

ऽ ऽ ऽ ऽ । ऽ ऽ । । । । । । ऽ ऽ । ऽ ऽ । ऽ ऽ

कीन्हा जो कार्य इच्छा तज कर फल की, <u>कर्म</u> का योग जाना ।
कर्ता दूजा नहीं है अतुल गुण सिवा, <u>ज्ञान</u> का योग माना ।। 1
आत्मा का ज्ञान देही अजर अमर का, <u>सांख्य</u> है योग जाना ।

मित्रारी[3] द्वंद्व में जो नित सम मति वो, बुद्धि का योग माना ।। 2
आस्था से कार्य सारा अविचल करना, भक्ति का योग जाना ।
ध्येयोक्ता कार्य माला अविरत करना, योग अभ्यास माना ।। 3

15. द्वाविंशत्यक्षरावृत्ति के आकृति छंद वर्ग में मंदारमाला (त त त त त त त ग), महास्त्रग्धरा (स ज त न स र र ग), मदिरा सवैया (भ भ भ भ भ भ भ ऽ), आदि 4194304-छंद समूह निर्माण हुआ. 22 से 26 वर्ण वाले छंद प्रकार को सवैया कहा जाता है.

मंदारमाला छंद के उदाहरण के लिए संगीत श्रीरामायण का मोती 8 देखिए:

मंदारमाला छंद

त त त त त त त ग

ऽ ऽ । ऽ ऽ । ऽ ऽ । ऽ ऽ । ऽ ऽ । ऽ ऽ । ऽ ऽ । ऽ

सा-रे- गरे- प-मग-रे-म-ग- ध-पम-प- मग- म-गरे- ग-रेसा-

मंगलाचरणम्

वन्दे शिवं पार्वतीवल्लभं नीलकण्ठं हरं मङ्गलं शङ्करम् ।। 1
लम्बोदरं पीतपीताम्बरं चण्डिकानन्दनं श्रीगणेशं शुभम् ।। 2

कादम्बरीं ज्ञानदेवीं भजे भारतीं वैखरीं शारदामातरम् ।। 3
राधावरं कृष्णगोवर्धनं माधवं केशवं श्यामलं सुन्दरम् ।। 4

सीतापतिं रामभद्रं हरिं रामचन्द्रं रघुं जानकीवल्लभम् ।। 5
वातात्मजं मारुतिं व्यङ्कटं रुद्ररूपं कपिं रामदूतं वरम् ।। 6

16. त्रयोविंशत्यक्षरावृत्ति के विकृति छंद वर्ग में मत्तगयंद अथवा मालति सवैया (भ भ भ भ भ भ भ ऽ ऽ), चकोर सवैया (भ भ भ भ भ भ भ ऽ ।), सुमुखी सवैया (ज ज ज ज ज ज ज । ऽ), आदि 8388608-छंद समूह निर्माण होता है. मत्तगयंद के दो लोकप्रिय उदाहण देखिए :

मत्तगयंद सवैया छंद

---

[3] **मित्रारी** = न० मित्र + पु० अरि = द्वंद्व समास द्वितीया द्विवचन = मित्रारी ।

S I I S I I S I I S I I S I S I I S I I S S

हे शिव शंकर सर्प रहे सिर, अंग हिमालय आलय तेरा ।
शीष झुकाकर बंदन चंदन, है चरणों पर मस्तक मेरा ।।
चाहत है अब गंग धुले सब, पाप करें मन में खग डेरा ।
पावन है शिव धाम सुनें जग, राहत का हल दें वह घेरा ।।

भारत में अब सैनिक चाहत, देश सदा पथ निर्मल छाँव ।
कंटक काट करें अब रक्षण, चाल चले मत दुर्बल पाँव ।
देव भजे जग जाग रखें हम, पावन गंग सदा जल नाँव ।
सुंदर हो परिवेश जहाँ तट, शान करें हम पा हल दाँव ।।

17. **चतुर्विंशत्यक्षरावृत्ति के संस्कृति छंद वर्ग में** दुर्मिल सवैया छंद (स स स स स स स स), किरीट सवैया (भ भ भ भ भ भ भ भ), **अरसात सवैया** (भ भ भ भ भ भ भ S । S), **लवंगलता** (ज ज ज ज ज ज ज ज ।), **आदि 16777216–छंद समूह निर्माण होता है.** दुर्मिल और किरीट सवैया छंद के **लोकप्रिय उदाहण देखिए :**

दुर्मिल सवैया छंद

I I S I I S I I S I I S I I S I I S I I S I I S

निरखें नभ से सुख से सुर हैं, प्रभु राम चले गृह से वन को ।
पद चिन्ह गहे सुकुमारि चले, अरु भ्रात निहारत पावन को ।
मुसुकाति चले वनवास सिया, परखे मन मोहक सावन को ।
पगलाय रहे वन के बसिया, अब देख वहाँ मन भावन को ।।

किरीट सवैया

S I I S I I S I I S I I S I I S I I S I I S I I

दो प्रभु दान दया मुझको अब, सेवक मांगत शीष नवाकर ।
चाहत है बस दान दया निधि , पास रहे नित मंगल आकर ।।

है विनती मम एक सुनो अब, दास कहे दर नाथ सुनाकर।
दो वरदान सदा रह सेवक , सेव करूँ बस माथ झुकाकर ।।

18. पंचविंशत्यक्षरावृत्ति के अतिकृति छंद वर्ग में सुंदरी सवैया (स स स स स स स स ऽ), आदि 33554432-छंद समूह निर्माण होता है. सुंदरी सवैया छंद का लोकप्रिय उदाहण देखिए :

सुंदरी सवैया

। । ऽ । । ऽ । । ऽ । । ऽ । । ऽ । । ऽ । । ऽ । । ऽ ऽ
पद कोमल स्यामल गौर कलेवर राजन कोटि मनोज लजाए।
कर वान सरासन सीस जटासरसीरुह लोचन सोन सहाए।
जिन देखे रखी सतभायहु तै, तुलसी तिन तो मह फेरि न पाए।
यहि मारग आज किसोर वधू, वैसी समेत सुभाई सिधाए ।।

19. षड्विंशत्यक्षरावृत्ति के उत्कृति छंद वर्ग में कुन्दलता सवैया (स स स स स स स स । ।), महामंजीर सवैया (स स स स स स स स । ऽ), आदि 67108864-छंद समूह निर्माण होता है. कुन्दलता सवैया छंद का लोकप्रिय उदाहण देखिए :

कुन्दलता सवैया

। । ऽ । । ऽ । । ऽ । । ऽ । । ऽ । ऽ । । ऽ । । ऽ । ।
जब साजन ने सजनी निरखी, परखी कहता रस सी लगती कुछ ।
नथनी नग भी चमके झलके, झुमकी झलकी हिलती कहती कुछ ।।
पग पायल घायल है करती, सुर ताल सरासर भी मिलती कुछ ।
परखे निरखे मम प्रीतम ही, सजनी तब ही रजनी सजती कुछ ।।

20. षड्विंशत्याधिकाक्षरावृत्ति (26 से अधिक अक्षरों) वाले छंद को दण्डक वार्णिक छंद कहा जाता है.

विवेकचुडामणि के मुख्य १८ छंद और १७५ उपछंद

1.अनुष्टुभ् श्लोक छंद :

श्लोक छन्द को साधारणतया अनुष्टुप्-छन्द कहा जाता है, मगर **"श्लोक" या "श्लोक-छंद"** अनुष्टुभ्-वर्ग का केवल एक 2, 3 या 4 विविध अनुष्ठुभ् छंद पदों का बना हुआ **"संयुक्त छंद"** प्रकार है. श्लोक 32 अक्षरों का वार्णिक छन्द है. श्लोक में आठ वर्णों के चार चरण होते हैं. इसके दूसरे और चौथे (सम) चरणों के बीच वर्णों का प्रमाण समान होता है और पहले और तीसरे (विषम) चरणों के वर्णों का प्रमाण भी समान होता है, अत: इसको अर्धसम **छन्द** कहा जाता है. श्लोक छंद के आदि रचेता श्री वाल्मीकि महामुनि थे.

यह अवश्य याद रहे कि, सभी अनुष्टुभ् पद्य श्लोक नहीं होते हैं. केवल जिसका लक्षण सूत्र 4 + । ऽ ऽ + 1 ; 4 + । + ऽ + । + 1 है वही पद्य **श्लोक** होता है.

श्लोक छन्द की विशेष बातें : श्लोक के

(1) चारों चरण में पाँचवा वर्ण लघु (ह्रस्व) और

(2) छठा वर्ण गुरु (दीर्घ) होता है.

(3) सम चरणों का सातवाँ वर्ण लघु और

(4) विषम चरणों का सातवाँ वर्ण गुरु होता है. शेष (1, 2, 3, 8) वर्णों के लिए लघु गुरु की स्वतंत्रता होती है.

(5) आघात वाले संयुक्ताक्षर के पूर्व का लघु वर्ण दीर्घ माना जाता है.

(6) प्रत्येक चरण (आठ अक्षर) के अन्त में यति (साँस लेने का अवधि) होता है.

(7) प्रत्येक चरण की प्रथम चार मात्राओं की गण-विभिन्नता को गिन कर

अनुष्टुप् श्लोक छन्द के 36 प्रकार माने गए है.
श्लोक छंद में लिखी कविताओं के पदों में इन 36 गण-विविधता के कारण इस छन्द की विस्तृततम रचना भी उकतावनी नहीं होती है, अपितु मधुरतम ही होती जाती है.

(8) अत: किसी भी केवल एक ही प्रकार के अनुष्टुप् छन्द में संपूर्ण काव्य नहीं लिखा जाता है. इस छन्द को ब्रह्मा का चौथा मुख माना जाता है.

श्लोक-व्याख्या

संस्कृतश्लोक:

'श्लोके' षष्ठो गुरुर्वर्णो लघुश्च पञ्चमः सदा ।
गुरुर्विषमयोर्ह्रस्वः सप्तमः समपादयोः ।।
चतुष्पादस्य श्रीयुक्तो वाल्मीकिकविना कृतः ।
द्वात्रिंशद्वर्णयुक्तो हि छन्दोऽनुष्टुप्स कथ्यते ।।

श्लोक व्याख्या

हिन्दी श्लोक

श्लोक में पाँचवाँ ह्रस्व छठा दीर्घ सदा रहे ।
द्वितीय चौथ में दीर्घ सातवाँ अन्य में लघु ।।
पवित्र चार पादों का वाल्मीकि ने रचा जिसे ।
बत्तीस वर्ण का छन्द अनुष्टुप् कहा इसे ।।

शंकराचार्य के विवेकचूडामणि में अनुष्टुभ् श्लोक छंद 1, 3, 5, 7, 9, 10, 11, 12, 13, 14, 16, 17, 18, 20, 22, 23, 26, 27, 28, 29, 30, 31, 32, 33, 34, 35, 36, 46, 47, 50, 53, 54, 57, 58, 59, 61, 63, 66, 69, 70, 73, 80, 82, 86, 87, 88, 89, 92, 105, 106, 108, 126, 127, 129, 130, 131, 132, 146, 158, 159, 174, 178, 182, 183, 186, 194, 195, 197, 200, 202, 203, 204, 206, 208, 210, 212, 213, 214, 215, 217, 218, 225, 226, 235, 236, 242, 270, 271, 272, 273, 277, 279, 280, 282, 284, 285, 286, 288, 289, 290, 291, 292, 293, 301, 302, 315, 316, 317, 318, 319, 323, 324, 325, 328, 330, 331, 343, 355, 360, 369, 373, 374, 375, 381, 383, 384, 388, 390, 394, 399, 401, 402, 403, 404, 405, 407, 408, 409, 414, 419, 420, 421, 422, 423, 425, 426, 430, 431, 433, 434, 435, 436, 437, 439, 440, 441,

442, 444, 445, 446, 447, 448, 449, 450, 451, 452, 453, 454, 460, 464, 466, 467, 468, 469, 470, 471, 472, 477, 479, 482, 485, 486, 487, 490, 491, 492, 498, 506, 517, 521, 526, 529, 532, 534, 535, 536, 543, 545, 546, 549, 550, 552, 555, 557, 561, 563, 564, 566, 568, 569, 570, 572, 574, 575, 576, 578, 579, 580 = **217** पद्यों में पाया जाता है.

2. अन्य श्लोकेतर विभिन्न 60 अनुष्टुभ् छंद :

जिस अनुष्टभ् विषम अष्टाक्षर चरण में प्रथम चार अक्षरों के पश्चात् य गण नहीं प्रयुक्त होता है अथवा सम चरण में ज गण विद्यमान नहीं होता है वहाँ श्लोक छंद सिद्ध नहीं होकर निम्नांकित 60 विभिन्न अनुष्टुभ् छंद विवेकचूडामणि में पाए जाते हैं:

	छंद मात्रा सूत्र	**छंद गण सूत्र**	**अनुष्टुभ् छंद नाम**
1	। । ऽ, । । ऽ, । ऽ	स, स, ल ग	मही अनुष्टुभ् छंद
2	। । ऽ, । । ऽ, ऽ ।	स, स, ग ल	पंचशिखा अनुष्टुभ् छंद
3	। । ऽ, । । ऽ, ऽ ऽ	स, स, ग ग	पंचशिखाअनुष्टुभ् छांद
4	। । ऽ, ऽ । ।, ऽ ऽ	स, भ, ग ग	मोद अनुष्टुभ् छंद
5	। । ऽ, ऽ । ऽ, । ऽ	स, र, ल ग	शलुकलुप्ता अनुष्टुभ् छंद
6	। । ऽ, ऽ । ऽ, ऽ ।	स, र, ग ल	सुविलासा अनुष्टुभ् छंद
7	। । ऽ, ऽ । ऽ, ऽ ऽ	स, र, ग ग	परिधारा अनुष्टुभ् छंद
8	। । ऽ, ऽ ऽ ।, ऽ ।	स, त, ग ल	कौचमार अनुष्टुभ् छंद
9	। । ऽ, ऽ ऽ ।, ऽ ऽ	स, त, ग ग	कौचमार अनुष्टुभ् छंद
10	। ऽ ।, । । ऽ, । ऽ	ज, स, ल ग	अपरिचित अनुष्टुभ् छंद
11	। ऽ ।, । । ऽ, ऽ ।	ज, स, ग ल	भांर्गी अनुष्टुभ् छंद
12	। ऽ ।, । । ऽ, ऽ ऽ	ज, स, ग ग	भांर्गी अनुष्टुभ् छंद
13	। ऽ ।, ऽ । ऽ, ऽ ।	ज, र, ग ल	सुचंद्रप्रभा अनुष्टुभ् छंद
14	। ऽ ।, ऽ । ।, । ऽ	ज, भ, ल ग	मरु अनुष्टुभ् छंद
15	। ऽ ।, ऽ । ऽ, ऽ ऽ	ज, र, ग ग	यशस्करी अनुष्टुभ् छंद
16	। ऽ ।, ऽ ऽ ।, । ऽ	ज, त, ल ग	विता अनुष्टुभ् छंद
17	। ऽ ।, ऽ ऽ ।, ऽ ।	ज, त, ग ल	वारिशाला अनुष्टुभ् छंद
18	। ऽ ।, ऽ ऽ ।, ऽ ऽ	ज, त, ग ग	वारिशाला अनुष्टुभ् छंद

19	। ऽ ।, ऽ ऽ ऽ, । ऽ	ज, म, ल ग	अपरिचित अनुष्टुभ् छंद
20	। ऽ ।, ऽ ऽ ऽ, ऽ ।	ज, म, ग ल	विजात अनुष्टुभ् छंद
21	। ऽ ।, ऽ ऽ ऽ, ऽ ऽ	ज, म, ग ग	हाकली अनुष्टुभ् छंद
22	। ऽ ।, । । ।, ऽ ।	य, न, ग ल	अपरिचित छंद
23	। ऽ ऽ, । । ऽ, । ऽ	य, स, ल ग	अपरिचित अनुष्टुभ् छंद
24	। ऽ ऽ, । । ऽ, ऽ ।	य, स, ग ल	मनोला अनुष्टुभ् छंद
25	। ऽ ऽ, । । ऽ, ऽ ऽ	य, स, ग ग	मनोला अनुष्टुभ् छंद
26	। ऽ ऽ, ऽ । ।, । ऽ	य, भ, ल ग	नीत अनुष्टुभ् छंद
27	। ऽ ऽ, ऽ । ऽ, । ऽ	य, र, ल ग	भाषा अनुष्टुभ् छंद
28	। ऽ ऽ, ऽ । ऽ, ऽ ।	य, र, ग ल	सुचंद्रभा अनुष्टुभ् छंद
29	। ऽ ऽ, ऽ । ऽ, ऽ ऽ	य, र, ग ग	कुलाधारी अनुष्टुभ् छंद
30	। ऽ ऽ, ऽ ऽ ।, ऽ ऽ	य, त, ग ग	पारांतचारी अनुष्टुभ् छंद
31	। ऽ ऽ, ऽ ऽ ऽ, ऽ ।	य, म, ग ल	अनिर्भार अनुष्टुभ् छंद
32	ऽ । ऽ, । । ऽ, । ऽ	र, स, ल ग	अपरिचित अनुष्टुभ् छंद
33	ऽ । ऽ, । । ऽ, ऽ ।	र, स, ग ल	गाथ अनुष्टुभ् छंद
34	ऽ । ऽ, । । ऽ, ऽ ऽ	र, स, ग ग	गाथ अनुष्टुभ् छंद
35	ऽ । ऽ, ऽ । ।, । ऽ	र, भ, ल ग	कुरुचरी अनुष्टुभ् छंद
36	ऽ । ऽ, ऽ । ऽ, । ऽ	र, र, ल ग	हेमरूप अनुष्टुभ् छंद
37	ऽ । ऽ, ऽ । ऽ, ऽ ।	र, र, ग ल	लक्ष्मी अनुष्टुभ् छंद
38	ऽ । ऽ, ऽ । ऽ, ऽ ऽ	र, र, ग ग	पद्ममाला अनुष्टुभ् छंद
49	ऽ । ऽ, ऽ ऽ ।, । ।	र, त, ल ल	नीत अनुष्टुभ् छंद
40	ऽ । ऽ, ऽ ऽ ।, ऽ ऽ	र, त, ग ग	सखी अनुष्टुभ् छंद
41	ऽ ऽ ।, । । ऽ, । ऽ	त, स, ल ग	अपरिचित अनुष्टुभ् छंद
42	ऽ ऽ ।, । । ऽ, ऽ ।	त, स, ग ल	श्यामा अनुष्टुभ् छंद
43	ऽ ऽ ।, । । ऽ, ऽ ऽ	त, स, ग ग	श्यामा अनुष्टुभ् छंद
44	ऽ ऽ ।, ऽ । ।, । ऽ	त, भ, ल ग	रामा अनुष्टुभ् छंद
45	ऽ ऽ ।, ऽ । ऽ, । ।	त, र, ल ल	नाराचक अनुष्टुभ् छंद
46	ऽ ऽ ।, ऽ । ऽ, । ऽ	त, र, ल ग	नाराचक अनुष्टुभ् छंद
47	ऽ ऽ ।, ऽ । ऽ, ऽ ।	त, र, ग ल	विभा अनुष्टुभ् छंद

48	ऽ ऽ ।, ऽ । ऽ, ऽ ऽ	त, र, ग ग	विभा अनुष्टुभ् छंद
49	ऽ ऽ ।, ऽ ऽ ।, । ऽ	त, त, ल ग	कराली अनुष्टुभ् छंद
50	ऽ ऽ ।, ऽ ऽ ऽ, ऽ ।	त, म, ग ल	मृत्युंजत अनुष्टुभ् छंद
51	ऽ ऽ ।, ऽ ऽ ऽ, ऽ ऽ	त, म, ग ग	मृत्युंजय अनुष्टुभ् छंद
52	ऽ ऽ ऽ, । । ऽ, । ऽ	म, स, ल ग	अपरिचित अनुष्टुभ् छंद
53	ऽ ऽ ऽ, । । ऽ, ऽ ।	म, स, ग ल	वक्त्र अनुष्टुभ् छंद
54	ऽ ऽ ऽ, । । ऽ, ऽ ऽ	म, स, ग ग	वक्त्र अनुष्टुभ् छंद
55	ऽ ऽ ऽ, ऽ । ।, । ऽ	म, भ, ल ग	अतिजनी अनुष्टुभ् छंद
56	ऽ ऽ ऽ, ऽ । ऽ, । ऽ	म, र, ल ग	क्षमा अनुष्टुभ् छंद
57	ऽ ऽ ऽ, ऽ । ऽ, ऽ ।	म, र, ग ल	मधुमालती अनुष्टुभ् छंद
58	ऽ ऽ ऽ, ऽ । ऽ, ऽ ऽ	म, र, ग ग	मधुमालती अनुष्टुभ् छंद
59	ऽ ऽ ऽ, ऽ ऽ ।, ऽ ।	म, त, ग ल	उल्लाला अनुष्टुभ् छंद
60	ऽ ऽ ऽ, ऽ ऽ ।, ऽ ऽ	म, त, ग ग	उल्लाला अनुष्टुभ् छंद

पथ्यावक्त्र और वक्त्र अनुष्टुभ् छंद (4+य गण, 4+ज गण)

जिस अष्टाक्षर अनुष्टुप् वर्ण–समवृत्त में प्रथम वर्ण के आगे न गण तथा स गण नहीं हो और चौथे अक्षर के बाद य गण आता हो उसे **वक्त्र** छंद कहते हैं. और अष्टाक्षर अनुष्टुप् वक्त्र छंद के चरण में चौथे वर्ण के बाद ज गण आता हो उसे **पथ्यावक्त्र** छंद कहते हैं.

शंकराचार्य के विवेकचूडामणि में श्लोकेतर अनुष्टुभ् छंद 15, 19, 21, 24, 25, 52, 55, 60, 62, 64, 65, 68, 79, 90, 107, 109, 128, 160, 196, 201, 205, 216, 241, 281, 283, 287, 314, 326, 345, 366, 372, 428, 429, 432, 438, 461, 462, 463, 465, 478, 502, 507, 511, 518, 530, 533, 539, 547, 551, 556, 560, 564, 567, 571 = 57 पद्यों में पाया जाता है.

3. आर्या उद्गाथा छंद (मात्रा 12-18, 12-18):

आर्या छंद वर्ग का प्रयोग अधिकतर संस्कृत तथा मराठी काव्यों में पाया जाया है, हिंदी में बहुत ही कम. उद्गाथा आर्या छंद के में विषम (1, 3) चरणों में 12 मात्रा एवं सम (2, 4) चरणों में 18 मात्रा होती हैं, अत:

यह एक अर्धसम मात्रिक छंद है. इस छंद को गीति आर्या छंद भी कहा गया है.

शंकराचार्य के विवेकचूडामणि में यह छंद 97, 102, 125, 151, 152, 153, 154, 191, 227, 228, 229, 300, 305, 306, 349, 350, 493, 494, 495, 513, 558 = **21** पद्यों में पाया जाता है.

4. आर्या गाथा छंद **(**मात्रा 12-18, 12-15) :

गाथा आर्या छंद के में विषम (1, 3) चरणों में 12 मात्रा एवं सम (2, 4) चरणों में 15 मात्रा होती हैं, अतः यह एक अर्धसम मात्रिक छंद है. शंकराचार्य के विवेकचूडामणि में यह छंद पद्य 513 में पाया जाता है.

5. इन्द्रवंशा (त त ज र) :

इस बारह वर्ण, 19 मात्रा वाले छन्द के चरण में त त ज र गण आते हैं. इसका लक्षण सूत्र ऽ ऽ।, ऽ ऽ।, । ऽ।, ऽ । ऽ इस प्रकार होता है. इस छंद को अर्जुन छंद भी कहा जाता है.

दोहा

सजा मत्त उन्नीस से, बारह अक्षर वृंद ।
नाम "इंद्रवंशा" जिसे, वही ज त ज ग ग छंद ।।

इंद्रवंशा छंद का एक हिंदी साहित्यिक उदाहरण देखिए

ताराज ताराज जभान राज भा ।
प्राचार्य सौराष्ट्र स्थानवल्लभा ।।
पद्या व तारा दुरगावती विभा ।
फैली हुई संसृति में लाभदा ।।

विवेकचूडामणि में इंद्रवंशा छंद के चार चरण पद्य 4 और 234 में हैं.

6. इन्द्रवज्रा (त त ज ग ग) :

इस ग्यारह वर्ण, 18 मात्रा वाले छन्द के चरण में त त ज गण और दो गुरु वर्ण आते हैं. इसका लक्षण सूत्र ऽ ऽ।, ऽ ऽ।, । ऽ।, ऽ ऽ इस प्रकार

होता है. इसके पदान्त में विराम होता है.

दोहा

मत्त अठारह से सजा, ग्यारह अक्षर वृंद ।
नाम "इंद्रवज्रा" जिसे, वही त त ज ग ग छंद ।।

कृष्णायन से इंद्रवज्रा छंद का एक हिंदी और एक संस्कृत उदाहरण देखिए

देही

ऽ ऽ।, ऽ ऽ।, । ऽ।, ऽ ऽ

(हिन्दी)

ज्यों लोग त्यागे कपड़े पुराने ।
डाले नये जो हि क्षयिष्णु जाने ।। 1
त्यों देह देही तजके घिसे जो ।
"देहांत वाले," पहने नये वो ।। 2

(संस्कृत)

जीर्णानि वस्त्राणि विहाय लोका: ।
अन्यानि गृह्णन्ति यथा सदा ते ।। 1
तथा हि जीर्णान्स विहाय देही ।
अन्याञ्च गृह्णाति नवान्नु गेही ।। 2

इंद्रवज्रा छंद का शास्त्रोक्त उदाहरण है गीता 8.28

वेदेषु यज्ञेषु तपःसु चैव
दानेषु यत्पुण्यफलं प्रदिष्टम् ।
अत्येति तत्सर्वमिदं विदित्वा
योगी परं स्थानमुपैति चाद्यम् ।।

शंकराचार्य के विवेकचूडामणि में यह छंद 37, 340, 501, 509 = 4 पद्यों में पाया जाता है.

7. उपेंद्रवज्रा (ज त ज ग ग) :

इस छन्द के चरणों में ग्यारह वर्ण, 17 मात्रा होती हैं । इसमें ज त ज

गण और दो गुरु वर्ण आते हैं. इसका लक्षण सूत्र । ऽ।, ऽ ऽ।, । ऽ।, ऽ ऽ इस प्रकार होता है. **इन्द्रवज्रा** छन्द का पहला वर्ण लघु करके यह छन्द सिद्ध होता है.

दोहा

मात्रा सत्रह का बना, आदि ज त ज, ग ग अंत ।
अक्षर ग्यारह से सजा, "उपेन्द्रवज्रा" छंद ।।

हमारे कृष्णायन से उपेंद्रवज्रा छंद का एक उदाहरण देखिए

सर्वभूत समानता

। ऽ।, ऽ ऽ।, । ऽ।, ऽ ऽ

सगा पराया जिसका न कोई ।
घृणा न ईर्ष्या जिसको किसी से ।। 1
रहे बना जो जग से नियारा ।
लगे सदा वो मुझको पियारा ।। 2

उपेंद्रवज्रा छंद का शास्त्रोक्त उदाहरण है गीता 11.28

यथा नदीनां बहवोऽम्बुवेगाः
समुद्रमेवाभिमुखा द्रवन्ति ।
तथा तवामी नरलोकवीरा
विशन्ति वक्त्राण्यभिविज्वलन्ति ।।

शंकराचार्य के विवेकचूडामणि में यह छंद 329 वे पद्य में पाया जाता है.

8. उपजाति छंद के **116** प्रकार (198 पद्य) :

उपरोक्त इंद्रवज्रा और उपेंद्रवज्रा छंद के समागम को उपजाति छंद कहा जाता है. इन चार चरणों का पहला एक-एक अक्षर, लघु (।) हो या गुरु (ऽ) हो, बायनरी आक्टल के हिसाब से सजा कर जो चार अक्षरों वाला लघु-गुरु क्रम बनता है वह ऊपजाति छंद का सूत्र होता है. चार अक्षरों की लघु-गुरु संभावना से 2^4 = 2x2x2x2 = 16 तरह के क्रम बनते हैं. उसमें से प्रथम क्रम (। । । ।) उपेंद्रवज्रा छंद होता है और 16वाँ (ऽ ऽ

ऽ ऽ) क्रम इन्द्रवज्रा छंद होता है. अन्य 14 क्रम निम्नांकित 14 उपजाति छंद कहे जाते हैं.

(1) 0001 (लघु-लघु-लघु-गुरु)= उपेंद्रवज्रा, उपेंद्रवज्रा, उपेंद्रवज्रा, इंद्रवज्रा का **जाया** छंद
(2) 0010 (लघु-लघु-गुरु-लघु)= उपेंद्रवज्रा, उपेंद्रवज्रा, इंद्रवज्रा, उपेंद्रवज्रा का **प्रेमा** छंद
(3) 0011 (लघु-लघु-गुरु-गुरु) = उपेंद्रवज्रा, उपेंद्रवज्रा, इंद्रवज्रा, इंद्रवज्रा का **माला** छंद
(4) 0100 (लघु-गुरु-लघु-लघु)= उपेंद्रवज्रा, इंद्रवज्रा, उपेंद्रवज्रा, उपेंद्रवज्रा का **ऋद्धि** छंद
(5) 0101 (लघु-गुरु-लघु-गुरु) = उपेंद्रवज्रा, इंद्रवज्रा, उपेंद्रवज्रा, इंद्रवज्रा का **हंसी** छंद
(6) 0110 (लघु-गुरु-गुरु-लघु) = उपेंद्रवज्रा, इंद्रवज्रा, इंद्रवज्रा, उपेंद्रवज्रा का **आर्द्रा** छंद
(7) 0111 (लघु-गुरु-गुरु-गुरु) = उपेंद्रवज्रा, इंद्रवज्रा, इंद्रवज्रा, इंद्रवज्रा का **कीर्ति** छंद
(8) 1000 (गुरु-लघु-लघु-लघु)= इंद्रवज्रा, उपेंद्रवज्रा, उपेंद्रवज्रा, उपेंद्रवज्रा का **सिद्धि** छंद
(9) 1001 (गुरु-लघु-लघु-गुरु) = इंद्रवज्रा, उपेंद्रवज्रा, उपेंद्रवज्रा, इंद्रवज्रा का **माया** छंद
(10) 1010 (गुरु-लघु-गुरु-लघु) = इंद्रवज्रा, उपेंद्रवज्रा, इंद्रवज्रा, उपेंद्रवज्रा का **भद्रा** छंद
(11) 1011 (गुरु-लघु-गुरु-गुरु) = इंद्रवज्रा, उपेंद्रवज्रा, इंद्रवज्रा, इंद्रवज्रा का **वाणी** छंद
(12) 1100 (गुरु-गुरु-लघु-लघु) = इंद्रवज्रा, इंद्रवज्रा, उपेंद्रवज्रा, उपेंद्रवज्रा का **रामा** छंद
(13) 1101 (गुरु-गुरु-लघु-गुरु) = इंद्रवज्रा, इंद्रवज्रा, उपेंद्रवज्रा, इंद्रवज्रा का **शाला** छंद
(14) 1110 (गुरु-गुरु-गुरु-लघु) = इंद्रवज्रा, इंद्रवज्रा, इंद्रवज्रा, उपेंद्रवज्रा का **बाला** छंद

शंकराचार्य के विवेकचूडामणि में इंद्रवज्रा (ऽ ऽ।, ऽ ऽ।, ।ऽ।, ऽ ऽ), उपेंद्रवज्रा (। ऽ।, ऽ ऽ।, । ऽ।, ऽ ऽ), इंद्रवंशा (ऽ ऽ।, ऽ ऽ।, । ऽ।, ऽ । ऽ) और वंशस्थ (। ऽ।, ऽ ऽ।, । ऽ।, ऽ । ऽ) छंदों के समागम को भी उपजाति छंद माना गया है. इसका कारण यही कि, इंद्रवज्रा (ऽ ऽ।, ऽ ऽ।, । ऽ।, ऽ ऽ) छंद के अंतिम ग ग गण में एक मात्रा मिला कर इंद्रवंशा (ऽ ऽ।, ऽ ऽ।, । ऽ।, ऽ । ऽ) छंद होता है. इंद्रवंशा छंद के प्रथम त गण से एक मात्रा निकाल कर वंशस्थ (। ऽ।, ऽ ऽ।, । ऽ।, ऽ । ऽ) छंद होता है. वंशस्य छंद के अंतिम र गण से एक मात्रा निकाल कर उपेंद्रवज्रा (। ऽ।, ऽ ऽ।, । ऽ।, ऽ ऽ) छंद होता है. इन चार छंदों के मिश्र उपजाति छंद में निम्नांकित 116 प्रकार विवेकचूडामणि के 197 पद्यों में पाए जाते हैं.

विवेकचूडामणि के ११६ प्रकार के उपजाति छंद

1. इंद्रवंशा इंद्रवंशा इंद्रवज्रा इंद्रवज्रा 336 = 1
2. इंद्रवंशा इंद्रवंशा इंद्रवज्रा वंशस्थ 311 = 1
3. इंद्रवंशा इंद्रवंशा उपेंद्रवज्रा इंद्रवंशा 71, 386 = 2

4. इंद्रवंशा इंद्रवंशा वंशस्थ इंद्रवंशा 149 = 3

5. इंद्रवंशा इंद्रवज्रा 96 = 1

6. इंद्रवंशा इंद्रवज्रा इंद्रवज्रा इंद्रवंशा 243, 497 = 2

7. इंद्रवंशा इंद्रवज्रा इंद्रवज्रा इंद्रवज्रा 56, 164, 189, 499, 562 = 5

8. इंद्रवंशा इंद्रवज्रा उपेंद्रवज्रा इंद्रवज्रा 166 = 1

9. इंद्रवंशा इंद्रवज्रा उपेंद्रवज्रा उपेंद्रवज्रा 268 = 1

10. इंद्रवंशा इंद्रवज्रा वंशस्थ इंद्रवंशा 246, 376 = 1

11. इंद्रवंशा उपेंद्रवज्रा इंद्रवंशा इंद्रवज्रा 443 = 1

12. इंद्रवंशा उपेंद्रवज्रा इंद्रवंशा उपेंद्रवज्रा 548 = 1

13. इंद्रवंशा उपेंद्रवज्रा इंद्रवज्रा उपेंद्रवज्रा 113 = 1

14. इंद्रवंशा उपेंद्रवज्रा इंद्रवज्रा वंशस्थ 51 = 1

15. इंद्रवंशा वंशस्थ इंद्रवंशा इंद्रवंशा 244, 512 = 2

16. इंद्रवंशा वंशस्थ इंद्रवंशा इंद्रवज्रा 251 = 1

17. इंद्रवंशा वंशस्थ इंद्रवंशा उपेंद्रवज्रा 170 = 1

18. इंद्रवंशा वंशस्थ इंद्रवज्रा उपेंद्रवज्रा 337, 500 = 2

19. इंद्रवंशा वंशस्थ उपेंद्रवज्रा इंद्रवज्रा 44, 49 = 2

20. इंद्रवंशा वंशस्थ वंशस्थ इंद्रवंशा 244 = 1

21. इंद्रवंशा-इंद्रवंशा-इंद्रवंशा-इंद्रवज्रा 124 = 1

22. इंद्रवंशा-इंद्रवंशा-वंशस्थ-इंद्रवज्रा 181 = 1

23. इंद्रवंशा-इंद्रवज्रा-इंद्रवज्रा-उपेंद्रवज्रा-इंद्रवंशा-इंद्रवंशा 101 = 1

24. इंद्रवज्रा इंद्रवंशा इंद्रवंशा इंद्रवंशा 344 = 1

25. इंद्रवज्रा इंद्रवंशा इंद्रवज्रा इंद्रवंशा 94, 103 = 2

26. इंद्रवज्रा इंद्रवंशा इंद्रवज्रा इंद्रवज्रा 104, 303 = 2

27. इंद्रवज्रा इंद्रवंशा इंद्रवज्रा उपेंद्रवज्रा 148, 223, 295, 371 = 4

28. इंद्रवज्रा इंद्रवंशा इंद्रवज्रा वंशस्थ 119, 144 = 2

29. इंद्रवज्रा इंद्रवंशा उपेंद्रवज्रा इंद्रवंशा 505 = 1

30. इंद्रवज्रा इंद्रवंशा उपेंद्रवज्रा इंद्रवज्रा 322, 353 = 2

31. इंद्रवज्रा इंद्रवंशा उपेंद्रवज्रा उपेंद्रवज्रा 112, 122, 155 = 3

32. इंद्रवज्रा इंद्रवज्रा इंद्रवंशा इंद्रवंशा 134, 528 = 2

33. इंद्रवज्रा इंद्रवज्रा इंद्रवंशा इंद्रवज्रा 98, 176, 309, 339 = 4
34. इंद्रवज्रा इंद्रवज्रा इंद्रवंशा उपेंद्रवज्रा 395 = 1
35. इंद्रवज्रा इंद्रवज्रा इंद्रवंशा वंशस्थ 382 = 1
36. इंद्रवज्रा इंद्रवज्रा इंद्रवज्रा इंद्रवंशा 341, 354 = 2
37. इंद्रवज्रा इंद्रवज्रा इंद्रवज्रा उपेंद्रवज्रा 38, 45, 111, 163, 167, 184, 211, 232 = 8
38. इंद्रवज्रा इंद्रवज्रा उपेंद्रवज्रा इंद्रवंशा 172 = 1
39. इंद्रवज्रा इंद्रवज्रा उपेंद्रवज्रा इंद्रवज्रा 78, 123, 165, 480, 483 = 5
40. इंद्रवज्रा इंद्रवज्रा उपेंद्रवज्रा उपेंद्रवज्रा 135, 230, 252, 415 = 4
41. इंद्रवज्रा इंद्रवज्रा उपेंद्रवज्रा वंशस्थ 537 = 1
42. इंद्रवज्रा इंद्रवज्रा वंशस्थ इंद्रवंशा 162 = 1
43. इंद्रवज्रा इंद्रवज्रा वंशस्थ इंद्रवज्रा 238 = 1
44. इंद्रवज्रा इंद्रवज्रा वंशस्थ उपेंद्रवज्रा 267 = 1
45. इंद्रवज्रा इंद्रवज्रा वंशस्थ वंशस्थ 573 = 1
46. इंद्रवज्रा- इंद्रवज्रा- वंशस्थ-इंद्रवंशा 91 = 1
47. इंद्रवज्रा उपेंद्रवज्रा इंद्रवंशा इंद्रवज्रा 406 = 1
48. इंद्रवज्रा उपेंद्रवज्रा इंद्रवंशा उपेंद्रवज्रा 39, 519 = 2
49. इंद्रवज्रा उपेंद्रवज्रा इंद्रवज्रा इंद्रवंशा 222, 334 = 2
50. इंद्रवज्रा उपेंद्रवज्रा इंद्रवज्रा इंद्रवज्रा 100, 120 = 2
51. इंद्रवज्रा उपेंद्रवज्रा इंद्रवज्रा उपेंद्रवज्रा 338 = 1
52. इंद्रवज्रा उपेंद्रवज्रा इंद्रवज्रा वंशस्थ 171, 190 = 2
53. इंद्रवज्रा उपेंद्रवज्रा उपेंद्रवज्रा इंद्रवंशा 347 = 1
54. इंद्रवज्रा उपेंद्रवज्रा उपेंद्रवज्रा इंद्रवज्रा 133, 313, 418 = 3
55. इंद्रवज्रा उपेंद्रवज्रा उपेंद्रवज्रा उपेंद्रवज्रा 161, 377, 391 = 3
56. इंद्रवज्रा उपेंद्रवज्रा उपेंद्रवज्रा वंशस्थ 496 = 1
57. इंद्रवज्रा वंशस्थ इंद्रवंशा इंद्रवज्रा 74 = 1
58. इंद्रवज्रा वंशस्थ इंद्रवंशा वंशस्थ 84 = 1
59. इंद्रवज्रा वंशस्थ इंद्रवज्रा इंद्रवंशा 118, 294 = 2
60. इंद्रवज्रा वंशस्थ इंद्रवज्रा इंद्रवज्रा 424 = 1

61. इंद्रवज्रा वंशस्थ इंद्रवज्रा उपेंद्रवज्रा 81 = 1

62. इंद्रवज्रा वंशस्थ इंद्रवज्रा वंशस्थ 110 = 1

63. इंद्रवज्रा वंशस्थ उपेंद्रवज्रा इंद्रवज्रा 312 = 1

64. इंद्रवज्रा वंशस्थ उपेंद्रवज्रा उपेंद्रवज्रा 231, 320, 459 = 3

65. इंद्रवज्रा वंशस्थ वंशस्थ इंद्रवंशा 327 = 1

66. इंद्रवज्रा वंशस्थ वंशस्थ इंद्रवज्रा 274 = 1

67. इंद्रवज्रा-इंद्रवंशा-इंद्रवंशा-इंद्रवज्रा 115 = 1

68. उपेंद्रवज्रा इंद्रवंशा इंद्रवंशा इंद्रवंशा 296 = 1

69. उपेंद्रवज्रा इंद्रवंशा इंद्रवज्रा इंद्रवज्रा 298 = 1

70. उपेंद्रवज्रा इंद्रवंशा इंद्रवज्रा उपेंद्रवज्रा 6, 275 = 2

71. उपेंद्रवज्रा इंद्रवंशा उपेंद्रवज्रा इंद्रवंशा 220, 358, 362 = 3

72. उपेंद्रवज्रा इंद्रवंशा उपेंद्रवज्रा इंद्रवज्रा 392, 541 = 2

73. उपेंद्रवज्रा इंद्रवंशा उपेंद्रवज्रा वंशस्थ 72 = 1

74. उपेंद्रवज्रा इंद्रवंशा वंशस्थ इंद्रवज्रा 75 = 1

75. उपेंद्रवज्रा इंद्रवंशा वंशस्थ वंशस्थ 297, 364 = 2

76. उपेंद्रवज्रा इंद्रवज्रा इंद्रवंशा इंद्रवज्रा 8, 42 = 2

77. उपेंद्रवज्रा इंद्रवज्रा इंद्रवज्रा इंद्रवंशा 187 = 1

78. उपेंद्रवज्रा इंद्रवज्रा इंद्रवज्रा इंद्रवज्रा 185, 310, 332, 473, 524 = 5

79. उपेंद्रवज्रा इंद्रवज्रा इंद्रवज्रा उपेंद्रवज्रा 77, 299, 531 = 3

80. उपेंद्रवज्रा इंद्रवज्रा इंद्रवज्रा वंशस्थ 121 = 1

81. उपेंद्रवज्रा इंद्रवज्रा उपेंद्रवज्रा इंद्रवज्रा 43, 173, 177, 457 = 4

82. उपेंद्रवज्रा इंद्रवज्रा उपेंद्रवज्रा उपेंद्रवज्रा 179, 508 = 2

83. उपेंद्रवज्रा इंद्रवज्रा उपेंद्रवज्रा वंशस्थ 180, 333, 400, 525 = 4

84. उपेंद्रवज्रा इंद्रवज्रा वंशस्थ इंद्रवज्रा 150, 188, 240, 510 = 4

85. उपेंद्रवज्रा उपेंद्रवज्रा इंद्रवंशा इंद्रवंशा 504 = 1

86. उपेंद्रवज्रा उपेंद्रवज्रा इंद्रवंशा उपेंद्रवज्रा 368 = 1

87. उपेंद्रवज्रा उपेंद्रवज्रा इंद्रवज्रा इंद्रवज्रा 348 = 1

88. उपेंद्रवज्रा उपेंद्रवज्रा इंद्रवज्रा उपेंद्रवज्रा 224, 542 = 2

89. उपेंद्रवज्रा उपेंद्रवज्रा इंद्रवज्रा वंशस्थ 458 = 1
90. उपेंद्रवज्रा उपेंद्रवज्रा उपेंद्रवज्रा इंद्रवज्रा 321, 417 = 2
91. उपेंद्रवज्रा उपेंद्रवज्रा वंशस्थ वंशस्थ 221 = 1
92. उपेंद्रवज्रा उपेंद्रवज्रा वंशस्थ इंद्रवंशा 385 = 1
93. उपेंद्रवज्रा वंशस्थ इंद्रवंशा इंद्रवज्रा 85, 413 = 2
94. उपेंद्रवज्रा वंशस्थ इंद्रवज्रा इंद्रवज्रा 76, 249 = 2
95. उपेंद्रवज्रा वंशस्थ उपेंद्रवज्रा उपेंद्रवज्रा 141 = 1
96. उपेंद्रवज्रा वंशस्थ वंशस्थ इंद्रवंशा 95 = 1
97. उपेंद्रवज्रा वंशस्थ वंशस्थ इंद्रवज्रा 527 = 1
98. उपेंद्रवज्रा वंशस्थ वंशस्थ उपेंद्रवज्रा 193, 239 = 2
99. वंशस्थ इंद्रवंशा इंद्रवज्रा इंद्रवंशा 456, 475 = 2
100. वंशस्थ इंद्रवंशा इंद्रवज्रा वंशस्थ 276, 359 = 2
101. वंशस्थ इंद्रवंशा उपेंद्रवज्रा इंद्रवंशा 361 = 1
102. वंशस्थ इंद्रवंशा उपेंद्रवज्रा इंद्रवज्रा 559 = 1
103. वंशस्थ इंद्रवंशा वंशस्थ इंद्रवंशा 99 = 1
104. वंशस्थ इंद्रवंशा वंशस्थ इंद्रवज्रा 363 = 1
105. वंशस्थ इंद्रवज्रा इंद्रवंशा इंद्रवज्रा 117, 351 = 2
106. वंशस्थ इंद्रवज्रा इंद्रवंशा उपेंद्रवज्रा 365 = 1
107. वंशस्थ इंद्रवज्रा इंद्रवज्रा वंशस्थ 308 = 1
108. वंशस्थ इंद्रवज्रा उपेंद्रवज्रा वंशस्थ 136, 352 = 2
109. वंशस्थ इंद्रवज्रा वंशस्थ इंद्रवज्रा 474 = 1
110. वंशस्थ उपेंद्रवज्रा इंद्रवंशा इंद्रवज्रा 245, 488 = 2
111. वंशस्थ उपेंद्रवज्रा इंद्रवंशा उपेंद्रवज्रा 538 = 1
112. वंशस्थ उपेंद्रवज्रा उपेंद्रवज्रा वंशस्थ 207, 503 = 2
113. वंशस्थ वंशस्थ इंद्रवज्रा इंद्रवज्रा 237, 278 = 2
114. वंशस्थ वंशस्थ उपेंद्रवज्रा उपेंद्रवज्रा 247, 250 = 2
115. वंशस्थ वंशस्थ वंशस्थ वंशस्थ 40 = 1

Total 199 पद्य

शंकराचार्य के विवेकचूडामणि में उपजाति छंद 6, 8, 38, 39, 42, 43, 44, 45, 49, 51, 56, 71, 72, 74, 75, 76, 77, 78, 81, 84, 85, 91, 94, 95, 96, 98, 99, 100, 101, 103, 104, 110, 111, 112, 113, 115, 117, 118, 119, 120, 121, 122, 123, 124, 133, 134, 135, 136, 141, 144, 148, 149, 150, 155, 161, 162, 163, 164, 165, 166, 167, 170, 171, 172, 173, 176, 177, 179, 180, 181, 184, 185, 187, 188, 190, 192, 193, 207, 211, 220, 221, 222, 223, 224, 230, 231, 232, 234, 237, 238, 239, 240, 243, 244, 245, 246, 247, 249, 250, 251, 252, 267, 268, 274, 275, 276, 278, 294, 295, 296, 297, 298, 299, 303, 308, 309, 310, 311, 312, 313, 320, 321, 322, 327, 332, 333, 334, 336, 337, 338, 339, 341, 344, 347, 348, 351, 352, 353, 354, 358, 359, 361, 362, 363, 364, 365, 368, 371, 376, 377, 382, 385, 386, 391, 392, 395, 400, 406, 413, 415, 417, 418, 424, 443, 456, 457, 458, 459, 473, 474, 475, 480, 483, 488, 496, 497, 499, 500, 503, 504, 505, 508, 510, 512, 519, 524, 525, 527, 528, 531, 537, 538, 541, 542, 548, 559, 562, 573 = **199** पद्यों में पाया जाता है.

9. पुष्पिताग्रा छंद (न न र य – न ज ज र ग) :

इस अर्धसम वृत्त के विषम चरणों में न न र य गण के 12 वर्ण और सम चरणों में न ज ज र गण और एक गुरु के 13 वर्ण वर्ण आते हैं. इसका लक्षण सूत्र (विषम) ।।।, ।।।, ऽ। ऽ, । ऽ ऽ और (सम) ।।।, । ऽ।, । ऽ।, ऽ। ऽ, ऽ इस प्रकार होता है. इसमें पदान्त में विराम होता है. इसके 25 वर्ण में 34 मात्रा होती हैं. पुषिताग्रा छंद कामदत्ता (न न र य) और अचला (न ज ज र ग) छंद से बनता है.

दोहा

न न र य पद हों विषम में, सम न ज ज र गुरु वृंद ।
कहा अर्धसम वृत्त वो, "पुष्पिताग्रा" छंद ।।

हमारे कृष्णायन से पुष्पिताग्रा छंद का एक उदाहरण देखिए

श्री राम स्तुति

।।।, ।।।, ऽ। ऽ, । ऽ ऽ
।।।, । ऽ।, । ऽ।, ऽ। ऽ, ऽ

रघुवर! तुम दीन के दयाला ।
जग कहता तुम तीन लोक पाला ।। 1
सियपति! तुम सर्व भोग दाता ।
परम सखा! तुम सर्व दुःख त्राता ।। 2

शंकराचार्य के विवेकचूडामणि में पुष्पिताग्रा छंद 387, 522, 581 = 3 पद्यों में पाया जाता है.

10. मंदाक्रांता छंद (म भ न त त ग ग) :
इस अत्यष्टि छन्द के चरण में 17 वर्ण, 27 मात्रा होती हैं. इसमें म भ न त त गण आते हैं और अन्त में दो गुरु अक्षर. इसका लक्षण सूत्र ऽ ऽ ऽ, ऽ।।, ।।।, ऽ ऽ।, ऽ ऽ।, ऽ ऽ इस प्रकार होता है. इसके 4, 6, 7 वे वर्ण पर यति विकल्प से आता है.

दोहा

जहाँ म भ न त त आदि में, दो गुरु मात्रा अंत ।
सम वार्णिक यह वृत्त है, "मन्दाक्रान्ता" छन्द ।।

हमारे कृष्णायन से मंदाक्रांता छंद का एक उदाहरण देखिए

श्रीकृष्णवन्दनम्

ऽ ऽ ऽ, ऽ।।, ।।।, ऽ ऽ।, ऽ ऽ।, ऽ ऽ

गोपीनाथं कमलनयनं नन्दनन्दं मुकुन्दम् ।
लक्ष्मीकान्तं परमशरणं माधवं चक्रपाणिम् ।। 1
श्रीयोगेशं गरुडवहनं केशवं पद्मनाभम् ।
वन्दे कृष्णं कलुषदहनं विघ्नसंहारकारम् ।। 2

शंकराचार्य के विवेकचूडामणि में मंदाक्रांता छंद 139, 269, 357 = 3 पद्यों में पाया जाता है.

11. मत्तमयूर छंद : (म त य स ग) :
इस 13 वर्ण, 22 मात्रा वाले छन्द के चरण में म त य स गण और एक गुरु वर्ण

आते हैं. इसका लक्षण सूत्र ऽ ऽ ऽ, ऽ ऽ ।, । ऽ ऽ, ।। ऽ, ऽ इस प्रकार होता है.

दोहा

मत्त बाईस का बना, गुरु कल से हो अंत ।
म त य स गण से जो सजा, "मत्तमयूरा" छंद ।।

हमारे संगीत कृष्णायन से मत्तमयूर छंद का एक उदाहरण देखिए:

सुदामा

ऽ ऽ ऽ, ऽ ऽ ।, । ऽ ऽ, ।। ऽ, ऽ

कैसे जाऊँ मैं मिलने कृष्ण सखा से ।
वो राजा मैं रंक, मिलेगा वह कैसे ।। 1
ऊँची कोठी देख सुदामा चकराया ।
कान्हा ने है पास सुदामा को बिठलाया ।। 2

शंकराचार्य के विवेकचूडामणि में मत्तमयूर छंद 168 वे पद्य में पाया जाता है.

12. मालिनी छंद (न न म य य) :

इस छन्द के चरण में 15 वर्ण 22 मात्रा होती हैं । इसमें न न म य य गण आते हैं. इसका लक्षण सूत्र । । ।, । । ।, ऽ ऽ ऽ, । ऽ ऽ, । ऽ ऽ इस प्रकार होता है. इसके 8–7 वर्ण पर यति आता है ।

दोहा

मत्त बाईस हों जहाँ, सजा न न म य य वृंद ।
आठ वर्ण पर यति जहाँ, कहा मालिनी छंद ।।

हमारे काव्यरामायण से मालिनी छंद का एक उदाहरण देखिए

गणेशवन्दना

। । ।, । । ।, ऽ ऽ ऽ, । ऽ ऽ, । ऽ ऽ

गणपतिगणनाथं लम्बकर्णं गणेशम् ।
शिवसुतगणराजं वक्रतुण्डं वरेण्यम् ।।
सकलभुवननाथं निर्गुणं विश्वमूर्तिम् ।

गजमुखलघुनेत्रं शम्भुपुत्रं भजेऽहम् ।।

शंकराचार्य के विवेकचूडामणि में मालिनी छंद 83, 137, 138, 145, 335, 356, 397, 410, 411, 412, 416, 577 = 12 पद्यों में पाया जाता है.

13. रथोद्धता छंद (र न र ल ग) :

इस छन्द के चरणों में ग्यारह वर्ण, 16 मात्रा होती हैं. इसमें र न र गण और अन्त में लघु–गुरु वर्ण आते हैं. इसके पद के अन्त में विराम होता है. इसका लक्षण सूत्र ऽ। ऽ, ।।।, ऽ। ऽ, । ऽ इस प्रकार होता है.

दोहा

सोलह कल से जो सजा, आदि र न र, ल ग अंत ।
ग्यारह अक्षर की कला, "रथोद्धता" है छंद ।।

हमारे कृष्णायन से रथोद्धता छंद का एक उदाहरण देखिए

कृष्ण के नाम

ऽ। ऽ, ।।।, ऽ। ऽ, । ऽ

लाभ–हानि सब द्वंद्व जानिये ।
मोद दुःख न चिरायु मानिये ।।
एक काम चिर काल कीजिए ।
नाम कृष्ण हर वक्त लीजिये ।।

शंकराचार्य के विवेकचूडामणि में रथोद्धता छंद 256, 257, 258, 259, 260, 261, 262, 263, 264, 265, 266, 367, 489 = 13 पद्यों में पाया जाता है.

14. वंशस्थ छंद (ज त ज र) :

इस छन्द के चरणों में बारह वर्ण की 18 मात्रा होती हैं. इसमें ज त ज र गण आते हैं. इसका लक्षण सूत्र । ऽ।, ऽ ऽ।, । ऽ।, ऽ। ऽ इस प्रकार है. पदान्त में विराम होता है.

दोहा

मत्त अठारह से सजा, ज त ज र गण का वृंद ।

वर्ण बारह का बना, कहा "वंशस्थ" छंद ।।

हमारे कृष्णायन से वंशस्थ छंद का एक उदाहरण देखिए

ज्ञानदीप

। ऽ।, ऽ ऽ।, । ऽ।, ऽ। ऽ

भजो महा पावन नाम श्याम का ।
सदा रटो रे! शुभ जाप राम का ।। 1
जभी जले अंदर दीप ज्ञान का ।
तभी खुले फाटक स्वर्ग धाम का ।। 2

शंकराचार्य के विवेकचूडामणि में वंशस्थ छंद चालीस वें पद्य में पाया जाता है.

15. वसंततिलका छंद (त भ ज ज ग ग) :

इसके चरणों में चौदह वर्ण, 21 मात्रा होती हैं, यति 8 वे वर्ण पर विकल्प से आता है. इसमें त भ ज ज गण और दो गुरु वर्ण आते हैं. इसका लक्षण सूत्र ऽ ऽ।, ऽ।।, । ऽ।, । ऽ।, ऽ ऽ इस प्रकार होता है. वसंततिलका पद्य सा–नि़– सारे–रे सारे ग–, मगरे– गरेसा– इस प्रकार से गाया बजाया जा सकता है.

दोहा

त भ ज ज ग ग गण की कला, देती मन आनंद ।
बारह कल पर यति जहाँ, "वसंततिलका" छंद ।।

हमारे कृष्णायन से वसंततिलका छंद का एक उदाहरण देखिए

अर्जुन का विषाद

ऽ ऽ।, ऽ।।, । ऽ।, । ऽ।, ऽ ऽ

कौन्तेय ने जब लखे, प्रिय बंधु आगे ।
खोये हवास उसके, अरु होश भागे ।।
बोला, विषाद–युत वो, "शर ना धरूँगा ।

चाहे, जनार्दन! यहाँ, रण में मरूँगा" ।।

शंकराचार्य के विवेकचूडामणि में वसंततिलका छंद 93, 156, 157, 169, 175, 346, 553, 554, 565 = 9 पद्यों में पाया जाता है.

16. शार्दूलविक्रीडित छंद (म स ज स त त ग) :

इस छन्द के चरणों में 19 वर्ण, 30 मात्रा होती हैं. इसमें म स ज स त त गण और एक गुरु वर्ण आता है. यति 12–19 वर्ण पर आता है. इसका लक्षण सूत्र ऽ ऽ ऽ, ।। ऽ, । ऽ ।, ।। ऽ, ऽ ऽ ।, ऽ ऽ ।, ऽ इस प्रकार होता है.

दोहा

म स ज स त त गण से सजा, मुझको जिससे प्रीत ।
अंतिम गुरु का छंद है, "शार्दूलविक्रीडीत" ।।

हमारे कृष्णायन से शार्दूलविक्रीडित छंद का एक उदाहरण देखिए

श्रीकृष्णवन्दना

ऽ ऽ ऽ, ।। ऽ, । ऽ ।, ।। ऽ, ऽ ऽ ।, ऽ ऽ ।, ऽ

वन्दे चक्रधरं हरिं गुरुवरं श्रीकृष्णदामोदरम् ।
योगेशो मम मार्गदर्शकवरो रक्षाकरो ज्ञानदः ।। 1
कृष्णान्नास्ति कृपाकरः प्रियतरः कृष्णैव मे पालकः ।
तस्माद्विघ्नहराय नम्रमनसा कृष्णाय तस्मै नमः ।। 2

शंकराचार्य के विवेकचूडामणि में शार्दूलविक्रीडित छंद 2, 41, 67, 116, 147, 209, 219, 253, 254, 304, 342, 370, 378, 379, 380, 396, 427, 455, 484, 523, 540, 582 = 22 पद्यों में पाया जाता है.

17. शालिनी छंद (म त त ग ग) :

इस छंद के चरणों में 4, 7 के ग्यारह वर्ण, 20 मात्रा होती हैं. इस में म त त गण और दो गुरु वर्ण आते हैं. इसका लक्षण सूत्र ऽ ऽ ऽ, ऽ ऽ ।,

ऽ ऽ।, ऽ ऽ इस प्रकार होता है.

दोहा

बनता मात्रा बीस से, दो गुरु मत्ता अंत ।
जहाँ म त त गण हों सजे, वहाँ "शालिनी" छंद ।।

हमारे कृष्णायन से शालिनी छंद का एक उदाहरण देखिए

मटकी फोड़ कान्हा

ऽ ऽ ऽ, ऽ ऽ।, ऽ ऽ।, ऽ ऽ

कैसे लाए नीर ग्वालीन गोरी ।
कान्हा रोड़ी मार कामोर फोरी ।। 1
भीगी राधा की चुनैया गुलाबी ।
राधा गालों पे सजायी गुलाली ।। 2

शंकराचार्य के विवेकचूडामणि में शालिनी छंद 48, 114, 198, 199, 233, 248, 255, 389, 476, 514, 515, 516 = 12 पद्यों में पाया जाता है.

18. शिखरिणी छंद (य म न स भ ल ग) :

इस छन्द के चरण में 17 वर्ण और 25 मात्राएँ होती हैं. इसमें य म न स भ गण और एक-एक लघु गुरु आते हैं. इसका लक्षण सूत्र । ऽ ऽ, ऽ ऽ ऽ, ।।।, ।। ऽ, ऽ।।, । ऽ इस प्रकार होता है. इसके 6-11 पर यति आता है.

दोहा

मत्त पच्चीस में सजा, य म न स भ ग का वृंद ।
छठी मत्त पर यति जहाँ, चारु "शिखरिणी" छंद ।।

हमारे कृष्णायन से शिखरिणी छंद का एक उदाहरण देखिए

प्रभु की माया

। ऽ ऽ, ऽ ऽ ऽ, ।।।, ।। ऽ, ऽ।।, । ऽ

सारे- सानि़सा- रेग़रे-, रेरेरे ग़पमग़ रेग़ रेग़रे सा-

प्रभो! तेरी माया, ग्रहण करने में गहन है ।
मगर सच्चे मन से, स्मरण करके वो सुगम है ।।
सदा चरण में, रहो शरण तो हरि साथ है ।
सभी जगत का, अनाथ जन का, वही नाथ है ।।

शंकराचार्य के विवेकचूडामणि में शिखरिणी छंद 140, 142, 143, 307, 393, 398, 520, 544 = 8 पद्यों में पाया जाता है.

विवेक चूडामणि के १९३ छंदों की मीमांसा

1. सर्ववेदान्तसिद्धान्तगोचरं तमगोचरम् ।
गोविन्दं परमानन्दं सद्गुरुं प्रणतोऽस्म्यहम् ।।

अनुष्टुभ् श्लोक छंद

सर्ववे	दान्तसि	द्धान्त-	
ऽ । ऽ	ऽ । ऽ	ऽ ।	रगल, लक्ष्मी छंद
गोचरं	तमगो	चरम्	
ऽ । ऽ	। । ऽ	। ऽ	रसलग, पथ्यावक्त्र छंद
गोविन्दं	परमा	नन्दम्	
ऽ ऽ ऽ	। । ऽ	ऽ ऽ	मसगग, वक्त्र छंद
सद्गुरुं	प्रणतो	स्म्यहम्	
ऽ । ऽ	। । ऽ	। ऽ	रसलग, पथ्यावक्त्र छंद

संधि-विग्रह

सर्व-वेदान्त-सिद्धान्त-गोचरं			तम्		अगोचरम्
सब शास्त्रसिद्धांतों का मुख्य विषय जो			उसको		अगोचर-
गोविन्दं	परमानन्दं	सद्गुरुं	प्रणतः	अस्मि	अहम्
गोविंद को	परमानंद	सद्गुरु	नत मस्तक	हूँ	मैं

2. जन्तूनां नरजन्म दुर्लभमतः पुंस्त्वं ततो विप्रता
तस्माद्वैदिकधर्ममार्गपरता विद्वत्त्वमस्मात्परम् ।
आत्मानात्मविवेचनं स्वनुभवो ब्रह्मात्मना संस्थितिः
मुक्तिर्नो शतजन्मकोटिसुकृतैः पुण्यैर्विना लभ्यते ।।

शार्दूलविक्रीडित छंद : (म स ज स त त ग)

जन्तूनां	नरज	न्मदुर्ल	भमतः	पुंस्त्वंत	तोविप्र	ता

ऽ ऽ ऽ	। । ऽ	। ऽ ।	। । ऽ	ऽ ऽ ।	ऽ ऽ ।	ऽ
तस्माद्वै	दिकध	र्ममार्ग	परता	विद्वत्त्व	मस्मात्प	रम्
ऽ ऽ ऽ	। । ऽ	। ऽ ।	। । ऽ	ऽ ऽ ।	ऽ ऽ ।	ऽ
आत्माना	त्मविवे	चनंस्व	नुभवो	ब्रह्मात्म	नासंस्थि	तिः
ऽ ऽ ऽ	। । ऽ	। ऽ ।	। । ऽ	ऽ ऽ ।	ऽ ऽ ।	ऽ
मुक्तिर्नो	शतज	न्मकोटि	सुकृतैः	पुण्यैर्वि	नालभ्य	ते
ऽ ऽ ऽ	। । ऽ	। ऽ ।	। । ऽ	ऽ ऽ ।	ऽ ऽ ।	ऽ

संधि-विग्रह

जन्तूनां	नरजन्म	दुर्लभम्	अतः	पुंस्त्वं	ततः	विप्रता
जीवों को	नर जन्म	दुर्लभ है	अतः	मनुष्यत्व	उससे	विप्रता
तस्मात्	वैदिक-धर्म-मार्ग-परता					
उससे भी अधिक	वैदिक धर्म मार्ग की परायणता					
आत्म-अनात्म-विवेचनं		स्वनुभवः	ब्रह्म-आत्मना		संस्थितिः	
आत्मा-अनात्मा का विचार		अपरोक्ष अनुभव	ब्रह्म से आत्म की		ब्रह्मनिष्ठा	
मुक्तिः	नो	शत-जन्म-कोटि-सुकृतैः		पुण्यैः	विना	लभ्यते
मुक्ति	नहीं	कोटिशः जन्म के सत्कार्य के		पुण्यों-	बिना	मिलती

3. दुर्लभं त्रयमेवैतद्देवानुग्रहहेतुकम् ।
मनुष्यत्वं मुमुक्षुत्वं महापुरुषसंश्रयः ।।

अनुष्टुभ् श्लोक छंद

दुर्लभं	त्रयमे	वैत	
ऽ । ऽ	। । ऽ	ऽ ऽ	रसगग, गाथ छंद
द्देवानु	ग्रहहे	तुकम्	
ऽ ऽ ऽ	। । ऽ	। ऽ	मसलग, अपरिचित छंद
मनुष्य	त्वंमुमु	क्षुत्वं	
। ऽ ऽ	ऽ । ऽ	ऽ ऽ	यरगग, कुलाधारी छंद
महापु	रुषसं	श्रयः	
। ऽ ।	। । ऽ	। ऽ	जसलग, अपरिचित छंद

संधि-विग्रह

दुर्लभं	त्रयम्	एव	एतत्	देव-अनुग्रह-हेतुकम्

दुर्लभ	तीनों	ही	ये	ईश्वरी कृपा के कारण

मनुष्यत्वं	मुमुक्षुत्वं	महापुरुष-संश्रयः
मनुष्यत्व	मोक्ष	संत समागम

4. लब्ध्वा कथंचिन्नरजन्म दुर्लभं तत्रापि पुंस्त्वं श्रुतिपारदर्शनम् ।
   यस्त्वात्ममुक्तौ न यतेत मूढधीः स ह्यात्महा स्वं विनिहन्त्यसद्ग्रहात् ।।

इंद्रवंशा छंद : (त त ज र)

लब्ध्वाक	थंचिन्न	रजन्म	दुर्लभं	
ऽ ऽ ।	ऽ ऽ ।	। ऽ ।	ऽ । ऽ	इंद्रवंशा छंद
तत्रापि	पुंस्त्वंश्रु	तिपार	दर्शनम्	
ऽ ऽ ।	ऽ ऽ ।	। ऽ ।	ऽ । ऽ	इंद्रवंशा छंद
यस्त्वात्म	मुक्तौन	यतेत	मूढधीः	
ऽ ऽ ।	ऽ ऽ ।	। ऽ ।	ऽ । ऽ	इंद्रवंशा छंद
सह्यात्म	हास्वंवि	निहन्त्य	सद्ग्रहात्	
ऽ ऽ ।	ऽ ऽ ।	। ऽ ।	ऽ । ऽ	इंद्रवंशा छंद

संधि-विग्रह

लब्ध्वा	कथंचित्	नरजन्म	दुर्लभं
पा कर	प्रयास से	नर जन्म को	दुर्लभ
तत्र	अपि	पुंस्त्वं	श्रुति-पारदर्शनम्
उसमें	भी	मुनुष्यत्व	शास्त्र समझने की योग्यता

यः	तु	आत्ममुक्तौ	न	यतेत	मूढधीः
जो	भी	मोक्षप्राप्ति का	नहीं	प्रयत्न करे	मूढ़ात्मा
सः	हि	आत्महा	स्वं	विनिहन्ति	असद्ग्रहात्
वह	ही	आत्मघाती	अपना	नाश करता है	असद्बुद्धि से

5. इतः को न्वस्ति मूढात्मा यस्तु स्वार्थे प्रमाद्यति ।
   दुर्लभं मानुषं देहं प्राप्य तत्रापि पौरुषम् ।।

अनुष्टुभ् श्लोक छंद

इतःको	न्वस्तिमू	ढात्मा	
। ऽ ऽ	ऽ । ऽ	ऽ ऽ	यरगग, कुलाधारी छंद

यस्तुस्वा	र्थेप्रमा	द्यति	
ऽ ऽ ऽ	ऽ । ऽ	। ऽ *	मरलग, क्षमा छंद
दुर्लभं	मानुषं	देहं	
ऽ । ऽ	ऽ । ऽ	ऽ ऽ	ररगग, पद्ममाला छंद
प्राप्यत	त्रापिपौ	रुषम्	
ऽ । ऽ	ऽ । ऽ	। ऽ	ररलग, हेमरूप छंद

* चरण की अंतिम लघु मात्रा दीर्घ मानी गई है.

संधि-विग्रह

इतः	को नु	अस्ति	मूढात्मा	यस्तु	स्वार्थे	प्रमाद्यति
इससे	कौन	है	मूढ़ बुद्धि	जो भी	स्व हित में	ढिलाई करे

दुर्लभं	मानुषं	देहं	प्राप्य	तत्रापि	पौरुषम्
दुर्लभ	नर का	देह	प्राप्त करके	उसमें भी	पुरुषत्व

6. वदन्तु शास्त्राणि यजन्तु देवान्कुर्वन्तु कर्माणि भजन्तु देवताः ।
आत्मैक्यबोधेन विनापि मुक्तिः न सिध्यति ब्रह्मशतान्तरेऽपि ।।

उपजाति : उपेंद्रवज्रा-इंद्रवंशा-इंद्रवज्रा-उपेंद्रवज्रा छंद

वदन्तु	शास्त्राणि	यजन्तु	देवान्		
। ऽ ।	ऽ ऽ ।	। ऽ ।	ऽ ऽ	ज त ज ग ग	उपेंद्रवज्रा छंद
कुर्वन्तु	कर्माणि	भजन्तु	देवताः		
ऽ ऽ ।	ऽ ऽ ।	। ऽ ।	ऽ । ऽ	त त ज र	इंद्रवंशा छंद
आत्मैक्य	बोधेन	विनापि	मुक्तिः		
ऽ ऽ ।	ऽ ऽ ।	। ऽ ।	ऽ ऽ	त त ज ग ग	इंद्रवज्रा छंद
नसिध्य	तिब्रह्म	शतान्त	रेऽपि		
। ऽ ।	ऽ ऽ ।	। ऽ ।	ऽ ऽ	ज त ज ग ग	उपेंद्रवज्रा छंद

संधि-विग्रह

वदन्तु	शास्त्राणि	यजन्तु	देवान्
कहें	शास्त्र	यज्ञ करें	देवों के लिए

कुर्वन्तु	कर्माणि	भजन्तु	देवताः
करें	कर्म	की पूजा करें	देवताओं

आत्मैक्य-बोधेन	विना	अपि	मुक्तिः

आत्म और ब्रह्म के ऐक्यबोध	के बिना	भी	मुक्ति

न	सिध्यति	ब्रह्म-शतान्तरे	अपि
नहीं	सिद्ध होती है	सौ ब्रह्म के वर्ष में	भी

7. अमृतत्वस्य नाशास्ति वित्तेनेत्येव हि श्रुतिः ।
ब्रवीति कर्मणो मुक्तेरहेतुत्वं स्फुटं यतः ।।

अनुष्टुभ् श्लोक छंद

अमृत	त्वस्यना	शास्ति	
। । ऽ	ऽ । ऽ	ऽ ।	सरगल, सुविलासा छंद *
वित्तेने	त्येवहि	श्रुतिः	
ऽ ऽ ऽ	ऽ । ऽ	। ऽ	मरलग, क्षमा छंद
ब्रवीति	कर्मणो	मुक्ते	
। ऽ ।	ऽ । ऽ	ऽ ऽ	जरगग, यशस्करी छंद
रहेतु	त्वंस्फुटं	यतः	
। ऽ ऽ	ऽ । ऽ	। ऽ	यरलग, भाषा छंद

* सुविलासा छंद को वलिकेन्दु छंद भी कहा जाता है.

संधि-विग्रह.

अमृतत्वस्य	न	आशा	अस्ति	वित्तेन	इति एव हि	श्रुतिः
मोक्षप्राप्ति की	नहीं	आशा	होती है	धन से	इस प्रकार की	शास्त्र

ब्रवीति	कर्मणः	मुक्तेः	अ-हेतुत्वं	स्फुटं	यतः
कहता	कर्म-	मोक्ष के लिए	हेतु नहीं	स्पष्ट	क्यों कि

8. अतो विमुक्त्यै प्रयतेत विद्वान्संन्यस्तबाह्यार्थसुखस्पृहः सन् ।
सन्तं महान्तं समुपेत्य देशिकं तेनोपदिष्टार्थसमाहितात्मा ।।

उपजाति : उपेंद्रवज्रा-इंद्रवज्रा-इंद्रवंशा-इंद्रवज्रा छंद

अतोवि	मुक्त्यैप्र	यतेत	विद्वान्		
। ऽ ।	ऽ ऽ ।	। ऽ ।	ऽ ऽ	ज त ज ग ग	उपेंद्रवज्रा छंद
संन्यस्त	बाह्यार्थ	सुखस्पृ	हःसन्		
ऽ ऽ ।	ऽ ऽ ।	। ऽ ।	ऽ ऽ	त त ज ग ग	इंद्रवज्रा छंद
सन्तंम	हान्तंस	मुपेत्य	देशिकं		

ऽ ऽ ।	ऽ ऽ ।	। ऽ ।	ऽ । ऽ	त त ज र	इंद्रवंशा छंद
तेनोप	दिष्टार्थ	समाहि	तात्मा		
ऽ ऽ ।	ऽ ऽ ।	। ऽ ।	ऽ ऽ	त त ज ग ग	इंद्रवज्रा छंद

संधि–विग्रह.

अतः	विमुक्त्यै	प्रयतेत	विद्वान्
इस लिए	मोक्ष के लिए	प्रयत्न करे	विद्वान
संन्यस्त-बाह्यार्थ-सुखस्पृहः सन्			
बाह्य सुखों की इच्छा का त्याग करके			
सन्तं	महान्तं	समुपेत्य	देशिकं
सज्जन–	महंत–	शरण में आकर	गुरु की
तेन	उपदिष्टार्थ-समाहितात्मा		
उन्हों ने	दिए हुए उपदेश पर एकाग्र चित्त धर कर		

9. उद्धरेदात्मनात्मानं मग्नं संसारवारिधौ ।
योगारूढत्वमासाद्य सम्यग्दर्शननिष्ठया ।।

अनुष्टुभ् श्लोक छंद

उद्धरे	दात्मना	त्मानं	
ऽ । ऽ	ऽ । ऽ	ऽ ऽ	ररगग, पद्ममाला छंद *
मग्नंसं	सारवा	रिधौ	
ऽ ऽ ऽ	ऽ । ऽ	। ऽ	मरलग, क्षमा छंद
योगारू	ढत्वमा	साद्य	
ऽ ऽ ऽ	ऽ । ऽ	ऽ ।	मरगल, मधुमालती छंद
सम्यग्द	र्शननि	ष्ठया	
ऽ ऽ ऽ	ऽ । ऽ	। ऽ	मरलग, क्षमा छंद

* पद्ममाला छंद का अन्य नाम है पद्मिनी छंद

संधि–विग्रह.

उद्धरेत्	आत्मना	आत्मानं	मग्नं	संसार-वारिधौ
उद्धार करें	स्वयं	आप	डूबे हुए	संसार सागर में
योगारूढत्वम्	आसाद्य	सम्यक्-दर्शन-निष्ठया		
चित्त की एकाग्रता	संपादित करके	अद्वैत की उत्तम ज्ञाननिष्ठा से		

10. संन्यस्य सर्वकर्माणि भवबन्धविमुक्तये ।
यत्यतां पण्डितैर्धीरैरात्माभ्यास उपस्थितैः ।।

अनुष्टुभ् श्लोक छंद

संन्यस्य	सर्वक	र्माणि	
ऽ ऽ ।	ऽ । ऽ	ऽ ।	तरगल, विभा छंद
भवब	न्धविमु	क्तये	
। । ऽ	। । ऽ	। ऽ	ससलग, मही छंद *
यत्यतां	पण्डितै	र्धीरै	
ऽ । ऽ	ऽ । ऽ	ऽ ऽ	ररगग, पद्ममाला छंद
रात्माभ्या	सउप	स्थितैः	
ऽ ऽ ऽ	। । ऽ	। ऽ	मसलग, अपरिचित छंद

* मही छंद का अन्य नाम है कलिला छंद

संधि–विग्रह.

संन्यस्य	सर्व-कर्माणि	भव-बन्ध-विमुक्तये
त्याग करके	सब कर्मकांड को	भवसागर से मुक्ति के लिए

यत्यतां	पण्डितैः	धीरैः	आत्माभ्यासे	उपस्थितैः
प्रयत्न हो	विद्वज्जनों द्वारा	बुद्धिमान–	आत्मज्ञान के लिए	तत्पर होकर

11. चित्तस्य शुद्धये कर्म न तु वस्तूपलब्धये ।
वस्तुसिद्धिर्विचारेण न किंचित्कर्मकोटिभिः ।।

अनुष्टुभ् श्लोक छंद

चित्तस्य	शुद्धये	कर्म	
ऽ ऽ ।	ऽ । ऽ	ऽ ।	तरगल, विभा छंद
नतुव	स्तूपल	ब्धये	
। । ऽ	ऽ । ऽ	। ऽ	सरलग, शलुकलुप्ता छंद
वस्तुसि	द्धिर्विचा	रेण	
ऽ । ऽ	ऽ । ऽ	ऽ ।	ररगल, लक्ष्मी छंद
नकिंचि	त्कर्मको	टिभिः	
। ऽ ऽ	ऽ । ऽ	। ऽ	यरलग, भाषा छंद

संधि–विग्रह.

चित्तस्य	शुद्धये	कर्म	न	तु	वस्तु-उपलब्धये
चित्त की	शुद्धि के लिए	निष्काम कर्म	नहीं	मगर	आत्मज्ञान प्राप्ति के लिए

वस्तु-सिद्धिः	विचारेण	न	किंचित्	कर्म-कोटिभिः
आत्मज्ञान प्राप्ति	विवेक से	नहीं	अल्प भी	कोटि कर्म से भी

12. सम्यग्विचारतः सिद्धा रज्जुतत्त्वावधारणा।
भ्रान्तोदितमहासर्पभयदुःखविनाशिनी ॥

अनुष्टुभ् श्लोक छंद

सम्यग्वि	चारतः	सिद्धा	
ऽ ऽ ।	ऽ । ऽ	ऽ ऽ	तरगग, विभा छंद
रज्जुत	त्त्वावधा	रणा	
ऽ । ऽ	ऽ । ऽ	। ऽ	ररलग, हेमरूप छंद
भ्रान्तोदि	तमहा	सर्प	
ऽ ऽ ।	। । ऽ	ऽ ।	तसगल, श्यामा छंद
भयदुः	खविना	शिनी	
। । ऽ	। । ऽ	। ऽ	ससलग, मही छंद

संधि–विग्रह.

सम्यग्विचारतः	सिद्धा	रज्जुतत्त्वावधारणा
यथार्थ विवेकशक्ति से	सिद्ध होती है	रज्जू की वास्तविक स्वरूप धारणा हो कर
भ्रान्तोदित-महा-सर्प-भय-दुःख-विनाशिनी		
रज्जू को सर्प मान कर भ्रांत हुए पुरुष के दुःख का नाश करने वाली		

13. अर्थस्य निश्चयो दृष्टो विचारेण हितोक्तितः।
न स्नानेन न दानेन प्राणायामशतेन वा ॥

अनुष्टुभ् श्लोक छंद

अर्थस्य	निश्चयो	दृष्टो	
ऽ ऽ ।	ऽ । ऽ	ऽ ऽ	तरगग, विभा छंद

विचारे	णहितो	क्तितः	
। ऽ ऽ	। । ऽ	। ऽ	यसलग, अपरिचित छंद
नस्नाने	ननदा	नेन	
ऽ ऽ ऽ	। । ऽ	ऽ ऽ	मसगग, वक्त्र छंद
प्राणाया	मशते	नवा	
ऽ ऽ ऽ	। । ऽ	। ऽ	मसलग, अपरिचित छंद

संधि–विग्रह.

अर्थस्य	निश्चयः	दृष्टः	विचारेण	हितोक्तितः	
वस्तुतत्त्व का	स्थिर ज्ञान	देखा गया है	सम्यक् विवेक से	सद् वचन से	
न	स्नानेन	न	दानेन	प्राणायम-शतेन	वा
नहीं	स्नान से	न ही	दान से	सौ प्राणायम से	अथवा

14. अधिकारिणमाशास्ते फलसिद्धिर्विशेषतः ।
उपाया देशकालाद्याः सन्त्यस्मिन्सहकारिणः ।।

अनुष्टुभ् श्लोक छंद

अधिका	रिणमा	शास्ते	
। । ऽ	। । ऽ	ऽ ऽ	ससगग, पंचशिखा छंद
फलसि	द्धिर्विशे	षतः	
। । ऽ	ऽ । ऽ	। ऽ	सरलग, शलुकलुप्ता छंद
उपाया	देशका	लाद्याः	
। ऽ ऽ	ऽ । ऽ	ऽ ऽ	यरगग, कुलाधारी छंद
सन्त्यस्मि	न्सहका	रिणः	
ऽ ऽ ऽ	। । ऽ	। ऽ	मसलग, अपरिचित छंद

संधि–विग्रह.

अधिकारिणम्	आशास्ते	फल-सिद्धिः	विशेषतः	
अधिकारी की	अपेक्षा है	फलसिद्धि	विशेष तौर पर	
उपायाः	देश-काला-द्याः	सन्ति	अस्मिन्	सहकारिणः
अनूकुल उपाय	स्थान समय आदि	होते हैं	फल सिद्धि में	सहायक

15. अतो विचारः कर्तव्यो जिज्ञासोरात्मवस्तुनः ।
समासाद्य दयासिन्धुं गुरुं ब्रह्मविदुत्तमम् ।।

अनुष्टुभ् छंद

अतोवि	चारःक	र्तव्यो	
। ऽ ।	ऽ ऽ ऽ	ऽ ऽ	जमगग, हाकली छंद
जिज्ञासो	रात्मव	स्तुनः	
ऽ ऽ ऽ	ऽ । ऽ	। ऽ	मरलग, क्षमा छंद
समासा	द्यदया	सिन्धुं	
। ऽ ऽ	। । ऽ	ऽ ऽ	यसगग, मनोला छंद
गुरुंब्र	ह्मविदु	त्तमम्	
। ऽ ऽ	। । ऽ	। ऽ	यसलग, अपरिचित छंद

पाद टिप्पणी :

इस अनुष्टुभ् छंद के विषम चरण 1 में पहले चार अक्षरों के बाद य गण (। ऽ ऽ) के स्थान पर म (ऽ ऽ ऽ) गण आने के कारण – विषम चरण 3 में प्रथम चार अक्षरों के पश्चात् य गण (। ऽ ऽ) गण और सम चरण 2 और 4 में प्रथम चार अक्षरों के पश्चात् ज (। ऽ ।) गण आ कर भी इस चार चरणों के पद्य में श्लोक छंद सिद्ध नहीं हुआ है.

संधि–विग्रह.

अतः	विचारः	कर्तव्यः	जिज्ञासोः	आत्म-वस्तुनः
अतः	विचार	करना चाहिए	जिज्ञासु पुरुष को	आत्मा ही ब्रह्म है

समासाद्य	दया-सिन्धुं	गुरुं	ब्रह्म-विदुत्तमम्
शरण में जाकर	दया सागर–	गुरु की	ब्रह्मज्ञानी

16. मेधावी पुरुषो विद्वानूहापोहविचक्षणः ।
अधिकार्यात्मविद्यायामुक्तलक्षणलक्षितः ।।

अनुष्टुभ् श्लोक छंद

मेधावी	पुरुषो	विद्वा	
ऽ ऽ ऽ	। । ऽ	ऽ ऽ	मसगग, वक्त्र छंद
नूहापो	हविच	क्षणः	

ऽ ऽ ऽ	। । ऽ	। ऽ	मसलग, अपरिचित छंद
अधिका	र्यात्मवि	द्याया	
। । ऽ	ऽ । ऽ	ऽ ऽ	सरगग, परिधारा छंद
मुक्तल	क्षणल	क्षितः	
ऽ । ऽ	ऽ । ऽ	। ऽ	ररलग, हेमरूप छंद

संधि-विग्रह.

मेधावी	पुरुषः	विद्वान्	ऊहापोह-विचक्षणः
ज्ञानी	पुरुष	बुद्धिमान-	ऊहापोह में कुशल

अधिकारी	आत्म-विद्यायाम्	उक्त-लक्षण-लक्षितः
अधिकार प्राप्त	आत्मज्ञान का	उपरोक्त लक्षण से युक्त

17. विवेकिनो विरक्तस्य शमादिगुणशालिनः ।
मुमुक्षोरेव हि ब्रह्मजिज्ञासायोग्यता मता ।।

अनुष्टुभ् श्लोक छंद

विवेकि	नोविर	क्तस्य	
। ऽ ।	ऽ । ऽ	ऽ ।	जरगल, सुचंद्रप्रभा *
शमादि	गुणशा	लिनः	
। ऽ ।	। । ऽ	। ऽ	रसलग, पथ्यावक्त्र छंद
मुमुक्षो	रेवहि	ब्रह्म	
। ऽ ऽ	ऽ । ऽ	ऽ ।	यरगल, सुचंद्रभा छंद
जिज्ञासा	योग्यता	मता	
ऽ ऽ ऽ	ऽ । ऽ	। ऽ	मरलग, क्षमा छंद

* सुचंद्रप्रभा छंद को अनामिका छंद भी कहा जाता है.

संधि-विग्रह

विवेकिनः	विरक्तस्य	शमादि-गुण-शालिनः
विवेकी-	विरक्त पुरुष का	शम आदि सद्गुण संपन्न

मुमुक्षोः	एव हि	ब्रह्म-जिज्ञासा-योग्यता	मता
मुमुक्षु को	ही	ब्रह्मज्ञान पिपासु की योग्यता	मानी गई है

18. साधनान्यत्र चत्वारि कथितानि मनीषिभिः ।
येषु सत्स्वेव सन्निष्ठा यदभावे न सिध्यति ।।

अनुष्टुभ् श्लोक छंद

साधना	न्यत्रच	त्वारि	
ऽ । ऽ	ऽ । ऽ	ऽ ।	यरगल, सुचंद्रभा छंद
कथिता	निमनी	षिभिः	
। । ऽ	। । ऽ	। ऽ	ससलग, मही छंद
येषुस	त्स्वेवस	न्निष्ठा	
ऽ । ऽ	ऽ । ऽ	ऽ ऽ	ररगग, मद्यमाला छंद
यदभा	वेनसि	ध्यति	
। । ऽ	ऽ । ऽ	। ऽ *	सरलग, शलुकलुप्ता छंद

* चरण की अंतिम लघु मात्रा दीर्घ मानी गई है.

संधि–विग्रह.

साधनानि	अत्र	चत्वारि	कथितानि	मनीषिभिः
साधन	इस ब्रह्मविज्ञा के	चार	कहे हैं	ज्ञानियों ने

येषु सत्सु	एव	सन्निष्ठा	यत्-अभावे	न	सिध्यति
जिनमें होने पर	तभी	ब्रह्मनिष्ठा	जिसके बिना	नहीं	सिद्ध होती

19. आदौ नित्यानित्यवस्तुविवेकः परिगम्यते ।
इहामुत्रफलभोगविरागस्तदनन्तरम् ॥

अनुष्टुभ् छंद

आदौनि	त्यानित्य	वस्तु	
ऽ ऽ ऽ	ऽ ऽ ।	ऽ ।	मतगल, उल्लाला छंद
विवेकः	परिग	म्यते	
। ऽ ऽ	। । ऽ	। ऽ	यसलग, अपरिचित छंद
इहामु	त्रफल	भोग	
। ऽ ऽ	। । ।	ऽ ।	यनगल, छंद
विराग	स्तदन	न्तरम्	
। ऽ ऽ	ऽ । ऽ	। ऽ	यरलग, भाषा छंद

पाद टिप्पणी :

इस अनुष्टुभ् छंद के विषम चरण 1 में पहले चार अक्षरों के बाद य गण (। ऽ ऽ)

के स्थान पर र (ऽ । ऽ) गण और विषम चरण 3 में पहले चार अक्षरों के बाद य गण (। ऽ ऽ) के स्थान पर स (। । ऽ) गण आने के कारण – सम चरण 2 और 4 में प्रथम चार अक्षरों के पश्चात् ज (। ऽ ।) गण आ कर भी इस चार चरणों के पद्य में श्लोक छंद सिद्ध नहीं हुआ है.

संधि–विग्रह.

आदौ	नित्यानित्य-वस्तुविवेकः	परि-गम्यते
प्रारंभ में	नित्य आत्मा और अनित्य अनात्मा के यथार्थ विवेक को	साधन माना है

इह-अमुत्र-फल-भोग-विरागः	तदनन्तरम्
(और) इस और उस लोक में कर्मफल भोग को त्यक्तव्य जानना	उसके बाद

20. शमादिषट्कसम्पत्तिर्मुमुक्षुत्वमिति स्फुटम् ।
ब्रह्म सत्यं जगन्मिथ्येत्येवंरूपो विनिश्चयः ।।

अनुष्टुभ् श्लोक छंद

शमादि	षट्कस	म्पत्ति	
। ऽ ।	ऽ । ऽ	ऽ ऽ	जरगग, यशस्करी छंद
र्मुमुक्षु	त्वमिति	स्फुटम्	
। ऽ ऽ	ऽ । ऽ	। ऽ	यरलग, भाषा छंद
ब्रह्मस	त्यंजग	न्मिथ्ये	
ऽ । ऽ	ऽ । ऽ	। ऽ	ररलग, हेमरूप छंद
त्येवंरू	पोविनि	श्चयः	
ऽ ऽ ऽ	ऽ । ऽ	। ऽ	मरलग, क्षमा छंद

संधि–विग्रह.

शमादि-षट्क-सम्पत्तिः	मुमुक्षुत्वम्	इति	स्फुटम्
शम आदि छह तरह की संपत्ति	मोक्षप्राप्ति की इच्छा	इस प्रकार	स्पष्ट है

ब्रह्म सत्यं	जगत् मिथ्या इति एव-रूपः	विनिश्चयः
ब्रह्म शाश्वत है	विश्व अशाश्वत है	यह दृढ़ निश्चय

21. सोऽयं नित्यानित्यवस्तुविवेकः समुदाहृतः ।
तद्वैराग्यं जिहासा या दर्शनश्रवणादिभिः ।।

अनुष्टुभ् छंद

सोयंनि	त्यानित्य	वस्तु	
ऽ ऽ ऽ	ऽ ऽ ।	ऽ ।	मतगल, उल्लाला छंद
विवेकः	समुदा	हृतः	
। ऽ ऽ	। । ऽ	। ऽ	यसलग, अपरिचित छंद
तद्वैरा	ग्यंजिहा	साया	
ऽ ऽ ऽ	ऽ । ऽ	ऽ ऽ	मरगग, मधुमालती छंद
दर्शन	श्रवणा	दिभिः	
ऽ । ऽ	ऽ । ऽ	। ऽ	ररलग, हेमरूप छंद

पाद टिप्पणी :

इस अनुष्टुभ् छंद के विषम चरण 1 में पहले चार अक्षरों के बाद य गण (। ऽ ऽ) के स्थान पर र (ऽ । ऽ) गण आने के कारण – विषम चरण 3 में प्रथम चार अक्षरों के पश्चात् य गण (। ऽ ऽ) गण और सम चरण 2 और 4 में प्रथम चार अक्षरों के पश्चात् ज (। ऽ ।) गण आ कर भी इस चार चरणों के पद्य में श्लोक छंद सिद्ध नहीं हुआ है.

संधि–विग्रह.

स	अयं	नित्या-नित्य-वस्तु-विवेकः	समुदाहृतः
वही	यह	शाश्वत-अशाश्वत वस्तु विवेक	कहा गया है

तत्	वैराग्यं	जिहासा	या	दर्श-नश्रवणादिभिः
वह	वैराग्य है	दृढ़ निश्चय	जो	श्रवण और दृष्टि के द्वारा

22. देहादिब्रह्मपर्यन्ते ह्यनित्ये भोगवस्तुनि ।
विरज्य विषयव्राताद्दोषदृष्ट्या मुहुर्मुहुः ॥

अनुष्टुभ् श्लोक छंद

देहादि	ब्रह्मप	र्यन्ते	
ऽ ऽ ऽ	ऽ । ऽ	ऽ ऽ	मरगग, मधुमालती छंद
ह्यनित्ये	भोगव	स्तुनि	
। ऽ ऽ	ऽ । ऽ	। ऽ *	यरलग, भाषा छंद
विरज्य	विषय	व्राता	
। ऽ ।	। । ऽ	ऽ ऽ	जसगग, भांर्गी छंद

द्दोषदृ	ष्ट्यामुहु	र्मुहुः	
ऽ । ऽ	ऽ । ऽ	। ऽ	ररलग, हेमरूप छंद

* चरण की अंतिम लघु मात्रा दीर्घ मानी गई है.

संधि–विग्रह.

देहादि-ब्रह्मपर्यन्ते	हि	अनित्ये	भोगवस्तुनि
देह–देही से ब्रह्मा तक	सभी	नश्वर	भोगवस्तु
विरज्य	विषयव्रातात्	दोष-दृष्ट्या	मुहुर्मुहुः
वैराग्य प्राप्त करके	विषयसमूह से	दोष को परख कर	बारंबार

23. स्वलक्ष्ये नियतावस्था मनसः शम उच्यते ।
विषयेभ्यः परावर्त्य स्थापनं स्वस्वगोलके ।।

अनुष्टुभ् श्लोक छंद

स्वलक्ष्ये	नियता	वस्था	
। ऽ ऽ	। । ऽ	ऽ ऽ	यसगग, अपरिचित छंद
मनसः	शमउ	च्यते	
। । ऽ	। । ऽ	। ऽ	ससलग, मही छंद
विषये	भ्यःपरा	वर्त्य	
ऽ । ऽ	ऽ । ऽ	ऽ ऽ	ररगग, पद्ममाला छंद
स्थापनं	स्वस्वगो	लके	
ऽ । ऽ	ऽ । ऽ	। ऽ	ररलग, हेमरूप छंद

संधि–विग्रह.

स्वलक्ष्ये	नियतावस्था	मनसः	शमः	उच्यते
अपने लक्ष्य पर	स्थिर होना	मन से–	शम	कहा गया है

विषयेभ्यः	परावर्त्य	स्थापनं	स्व-स्वगोलके
विषयों से	परे रह कर	स्थित रहना	निजी स्थान में

24. उभयेषामिन्द्रियाणां स दमः परिकीर्तितः ।
बाह्यानालम्बनं वृत्तेरेषोपरतिरुत्तमा ।।

अनुष्टुभ् छंद

उभये	षामिन्द्रि	याणां	
। । ऽ	ऽ ऽ ।	ऽ ऽ	सभगग, मोद छंद

सदमः	परिकी	र्तितः	
। । ऽ	। । ऽ	। ऽ	ससलग, मही छंद
बाह्याना	लम्बनं	वृत्ते	
ऽ ऽ ऽ	ऽ । ऽ	ऽ ऽ	मरगग, मधुमालती छंद
रेषोप	रतिरु	त्तमा	
ऽ ऽ ।	। । ऽ	। ऽ	तसलग, अपरिचित छंद

पाद टिप्पणी :

इस अनुष्टुभ् छंद के विषम चरण 1 में पहले चार अक्षरों के बाद य गण (। ऽ ऽ) के स्थान पर स (। । ऽ) गण आने के कारण – विषम चरण 3 में प्रथम चार अक्षरों के पश्चात् य गण (। ऽ ऽ) गण और सम चरण 2 और 4 में प्रथम चार अक्षरों के पश्चात् ज (। ऽ ।) गण आ कर भी इस चार चरणों के पद्य में श्लोक छंद सिद्ध नहीं हुआ है.

संधि-विग्रह.

उभयेषां	इन्द्रियाणां	सः	दमः	परिकीर्तितः
दोनों तरह की	इंद्रियों को	वह	दम	कहा गया है
बाह्यान्-आलम्बनं	वृत्तेः	एषः	उपरतिः	उत्तमा
बाह्य विषय का आश्रय	चित्तवृत्ति को	यह	उदासीनता है	उत्तम

25. सहनं सर्वदुःखानामप्रतीकारपूर्वकम् ।
चिन्ताविलापरहितं सा तितिक्षा निगद्यते ॥

अनुष्टुभ् छंद

सहनं	सर्वदुः	खाना	
। । ऽ	ऽ । ऽ	ऽ ऽ	सरगग, परिधारा छंद
मप्रती	कारपू	र्वकम्	
ऽ । ऽ	ऽ । ऽ	। ऽ	ररलग, हेमरूप छंद
चिन्तावि	लापर	हितं	
ऽ ऽ ।	ऽ । ।	। ऽ	तभलग, रामा छंद
सातिति	क्षानिग	द्यते	
ऽ । ऽ	ऽ । ऽ	। ऽ	ररलग, हेमरूप छंद

पाद टिप्पणी :

इस अनुष्टुभ् छंद के विषम चरण 3 में पहले चार अक्षरों के बाद य गण (। ऽ ऽ) के स्थान पर न (। । ।) गण आने के कारण – विषम चरण 1 में प्रथम चार अक्षरों के पश्चात् य गण (। ऽ ऽ) गण और सम चरण 2 और 4 में प्रथम चार अक्षरों के पश्चात् ज (। ऽ ।) गण आ कर भी इस चार चरणों के पद्य में श्लोक छंद सिद्ध नहीं हुआ है.

संधि–विग्रह.

सहनं	सर्व-दुःखानाम्	अ-प्रतीकार-पूर्वकम्
सहन करना	सभी दुःख नष्ट कैसे हों	उनके प्रतिकार किए बिना

चिन्ता-विलाप-रहितं	सा	तितिक्षा	निगद्यते
बिना चिंता और विलाप के	वही प्रक्रिया	तितिक्षा	कही गई है

26. शास्त्रस्य गुरुवाक्यस्य सत्यबुद्ध्यवधारणम् ।
सा श्रद्धा कथिता सद्भिर्यया वस्तूपलभ्यते ।।

अनुष्टुभ् श्लोक छंद

शास्त्रस्य	गुरुवा	क्यस्य	
ऽ ऽ ।	। । ऽ	ऽ ।	तसगल, श्यामा छंद
सत्यबु	द्ध्यवधा	रणम्	
ऽ । ऽ	ऽ । ऽ	। ऽ	ररलग, हेमरूप छंद
साश्रद्धा	कथिता	सद्भि	
ऽ ऽ ऽ	। । ऽ	ऽ ऽ	मसगग, वक्त्र छंद
र्यायाव	स्तूपल	भ्यते	
। ऽ ऽ	ऽ । ऽ	। ऽ	मरलग, क्षमा छंद

संधि–विग्रह.

शास्त्रस्य	गुरु-वाक्यस्य	सत्य-बुद्ध्यवधारणम्
शास्त्र का	गुरु वाक्य का	सत्यनिष्ठा से विश्वास करना

सा	श्रद्धा	कथिता	सद्भिः	यया	वस्तु	उपलभ्यते
वह	श्रद्धा	कही है	सज्जनों द्वारा	जिससे	आत्मज्ञान	प्राप्त किया जाता है

27. सर्वदा स्थापनं बुद्धेः शुद्धे ब्रह्मणि सर्वदा ।
तत्समाधानमित्युक्तं न तु चित्तस्य लालनम् ।।

अनुष्टुभ् श्लोक छंद

सर्वदा	स्थापनं	बुद्धेः	
ऽ । ऽ	ऽ । ऽ	ऽ ऽ	रगग, पद्ममाला छंद
शुद्धेब्र	ह्मणिस	र्वदा	
ऽ ऽ ऽ	ऽ । ऽ	। ऽ	मरलग, क्षमा छंद
तत्समा	धानमि	त्युक्तं	
ऽ । ऽ	ऽ । ऽ	ऽ ऽ	ररगग, पद्ममाला छंद
नतुचि	त्तस्यला	लनम्	
। । ऽ	ऽ । ऽ	। ऽ	सरलग, शलुकलुप्ता छंद

संधि–विग्रह.

सर्वदा	स्थापनं	बुद्धेः	शुद्धे	ब्रह्मणि	सर्वदा		
सब समय	स्थिर होना	बुद्धि का	निष्कलंकित	ब्रह्म में	त्रिकाल में		
तत्	समाधानम्	इति उक्तं	न	तु	चित्तस्य	लालनम्	
वह	समाधान	कहा गया है	नहीं	मगर	चित्त का	संतुष्ट होना	

28. अहंकारादिदेहान्तान् बन्धानज्ञानकल्पितान् ।
स्वस्वरूपावबोधेन मोक्तुमिच्छा मुमुक्षुता ।।

अनुष्टुभ् श्लोक छंद

अहंका	रादिदे	हान्तान्	
। ऽ ऽ	ऽ । ऽ	ऽ ऽ	यरगग, कुलाधारी छंद
बन्धान	ज्ञानक	ल्पितान्	
ऽ ऽ ऽ	ऽ । ऽ	। ऽ	मरलग, क्षमा छंद
स्वस्वरू	पावबो	धेन	
ऽ । ऽ	ऽ । ऽ	ऽ ।	ररगल, लक्ष्मी छंद
मोक्तुमि	च्छामुमु	क्षुता	
ऽ । ऽ	ऽ । ऽ	। ऽ	ररलग, हेमरूप छंद

संधि–विग्रह.

अहंकारादि-देहान्तान्	बन्धान्	अज्ञान-कल्पितान्

अहंकार से देहांत तक	बंधनों से	अज्ञान के कारण कल्पिना किए हुए	
स्वस्वरूपावबोधेन	मोक्तुम्	इच्छा	मुमुक्षुता
आत्मस्वरूप के बोध से	मुक्ति पाने की	इच्छा	मुमुक्षुता है

29. मन्दमध्यमरूपापि वैराग्येण शमादिना ।
प्रसादेन गुरोः सेयं प्रवृद्धा सूयते फलम् ।।

अनुष्टुभ् श्लोक छंद

मन्दम	ध्यमरू	पापि	
ऽ । ऽ	ऽ । ऽ	ऽ ।	रगल, लक्ष्मी छंद
वैराग्ये	णशमा	दिना	
ऽ ऽ ऽ	। । ऽ	। ऽ	मसलग, अपरिचित छंद
प्रसादे	नगुरोः	सेयं	
। ऽ ऽ	। । ऽ	ऽ ऽ	यसगग, मनोला छंद
प्रवृद्धा	सूयते	फलम्	
। ऽ ऽ	ऽ । ऽ	। ऽ	यरलग, भाषा छंद

संधि–विग्रह.

मन्द-मध्यम-रूपा	अपि	वैराग्येण	शमादिना
मंद तथा मध्यम रूप की	फिर भी	बैरागी ने	शम आदि छह संपत्ति से

प्रसादेन	गुरोः	सा	इयं	प्रवृद्धा	सूयते	फलम्
कृपा से	गुरु की	वह	यही	प्रवृद्ध	देती है	फल

अनुष्टुभ् श्लोक छंद

30. वैराग्यं च मुमुक्षुत्वं तीव्रं यस्य तु विद्यते ।
तस्मिन्नेवार्थवन्तः स्युः फलवन्तः शमादयः ।।

वैराग्यं	चमुमु	क्षुत्वं	
ऽ ऽ ऽ	। । ऽ	ऽ ऽ	मसगग, वक्त्र छंद
तीव्रंय	स्यतुवि	द्यते	
ऽ ऽ ऽ	। । ऽ	। ऽ	मसलग, अपरिचित छंद
तस्मिन्ने	वार्थव	न्तःस्युः	

ऽ ऽ ऽ	ऽ । ऽ	ऽ ऽ	मरगग, मधुमालती छंद
फलव	न्तःशमा	दयः	
। । ऽ	ऽ । ऽ	। ऽ	सरलग, शलुकलुप्ता छंद

संधि–विग्रह.

वैराग्यं	च	मुमुक्षुत्वं	तीव्रं	यस्य	तु	विद्यते
वैराग्य	और	मोक्ष पाने की इच्छा	तीव्र	जिसकी	भी	होती है

तस्मिन्	एव	अर्थवन्तः	स्युः	फलवन्तः	शमादयः
उसमें	ही	सार्थक	हो	फल दायक	शम आदि

31. एतयोर्मन्दता यत्र विरक्तत्वमुमुक्षयोः ।
मरौ सलीलवत्तत्र शमादेर्भानमात्रता ।।

अनुष्टुभ् श्लोक छंद

एतयो	र्मन्दता	यत्र	
ऽ । ऽ	ऽ । ऽ	ऽ ।	ररगल, लक्ष्मी छंद
विरक्त	त्वमुमु	क्षयोः	
। ऽ ऽ	ऽ । ऽ	। ऽ	यरलग, भाषा छंद
मरौस	लीलव	त्तत्र	
। ऽ ।	ऽ । ऽ	ऽ ।	जरगल, सुचंद्रप्रभा छंद
शमादे	र्भानमा	त्रता	
। ऽ ऽ	ऽ । ऽ	। ऽ	यरलग, भाषा छंद

संधि–विग्रह.

एतयोः	मन्दता	यत्र	विरक्तत्व-मुमुक्षयोः
इन दोनों की	मंदता होती है	जिस पुरुष में	वैराग्य और मुमुक्षुत्व

मरौ	सलीलवत्	तत्र	शमादेः	भान-मात्रता
मरुभूमि पर	जल के समान	उस पुरुष में	शम आदि का	आभास मात्र होता है

32. मोक्षकारणसामग्र्यां भक्तिरेव गरीयसी ।
स्वस्वरूपानुसन्धानं भक्तिरित्यभिधीयते ।।

अनुष्टुभ् श्लोक छंद

मोक्षका	रणसा	मग्र्यां	
ऽ । ऽ	। । ऽ	ऽ ऽ	रसगग, गाथ छंद
भक्तिरे	वगरी	यसी	
ऽ । ऽ	। । ऽ	। ऽ	रसलग, पथावक्त्र छंद
स्वस्वरू	पानुस	न्धानं	
ऽ । ऽ	ऽ । ऽ	ऽ ऽ	ररगग, पद्ममाला छंद
भक्तिरि	त्यभिधी	यते	
ऽ । ऽ	। । ऽ	। ऽ	रसलग, पथावक्त्र छंद

संधि-विग्रह.

मोक्ष-कारण-सामग्र्यां	भक्तिः	एव	गरीयसी
मोक्ष प्राप्ति के साधनों में	भक्ति	ही	सर्व श्रेष्ठ है
स्वस्वरूपानुसन्धानं	भक्तिः	इति	अभिधीयते
आत्मस्वरूप के चिंतन को ही	भक्ति	नाम	दिया जाता है

33. स्वात्मतत्त्वानुसन्धानं भक्तिरित्यपरे जगुः ।
उक्तसाधनसंपन्नस्तत्त्वजिज्ञासुरात्मनः ।।

अनुष्टुभ् श्लोक छंद

स्वात्मत	त्वानुस	न्धानं	
ऽ । ऽ	ऽ । ऽ	ऽ ऽ	ररगग, पद्ममाला छंद
भक्तिरि	त्यपरे	जगुः	
ऽ । ऽ	ऽ । ऽ	। ऽ	ररलग, हेमरूप छंद
उक्तसा	धनसं	पन्न	
ऽ । ऽ	। । ऽ	ऽ ऽ	रसगग, गाथ छंद
स्तत्त्वजि	ज्ञासुरा	त्मनः	
ऽ । ऽ	ऽ । ऽ	। ऽ	ररलग, हेमरूप छंद

संधि-विग्रह.

स्व-आत्म-तत्त्वानुसन्धानं	भक्तिः	इति	अपरे	जगुः
स्व आत्मा के प्रति तत्त्व यथार्थता	भक्ति	नाम	दूसरे ज्ञानी	देते हैं

उक्त-साधन-संपन्नः	तत्त्व-जिज्ञासुः	आत्मनः
उपरोक्त साधनों से युक्त	तत्त्वज्ञान के पिपासु	आत्मस्वरूप के

34. उपसीदेद्गुरुं प्राज्ञं यस्माद्बन्धविमोक्षणम् ।
श्रोत्रियोऽवृजिनोऽकामहतो यो ब्रह्मवित्तमः ॥

अनुष्टुभ् श्लोक छंद

उपसी	देद्गुरुं	प्राज्ञं	
।।ऽ	ऽ।ऽ	ऽऽ	सरगग, परिधारा छंद
यस्माद्ब	न्धविमो	क्षणम्	
ऽऽऽ	ऽ।ऽ	।ऽ	मरलग, क्षमा छंद
श्रोत्रियो	वृजिनो	काम	
ऽ।ऽ	।।ऽ	ऽ।	रसगल, गाथ छंद
हतोयो	ब्रह्मवि	त्तमः	
।ऽऽ	ऽ।ऽ	।ऽ	यरलग, भाषा छंद

संधि–विग्रह.

उपसीदेत्	गुरुं	प्राज्ञं	यस्मात्	बन्ध-विमोक्षणम्
उपासना करे	गुरु की	ज्ञानी	जिससे	भव बंधनों से मुक्ति मिले
श्रोत्रियः	अवृजिनः	अ-काम-हतः	यः	ब्रह्म-वित्तमः
श्रुति शास्त्र संपन्न	सद्गुरु	निरपेक्ष	जो श्रीगुरु	उत्तम ब्रह्मवेत्ता हैं

35. ब्रह्मण्युपरतः शान्तो निरिन्धन इवानलः ।
अहेतुकदयासिन्धुर्बन्धुरानमतां सताम् ॥

अनुष्टुभ् श्लोक छंद

ब्रह्मण्यु	परतः	शान्तो	
ऽऽ।	।।ऽ	ऽऽ	तसगग, श्यामा छंद
निरिन्ध	नइवा	नलः	
।ऽ।	।।ऽ	।ऽ	जसलग, अपरिचित छंद
अहेतु	कदया	सिन्धुः	
।ऽ।	।।ऽ	ऽऽ	जसगग, भांर्गी छंद
बन्धुरा	नमतां	सताम्	

ऽ । ऽ	। । ऽ	। ऽ	रसलग, पथ्यावक्त्र छंद

संधि–विग्रह.

ब्रह्मणि	उपरतः	शान्तः	निरिन्धनः	इव	अनलः
ब्रह्म में	लीन	शांत	भस्मीभूत इंधन–	की तरह	अग्नि

अ-हेतुक-दया-सिन्धुः	बन्धुः	आनमतां	सताम्
बिना स्वार्थ के दया सागर	सुहृद होते हैं	वरदाता	सत् पुरूष

36. तमाराध्य गुरुं भक्त्या प्रह्वप्रश्रयसेवनैः ।
प्रसन्नं तमनुप्राप्य पृच्छेज्ज्ञातव्यमात्मनः ।।

अनुष्टुभ् श्लोक छंद

तमारा	ध्यगुरुं	भक्त्या	
। ऽ ऽ	। । ऽ	ऽ ऽ	यसगग, मनोला छंद
प्रह्वप्र	श्रयसे	वनैः	
ऽ ऽ ऽ	। । ऽ	। ऽ	मसलग, अपरिचित छंद
प्रसन्नं	तमनु	प्राप्य	
। ऽ ऽ	। । ऽ	ऽ ।	यसगल, मनोला छंद
पृच्छेज्ज्ञा	तव्यमा	त्मनः	
ऽ ऽ ऽ	ऽ । ऽ	। ऽ	मरलग, क्षमा छंद

संधि–विग्रह.

तम्	आराध्य	गुरुं	भक्त्या	प्रह्व-प्रश्रय-सेवनैः
उस	आराध्य	गुरु को	भक्ति से	सेवा शुश्रूशा से

प्रसन्नं	तम्	अनुप्राप्य	पृच्छेत्	ज्ञातव्यम्	आत्मनः
प्रसन्न	उसके	पास जा कर	पूछना चाहिए	जानने योग्य	अपने

37. स्वामिन्नमस्ते नतलोकबन्धो
कारुण्यसिन्धो पतितं भवाब्धौ ।
मामुद्धरात्मीयकटाक्षदृष्ट्या
ऋज्व्यातिकारुण्यसुधाभिवृष्ट्या ।।

इंद्रवज्रा छंद : (त त ज ग ग)

स्वामिन्न	मस्तेन	तलोक	बन्धो		
ऽ ऽ ।	ऽ ऽ ।	। ऽ ।	ऽ ऽ	त त ज ग ग	इंद्रवज्रा छंद
कारुण्य	सिन्धोप	तितंभ	वाब्धौ		
ऽ ऽ ।	ऽ ऽ ।	। ऽ ।	ऽ ऽ	त त ज ग ग	इंद्रवज्रा छंद
मामुद्ध	रात्मीय	कटाक्ष	दृष्ट्या		
ऽ ऽ ।	ऽ ऽ ।	। ऽ ।	ऽ ऽ	त त ज ग ग	इंद्रवज्रा छंद
ऋज्व्याति	कारुण्य	सुधाभि	वृष्ट्या		
ऽ ऽ ।	ऽ ऽ ।	। ऽ ।	ऽ ऽ	त त ज ग ग	इंद्रवज्रा छंद

संधि-विग्रह.

स्वामिन्	नमः	ते	नत-लोक-बन्धो
हे स्वामी गुरुदेव!	नमन	आपको	हे शरणागत के वत्सल बंधु!
कारुण्य-सिन्धो	पतितं	भवाब्धौ	
हे करुणासिंधु!	गिरे हुए	भवसागर में-	
माम्	उद्धर	आत्मीय-कटाक्ष-दृष्ट्या	
मेरा	उद्धार कीजिए	आपकी कृपादृष्टि से	
ऋज्व्या	अति-कारुण्य-सुधा-भिवृष्ट्या		
सरल और	अति कृपालु अवलोकन से-		

38. दुर्वारसंसारदवाग्नितप्तं दोधूयमानं दुरदृष्टवातैः ।
भीतं प्रपन्नं परिपाहि मृत्योः शरण्यमन्यद्यदहं न जाने ।।

उपजाति : इंद्रवज्रा इंद्रवज्रा इंद्रवज्रा उपेंद्रवज्रा छंद

दुर्वार	संसार	दवाग्नि	तप्तं		
ऽ ऽ ।	ऽ ऽ ।	। ऽ ।	ऽ ऽ	त त ज ग ग	इंद्रवज्रा छंद
दोधूय	मानंदु	रदृष्ट	वातैः		
ऽ ऽ ।	ऽ ऽ ।	। ऽ ।	ऽ ऽ	त त ज ग ग	इंद्रवज्रा छंद
भीतंप्र	पन्नंप	रिपाहि	मृत्योः		
ऽ ऽ ।	ऽ ऽ ।	। ऽ ।	ऽ ऽ	त त ज ग ग	इंद्रवज्रा छंद
शरण्य	मन्यद्य	दहंन	जाने		
। ऽ ।	ऽ ऽ ।	। ऽ ।	ऽ ऽ	ज त ज ग ग	उपेंद्रवज्रा छंद

संधि–विग्रह.

दुर्वार-संसार-दवाग्नि-तप्तं					
संसाररूप अरण्य में दुःसह दाह से तप्त हुए–					
दोधूयमानं			दुरदृष्टवातैः		
पातकोद्भुभुत दुर्दैव की			दुर्दैवरूप वायु के झोकों से		
भीतं	प्रपन्नं		परिपाहि	मृत्योः	
कंपायमान	और शरणागत		मेरी रक्षा कीजिए!	मृत्यु से–	
शरण्यम्	अन्यत्	यत्	अहं	न	जाने
शरणागत	अन्य	जो	मैं	नहीं	जानता

39. शान्ता महान्तो निवसन्ति सन्तो
वसन्तवल्लोकहितं चरन्तः ।
तीर्णाः स्वयं भीमभवार्णवं जनान्
अहेतुनान् यानपि तारयन्तः ।।

उपजाति : इंद्रवज्रा-उपेंद्रवज्रा-इंद्रवंशा-उपेंद्रवज्रा छंद

शान्ताम	हान्तोनि	वसन्ति	सन्तो		
ऽ ऽ ।	ऽ ऽ ।	। ऽ ।	ऽ ऽ	त त ज ग ग	इंद्रवज्रा छंद
वसन्त	वल्लोक	हितंच	रन्तः		
। ऽ ।	ऽ ऽ ।	। ऽ ।	ऽ ऽ	ज त ज ग ग	उपेंद्रवज्रा छंद
तीर्णाःस्व	यंभीम	भवार्ण	वंजनान्		
ऽ ऽ ।	ऽ ऽ ।	। ऽ ।	ऽ । ऽ	त त ज र	इंद्रवंशा
अहेतु	नान्यान	पितार	यन्तः		
। ऽ ।	ऽ ऽ ।	। ऽ ।	ऽ ऽ	ज त ज ग ग	उपेंद्रवज्रा छंद

संधि–विग्रह.

शान्ताः	महान्तः	निवसन्ति	सन्तः
शांत	महंत लोग	निवास कर रह रहे हैं	संत–
वसन्तवत्	लोकहितं	चरन्तः	
मनोहर वसंत ऋतु के समान	जन हित	करने वाले	
तीर्णाः	स्वयं	भीम-भवार्णवं	जनान्
तैर कर पार गए हुए	आप	भीषण भवसागर को	मानवों को
अ-हेतुना	अन्यान्	अपि	तारयन्तः

परोपकार बुद्धि से	अन्य	भी	तेरण करने वाले

40. अयं स्वभावः स्वत एव यत्परश्रमापनोदप्रवणं महात्मनाम् ।
सुधांशुरेष स्वयमर्ककर्कशप्रभाभितप्तामवति क्षितिं किल ।।

वंशस्थ छंद : (ज त ज र)

अयंस्व	भावःस्व	तएव	यत्पर	
। ऽ ।	ऽ ऽ ।	। ऽ ।	ऽ । ऽ	ज त ज र
श्रमाप	नोदप्र	वणंम	हात्मनाम्	
। ऽ ।	ऽ ऽ ।	। ऽ ।	ऽ । ऽ	ज त ज र
सुधांशु	रेषस्व	यमर्क	कर्कश	
। ऽ ।	ऽ ऽ ।	। ऽ ।	ऽ । ऽ	ज त ज र
प्रभाभि	तप्ताम	वतिक्षि	तिंकिल	
। ऽ ।	ऽ ऽ ।	। ऽ ।	ऽ । ऽ *	ज त ज र

* चरण की अंतिम लघु मात्रा दीर्घ गिनी गई है.

संधि-विग्रह.

अयं	स्वभावः	स्वतः	एव	यत्
यह उनका	स्वभाव	स्वयं	ही है	जो
परश्रमापनोद-प्रवणं			महात्मनाम्	
दूसरों का भला करने में तत्परता है			महाजनों की	
सुधांशुः	एषः	स्वयं	अर्क-कर्कश-	
चंद्र-	यह	आप ही	प्रखर सूरज-	
प्रभाभि-तप्ताम्	अवति		क्षितिं	किल
-तेज से तप्त	रक्षण करता है		पृथ्वी का	निश्चित् ही

41. ब्रह्मानन्दरसानुभूतिकलितैः पूतैः सुशीतैर्युतैः
युष्मद्वाक्कलशोज्झितैः श्रुतिसुखैर्वाक्यामृतैः सेचय ।
संतप्तं भवतापदावदहनज्वालाभिरेनं प्रभो
धन्यास्ते भवदीक्षणक्षणगतेः पात्रीकृताः स्वीकृताः ।।

शार्दूलविक्रीडित छंद : (म स ज स त त ग)

ब्रह्मान	न्दरसा	नुभूति	कलितैः	पूतैःसु	शीतैर्यु	तैः

ऽ ऽ ऽ	। । ऽ	। ऽ ।	। । ऽ	ऽ ऽ ।	ऽ ऽ ।	ऽ
युष्मद्वा	क्कलशो	ज्झितैःश्रु	तिसुखै	र्वाक्यामृ	तैःसेच	य
ऽ ऽ ऽ	। । ऽ	। ऽ ।	। । ऽ	ऽ ऽ ।	ऽ ऽ ।	ऽ *
संतप्तं	भवता	पदाव	दहन	ज्वालाभि	रेनंप्र	भो
ऽ ऽ ऽ	। । ऽ	। ऽ ।	। । ऽ	ऽ ऽ ।	ऽ ऽ ।	ऽ
धन्यास्ते	भवदी	क्षणक्ष	णगतेः	पात्रीकृ	ताःस्वीकृ	ताः
ऽ ऽ ऽ	। । ऽ	। ऽ ।	। । ऽ	ऽ ऽ ।	ऽ ऽ ।	ऽ

* चरण की अंतिम लघु मात्रा दीर्घ गिनी गई है.

संधि–विग्रह.

ब्रह्मानन्द-रसानुभूति-कलितैः	पूतैः	सु-शीतैः	र्युतैः-
ब्रह्मानंदस्वरूप मधुर रस के अनुभव से	पावन	शीतल मंगल	युक्त

युष्मद्वाक्कलशोज्झितैः	श्रुतिसुखैः	वाक्यामृतैः	सेचय
वाणी रूप कलश से निकले हुए	कर्ण को सुख दायक	वाक्यामृत से	सिंचन करें

संतप्तं	भव-ताप-दावदहन-ज्वालाभिः	एनं	प्रभो
संतप्त हुए	सांसारिक ताप-त्रय की ज्वाला से	इस मुझको	हे प्रभु!

धन्याः	ते	भवदीक्षणक्षणगतेः	पात्रीकृताः	स्वीकृताः
धन्य हैं	वे	आपकी कृपादृष्टि की गति को	पात्र और–	स्वीकृत लोग

42. कथं तरेयं भवसिन्धुमेतं का वा गतिर्मे कतमोऽस्त्युपायः ।
जाने न किञ्चित्कृपयाव मां प्रभो संसारदुःखक्षतिमातनुष्व ।।

उपजाति : उपेंद्रवज्रा-इंद्रवज्रा-इंद्रवंशा-इंद्रवज्रा छंद

कथंत	रेयंभ	वसिन्धु	मेतं		
। ऽ ।	ऽ ऽ ।	। ऽ ।	ऽ ऽ	ज त ज ग ग	उपेंद्रवज्रा छंद
कावाग	तिर्मेक	तमोऽस्त्यु	पायः		
ऽ ऽ ।	ऽ ऽ ।	। ऽ ।	ऽ ऽ	त त ज ग ग	इंद्रवज्रा छंद
जानेन	किञ्चित्कृ	पयाव	मांप्रभो		
ऽ ऽ ।	ऽ ऽ ।	। ऽ ।	ऽ । ऽ	त त ज र	इंद्रवंशा छंद
संसार	दुःखक्ष	तिमात	नुष्व		
ऽ ऽ ।	ऽ ऽ ।	। ऽ ।	ऽ ऽ *	त त ज ग ग	इंद्रवज्रा छंद

* चरण की अंतिम लघु मात्रा दीर्घ गिनी गई है.

संधि–विग्रह.

कथं	तरेयं	भव-सिन्धुं	एतं

कैसे?	पार करूँ	भव सागर को	इस

का	वा	गतिः	मे	कतमः	अस्ति	उपायः
क्या?	अथवा	गति	मेरी	कौनसा?	है	उपाय

जाने	न	किञ्चित्	कृपया	अव	मां	प्रभो
मैं जानता	नहीं	कुछ भी	कृपया	रक्षा कीजिए	मेरी	हे प्रभु!

संसार-दुःख-क्षतिम्	आतनुष्व
संसार के दुःखों का विनाश	कीजिए

43. तथा वदन्तं शरणागतं स्वं संसारदावानलतापतप्तम् ।
निरीक्ष्य कारुण्यरसार्द्रदृष्ट्या दद्यादभीतिं सहसा महात्मा ।।

उपजाति : उपेंद्रवज्रा-इंद्रवज्रा-उपेंद्रवज्रा-इंद्रवज्रा छंद

तथाव	दन्तंश	रणाग	तंस्वं		
। ऽ ।	ऽ ऽ ।	। ऽ ।	ऽ ऽ	ज त ज ग ग	उपेंद्रवज्रा छंद
संसार	दावान	लताप	तप्तम्		
ऽ ऽ ।	ऽ ऽ ।	। ऽ ।	ऽ ऽ	त त ज ग ग	इंद्रवज्रा छंद
निरीक्ष्य	कारुण्य	रसार्द्र	दृष्ट्या		
। ऽ ।	ऽ ऽ ।	। ऽ ।	ऽ ऽ	ज त ज ग ग	उपेंद्रवज्रा छंद
दद्याद	भीतिंस	हसाम	हात्मा		
ऽ ऽ ।	ऽ ऽ ।	। ऽ ।	ऽ ऽ	त त ज ग ग	इंद्रवज्रा छंद

संधि–विग्रह.

तथा	वदन्तं	शरणागतं	स्वं
यथा ही	कहते हुए	शरण में आए हुए	आपकी

संसार-दावानल-ताप-तप्तम्
संसार रूपी दावाग्नि की ज्वालाओं से संतप्त मुझ शिष्य की ओर
निरीक्ष्यकारुण्य-रसार्द्र-दृष्ट्या
कृपा रस से भरी दृष्टि से देख कर

दद्यात्	अभीतिं	सहसा	महात्मा
दें	धीरज	तुरंत	महात्मा

44. विद्वान् स तस्मा उपसत्तिमीयुषे मुमुक्षवे साधु यथोक्तकारिणे ।
प्रशान्तचित्ताय शमान्विताय तत्त्वोपदेशं कृपयैव कुर्यात् ।।

उपजाति : इंद्रवंशा-वंशस्थ-उपेंद्रवज्रा-इंद्रवज्रा छंद

विद्वान्स	तस्माउ	पसत्ति	मीयुषे		
ऽ ऽ ।	ऽ ऽ ।	। ऽ ।	ऽ । ऽ	त त ज र	इंद्रवंशा छंद
मुमुक्ष	वेसाधु	यथोक्त	कारिणे		
। ऽ ।	ऽ ऽ ।	। ऽ ।	ऽ । ऽ	ज त ज र	वंशस्थ छंद
प्रशान्त	चित्ताय	शमान्वि	ताय		
। ऽ ।	ऽ ऽ ।	। ऽ ।	ऽ ऽ *	ज त ज ग ग	उपेंद्रवज्रा छंद
तत्त्वोप	देशंकृ	पयैव	कुर्यात्		
ऽ ऽ ।	ऽ ऽ ।	। ऽ ।	ऽ ऽ	त त ज ग ग	इंद्रवज्रा छंद

* चरण की अंतिम लघु मात्रा दीर्घ गिनी गई है.

संधि-विग्रह.

विद्वान्	सः	तस्मै	उपसत्तिम्	ईयुषे
विद्वान गुरु	वह	उस - को	अनन्य परायण	हुए

मुमुक्षवे	साधु-यथोक्त-कारिणे
मुमुक्षु को	भला करने वाले

प्रशान्त-चित्ताय	शमान्विताय
शान्त चित्त के-	शम से युक्त-

तत्त्वोपदेशं	कृपया	एव	कुर्यात्
तत्त्वोपदेश	कृपया	मात्र	करें

45. मा भैष्ट विद्वंस्तव नास्त्यपायः संसारसिन्धोस्तरणेऽस्त्युपायः ।
येनैव याता यतयोऽस्य पारं तमेव मार्गं तव निर्दिशामि ।।

उपजाति : इंद्रवज्रा इंद्रवज्रा इंद्रवज्रा उपेंद्रवज्रा छंद

माभैष्ट	विद्वंस्त	वनास्त्य	पायः		
ऽ ऽ ।	ऽ ऽ ।	। ऽ ।	ऽ ऽ	त त ज ग ग	इंद्रवज्रा छंद
संसार	सिन्धोस्त	रणेऽस्त्यु	पायः		
ऽ ऽ ।	ऽ ऽ ।	। ऽ ।	ऽ ऽ	त त ज ग ग	इंद्रवज्रा छंद
येनैव	याताय	तयोऽस्य	पारं		
ऽ ऽ ।	ऽ ऽ ।	। ऽ ।	ऽ ऽ	त त ज ग ग	इंद्रवज्रा छंद
तमेव	मार्गंत	वनिर्दि	शामि		
। ऽ ।	ऽ ऽ ।	। ऽ ।	ऽ ऽ *	ज त ज ग ग	उपेंद्रवज्रा छंद

* चरण की अंतिम लघु मात्रा दीर्घ गिनी गई है.

संधि–विग्रह.

मा	भैष्ट	विद्वन्	तव	न	अस्ति	अपायः
मत	डरो	हे विद्वान शिष्य!	तेरा	नहीं रहा	है	भय

संसार-सिन्धोः	तरणे	अस्ति	उपायः
संसार सागर	पार करने के लिए	है	उपाय

येन	एव	याताः	यतयः	अस्य	पारं
जिससे	ही	गए	मुनि जन	इस सागर से	पार

तं	एव	मार्गं	तव	निर्दिशामि
उस	ही	मार्ग को	तुझे	कहता हूँ

46. अस्त्युपायो महान् कश्चित्संसारभयनाशनः ।
तेन तीर्त्वा भवाम्भोधिं परमानन्दमाप्स्यसि ।।

अनुष्टुभ् श्लोक छंद

अस्त्युपा	योमहा	न्कश्चित्	
ऽ । ऽ	ऽ । ऽ	ऽ ऽ	ररगग, पद्ममाला छंद
संसार	भयना	शनः	
ऽ ऽ ।	। । ऽ	। ऽ	तसलग, अपरिचित छंद
तेनती	र्त्वाभवा	म्भोधिम्	
ऽ । ऽ	ऽ । ऽ	ऽ ऽ	ररगग, पद्ममाला छंद
परमा	नन्दमा	प्स्यसि *	
। । ऽ	ऽ । ऽ	। ऽ	सरलग, शलुकलुप्ता छंद

* चरण की अंतिम लघु मात्रा दीर्घ गिनी गई है.

संधि–विग्रह.

अस्ति	उपायः	महान्	कश्चित्	संसार-भय-नाशनः
विद्यमान है	उपाय	महान	कोई एक	संसार–भय के विनाश का

तेन	तीर्त्वा	भवाम्भोधिं	परमानन्दम्	आप्स्यसि
उससे	पार करके	भवसागर को	परमानंद को	तू प्राप्त होगा

47. वेदान्तार्थविचारेण जायते ज्ञानमुत्तमम् ।
तेनात्यन्तिकसंसारदुःखनाशो भवत्यनु ।।

अनुष्टुभ् श्लोक छंद

वेदान्ता	र्थविचा	रेण	
ऽ ऽ ऽ	। । ऽ	ऽ ।	मसगल, वक्त्र छंद
जायते	ज्ञानमु	त्तमम्	
ऽ । ऽ	ऽ । ऽ	। ऽ	ररलग, हेमरूप छंद
तेनात्य	न्तिकसं	सार	
ऽ ऽ ऽ	ऽ । ऽ	ऽ ।	मरगल, मधुमालती छंद
दुःखना	शोभव	त्यनु	
ऽ । ऽ	ऽ । ऽ	। ऽ *	ररलग, हेमरूप छंद छंद

* चरण की अंतिम लघु मात्रा दीर्घ मानी गई है.

संधि–विग्रह.

वेदान्तार्थ-विचारेण	जायते	ज्ञानम्	उत्तमम्
उपनिषदों के अभ्यास से	आता है	ज्ञान	उत्तम

तेन	आत्यन्तिक-संसार-दुःख-नाशः	भवति	अनु
उससे	असीम सांसारिक दुखों का नाश	होता है	उसके बाद

48. श्रद्धाभक्तिध्यानयोगान्मुमुक्षोर्मुक्तेर्हेतून्वक्ति साक्षाच्छ्रुतेर्गीः ।
यो वा एतेष्वेव तिष्ठत्यमुष्य मोक्षोऽविद्याकल्पितादेहबन्धात् ।।

शालिनी छंद : (म त त ग ग)

श्रद्धाभ	क्तिध्यान	योगान्मु	मुक्षोः
ऽ ऽ ऽ	ऽ ऽ ।	ऽ ऽ ।	ऽ ऽ
मुक्तेर्हे	तून्वक्ति	साक्षाच्छ्रु	तेर्गीः
ऽ ऽ ऽ	ऽ ऽ ।	ऽ ऽ ।	ऽ ऽ
योवाए	तेष्वेव	तिष्ठत्य	मुष्य
ऽ ऽ ऽ	ऽ ऽ ।	ऽ ऽ ।	ऽ ऽ *
मोक्षोऽवि	द्याकल्पि	तादेह	बन्धात्
ऽ ऽ ऽ	ऽ ऽ ।	ऽ ऽ ।	ऽ ऽ

* चरण की अंतिम लघु मात्रा दीर्घ गिनी गई है.

संधि–विग्रह.

श्रद्धा-भक्ति-ध्यान-योगान्					मुमुक्षोः	
श्रद्धा भक्ति ध्यान और योग से					मुमुक्षु की	
मुक्तेः	हेतून्	वक्ति	साक्षात्	श्रुतेः	गीः	
मुक्ति का	उपाय है यह	कहती है	साक्षात्	वेद की	वाणी	
यः	वै	एतेषु	एव	तिष्ठति	अमुष्य	
जो पुरुष	निश्चय से	इन साधनों में	ही	स्थिर है	उसे	
मोक्षः	अ-विद्या-कल्पितात्	देहबन्धात्				
मोक्ष	अज्ञान से पाए हुए	देह बंधन से				

49. अज्ञानयोगात्परमात्मनस्तव ह्यनात्मबन्धस्तत एव संसृतिः ।
तयोर्विवेकोदितबोधवन्हिरज्ञानकार्यं प्रदहेत्समूलम् ।।

उपजाति : इंद्रवंशा-वंशस्थ-उपेंद्रवज्रा-इंद्रवज्रा छंद

अज्ञान	योगात्प	रमात्म	नस्तव		
ऽ ऽ ।	ऽ ऽ ।	। ऽ ।	ऽ । ऽ	त त ज र	इंद्रवंशा छंद
ह्यनात्म	बन्धस्त	तएव	संसृतिः		
। ऽ ।	ऽ ऽ ।	। ऽ ।	ऽ । ऽ	ज त ज र	वंशस्थ छंद
तयोर्वि	वेकोदि	तबोध	वन्हिः		
। ऽ ।	ऽ ऽ ।	। ऽ ।	ऽ ऽ	ज त ज ग ग	उपेंद्रवज्रा छंद
अज्ञान	कार्यंप्र	दहेत्स	मूलम्		
ऽ ऽ ।	ऽ ऽ ।	। ऽ ।	ऽ ऽ	त त ज ग ग	इंद्रवज्रा छंद

संधि-विग्रह.

अज्ञान-योगात्	परमात्मनः	तव
अज्ञान के संयोग से	परमात्म स्वरूप-	तुझे
हिअनात्म-बन्धः ततः	एव संसृतिः	
अनात्म वस्तु से बंधन और उससे	ही संसार	
तयोः	विवेकोदित-बोध-वन्हिः	
और उन आत्म-अनात्म दोनों से	विवेक से उदित ज्ञानाग्नि	
अज्ञान-कार्यं	प्रदहेत्	स-मूलम्
अज्ञान रूप कार्य को	भस्म करता है	समूल

शिष्यउवाच

50. कृपया श्रूयतां स्वामिन् प्रश्नोऽयं क्रियते मया।
यदुत्तरमहं श्रुत्वा कृतार्थः स्यां भवन्मुखात् ।।

अनुष्टुभ् श्लोक छंद

कृपया	श्रूयतां	स्वामिन्	
। । ऽ	ऽ । ऽ	ऽ ऽ	सरगग, परिधारा छंद
प्रश्नोयं	क्रियते	मया	
ऽ ऽ ऽ	। । ऽ	। ऽ	मसलग, अपरिचित छंद
यदुत्त	रमहं	श्रुत्वा	
। ऽ ।	। । ऽ	ऽ ऽ	जसगग, भांर्गी छंद
कृतार्थः	स्यांभव	न्मुखात्	
। ऽ ऽ	ऽ । ऽ	। ऽ	यरलग, भाषा छंद

संधि-विग्रह.
शिष्यः उवाच

कृपया	श्रूयतां	स्वामिन्	प्रश्नः	अयं	क्रियते	मया
कृपया	सुनिए	स्वामी!	प्रश्न	यह	किया जा रहा है	मुझसे
यत्	उत्तरं	अहं	श्रुत्वा	कृतार्थः	स्यांम्	भवन्मुखात्
जो	उत्तर	मैं	सुन कर	कृतकृत्य	हूँगा	आपके मुख से

51. को नाम बन्धः कथमेष आगतः कथं प्रतिष्ठास्य कथं विमोक्षः।
कोऽसावनात्मा परमः क आत्मा तयोर्विवेकः कथमेतदुच्यताम् ।।

उपजाति : इंद्रवंशा-उपेंद्रवज्रा-इंद्रवज्रा-वंशस्थ छंद

कोनाम	बन्धःक	थमेष	आगतः		
ऽ ऽ ।	ऽ ऽ ।	। ऽ ।	ऽ । ऽ	त त ज र	इंद्रवंशा छंद
कथंप्र	तिष्ठास्य	कथंवि	मोक्षः		
। ऽ ।	ऽ ऽ ।	। ऽ ।	ऽ ऽ	ज त ज ग ग	उपेंद्रवज्रा छंद
कोसाव	नात्माप	रमःक	आत्मा		
ऽ ऽ ।	ऽ ऽ ।	। ऽ ।	ऽ ऽ	त त ज ग ग	इंद्रवज्रा छंद
तयोर्वि	वेकःक	थमेत	दुच्यताम्		
। ऽ ।	ऽ ऽ ।	। ऽ ।	ऽ । ऽ	ज त ज र	वंशस्थ छंद

संधि-विग्रह.

कः	नाम	बन्धः	कथं	एषः	आगतः
कौनसा	जाना माना	बंधन	कैसे	यह बंधन	आया

कथं	प्रतिष्ठा	अस्य	कथं	विमोक्षः
कैसे	स्थिति	इसकी	कैसे	मुक्ति

कः	आसौ	अनात्मा	परमः	कः	आत्मा
कौन	यह	अनात्मा	परमात्मा	कौन	आत्मा

तयोः	विवेकः	कथं	एतद्	उच्यताम्
उनका	विवेक	कैसा	यह	बताइए

श्रीगुरुवाच

52. धन्योऽसि कृतकृत्योऽसि पावितं ते कुलं त्वया।
यदविद्याबन्धमुक्त्या ब्रह्मीभवितुमिच्छसि ।।

अनुष्टुभ् छंद

धन्योसि	कृतकृ	त्योऽसि	
ऽ ऽ ।	। । ऽ	ऽ ।	तसगल, श्यामा छंद
पावितं	तेकुलं	त्वया	
ऽ । ऽ	ऽ । ऽ	। ऽ	ररलग, हेमरूप छंद
यदवि	द्याबन्ध	मुक्त्या	
। । ऽ	ऽ ऽ ।	ऽ ऽ	सतगग, कौचमार छंद
ब्रह्मीभ	वितुमि	च्छसि	
ऽ ऽ ।	। । ऽ	। ऽ *	तसलग, अपरिचित छंद

* चरण की अंतिम लघु मात्रा दीर्घ मानी गई है.

पाद टिप्पणी :

इस अनुष्टुभ् छंद के विषम चरण 3 में पहले चार अक्षरों के बाद य गण (। ऽ ऽ) के स्थान पर र (ऽ । ऽ) गण आने के कारण – विषम चरण 1 में प्रथम चार अक्षरों के पश्चात् य गण (। ऽ ऽ) गण और सम चरण 2 और 4 में प्रथम चार अक्षरों के पश्चात् ज (। ऽ ।) गण आ कर भी इस चार चरणों के पद्य में श्लोक छंद सिद्ध नहीं हुआ है.

संधि-विग्रह.

श्रीगुरुः उवाच

धन्यः	असि	कृतकृत्यः	असि	पावितं	ते	कुलं	त्वया
धन्य	तू है	कृतार्थ	तू है	पावन हुआ	तेरा	कुल	तेरे द्वारा

यद्	अविद्या-बन्ध-मुक्त्या	ब्रह्मी-भवितुम्	इच्छसि
जो	अविद्या के बंधन से मुक्त हो कर	ब्रह्मरूप होना	तू चाहता है

53. ऋणमोचनकर्तारः पितुः सन्ति सुतादयः ।
बन्धमोचनकर्ता तु स्वस्मादन्यो न कश्चन ॥

अनुष्टुभ् श्लोक छंद

ऋणमो	चनक	र्तारः	
। । ऽ	। । ऽ	ऽ ऽ	ससगग, पंचशिखा छंद
पितुःस	न्तिसुता	दयः	
। ऽ ऽ	। । ऽ	। ऽ	यसलग, अपरिचित छंद
बन्धमो	चनक	र्तातु	
ऽ । ऽ	। । ऽ	ऽ ऽ	रसगग, गाथ छंद
स्वस्माद	न्योनक	श्चन	
ऽ ऽ ऽ	ऽ । ऽ	। ऽ *	मरलग, क्षमा छंद

* चरण की अंतिम लघु मात्रा दीर्घ मानी गई है.

संधि-विग्रह.

ऋण-मोचन-कर्तारः	पितुः	सन्ति	सुतादयः
ऋण से मोचन करने वाले	पिता के	होते हैं	पुत्र आदि

बन्ध-मोचन-कर्ता	तु	स्वस्मात्	अन्यः	न	कश्चन
बंधन से मुक्ति देने वाला	मगर	स्वतः से	दूसरा	नहीं है	कोई

54. मस्तकन्यस्तभारादेर्दुःखमन्यैर्निवार्यते ।
क्षुधादिकृतदुःखं तु विना स्वेन न केनचित् ॥

अनुष्टुभ् श्लोक छंद

मस्तक	न्यस्तभा	रादेः	
ऽ । ऽ	ऽ । ऽ	ऽ ऽ	ररगग, पद्ममाला छंद
दुःखम	न्यैर्निवा	र्यते	
ऽ । ऽ	ऽ । ऽ	। ऽ	ररलग, हेमरूप छंद

क्षुधादि	कृतदुः	खंतु	
। ऽ ।	। । ऽ	ऽ ।	जसगल, सुचंद्रप्रभा छंद
विनास्वे	ननके	नचित्	
। ऽ ऽ	। । ऽ	। ऽ	यसलग, अपरिचित छंद

संधि-विग्रह.

मस्तक-न्यस्त-भारादेः	दुःखं	अन्यैः	निवार्यते
सिर पर धरे हुए वा अन्य किसी भार के	दुख	दूसरों से	निवारण होता है

क्षुधादिकृत-दुःखं	तु	विना	स्वेन	न	केनचित्
भूख-प्यास से हुए दुख का	मगर	बिना	आप	नहीं होता	और किसी से

55. पथ्यमौषधसेवा च क्रियते येन रोगिणा।
आरोग्यसिद्धिर्दृष्टास्य नान्यानुष्ठितकर्मणा ।।

अनुष्टुभ् छंद

पथ्यमौ	षधसे	वाच	
ऽ । ऽ	। । ऽ	ऽ ऽ	रसगग, गाथ छंद
क्रियते	येनरो	गिणा	
। । ऽ	ऽ । ऽ	। ऽ	सरलग, शलुकलुप्ता छंद
आरोग्य	सिद्धिर्दृ	ष्टास्य	
ऽ ऽ ।	ऽ ऽ ऽ	ऽ ।	तमगल, मृत्युंजय छंद
नान्यानु	ष्ठितक	र्मणा	
ऽ ऽ ऽ	। । ऽ	। ऽ	मसलग, अपरिचित छंद

पाद टिप्पणी :

इस अनुष्टुभ् छंद के विषम चरण 3 में पहले चार अक्षरों के बाद य गण (। ऽ ऽ) के स्थान पर म (ऽ ऽ ऽ) गण आने के कारण – विषम चरण 1 में प्रथम चार अक्षरों के पश्चात् य गण (। ऽ ऽ) गण और सम चरण 2 और 4 में प्रथम चार अक्षरों के पश्चात् ज (। ऽ ।) गण आ कर भी इस चार चरणों के पद्य में श्लोक छंद सिद्ध नहीं हुआ है.

संधि-विग्रह.

पथ्यं	औषध-सेवा	च	क्रियते	येन	रोगिणा

पथ्य	औषधि सेवन	और	किया जाता है	जिससे	रोगी द्वारा

आरोग्य-सिद्धिः	दृष्टा	अस्य	न	अन्यानुष्ठित-कर्मणा
आरोग्य सिद्धि	नजर आती है	इसके	नहीं	दूसरों ने किए हुए काम से

56. वस्तुस्वरूपं स्फुटबोधचक्षुषा स्वेनैव वेद्यं न तु पण्डितेन ।
चन्द्रस्वरूपं निजचक्षुषैव ज्ञातव्यमन्यैरवगम्यते किम् ।।

उपजाति : इंद्रवंशा-इंद्रवज्रा-इंद्रवज्रा-इंद्रवज्रा छंद

वस्तुस्व	रूपंस्फु	टबोध	चक्षुषा		
ऽ ऽ ।	ऽ ऽ ।	। ऽ ।	ऽ । ऽ	त त ज र	इंद्रवंशा छंद
स्वेनैव	वेद्यंन	तुपण्डि	तेन		
ऽ ऽ ।	ऽ ऽ ।	। ऽ ।	ऽ ऽ *	त त ज ग ग	इंद्रवज्रा छंद
चन्द्रस्व	रूपंनि	जचक्षु	षैव		
ऽ ऽ ।	ऽ ऽ ।	। ऽ ।	ऽ ऽ *	त त ज ग ग	इंद्रवज्रा छंद
ज्ञातव्य	मन्यैर	वगम्य	तेकिम्		
ऽ ऽ ।	ऽ ऽ ।	। ऽ ।	ऽ ऽ	त त ज ग ग	इंद्रवज्रा छंद

* चरण की अंतिम लघु मात्रा दीर्घ मानी गई है.

संधि-विग्रह.

वस्तु-स्वरूपं	स्फुट-बोध-चक्षुषा
आत्मस्वरूप	आत्मसाक्षात्कार की ज्ञानदृष्टि से

स्वेन	एव	वेद्यं	न	तु	पण्डितेन
अपने द्वारा	ही	जानना होता है	नहीं	मगर	ज्ञानी द्वारा

चन्द्र-स्वरूपं	निज-चक्षुषा	एव
चंद्र का स्वरूप	अपनी दृष्टि से	ही

ज्ञातव्यम्	अन्यैः	अवगम्यते	किम्
जानना होता है	दूसरों की दृष्टि से	पता चलेगा	क्या?

57. अविद्याकामकर्मादिपाशबन्धं विमोचितुम् ।
कः शक्नुयाद्विनात्मानं कल्पकोटिशतैरपि ।।

अनुष्टुभ् श्लोक छंद

अविद्या	कामक	र्मादि	
। ऽ ऽ	ऽ । ऽ	ऽ ।	यरगल, सुचंद्रभा छंद

पाशब	न्धंविमो	चितुम्	
ऽ ।ऽ	ऽ ।ऽ	।ऽ	ररलग, हेमरूप छंद
कःशक्नु	याद्विना	त्मानं	
ऽ ऽ ।	ऽ ।ऽ	ऽऽ	तरगग, विभा छंद
कल्पको	टिशतै	रपि	
ऽ ।ऽ	। ।ऽ	।ऽ *	रसलग, पथ्यावक्त्र छंद

* चरण की अंतिम लघु मात्रा दीर्घ मानी गई है.

संधि–विग्रह.

अविद्या-काम-कर्मादि-पाश-बन्धं	विमोचितुम्
अविद्या, काम, कर्म आदि पाश के बंधन	छुड़ाने के लिए

कः	शक्नुयात्	निना	आत्मानं	कल्प-कोटि-शतैः	अपि
कौन	समर्थ होगा	बिना	स्वयं अपने	सौ कोटि कल्प	भी

58. न योगेन न सांख्येन कर्मणा नो न विद्यया।
ब्रह्मात्मैकत्वबोधेन मोक्षः सिध्यति नान्यथा।।

अनुष्टुभ् श्लोक छंद

नयोगे	ननसां	ख्येन	
।ऽऽ	। ।ऽ	ऽ ।	यसगल, मनोला छंद
कर्मणा	नोनवि	द्यया	
ऽ ।ऽ	ऽ ।ऽ	।ऽ	ररलग, हेमरूप छंद
ब्रह्मात्मै	कत्वबो	धेन	
ऽऽऽ	ऽ ।ऽ	ऽ ।	मरगल, मधुमालती छंद
मोक्षःसि	ध्यतिना	न्यथा	
ऽऽऽ	। ।ऽ	।ऽ	मसलग, अपरिचित छंद

संधि–विग्रह.

न	योगेन	न	सांख्येन	कर्मणा	नो	न	विद्यया
नहीं	योग से	नहीं	सांख्य से	कर्म से	नहीं	नहीं	विद्या से

ब्रह्म-आत्म-एकत्व-बोधेन	मोक्षः	सिध्यति	न	अन्यथा
ब्रह्म–आत्म के अद्वैत बोध से	मोक्ष	सिद्ध होता है	नहीं	अन्यथा

59. वीणाया रूपसौन्दर्यं तन्त्रीवादनसौष्ठवम् ।
प्रजारञ्जनमात्रं तन्न साम्राज्याय कल्पते ।।

अनुष्टुभ् श्लोक छंद

वीणाया	रूपसौ	न्दर्यम्	
ऽ ऽ ऽ	ऽ । ऽ	ऽ ऽ	मरगग, मधुमालती छंद
तन्त्रीवा	दनसौ	ष्ठवम्	
ऽ ऽ ऽ	। । ऽ	। ऽ	मसलग, अपरिचित छंद
प्रजार	ञ्जनमा	त्रंत	
। ऽ ऽ	। । ऽ	ऽ ऽ	यसगग, मनोला छंद
न्नसाम्रा	ज्यायक	ल्पते	
। ऽ ऽ	ऽ । ऽ	। ऽ	यरलग, भाषा छंद

संधि-विग्रह.

वीणायाः	रूप-सौन्दर्यं	तन्त्री-वादन-सौष्ठवम्
वीणा का	रूप सौंदर्य	या उसका मधुर ध्वनि

प्रजा-रञ्जन-मात्रं	तत्	न	साम्राज्याय	कल्पते
केवल रंजनकारी होता है	वह	नहीं	साम्राज्य पाने	समर्थ होता है

60. वाग्वैखरी शब्दझरी शास्त्रव्याख्यानकौशलम् ।
वैदुष्यं विदुषां तद्वद्भुक्तये न तु मुक्तये ।।

अनुष्टुभ् छंद

वाग्वैख	रीशब्द	झरी	
ऽ ऽ ।	ऽ ऽ ।	। ऽ	ततलग, कराली छंद
शास्त्रव्या	ख्यानकौ	शलम्	
ऽ ऽ ऽ	ऽ । ऽ	। ऽ	मरलग, क्षमा छंद
वैदुष्यं	विदुषां	तद्वत्	
ऽ ऽ ऽ	। । ऽ	ऽ ऽ	मसगग, वक्त्र छंद
भुक्तये	नतुमु	क्तये	
ऽ । ऽ	। । ऽ	। ऽ	रसलग, पथ्यावक्त्र छंद

पाद टिप्पणी :

इस अनुष्टुभ् छंद के विषम चरण 1 में पहले चार अक्षरों के बाद य गण (। ऽ ऽ) के स्थान पर भ (ऽ । ।) गण आने के कारण – विषम चरण 3 में प्रथम चार अक्षरों के पश्चात् य गण (। ऽ ऽ) गण और सम चरण 2 और 4 में प्रथम चार अक्षरों के पश्चात् ज (। ऽ ।) गण आ कर भी इस चार चरणों के पद्य में श्लोक छंद सिद्ध नहीं हुआ है.

संधि–विग्रह.

वाग्	वैखरी	शब्दझरी	शास्त्र-व्याख्यान-कौशलम्
वाणी	भाषा	शब्द का स्रोत	शास्त्र व्याख्या कौशल्य

वैदुष्यं	विदुषां	तद्वत्	भुक्तये	न	तु	मुक्तये
विद्वत्ता	ज्ञानी को	उसी तरह से	उपभोग के लिए	नहीं	मगर	मुक्ति के लिए

61. अविज्ञाते परे तत्त्वे शास्त्राधीतिस्तु निष्फला ।
विज्ञातेऽपि परे तत्त्वे शास्त्राधीतिस्तु निष्फला ।।

अनुष्टुभ् श्लोक छंद

अविज्ञा	तेपरे	तत्त्वे	
। ऽ ऽ	ऽ । ऽ	ऽ ऽ	यरगग, कुलाधारी छंद
शास्त्राधी	तिस्तुनि	ष्फला	
ऽ ऽ ऽ	ऽ । ऽ	। ऽ	मरलग, क्षमा छंद
विज्ञाते	पिपरे	तत्त्वे	
ऽ ऽ ऽ	। । ऽ	ऽ ऽ	मसगग, वक्त्र छंद
शास्त्राधी	तिस्तुनि	ष्फला	
ऽ ऽ ऽ	ऽ । ऽ	। ऽ	मरलग, क्षमा छंद

संधि–विग्रह.

अविज्ञाते	परे	तत्त्वे	शास्त्राधीतिः	तु	निष्फला
साक्षात्कार के बिना	परम	तत्त्व के	शास्त्र का अभ्यास	तो	निष्फल है

विज्ञाते	अपि	परे	तत्त्वे	शास्त्राधीतिः	तु	निष्फला
साक्षात्कार होने पर	भी	परम	तत्त्व के	शास्त्र का अभ्यास	मात्र	निष्फल है

62. शब्दजालं महारण्यं चित्तभ्रमणकारणम् ।
अतः प्रयत्नाज्ज्ञातव्यं तत्त्वज्ञैस्तत्त्वमात्मनः ।।

अनुष्टुभ् छंद

शब्दजा	लंमहा	रण्यं	
ऽ । ऽ	ऽ । ऽ	ऽ ऽ	ररगग, पद्ममाला छंद
चित्तभ्र	मणका	रणम्	
ऽ ऽ ।	। । ऽ	। ऽ	तसलग, अपरिचित छंद
अतःप्र	यत्नाज्ज्ञा	तव्यं	
। ऽ ।	ऽ ऽ ऽ	ऽ ऽ	जमगग, हाकली छंद
तत्त्वज्ञै	स्तत्त्वमा	त्मनः	
ऽ ऽ ऽ	ऽ । ऽ	। ऽ	मरलग, क्षमा छंद

पाद टिप्पणी :

इस अनुष्टुभ् छंद के विषम चरण 3 में पहले चार अक्षरों के बाद य गण (। ऽ ऽ) के स्थान पर म (ऽ ऽ ऽ) गण आने के कारण – विषम चरण 1 में प्रथम चार अक्षरों के पश्चात् य गण (। ऽ ऽ) गण और सम चरण 2 और 4 में प्रथम चार अक्षरों के पश्चात् ज (। ऽ ।) गण आ कर भी इस चर चरणों के पद्य में श्लोक छंद सिद्ध नहीं हुआ है.

संधि–विग्रह.

शब्दजालं		महारण्यं		चित्त-भ्रमण-कारणम्	
मात्र शब्दों का जंजाल		महान अरण्य है		जो चित्त के भ्रम का कारण है	
अतः	प्रयत्नात्	ज्ञातव्यं	तत्त्वज्ञैः	तत्त्वं	आत्मनः
अतः	प्रयत्न से	जानना चाहिए	ज्ञानियों को	तत्त्व	आत्मा का–

63. अज्ञानसर्पदष्टस्य ब्रह्मज्ञानौषधं विना ।
किमु वेदैश्च शास्त्रैश्च किमु मन्त्रैः किमौषधैः ।।

अनुष्टुभ् श्लोक छंद

अज्ञान	सर्पद	ष्टस्य	
ऽ ऽ ।	ऽ । ऽ	ऽ ऽ	तरगग, विभा छंद
ब्रह्मज्ञा	नौषधं	विना	
ऽ ऽ ऽ	ऽ । ऽ	। ऽ	मरलग, क्षमा छंद
किमुवे	दैश्चशा	स्त्रैश्च	

। । ऽ	ऽ । ऽ	ऽ ।	सरगल, सुविलासा छंद
किमुम	न्त्रैःकिमौ	षधैः	
। । ऽ	ऽ । ऽ	। ऽ	सरलग, शलुकलुप्ता छंद

संधि–विग्रह.

अज्ञान-सर्प-दष्टस्य	ब्रह्म-ज्ञान-औषधं	विना
अज्ञानरूपी साँप के दंशित मनुष्य की	ब्रह्मज्ञान औषधि है	बिना

किमु	वेदैः	च	शास्त्रैः	च	किमु	मन्त्रैः	किम्	औषधैः
क्या लाभ	वेदों से	और	शास्त्रों से	और	क्या	मंत्रों से	क्या	औषधों से

64. न गच्छति विना पानं व्याधिरौषधशब्दतः
विनाऽपरोक्षानुभवं ब्रह्मशब्दैर्न मुच्यते ॥

अनुष्टुभ् छंद

नगच्छ	तिविना	पानं	
। ऽ ।	। । ऽ	ऽ ऽ	जसगग, भांर्गी छंद
व्याधिरौ	षधश	ब्दतः	
ऽ । ऽ	। । ऽ	। ऽ	रसलग, पथ्यावक्त्र छंद
विनाप	रोक्षानु	भवं	
। ऽ ।	ऽ ऽ ।	। ऽ	जतलग, वारिशाला छंद
ब्रह्मश	ब्दैर्नमु	च्यते	
ऽ । ऽ	ऽ । ऽ	। ऽ	ररलग, हेमरूप छंद

पाद टिप्पणी :

इस अनुष्टुभ् छंद के विषम चरण 3 में पहले चार अक्षरों के बाद य गण (। ऽ ऽ) के स्थान पर भ (ऽ । ।) गण आने के कारण – विषम चरण 1 में प्रथम चार अक्षरों के पश्चात् य गण (। ऽ ऽ) गण और सम चरण 2 और 4 में प्रथम चार अक्षरों के पश्चात् ज (। ऽ ।) गण आ कर भी इस चार चरणों के पद्य में श्लोक छंद सिद्ध नहीं हुआ है.

संधि–विग्रह.

न	गच्छति	विना	पानं	व्याधिः	औषध-शब्दतः
नहीं	मिटती	बगैर	पान	व्याधि	शब्दरूप औषधि के

विना	अपरोक्षानुभवं	ब्रह्म-शब्दैः	न	मुच्यते

बिना	अपरोक्ष अनुभव के	ब्रह्म नाद द्वारा	नहीं	मुक्ति मिलती है

65. अकृत्वा विघ्नविलयमज्ञात्वा तत्त्वमात्मनः ।
ब्रह्मशब्दैः कुतो मुक्तिरुक्तिमात्रफलैर्नृणाम् ।।

अनुष्टुभ् छंद

अकृत्वा	विघ्नवि	लय	
। ऽ ऽ	ऽ । ।	। ।	यभलल, नीत छंद
मज्ञात्वा	तत्त्वमा	त्मनः	
ऽ ऽ ऽ	ऽ । ऽ	। ऽ	मरलग, क्षमा छंद
ब्रह्मश	ब्दैःकुतो	मुक्ति	
ऽ । ऽ	ऽ । ऽ	ऽ ।	ररगल, लक्ष्मी छंद
रुक्तिमा	त्रफलै	र्नृणाम्	
ऽ । ऽ	। । ऽ	। ऽ	रसलग, पथ्यावक्त्र छंद

पाद टिप्पणी :

इस अनुष्टुभ् छंद के विषम चरण 1 में पहले चार अक्षरों के बाद य गण (। ऽ ऽ) के स्थान पर न (। । ।) गण आने के कारण – विषम चरण 3 में प्रथम चार अक्षरों के पश्चात् य गण (। ऽ ऽ) गण और सम चरण 2 और 4 में प्रथम चार अक्षरों के पश्चात् ज (। ऽ ।) गण आ कर भी इस चार चरणों के पद्य में श्लोक छंद सिद्ध नहीं हुआ है.

संधि–विग्रह.

अकृत्वा	विघ्न-विलयं	अज्ञात्वा	तत्त्वम्	आत्मनः
किए बिना	विघ्न का विनाश	जाने बिना	परम तत्त्व	आत्मा का

ब्रह्म-शब्दैः	कुतः	मुक्तिः	उक्ति-मात्र-फलैः	नृणाम्
ब्रह्म नाम रटने से	कैसे, कहाँ से	मुक्ति	मात्र उच्चार के फल से	मानवों की

66. अकृत्वा शत्रुसंहारमगत्वाखिलभूश्रियम् ।
राजाहमिति शब्दान्नो राजा भवितुमर्हति ।।

अनुष्टुभ् श्लोक छंद

अकृत्वा	शत्रुसं	हार	

। ऽ ऽ	ऽ । ऽ	ऽ ।	यरगल, सुचंद्रभा छंद
मगत्वा	खिलभू	श्रियम्	
। ऽ ऽ	। । ऽ	। ऽ	यसलग, अपरिचित छंद
राजाह	मितिश	ब्दान्नो	
ऽ ऽ ।	। । ऽ	ऽ ऽ	तसगग, श्यामा छंद
राजाभ	वितुम	र्हति	
ऽ ऽ ।	। । ऽ	। ऽ *	तसलग, अपरिचित छंद

* चरण की अंतिम लघु मात्रा दीर्घ मानी गई है.

संधि–विग्रह.

अकृत्वा	शत्रु-संहारं	अगत्वा	अखिल-भू-श्रियम्
किए बिना	शत्रु का संहार	पाए बिना	सार्वभौमत्व

राजा	अहं	इति	शब्दात्	नो	राजा	भवितुम्	अर्हति
राजा	मैं हूँ	इस	घोषणा से	नहीं	राजा	होने की	पात्रता मिलती है

67. आप्तोक्तिं खननं तथोपरिशिलाद्युत्कर्षणं स्वीकृतिं
निक्षेपः समपेक्षते नहि बहिः शब्दैस्तु निर्गच्छति ।
तद्वद्ब्रह्मविदोपदेशमननध्यानादिभिर्लभ्यते
मायाकार्यतिरोहितं स्वममलं तत्त्वं न दुर्युक्तिभिः ।।

शार्दूलविक्रीडित छंद : (म स ज स त त ग)

आप्तोक्तिं	खननं	तथोप	रिशिला	द्युत्कर्ष	णंस्वीकृ	तिं
ऽ ऽ ऽ	। । ऽ	। ऽ ।	। । ऽ	ऽ ऽ ।	ऽ ऽ ।	ऽ
निक्षेपः	समपे	क्षतेन	हिबहिः	शब्दैस्तु	निर्गच्छ	ति
ऽ ऽ ऽ	। । ऽ	। ऽ ।	। । ऽ	ऽ ऽ ।	ऽ ऽ ।	ऽ *
तद्वद्ब्र	ह्मविदो	पदेश	मनन	ध्यानादि	भिर्लभ्य	ते
ऽ ऽ ऽ	। । ऽ	। ऽ ।	। । ऽ	ऽ ऽ ।	ऽ ऽ ।	ऽ
मायाका	र्यतिरो	हितंस्व	ममलं	तत्त्वंन	दुर्युक्ति	भिः
ऽ ऽ ऽ	। । ऽ	। ऽ ।	। । ऽ	ऽ ऽ ।	ऽ ऽ ।	ऽ

* चरण की अंतिम लघु मात्रा दीर्घ मानी गई है.

संधि–विग्रह.

आप्तोक्तिं	खननं	तथा	उपरि-शिला-द्युत्कर्षणं	स्वीकृतिं
आप्तजन का कथन,	भूमि खोदना,	और	शिला को हटा कर देखना	मान्य है

निक्षेपः	समपेक्षते	न हि	बहिः	शब्दैः	तु	निर्गच्छति
गड़ा हुआ धन पाने	अपेक्षित है	नहीं	बाहर	बोलने से	तो	आता

तद्वत्	ब्रह्मविदोपदेश-मनन-ध्यानादिभिः	लभ्यते
उसी तरह से	ब्रह्मोपदेश पर मनन करके	प्राप्त होता है

माया-कार्य-तिरोहितं	स्वम्	अमलं	तत्त्वं	न	दुर्युक्तिभिः
माया से ढका हुआ	अपनी	शुद्ध	तत्त्व	नहीं	व्यर्थ तर्कों से

68. तस्मात्सर्वप्रयत्नेन भवबन्धविमुक्तये ।
स्वैरेव यत्नः कर्तव्यो रोगादाविव पण्डितैः ।।

अनुष्टुभ् छंद

तस्मात्स	र्वप्रय	त्नेन	
ऽ ऽ ऽ	ऽ । ऽ	ऽ ।	मरगल, मधुमालती छंद
भवब	न्धविमु	क्तये	
। । ऽ	। । ऽ	। ऽ	ससलग, मही छंद
स्वैरेव	यत्नःक	र्तव्यो	
ऽ ऽ ।	ऽ ऽ ऽ	ऽ ऽ	तमगग, मृत्यंजय छंद
रोगादा	विवप	ण्डितैः	
ऽ ऽ ऽ	। । ऽ	। ऽ	मसलग, अपरिचित छंद

पाद टिप्पणी :

इस अनुष्टुभ् छंद के विषम चरण 3 में पहले चार अक्षरों के बाद य गण (। ऽ ऽ) के स्थान पर म (ऽ ऽ ऽ) गण आने के कारण – विषम चरण 1 में प्रथम चार अक्षरों के पश्चात् य गण (। ऽ ऽ) गण और सम चरण 2 और 4 में प्रथम चार अक्षरों के पश्चात् ज (। ऽ ।) गण आ कर भी इस चार चरणों के पद्य में श्लोक छंद सिद्ध नहीं हुआ है.

संधि-विग्रह.

तस्मात्	सर्व-प्रयत्नेन	भव-बन्ध-विमुक्तये
अतः	सभी यत्नों से	भव सागर से मुक्ति पाने के लिए

स्वैः	एव	यत्नः	कर्तव्यः	रोगादौ	इव	पण्डितैः
स्वयं	ही	यत्न	होना चाहिए	व्याधि आते ही पहले	समान	ज्ञानियों द्वारा

69. यस्त्वयाद्य कृतः प्रश्नो वरीयाञ्छास्त्रविन्मतः ।
सूत्रप्रायो निगूढार्थो ज्ञातव्यश्च मुमुक्षुभिः ।।

अनुष्टुभ् श्लोक छंद

यस्त्वया	द्यकृतः	प्रश्नो	
ऽ ।ऽ	। ।ऽ	ऽ ऽ	रसगग, गाथ छंद
वरीया	ञ्छास्त्रवि	न्मतः	
।ऽ ऽ	ऽ ।ऽ	।ऽ	यरलग, भाषा छंद
सूत्रप्रा	योनिगू	ढार्थो	
ऽ ऽ ऽ	ऽ ।ऽ	ऽ ऽ	मरगग, मधुमालती छंद
ज्ञातव्य	श्चमुमु	क्षुभिः	
ऽ ऽ ऽ	। ।ऽ	।ऽ	मसलग, अपरिचित छंद

संधि–विग्रह.

यः	त्वया	अद्य	कृतः	प्रश्नः	वरीयान्	शास्त्र-विन्मतः
जो	तेरे द्वारा	आज	किया गया	प्रश्न	श्रेष्ठ	शास्त्र संमत

सूत्रप्रायः	निगूढार्थः	ज्ञातव्यः	मुमुक्षुभिः
सूत्र के समान	गूढ़ार्थ	जानना चाहिए	मुमुक्षुओं द्वारा

70. शृणुष्वावहितो विद्वन्यन्मया समुदीर्यते ।
तदेतच्छ्रवणात्सद्यो भवबन्धाद्विमोक्ष्यसे ।।

अनुष्टुभ् श्लोक छंद

शृणुष्वा	वहितो	विद्व	
।ऽ ऽ	। ।ऽ	ऽ ऽ	यसगग, मनोला छंद
न्यन्मया	समुदी	र्यते	
ऽ ।ऽ	। ।ऽ	।ऽ	रसलग, पथ्यावक्त्र छंद
तदेत	च्छ्रवणा	त्सद्यो	
।ऽ ऽ	। ।ऽ	ऽ ऽ	यसगग, मनोला छंद
भवब	न्धाद्विमो	क्ष्यसे	
। ।ऽ	ऽ ।ऽ	।ऽ	सरलग, शलुकलुप्ता छंद

संधि-विग्रह.

शृणुष्व	अवहितः	विद्वन्	यत्	मया	समुदीर्यते
सुनो	ध्यान से	हे सूज्ञ शिष्य!	जो	मेरे द्वारा	कहा जारहा है
तत्	एतत्	श्रवणात्	सद्यः	भव-बन्धात्	विमोक्ष्यसे
वह	इस	श्रवण से	तत्काल	भव बंधन से	तुम मुक्त होगे

71. मोक्षस्य हेतुः प्रथमो निगद्यते वैराग्यमत्यन्तमनित्यवस्तुषु ।
ततः शमश्चापि दमस्तितिक्षा न्यासः प्रसक्ताखिलकर्मणां भृशम् ।।

उपजाति : इंद्रवंशा-इंद्रवंशा-उपेंद्रवज्रा-इंद्रवंशा छंद

मोक्षस्य	हेतुःप्र	थमोनि	गद्यते		
ऽ ऽ ।	ऽ ऽ ।	। ऽ ।	ऽ । ऽ	त त ज र	इंद्रवंशा छंद
वैराग्य	मत्यन्त	मनित्य	वस्तुषु		
ऽ ऽ ।	ऽ ऽ ।	। ऽ ।	ऽ । ऽ *	त त ज र	इंद्रवंशा छंद
ततःश	मश्चापि	दमस्ति	तिक्षा		
। ऽ ।	ऽ ऽ ।	। ऽ ।	ऽ ऽ	ज त ज ग ग	उपेंद्रवज्रा छंद
न्यासःप्र	सक्ताखि	लकर्म	णांभृशम्		
ऽ ऽ ।	ऽ ऽ ।	। ऽ ।	ऽ । ऽ	त त ज र	इंद्रवंशा छंद

* चरण की अंतिम लघु मात्रा दीर्घ मानी गई है.

संधि-विग्रह.

मोक्षस्य	हेतुः	प्रथमः	निगद्यते
मोक्ष का	कारण	प्रथम	कहा गया है

वैराग्यम्	अत्यन्तम्	अनित्य-वस्तुषु
वैराग्य,	प्रखर	अनित्य वस्तुओं से

ततः	शमः	च	अपि	दमः	तितिक्षा
उसके बाद	शम,	और	भी	दम,	सहन शक्ति,

न्यासः	प्रसक्ताखिल-कर्मणां	भृशम्
त्याग	शुभ-अशुभ कर्मों का	परिपूर्ण

72. ततः श्रुतिस्तन्मननं सतत्त्व ध्यानं चिरं नित्यनिरन्तरं मुनेः ।
ततोऽविकल्पं परमेत्य विद्वानि हैव निर्वाणसुखं समृच्छति ।।

उपजाति : उपेंद्रवज्रा-इंद्रवंशा-उपेंद्रवज्रा-वंशस्थ छंद

ततःश्रु	तिस्तन्म	ननंस	तत्त्व		
। ऽ ।	ऽ ऽ ।	। ऽ ।	ऽ ऽ	ज त ज ग ग	उपेंद्रवज्रा छंद
ध्यानंचि	रंनित्य	निरन्त	रंमुनेः		
ऽ ऽ ।	ऽ ऽ ।	। ऽ ।	ऽ । ऽ	त त ज र	इंद्रवंशा छंद
ततोऽवि	कल्पंप	रमेत्य	विद्वान्		
। ऽ ।	ऽ ऽ ।	। ऽ ।	ऽ ऽ	ज त ज ग ग	उपेंद्रवज्रा छंद
इहैव	निर्वाण	सुखंस	मृच्छति		
। ऽ ।	ऽ ऽ ।	। ऽ ।	ऽ । ऽ *	ज त ज र	वंशस्थ छंद

* चरण की अंतिम लघु मात्रा दीर्घ मानी गई है.

संधि–विग्रह.

ततः	श्रुतिः	तन्मननं	सतत्त्व-
उसके बाद	वेद शास्त्र	सुन कर उसका मनन	तत्त्व सहित

ध्यानं	चिरं	नित्य-निरन्तरं	मुनेः
ध्यान	अटूट	नित्य निरंतर	मुनि द्वारा

ततः	अविकल्पं	परं	एत्य	विद्वान्
फिर	निर्विकल्प	परमात्मा	प्राप्त हो कर	ज्ञानी पुरुष

इह	एव	निर्वाण-सुखं	समृच्छति
इस लोक में	ही	मोक्ष का सुख	प्राप्त करता है

73. यद्बोद्धव्यं तवेदानीमात्मानात्मविवेचनम् ।
तदुच्यते मया सम्यक्श्रुत्वात्मन्यवधारय ।।

अनुष्टुभ् श्लोक छंद

यद्बोद्ध	व्यंतवे	दानी	
ऽ ऽ ऽ	ऽ । ऽ	ऽ ऽ	मरगग, मधुमालती छंद
मात्माना	त्मविवे	चनम्	
ऽ ऽ ऽ	। । ऽ	। ऽ	मसलग, अपरिचित छंद
तदुच्य	तेमया	सम्य	
। ऽ ।	ऽ । ऽ	ऽ ऽ	जरगग, यशस्करी छंद
क्श्रुत्वात्म	न्यवधा	रय	
ऽ ऽ ऽ	। । ऽ	। ऽ *	मसलग, अपरिचित छंद

* चरण की अंतिम लघु मात्रा दीर्घ मानी गई है.

संधि-विग्रह.

यत्	बोद्धव्यं	तव	इदानीम्	आत्मानात्म-विवेचनम्
जो	जानने योग्य है	तुझे	अब	आत्मा-अनात्मा विवेचन

तत्	उच्यते	मया	सम्यक्	श्रुत्वा	आत्मनि	अवधारय
वह	कहा जा रहा है	मेरे द्वारा	पर्याप्ति	सुन कर	अपने चित्त में	तू धारण कर

74. मज्जास्थिमेदःपलरक्तचर्म त्वगाह्वयैर्धातुभिरेभिरन्वितम् ।
पादोरुवक्षोभुजपृष्ठमस्तकैरङ्गैरुपाङ्गैरुपयुक्तमेतत् ।।

उपजाति : इंद्रवज्रा-वंशस्थ-इंद्रवंशा-इंद्रवज्रा छंद

मज्जास्थि	मेदःप	लरक्त	चर्म		
ऽ ऽ ।	ऽ ऽ ।	। ऽ ।	ऽ ऽ	त त ज ग ग	इंद्रवज्रा छंद
त्वगाह्व	यैर्धातु	भिरेभि	रन्वितम्		
। ऽ ।	ऽ ऽ ।	। ऽ ।	ऽ । ऽ	ज त ज र	वंशस्थ छंद
पादोरु	वक्षोभु	जपृष्ठ	मस्तकैः		
ऽ ऽ ।	ऽ ऽ ।	। ऽ ।	ऽ । ऽ	त त ज र	इंद्रवंशा छंद
अङ्गैरु	पाङ्गैरु	पयुक्त	मेतत्		
ऽ ऽ ।	ऽ ऽ ।	। ऽ ।	ऽ ऽ	त त ज ग ग	इंद्रवज्रा छंद

संधि-विग्रह.

मज्जास्थि-मेदः-पल-रक्त-चर्म-	
मज्जा, अस्थि, मेदा, माँस, रक्त, चर्म-	
त्वच्	आह्वयैः धातुभिः एभिः अन्वितम्
त्वचा	नाम से जाने गए धातुओं से भरे हुए
पाद-उरु-वक्षोभुज-पृष्ठ-मस्तकैः	
चरण, पेट, वक्ष, भुजा, पीठ, मस्तक आदि-	

अङ्गैः	उपाङ्गैः उपयुक्तम्	एतत्
अंगों से	अवयवों से युक्त	यह शरीर

75. अहं ममेति प्रथितं शरीरं मोहास्पदं स्थूलमितीर्यते बुधैः ।
नभोनभस्वद्दहनाम्बुभूमयः सूक्ष्माणि भूतानि भवन्ति तानि ।।

उपजाति : उपेंद्रवज्रा-इंद्रवंशा-वंशस्थ-इंद्रवज्रा छंद

अहंम	मेतिप्र	थितंश	रीरं		
। ऽ ।	ऽ ऽ ।	। ऽ ।	ऽ ऽ	ज त ज ग ग	उपेंद्रवज्रा छंद
मोहास्प	दंस्थूल	मितीर्य	तेबुधैः		
ऽ ऽ ।	ऽ ऽ ।	। ऽ ।	ऽ । ऽ	त त ज र	इंद्रवंशा छंद
नभोन	भस्वद्द	हनाम्बु	भूमयः		
। ऽ ।	ऽ ऽ ।	। ऽ ।	ऽ । ऽ	ज त ज र	वंशस्थ छंद
सूक्ष्माणि	भूतानि	भवन्ति	तानि		
ऽ ऽ ।	ऽ ऽ ।	। ऽ ।	ऽ ऽ *	त त ज ग ग	इंद्रवज्रा छंद

* चरण की अंतिम लघु मात्रा दीर्घ मानी गई है.

संधि-विग्रह.

अहं	मम	इति	प्रथितं	शरीरं
मैं	और मेरा	नामक	प्रसिद्ध	देह
मोहास्पदं	स्थूलम्	इती	ईर्यते	बुधैः
मोह का स्थान	जड़ है	इस तरह	जाना गया है	ज्ञानियों द्वारा
नभो-नभस्वत्-अह्न-अम्बु-भूमयः				
गगन, वायु, अग्नि, जल, भूमि आदि				

सूक्ष्माणि	भूतानि	भवन्ति	तानि
सूक्ष्म	पाँच भूत	हैं	वे

76. परस्परांशैर्मिलितानि भूत्वा स्थूलानि च स्थूलशरीरहेतवः ।
मात्रास्तदीया विषया भवन्ति शब्दादयः पञ्च सुखाय भोक्तुः ।।

उपजाति : उपेंद्रवज्रा-इंद्रवंशा-इंद्रवज्रा-इंद्रवज्रा छंद

परस्प	रांशैर्मि	लितानि	भूत्वा		
। ऽ ।	ऽ ऽ ।	। ऽ ।	ऽ ऽ	ज त ज ग ग	उपेंद्रवज्रा छंद
स्थूलानि	चस्थूल	शरीर	हेतवः		
ऽ ऽ ।	ऽ ऽ ।	। ऽ ।	ऽ । ऽ	त त ज र	इंद्रवंशा छंद
मात्रास्त	दीयावि	षयाभ	वन्ति		
ऽ ऽ ।	ऽ ऽ ।	। ऽ ।	ऽ ऽ *	त त ज ग ग	इंद्रवज्रा छंद
शब्दाद	यःपञ्च	सुखाय	भोक्तुः		
ऽ ऽ ।	ऽ ऽ ।	। ऽ ।	ऽ ऽ	त त ज ग ग	इंद्रवज्रा छंद

* चरण की अंतिम लघु मात्रा दीर्घ मानी गई है.

संधि-विग्रह.

परस्परांशैः		मिलितानि		भूत्वा
परस्पर अंश से		मिले		होकर
स्थूलानि	च		स्थूल-शरीर-हेतवः	
जड़	भी		जड़ देह के घटक हैं	

मात्राः	तदीयाः	विषयाः	भवन्ति
गुण	उन पाँच महाभूतों के	विषय	होते हैं
शब्दादयः	पञ्च	सुखाय	भोक्तुः
रंग, रूप, गंध, रस, शब्द आदि	पाँच	सुख के	भोक्ता के

77. य एषु मूढा विषयेषु बद्धा रागोरुपाशेन सुदुर्दमेन ।
आयान्ति निर्यान्त्यध ऊर्ध्वमुच्चैः स्वकर्मदूतेन जवेन नीताः ।।

उपजाति : उपेंद्रवज्रा-इंद्रवज्रा-इंद्रवज्रा-उपेंद्रवज्रा छंद

यएषु	मूढावि	षयेषु	बद्धा		
।ऽ।	ऽऽ।	।ऽ।	ऽऽ	ज त ज ग ग	उपेंद्रवज्रा छंद
रागोरु	पाशेन	सुदुर्द	मेन		
ऽऽ।	ऽऽ।	।ऽ।	ऽऽ *	त त ज ग ग	इंद्रवज्रा छंद
आयान्ति	निर्यान्त्य	धऊर्ध्व	मुच्चैः		
ऽऽ।	ऽऽ।	।ऽ।	ऽऽ	त त ज ग ग	इंद्रवज्रा छंद
स्वकर्म	दूतेन	जवेन	नीताः		
।ऽ।	ऽऽ।	।ऽ।	ऽऽ	ज त ज ग ग	उपेंद्रवज्रा छंद

* चरण की अंतिम लघु मात्रा दीर्घ मानी गई है.

संधि-विग्रह.

ये	एषु	मूढाः	विषयेषु	बद्धाः
जो	इनमें	मूढ़ लोग	विषयों में	बद्ध
रागोरुपाशेन			सु-दुर्दमेन	
रागरूपी बंधन के			महापाश से	
आयान्ति	निर्यान्ति	अधः	ऊर्ध्वम्	उच्चैः
आते हैं	और जाते हैं	नीच	उच्च	प्रबल
स्व-कर्म-दूतेन		जवेन	नीताः	
स्वकर्म रूपी दूत से		गति के साथ	वहन किए गए होते है	

78. शब्दादिभिः पञ्चभिरेव पञ्च पञ्चत्वमापुः स्वगुणेन बद्धाः ।
कुरङ्गमातङ्गपतङ्गमीनभृङ्गा नरः पञ्चभिरञ्चितः किम् ।।

उपजाति : इंद्रवज्रा- इंद्रवज्रा- उपेंद्रवज्रा- इंद्रवज्रा छंद

शब्दादि	भिःपञ्च	भिरेव	पञ्च		
ऽ ऽ ।	ऽ ऽ ।	। ऽ ।	ऽ ऽ *	त त ज ग ग	इंद्रवज्रा छंद
पञ्चत्व	मापुःस्व	गुणेन	बद्धाः		
ऽ ऽ ।	ऽ ऽ ।	। ऽ ।	ऽ ऽ	त त ज ग ग	इंद्रवज्रा छंद
कुरङ्ग	मातङ्ग	पतङ्ग	मीन		
। ऽ ।	ऽ ऽ ।	। ऽ ।	ऽ ऽ *	ज त ज ग ग	उपेंद्रवज्रा छंद
भृङ्गान	रःपञ्च	भिरञ्चि	तःकिम्		
ऽ ऽ ।	ऽ ऽ ।	। ऽ ।	ऽ ऽ	त त ज ग ग	इंद्रवज्रा छंद

* चरण की अंतिम लघु मात्रा दीर्घ मानी गई है.

संधि–विग्रह.

शब्दादिभिः	पञ्चभिः	एव	पञ्च
शब्द, स्पर्श, रस, रूप, गंध आदि	पाँच से	ही	पाँच
पञ्चत्वं		आपुःस्व-गुणेन बद्धाः	
मृत्यु		स्वगुण के अनुसार प्राप्त	
कुरङ्ग-मातङ्ग-पतङ्ग-मीन-			
हरिण, हाथी, पतंग, मत्स्य आदि			

भृङ्गाः	नरः	पञ्चभिः	अञ्चितः	किम्
भ्रमर	मनुष्य आदि	पाँच से	आसक्त	–का क्या?

79. दोषेण तीव्रो विषयः कृष्णसर्पविषादपि ।
विषं निहन्ति भोक्तारं द्रष्टारं चक्षुषाप्ययम् ।।

अनुष्टुभ् छंद

दोषेण	तीव्रोवि	षयः	
ऽ ऽ ।	ऽ ऽ ।	। ऽ	ततलग, कराली छंद **
कृष्णस	र्पविषा	दपि	
ऽ । ऽ	। । ऽ	। ऽ *	रसलग, पथ्यावक्त्र छंद
विषंनि	हन्तिभो	क्तारं	

। ऽ ।	ऽ । ऽ	ऽ ऽ	जरगग, यशस्करी छंद
द्रष्टारं	चक्षुषा	प्ययम्	
ऽ ऽ ऽ	ऽ । ऽ	। ऽ	मरलग, क्षमा छंद

* चरण की अंतिम लघु मात्रा दीर्घ मानी गई है.

** कराली छंद को गर्भ छंद भी कहा जाता है.

पाद टिप्पणी :

इस अनुष्टुभ् छंद के विषम चरण 1 में पहले चार अक्षरों के बाद य गण (। ऽ ऽ) के स्थान पर भ (ऽ । ।) गण आने के कारण – विषम चरण 3 में प्रथम चार अक्षरों के पश्चात् य गण (। ऽ ऽ) गण और सम चरण 2 और 4 में प्रथम चार अक्षरों के पश्चात् ज (। ऽ ।) गण आ कर भी इस चार चरणों के पद्य में श्लोक छंद सिद्ध नहीं हुआ है.

संधि–विग्रह.

दोषेण	तीव्रः	विषयः	कृष्ण-सर्प-विषात्	अपि
दोष से	घोर	विषय	काले साँप के विष से	भी

विषं	निहन्ति	भोक्तारं	द्रष्टारं	चक्षुषा	अपि	अयम्
विष	मार डालते हैं	भोक्ता को	दृष्टा को	दृष्टि मात्र से	भी	यह विषय

80. विषयाशामहापाशाद्यो विमुक्तः सुदुस्त्यजात् ।
स एव कल्पते मुक्त्यै नान्यः षट्शास्त्रवेद्यपि ।।

अनुष्टुभ् श्लोक छंद

विषया	शामहा	पाशा	
। । ऽ	ऽ । ऽ	ऽ ऽ	सरगग, परिधारा छंद
द्योविमु	क्तःसुदु	स्त्यजात्	
ऽ । ऽ	ऽ । ऽ	। ऽ	ररलग, हेमरूप छंद
सएव	कल्पते	मुक्त्यै	
। ऽ ।	ऽ । ऽ	ऽ ऽ	जरगग, यशस्करी छंद
नान्यःष	ट्शास्त्रवे	द्यपि	
ऽ ऽ ऽ	ऽ । ऽ	। ऽ *	मरलग, क्षमा छंद

* चरण की अंतिम लघु मात्रा दीर्घ मानी गई है.

संधि–विग्रह.

विषयाशा-महापाशात्	यः	विमुक्तः	सुदुस्त्यजात्
विषय वासना के महापाश से	जो	विमुक्त हुआ है	त्यागने को दुर्धर

सः एव कल्पते मुक्त्यैः	न अन्यःषट्-शास्त्र-वेदी	अपि
वही मुक्ति पाने योग्य होता है	अन्य छह शास्त्र का ज्ञाता नहीं	भी

81. आपातवैराग्यवतो मुमुक्षून्भवाब्धिपारं प्रतियातुमुद्यतान् ।
आशाग्रहो मज्जयतेऽन्तराले निगृह्य कण्ठे विनिवर्त्य वेगात् ।।

उपजाति : इंद्रवज्रा-वंशस्थ-इंद्रवज्रा-उपेंद्रवज्रा छंद

आपात	वैराग्य	वतोमु	मुक्षून्		
ऽ ऽ ।	ऽ ऽ ।	। ऽ ।	ऽ ऽ	त त ज ग ग	इंद्रवज्रा छंद
भवाब्धि	पारंप्र	तियातु	मुद्यतान्		
। ऽ ।	ऽ ऽ ।	। ऽ ।	ऽ । ऽ	ज त ज र	वंशस्थ छंद
आशाग्र	होमज्ज	यतेन्त	राले		
ऽ ऽ ।	ऽ ऽ ।	। ऽ ।	ऽ ऽ	त त ज ग ग	इंद्रवज्रा छंद
निगृह्य	कण्ठेवि	निवर्त्य	वेगात्		
। ऽ ।	ऽ ऽ ।	। ऽ ।	ऽ ऽ	ज त ज ग ग	उपेंद्रवज्रा छंद

संधि–विग्रह.

आपात-वैराग्यवतः	मुमुक्षून्
अस्थिर वैराग्य प्राप्त किए हुए	मुमुक्षु को

भवाब्धिपारं	प्रतियातुम्	उद्यतान्
भवसागर से पार	जाने के लिए	उद्यत मनुष्य को
आशाग्रहः	मज्जयते	अन्तराले
आशा का नक्र	डुबोता है	बीच में ही

निगृह्य	कण्ठे	विनिवर्त्य	वेगात्
पकड़ कर	गले को	पीछे लौटा कर	बल पूर्वक

82. विषयाख्यग्रहो येन सुविरक्त्यसिना हतः ।
स गच्छति भवाम्भोधेः पारं प्रत्यूहवर्जितः ।।

अनुष्टुभ् श्लोक छंद

विषया	ख्यग्रहो	येन	

। । ऽ	ऽ । ऽ	ऽ ।	सरगल, सुविलासा छंद
सुविर	क्त्यसिना	हतः	
। । ऽ	ऽ । ऽ	। ऽ	सरलग, शलुकलुप्ता छंद
सगच्छ	तिभवा	म्भोधेः	
। ऽ ।	। । ऽ	ऽ ऽ	जसगग, भांर्गी छंद
पारंप्र	त्यूहव	र्जितः	
ऽ ऽ ऽ	ऽ । ऽ	। ऽ	मरलग, क्षमा छंद

संधि-विग्रह.

विषयाख्यग्रहः	येन	सुविरक्ति-असिना	हतः
विषय वासना के नक्र को	जिसने	वैराग्य शस्त्र से	मार डाला है

सः	गच्छति	भवाम्भोधेः	पारं	प्रत्यूह-वर्जितः
वह	जाता है	भव सागर के	पार	निर्विघ्नता से

83. विषमविषयमार्गैर्गच्छतोऽनच्छबुद्धेः
प्रतिपदमभियातो मृत्युरप्येष विद्धि ।
हितसुजनगुरुक्त्या गच्छतः स्वस्य युक्त्या
प्रभवति फलसिद्धिः सत्यमित्येव विद्धि ।।

मालिनी छंद : (न न म य य)

विषम	विषय	मार्गैर्ग	च्छतोन	च्छबुद्धेः
। । ।	। । ।	ऽ ऽ ऽ	। ऽ ऽ	। ऽ ऽ
प्रतिप	दमभि	यातोमृ	त्युरप्ये	षविद्धि
। । ।	। । ।	ऽ ऽ ऽ	। ऽ ऽ	। ऽ ऽ *
हितसु	जनगु	रुक्त्याग	च्छतःस्व	स्ययुक्त्या
। । ।	। । ।	ऽ ऽ ऽ	। ऽ ऽ	। ऽ ऽ
प्रभव	तिफल	सिद्धिःस	त्यमित्ये	वविद्धि
। । ।	। । ।	ऽ ऽ ऽ	। ऽ ऽ	। ऽ ऽ *

* चरण की अंतिम लघु मात्रा दीर्घ मानी गई है.

संधि-विग्रह.

विषम-विषय-मार्गैः	गच्छतः	अनच्छबुद्धेः

विषय सेवन के विषम मार्ग से			जाने वाले		मलिन बुद्धि के लोग
प्रतिपदम्	अभियातः	मृत्युः	अपि	एषः	विद्धि
हर कदम	अनजाने में	मृत्यु	भी	यह	तू जान ले
हित-सुजन-गुरुक्त्या		गच्छतः	स्वस्य		युक्त्या
हित दाता गुरु के उपदेश से		चलने वाला	अपने		तर्क से
प्रभवति	फल-सिद्धिः	सत्यम्	इति	एव	विद्धि
पाता है	फल सिद्धि	सत्य	यह	ही	तू जान ले

84. मोक्षस्य कांक्षा यदि वै तवास्ति त्यजातिदूराद्विषयान्विषं यथा।
पीयूषवत्तोषदयाक्षमार्जव प्रशान्तिदान्तीर्भज नित्यमादरात्॥

उपजाति : इंद्रवज्रा-वंशस्थ-इंद्रवंशा-वंशस्थ छंद

मोक्षस्य	कांक्षाय	दिवैत	वास्ति		
ऽ ऽ ।	ऽ ऽ ।	। ऽ ।	ऽ ऽ	त त ज ग ग	इंद्रवज्रा छंद
त्यजाति	दूराद्वि	षयान्वि	षंयथा		
। ऽ ।	ऽ ऽ ।	। ऽ ।	ऽ । ऽ	ज त ज र	वंशस्थ छंद
पीयूष	वत्तोष	दयाक्ष	मार्जव		
ऽ ऽ ।	ऽ ऽ ।	। ऽ ।	ऽ । ऽ	त त ज र	इंद्रवंशा छंद
प्रशान्ति	दान्तीर्भ	जनित्य	मादरात्		
। ऽ ।	ऽ ऽ ।	। ऽ ।	ऽ । ऽ	ज त ज र	वंशस्थ छंद

संधि–विग्रह.

मोक्षस्य	कांक्षा	यदि	वै	तव	अस्ति
मोक्ष की	आकांक्षा	यदि	ही	तेरी	है
त्यज	अति-दूरात्	विषयान्	विषं	यथा	
त्याग दे	परे दूर	विषयों को	विष	जिस तरह	
पीयूषवत्			तोष-दया-क्षमार्जव-		
अमृत समान			तृप्ति, दया, क्षमा, सरलता,		
प्रशान्ति-दान्तीः	भज	नित्यं	आदरात्		
शम, दम, आदि	सेवन के	निरंतर	आदर से		

85. अनुक्षणं यत्परिहृत्य कृत्यमनाद्यविद्याकृतबन्धमोक्षणम्।
देहः परार्थोऽयममुष्य पोषणे यः सज्जते स स्वमनेन हन्ति॥

उपजाति : उपेंद्रवज्रा-वंशस्थ-इंद्रवंशा-इंद्रवज्रा छंद

अनुक्ष	णंयत्प	रिहृत्य	कृत्यं		
। ऽ ।	ऽ ऽ ।	। ऽ ।	ऽ ऽ	ज त ज ग ग	उपेंद्रवज्रा छंद
अनाद्य	विद्याकृ	तबन्ध	मोक्षणम्		
। ऽ ।	ऽ ऽ ।	। ऽ ।	ऽ । ऽ	ज त ज र	वंशस्थ छंद
देहःप	रार्थोऽय	ममुष्य	पोषणे		
ऽ ऽ ।	ऽ ऽ ।	। ऽ ।	ऽ । ऽ	त त ज र	इंद्रवंशा छंद
यःसज्ज	तेसस्व	मनेन	हन्ति		
ऽ ऽ ।	ऽ ऽ ।	। ऽ ।	ऽ ऽ *	त त ज ग ग	इंद्रवज्रा छंद

* चरण की अंतिम लघु मात्रा दीर्घ मानी गई है.

संधि-विग्रह.

अनुक्षणं	यत्	परिहृत्य	कृत्यम्		
हर पल	जो	त्याग कर	कार्य		
अनाद्यविद्याकृत-बन्ध-मोक्षणम्					
अनादि अविद्या से आए हुए बंधनों से मुक्ति-					
देहः	परार्थः	अयं	अमुष्य	पोषणे	
शरीर	परमार्थ	यह	उसके	पोषण में	
यः	सज्जते	सः	स्वं	ऽनेन	हन्ति
जो	तत्पर होता है	वह	आप	इस तत्परता से	नाश करता है

86. शरीरपोषणार्थी सन् य आत्मानं दिदृक्षति ।
ग्राहं दारुधिया धृत्वा नदिं तर्तुं स गच्छति ।।

अनुष्टुभ् श्लोक छंद

शरीर	पोषणा	र्थीसन्	
। ऽ ।	ऽ । ऽ	ऽ ऽ	जरगग, यशस्करी छंद
यआत्मा	नंदिदृ	क्षति	
। ऽ ऽ	ऽ । ऽ	। ऽ *	यरलग, भाषा छंद
ग्राहंदा	रुधिया	धृत्वा	
ऽ ऽ ऽ	। । ऽ	ऽ ऽ	मसगग, वक्त्रा छंद
नदिंत	र्तुंसग	च्छति	

।ऽऽ	ऽ।ऽ	।ऽ *	यरलग, भाषा छंद

* चरण की अंतिम लघु मात्रा दीर्घ मानी गई है.

संधि-विग्रह.

शरीर-पोषणार्थी	सन्	यः	आत्मानं	दिदृक्षति
शरीर पोशणार्थी	होते हुए	जो मनुष्य	आत्मा को	देखना चाहता है

ग्राहं	दारुधिया	धृत्वा	नदि	तर्तुं	सः	गच्छति
नक्र को	लकड़ी समझ कर	उसे पकड़ कर	नदी	पार करने	वह	जाता है

87. मोह एव महामृत्युर्मुमुक्षोर्वपुरादिषु ।
मोहो विनिर्जितो येन स मुक्तिपदमर्हति ।।

अनुष्टुभ् श्लोक छंद

मोहए	वमहा	मृत्युः	
ऽ।ऽ	।।ऽ	ऽऽ	रसगग, गाथ छंद
मुमुक्षो	र्वपुरा	दिषु	
।ऽऽ	।।ऽ	।ऽ *	यसलग, अपरिचित छंद
मोहोवि	निर्जितो	येन	
ऽऽ।	ऽ।ऽ	ऽ।	तरगल, विभा छंद
समुक्ति	पदम	र्हति	
।ऽ।	।।ऽ	।ऽ *	जसलग, अपरिचित छंद

* चरण की अंतिम लघु मात्रा दीर्घ मानी गई है.

संधि-विग्रह.

मोहः	एव	महा-मृत्युः	मुमुक्षोः	वपुरादिषु
मोह	ही	महामृत्यु है	मुमुक्षु का	देह गात्रों में

मोहः	विनिर्जितः	येन	सः	मुक्तिपदं	अर्हति
मोह	त्याग दिया है	जिसने	वह पुरुष	मुक्ति पद के लिए	योग्य है

88. मोहं जहि महामृत्युं देहदारसुतादिषु ।
यं जित्वा मुनयो यान्ति तद्विष्णोः परमं पदम् ।।

अनुष्टुभ् श्लोक छंद

मोहंज	हिमहा	मृत्युम्	

ऽ ऽ ।	। । ऽ	ऽ ऽ	तसगग, श्यामा छंद
देहदा	रसुता	दिषु	
ऽ । ऽ	। । ऽ	। ऽ *	रसलग, पथ्यावक्त्र छंद
यंजित्वा	मुनयो	यान्ति	
ऽ ऽ ऽ	। । ऽ	ऽ ।	मसगल, वक्त्र छंद
तद्विष्णोः	परमं	पदम्	
ऽ ऽ ऽ	। । ऽ	। ऽ	मसलग, अपरिचित छंद

* चरण की अंतिम लघु मात्रा दीर्घ मानी गई है.

संधि-विग्रह.

मोहं		जहि		महामृत्युं		देह-दार-सुतादिषु	
मोह को		तू नष्ट कर		महामृत्यु रूप-		देह, पत्नी, पुत्र आदि में	
यं	जित्वा	मुनयः	यान्ति	तत्	विष्णोः	परमं	पदम्
जिसको	जीत कर	मुनिजन	पाते हैं	उस	विष्णु के	परम	पद को

89. त्वङ्मांसरुधिरस्नायुमेदोमज्जास्थिसंकुलम् ।
पूर्णं मूत्रपुरीषाभ्यां स्थूलं निन्द्यमिदं वपुः ।।

अनुष्टुभ् श्लोक छंद

त्वङ्मांस	रुधिर	स्नायु	
ऽ ऽ ।	। । ऽ	ऽ ।	तसगल, श्यामा छंद
मेदोम	ज्जास्थिसं	कुलम्	
ऽ ऽ ऽ	ऽ । ऽ	। ऽ	मरलग, क्षमा छंद
पूर्णंमू	त्रपुरी	षाभ्याम्	
ऽ ऽ ऽ	। । ऽ	ऽ ऽ	मसगग, वक्त्र छंद
स्थूलंनि	न्द्यमिदं	वपुः	
ऽ ऽ ऽ	। । ऽ	। ऽ	मसलग, अपरिचित छंद

संधि-विग्रह.

त्वङ्मांस-रुधिर-स्नायु-मेदोमज्जास्थि-संकुलम्					
त्वचा, माँस, रक्त, स्नायु, मेदा, मज्जा, अस्थि आदि सप्त धातु समूह					
पूर्णं	मूत्र-पुरीषाभ्यां	स्थूलं	निन्द्यम्	इदं	वपुः
पूर्ण	मल-मुत्र से	स्थूल	निंद्य है	यह	शरीर

90. पञ्चीकृतेभ्यो भूतेभ्यः स्थूलेभ्यः पूर्वकर्मणा ।
समुत्पन्नमिदं स्थूलं भोगायतनमात्मनः ।
अवस्था जागरस्तस्य स्थूलार्थानुभवो यतः ।।

अनुष्टुभ् छंद

पञ्चीकृ	तेभ्योभू	तेभ्यः	
ऽ ऽ ।	ऽ ऽ ऽ	ऽ ऽ	तमगग, मृत्युंजय छंद
स्थूलेभ्यः	पूर्वक	र्मणा	
ऽ ऽ ऽ	ऽ । ऽ	। ऽ	मरलग, क्षमा छंद
समुत्प	न्नमिदं	स्थूलं	
। ऽ ऽ	। । ऽ	ऽ ऽ	यसगग, मनोला छंद
भोगाय	तनमा	त्मनः	
ऽ ऽ ।	। । ऽ	। ऽ	तसलग, अपरिचित छंद
अवस्था	जागर	स्तस्य	
। ऽ ऽ	ऽ । ऽ	ऽ ऽ	यरगग, कुलाधारी छंद
स्थूलार्था	नुभवो	यतः	
ऽ ऽ ऽ	। । ऽ	। ऽ	मसलग, अपरिचित छंद

पाद टिप्पणी :

इस अनुष्टुभ् छंद के विषम चरण 1 में पहले चार अक्षरों के बाद य गण (। ऽ ऽ) के स्थान पर म (ऽ ऽ ऽ) गण आने के कारण – विषम चरण 3 और 5 में प्रथम चार अक्षरों के पश्चात् य गण (। ऽ ऽ) गण और सम चरण 2, 4 और 6 में प्रथम चार अक्षरों के पश्चात् ज (। ऽ ।) गण आ कर भी इस छह चरणों के पद्य में श्लोक छंद सिद्ध नहीं हुआ है.

संधि-विग्रह.

पञ्चीकृतेभ्यः	भूतेभ्यः	स्थूलेभ्यः	पूर्व-कर्मणा
पाँच तत्त्व के	महाभूतों से	स्थूल-	पुर्व कर्म के संचित

समुत्पन्नम्	इदं	स्थूलं	भोगायतनं	आत्मनः
निर्मित	यह	जड़	भोग का स्थान	आत्मा के
अवस्था	जागरः	तस्य	स्थूलार्थानुभवः	यतः

अवस्था	जागृति	उसके	जड़तत्त्व का अनुभव होता है	क्योंकि

91. बाह्येन्द्रियैः स्थूलपदार्थसेवां स्रक्चन्दनस्त्र्यादिविचित्ररूपाम् ।
करोति जीवः स्वयमेतदात्मना तस्मात्प्रशस्तिर्वपुषोऽस्य जागरे ।।

उपजाति : इंद्रवज्रा- इंद्रवज्रा- वंशस्थ-इंद्रवंशा छंद

बाह्येन्द्रि	यैःस्थूल	पदार्थ	सेवां		
ऽ ऽ ।	ऽ ऽ ।	। ऽ ।	ऽ ऽ	त त ज ग ग	इंद्रवज्रा छंद
स्रक्चन्द	नस्त्र्यादि	विचित्र	रूपाम्		
ऽ ऽ ।	ऽ ऽ ।	। ऽ ।	ऽ ऽ	त त ज ग ग	इंद्रवज्रा छंद
करोति	जीवःस्व	यमेत	दात्मना		
। ऽ ।	ऽ ऽ ।	। ऽ ।	ऽ । ऽ	ज त ज र	वंशस्थ छंद
तस्मात्प्र	शस्तिर्व	पुषोस्य	जागरे		
ऽ ऽ ।	ऽ ऽ ।	। ऽ ।	ऽ । ऽ	त त ज र	इंद्रवंशा छंद

संधि-विग्रह.

बाह्येन्द्रियैः	स्थूल-पदार्थ-सेवां
श्रोत-चक्षु आदि बाह्य इंद्रियों द्वारा	जड़ वस्तुओं के उपभोग के लिए
स्रक्चन्दनस्त्र्यादि-विचित्र-रूपाम्	
पुष्पमाला-चंदन-स्त्री-आदि विविध वस्तु का	

करोति	जीवः	स्वयं	एतत्	आत्मना
करता है	जीव	आप	यह	अपने द्वारा
तस्मात्	प्रशस्तिः	वपुषः	अस्य	जागरे
अतः	महत्त्व है	देह की	इस – का	जागृति में

92. सर्वोपि बाह्यसंसारः पुरुषस्य यदाश्रयः ।
विद्धि देहमिदं स्थूलं गृहवद्गृहमेधिनः ।।

अनुष्टुभ् श्लोक छंद

सर्वोपि	बाह्यसं	सारः	
ऽ ऽ ।	ऽ । ऽ	ऽ ऽ	तरगग, विभा छंद
पुरुष	स्ययदा	श्रयः	
। । ऽ	। । ऽ	। ऽ	ससलग, मही छंद

विद्धिदे	हमिदं	स्थूलं	
ऽ । ऽ	। । ऽ	ऽ ऽ	रसगग, गाथ छंद
गृहव	द्गृहमे	धिनः	
। । ऽ	। । ऽ	। ऽ	ससलग, मही छंद

संधि–विग्रह.

सर्वः	अपि	बाह्य-संसारः	पुरुषस्य	यत्	आश्रयः
सब	ही	बाह्य संसार	पुरुष का	जो	प्रपंच है
विद्धि	देहम्	इदं	स्थूलं	गृहवत्	गृहमेधिनः
तू जान	देह को	इस	जड़	गृह समान	गृहस्थाश्रम के

93. स्थूलस्य संभवजरामरणानि धर्माः
स्थौल्यादयो बहुविधाः शिशुताद्यवस्थाः ।
वर्णाश्रमादिनियमा बहुधामयाः स्युः
पूजावमानबहुमानमुखा विशेषाः ।।

वसंततिलका छंद : (त भ ज ज ग ग)

स्थूलस्य	संभव	जराम	रणानि	धर्माः
ऽ ऽ ।	ऽ । ।	। ऽ ।	। ऽ ।	ऽ ऽ
स्थौल्याद	योबहु	विधाःशि	शुताद्य	वस्थाः
ऽ ऽ ।	ऽ । ।	। ऽ ।	। ऽ ।	ऽ ऽ
वर्णाश्र	मादिनि	यमाब	हुधाम	याःस्युः
ऽ ऽ ।	ऽ । ।	। ऽ ।	। ऽ ।	ऽ ऽ
पूजाव	मानब	हुमान	मुखावि	शेषाः
ऽ ऽ ।	ऽ । ।	। ऽ ।	। ऽ ।	ऽ ऽ

संधि–विग्रह.

स्थूलस्य	संभव-जरा-मरणानि	धर्माः
जड़ शरीर के	जन्म–जरा–मरणादि	गुण धर्म
स्थौल्यादयः	बहुविधाः	शिशुताद्यवस्थाः
स्थौल्य आदि	विविध अन्य प्रकार	बाल्यावस्था

वर्णाश्रमादि-नियमाः	बहुधा	आमयाः	स्युः

वर्णाश्रम आदि नियम	अनेक	रोग	हैं
पूजावमान-बहुमान-मुखाः		विशेषाः	
मान, अपमान, बहुमान, स्तुति		विशेष बातें	

94. बुद्धीन्द्रियाणि श्रवणं त्वगक्षि घ्राणं च जिव्हा विषयावबोधनात् ।
वाक्पाणिपादा गुदमप्युपस्थः कर्मेन्द्रियाणि प्रवणेन कर्मसु ।।

उपजाति : इंद्रवज्रा-इंद्रवंशा-इंद्रवज्रा-इंद्रवंशा छंद

बुद्धीन्द्रि	याणिश्र	वणंत्व	गक्षि		
ऽ ऽ ।	ऽ ऽ ।	। ऽ ।	ऽ ऽ *	त त ज ग ग	इंद्रवज्रा छंद
घ्राणंच	जिव्हावि	षयाव	बोधनात्		
ऽ ऽ ।	ऽ ऽ ।	। ऽ ।	ऽ । ऽ	त त ज र	इंद्रवंशा छंद
वाक्पाणि	पादागु	दमप्यु	पस्थः		
ऽ ऽ ।	ऽ ऽ ।	। ऽ ।	ऽ ऽ	त त ज ग ग	इंद्रवज्रा छंद
कर्मेन्द्रि	याणिप्र	वणेन	कर्मसु		
ऽ ऽ ।	ऽ ऽ ।	। ऽ ।	ऽ । ऽ *	त त ज र	इंद्रवंशा छंद

* चरण की अंतिम लघु मात्रा दीर्घ मानी गई है.

संधि-विग्रह.

बुद्धीन्द्रियाणि	श्रवणं	त्वक्	अक्षि-
ज्ञानेंद्रियाँ हैं	श्रोत्र	त्वचा	चक्षु

घ्राणं	च	जिव्हा	विषयावबोधनात्
नासिका	और	जीभ	विषय का बोध कराते हैं

वाक्-पाणि-पादाः	गुदं	अपि	उपस्थः
वाचा, हाथ, पाँव	गुदा	भी	उपस्थ

कर्मेन्द्रियाणि	प्रवणेन	कर्मसु
कर्म की इंद्रियाँ हैं	नम्रता से	कर्मों में

95. निगद्यतेऽन्तःकरणं मनोधीरहंकृतिश्चित्तमिति स्ववृत्तिभिः ।
मनस्तु संकल्पविकल्पनादिभिर्बुद्धिः पदार्थाध्यवसायधर्मतः ।।

उपजाति : उपेंद्रवज्रा-वंशस्थ-वंशस्थ-इंद्रवंशा छंद

निगद्य	तेऽन्तःक	रणंम	नोधीः		
। ऽ ।	ऽ ऽ ।	। ऽ ।	ऽ ऽ	ज त ज ग ग	उपेंद्रवज्रा छंद

अहंकृ	तिश्चित्त	मितिस्व	वृत्तिभिः		
। ऽ ।	ऽ ऽ ।	। ऽ ।	ऽ । ऽ	ज त ज र	वंशस्थ छंद
मनस्तु	संकल्प	विकल्प	नादिभिः		
। ऽ ।	ऽ ऽ ।	। ऽ ।	ऽ । ऽ	ज त ज र	वंशस्थ छंद
बुद्धिःप	दार्थाध्य	वसाय	धर्मतः		
ऽ ऽ ।	ऽ ऽ ।	। ऽ ।	ऽ । ऽ	त त ज र	इंद्रवंशा छंद

संधि–विग्रह.

निगद्यते	अन्तःकरणं	मनः	धीः
कहे गए हैं	अंतःकरण	मन	बुद्धि

अहंकृतिः	चित्तं	इति	स्व-वृत्तिभिः
अहंभाव	चित्त	ये	निज वृत्ति द्वारा

मनः	तु	संकल्प-विकल्पनादिभिः
मन	तो	संकल्प-विकल्प के योग से

बुद्धिः	पदार्थाध्यवसाय-धर्मतः
बुद्धि	पदार्थ के गुणधर्म से

96. अत्राभिमानादहमित्यहंकृतिः ।
स्वार्थानुसन्धानगुणेन चित्तम् ।।

उपजाति : इंद्रवंशा-इंद्रवज्रा छंद

अत्राभि	मानाद	हमित्य	हंकृतिः		
ऽ ऽ ।	ऽ ऽ ।	। ऽ ।	ऽ । ऽ	त त ज र	इंद्रवंशा छंद
स्वार्थानु	सन्धान	गुणेन	चित्तम्		
ऽ ऽ ।	ऽ ऽ ।	। ऽ ।	ऽ ऽ	त त ज ग ग	इंद्रवज्रा छंद

संधि–विग्रह.

अत्र	अभिमानात्	अहं	इति	अहंकृतिः
इस बारे में	अभिमान के कारण	मैं	इस प्रकार के	अहंकार है

स्वार्थानुसन्धान-गुणेन	चित्तम्
स्वार्थ की प्रवृत्ति से	चित्त कहा गया है

97. प्राणापानव्यानोदानसमाना भवत्यसौ प्राणः ।
स्वयमेव वृत्तिभेदाद्विकृतिभेदात्सुवर्णसलिलादिवत् ।।

आर्या उद्गाथा छंद (मात्रा 12-18, 12-18)

प्राणापा		नव्यानो		
ऽ ऽ ऽ		ऽ ऽ ऽ		12
दानस	मानाभ	वत्यसौ	प्राणः	
ऽ । ।	ऽ ऽ ।	ऽ । ऽ	ऽ ऽ	18
स्वयमे	ववृत्ति	भेदा		
। । ऽ	। ऽ ।	ऽ ऽ	12	
द्विकृति	भेदात्सु	वर्णस	लिलादि	वत्	
। । ।	ऽ ऽ ।	ऽ । ।	। ऽ ।	ऽ	18

संधि–विग्रह.

प्राणापान-व्यानोदान-समानाः			भवति	असौ	प्राणः
प्राण, अपान, व्यान, उदान, समान आदि			होता है	यह	प्राणवायु
स्वयं	एव	वृत्ति-भेदात्	विकृति-भेदात्	सुवर्ण-सलिलादिवत्	
स्वयं	ही	भिन्न वृत्ति के कारण	भिन्न परिणाम से	अलंकार और तरंग स्वरूप	

98. वागादि पञ्च श्रवणादि पञ्च प्राणादि पञ्चाभ्रमुखानि पञ्च ।
बुद्ध्याद्यविद्यापि च कामकर्मणी पुर्यष्टकं सूक्ष्मशरीरमाहुः ॥

उपजाति : इंद्रवज्रा- इंद्रवज्रा- इंद्रवंशा-इंद्रवज्रा छंद

वागादि	पञ्चश्र	वणादि	पञ्च		
ऽ ऽ ।	ऽ ऽ ।	। ऽ ।	ऽ ऽ *	त त ज ग ग	इंद्रवज्रा छंद
प्राणादि	पञ्चाभ्र	मुखानि	पञ्च		
ऽ ऽ ।	ऽ ऽ ।	। ऽ ।	ऽ ऽ *	त त ज ग ग	इंद्रवज्रा छंद
बुद्ध्याद्य	विद्यापि	चकाम	कर्मणी		
ऽ ऽ ।	ऽ ऽ ।	। ऽ ।	ऽ । ऽ	त त ज र	इंद्रवंशा छंद
पुर्यष्ट	कंसूक्ष्म	शरीर	माहुः		
ऽ ऽ ।	ऽ ऽ ।	। ऽ ।	ऽ ऽ	त त ज ग ग	इंद्रवज्रा छंद

* चरण की अंतिम लघु मात्रा दीर्घ मानी गई है.

संधि–विग्रह.

वागादि	पञ्च	श्रवणादि	पञ्च

वाणी आदि	पाँच	श्रवण आदि	पाँच
प्राणादि	पञ्च	अभ्र-मुखानि	पञ्च
प्राण आदि	पाँच	आकाश आदि	पाँच

बुद्ध्यादि	अविद्या	अपि	च	काम-कर्मणी
बुद्धि आदि	अविद्या	भी	और	काम और कर्म

पुर्यष्टकं	सूक्ष्म-शरीरं	आहुः
आठ नगरों के समूह को	सूक्ष्म शरीर	कहते हैं

99. इदं शरीरं शृणु सूक्ष्मसंज्ञितं लिङ्गं त्वपञ्चीकृतभूतसंभवम् ।
सवासनं कर्मफलानुभावकं स्वाज्ञानतोऽनादिरुपाधिरात्मनः ।।

उपजाति : वंशस्थ-इंद्रवंशा-वंशस्थ-इंद्रवंशा छंद

इदंश	रीरंशृ	णुसूक्ष्म	संज्ञितं		
। ऽ ।	ऽ ऽ ।	। ऽ ।	ऽ । ऽ	ज त ज र	वंशस्थ छंद
लिङ्गंत्व	पञ्चीकृ	तभूत	संभवम्		
ऽ ऽ ।	ऽ ऽ ।	। ऽ ।	ऽ । ऽ	त त ज र	इंद्रवंशा छंद
सवास	नंकर्म	फलानु	भावकं		
। ऽ ।	ऽ ऽ ।	। ऽ ।	ऽ । ऽ	ज त ज र	वंशस्थ छंद
स्वाज्ञान	तोऽनादि	रुपाधि	रात्मनः		
ऽ ऽ ।	ऽ ऽ ।	। ऽ ।	ऽ । ऽ	त त ज र	इंद्रवंशा छंद

संधि-विग्रह.

इदं	शरीरं	शृणु	सूक्ष्म-संज्ञितं
यह	शरीर	तू समझ ले	सूक्ष्म कहा गया है

लिङ्गं	तु	अ-पञ्चीकृत-संभवम्
लिंग	और इसे	बिना पंचीकरण का

सवासनं	कर्म-फलानुभावकं
वासना युक्त	कर्म फल का उपभोग लेने वाला
स्वाज्ञानतः अनादिः	उपाधिःआत्मनः
अपने अज्ञान के कारण	आत्मा की उपाधि है

100. स्वप्नो भवत्यस्य विभक्त्यवस्था स्वमात्रशेषेण विभाति यत्र ।
स्वप्ने तु बुद्धिः स्वयमेव जाग्रत्कालीननानाविधवासनाभिः ।।

उपजाति : इंद्रवज्रा- उपेंद्रवज्रा- इंद्रवज्रा- इंद्रवज्रा छंद

स्वप्नोभ	वत्यस्य	विभक्त्य	वस्था		
ऽ ऽ ।	ऽ ऽ ।	। ऽ ।	ऽ ऽ	त त ज ग ग	इंद्रवज्रा छंद
स्वमात्र	शेषेण	विभाति	यत्र		
। ऽ ।	ऽ ऽ ।	। ऽ ।	ऽ ऽ *	ज त ज ग ग	उपेंद्रवज्रा छंद
स्वप्नेतु	बुद्धिःस्व	यमेव	जाग्रत्		
ऽ ऽ ।	ऽ ऽ ।	। ऽ ।	ऽ ऽ	त त ज ग ग	इंद्रवज्रा छंद
कालीन	नानावि	धवास	नाभिः		
ऽ ऽ ।	ऽ ऽ ।	। ऽ ।	ऽ ऽ	त त ज ग ग	इंद्रवज्रा छंद

* चरण की अंतिम लघु मात्रा दीर्घ मानी गई है.

संधि-विग्रह.

स्वप्नः	भवति	अस्य	विभक्त्यवस्था
स्वप्न	होता है	इसकी	विभक्त अवस्था

स्वमात्रशेषेण	विभाति	यत्र
शरीर के अवशिष्ट रहने से	आभास होता है	जहाँ

स्वप्ने तु बुद्धिः स्वयं एव	जाग्रत्
स्वप्न में अंतःकरण स्वयं ही	जागृत अवस्था के

कालीन-नाना-विध-वासनाभिः
काल की विविध विध वासनाओं के संस्कार से

101. कर्त्रादिभावं प्रतिपद्य राजते यत्र स्वयं भाति ह्ययं परात्मा ।
धीमात्रकोपाधिरशेषसाक्षी न लिप्यते तत्कृतकर्मलेशैः ।
यस्मादसङ्गस्तत एव कर्मभिर्न लिप्यते किञ्चिदुपाधिना कृतैः ।।

उपजाति : इंद्रवंशा-इंद्रवज्रा-इंद्रवज्रा-उपेंद्रवज्रा-इंद्रवंशा-इंद्रवंशा छंद

कर्त्रादि	भावंप्र	तिपद्य	राजते		
ऽ ऽ ।	ऽ ऽ ।	। ऽ ।	ऽ । ऽ	त त ज र	इंद्रवंशा छंद
यत्रस्व	यंभाति	ह्ययंप	रात्मा		
ऽ ऽ ।	ऽ ऽ ।	। ऽ ।	ऽ ऽ	त त ज ग ग	इंद्रवज्रा छंद
धीमात्र	कोपाधि	रशेष	साक्षी		
ऽ ऽ ।	ऽ ऽ ।	। ऽ ।	ऽ ऽ	त त ज ग ग	इंद्रवज्रा छंद
नलिप्य	तेतत्कृ	तकर्म	लेशैः		

।ऽ।	ऽऽ।	।ऽ।	ऽऽ	ज त ज ग ग	उपेंद्रवज्रा छंद
यस्माद	सङ्गस्त	तएव	कर्मभि		
ऽऽ।	ऽऽ।	।ऽ।	ऽ।ऽ	त त ज र	इंद्रवंशा छंद
र्नलिप्य	तेकिञ्चि	दुपाधि	नाकृतैः		
ऽऽ।	ऽऽ।	।ऽ।	ऽ।ऽ	त त ज र	इंद्रवंशा छंद

संधि–विग्रह.

कर्त्रादि-भावं	प्रतिपद्य	राजते
कर्ता, करण क्रिया आदि भाव को	पा कर	विराजमान होता है

यत्र	स्वयं	भाति	हि	अयं	परात्मा
स्वप्नावस्था में जहाँ	आप	आभास होता है	ही	यह	परम आत्मा

धीमात्रकोपाधिः	अशेष-साक्षी
जिसे मात्र बुद्धि ही उपाधि है	सुक्ष्म साक्षी

न	लिप्यते	तत्कृतकर्म-लेशैः
नहीं है	आसक्त होता	उन कर्मों के लेशमात्र से

यस्मात्	असङ्गः	ततः	एव	कर्मभिः
जिस कारण	अनासक्ति	उस कारण	ही	कर्मों से

न	लिप्यते	किञ्चित्	उपाधिना	कृतैः
नहीं	आसक्त होता	किंचित भी	उपाधि से	किए हुए

102. सर्वव्यापृतिकरणं लिङ्गमिदं स्याच्चिदात्मनः पुंसः ।
वास्यादिकमिव तक्ष्णस्तेनैवात्मा भवत्यसङ्गोऽयम् ।।

आर्या उद्गाथा छंद (मात्रा 12-18, 12-18)

सर्वव्या	पृतिक	रणं	
ऽऽऽ	।।।	।ऽ	12

लिङ्गमि	दंस्याच्चि	दात्मनः	पुंसः	
ऽ।।	ऽऽ।	ऽ।ऽ	ऽऽ	18

वास्यादि	कमिव	तक्ष्णः	
ऽऽ।	।।।	ऽऽ	12

तेनैवा	त्माभव	त्यसङ्गोऽ	यम्	
ऽऽऽ	ऽ।ऽ	।ऽऽ	ऽ	18

संधि–विग्रह.

सर्व-व्यापृति-करणं				लिङ्गं
सभी व्यवहारों का साधन				लिंग
इदं	स्यात्		चिदात्मनः	पुंसः
यह	हो		चैतन्य रूप आत्मा	मनुष्य के
वास्यादिकं		इव		तक्ष्णः
औजार आदि		के समान		बढ़ई
तेन		एव आत्मा भवति असङ्गः अयम्		
उस कारण		यह आत्मा अनासक्त होता		

103. अन्धत्वमन्दत्वपटुत्वधर्माः सौगुण्यवैगुण्यवशाद्धि चक्षुषः ।
बाधिर्यमूकत्वमुखास्तथैव श्रोत्रादिधर्मा न तु वेत्तुरात्मनः ।।

उपजाति : इंद्रवज्रा-इंद्रवंशा-इंद्रवज्रा-इंद्रवंशा छंद

अन्धत्व	मन्दत्व	पटुत्व	धर्माः		
ऽ ऽ ।	ऽ ऽ ।	। ऽ ।	ऽ ऽ	त त ज ग ग	इंद्रवज्रा छंद
सौगुण्य	**वैगुण्य**	**वशाद्धि**	**चक्षुषः**		
ऽ ऽ ।	ऽ ऽ ।	। ऽ ।	ऽ । ऽ	त त ज र	इंद्रवंशा छंद
बाधिर्य	**मूकत्व**	**मुखास्त**	**थैव**		
ऽ ऽ ।	ऽ ऽ ।	। ऽ ।	ऽ ऽ *	त त ज ग ग	इंद्रवज्रा छंद
श्रोत्रादि	**धर्मान**	**तुवेत्तु**	**रात्मनः**		
ऽ ऽ ।	ऽ ऽ ।	। ऽ ।	ऽ । ऽ	त त ज र	इंद्रवंशा छंद

* चरण की अंतिम लघु मात्रा दीर्घ मानी गई है.

संधि–विग्रह.

अन्धत्व-मन्दत्व-पटुत्व-धर्माः				
अंधापन मंदत्व पटुता आदि गुण				
सौगुण्य-वैगुण्य-वशात्		हि		चक्षुषः
निर्दोषता से अथवा सदोषता से		भी		नेत्र के–
बाधिर्य-मूकत्व-मुखाः			तथा	एव
बधिरता, गूँगापन			तथा	ही
श्रोत्रादि-धर्माः	न	तु	वेत्तुः	आत्मनः
कर्ण नेत्र आदि के गुण हैं	नहीं	मगर	जानने वालो के	आत्मा के

104. उच्छ्वासनिःश्वासविजृम्भणक्षुत्प्रस्यन्दनाद्युत्क्रमणादिकाः क्रियाः ।
प्राणादिकर्माणि वदन्ति तज्ज्ञाः प्राणस्य धर्मावशनापिपासे ।।

उपजाति : इंद्रवज्रा-इंद्रवंशा-इंद्रवज्रा-इंद्रवज्रा छंद

उच्छ्वास	निःश्वास	विजृम्भ	णक्षुत्		
ऽ ऽ ।	ऽ ऽ ।	। ऽ ।	ऽ ऽ	त त ज ग ग	इंद्रवज्रा छंद
प्रस्यन्द	नाद्युत्क्र	मणादि	काःक्रियाः		
ऽ ऽ ।	ऽ ऽ ।	। ऽ ।	ऽ । ऽ	त त ज र	इंद्रवंशा छंद
प्राणादि	कर्माणि	वदन्ति	तज्ज्ञाः		
ऽ ऽ ।	ऽ ऽ ।	। ऽ ।	ऽ ऽ	त त ज ग ग	इंद्रवज्रा छंद
प्राणस्य	धर्माव	शनापि	पासे		
ऽ ऽ ।	ऽ ऽ ।	। ऽ ।	ऽ ऽ	त त ज ग ग	इंद्रवज्रा छंद

संधि–विग्रह.

उच्छ्वास-निःश्वास-विजृम्भण-क्षुत्-		
श्वास, निःश्वास, जम्हाई, भूख–		
प्रस्यन्दनात्-उत्क्रमणादिकाः	क्रियाः	
छींक, मल विसर्ग आदि	क्रिया	
प्राणादि-कर्माणि	वदन्ति	तज्ज्ञाः
प्राणी के विहित कर्म	कहते हैं	ज्ञानी लोग
प्राणस्य	धर्मौ	अशना-पिपासे
प्राण के	गुणधर्म	भूख, प्यास

105. अन्तःकरणमेतेषु चक्षुरादिषु वर्ष्मणि ।
अहमित्यभिमानेन तिष्ठत्याभासतेजसा ।।

अनुष्टुभ् श्लोक छंद

अन्तःक	रणमे	तेषु	
ऽ ऽ ।	। । ऽ	ऽ ।	तसगल, श्यामा छंद
चक्षुरा	दिषुव	र्ष्मणि	
ऽ । ऽ	। । ऽ	। ऽ *	रसलग, पथ्यावक्त्र छंद
अहमि	त्यभिमा	नेन	

। । ऽ	। । ऽ	ऽ ।	ससगल, पंचशिखा छंद
तिष्ठत्या	भासते	जसा	
ऽ ऽ ऽ	ऽ । ऽ	। ऽ	मरलग, क्षमा छंद

* अंतिम लघु माथा गुरु मानी गई है.

संधि-विग्रह.

अन्तःकरणं	एतेषु	चक्षुरादिषु	वर्ष्मणि
अंतःकरण	इन इंद्रियों में	चक्षु आदि-	शरीर में

अहं	इति	अभिमानेन	तिष्ठति	आभास-तेजसा
"मैं"	नाम से	अभिमान से	स्थित होता है	आभास और चैतन्य तेज से

106. अहंकारः स विज्ञेयः कर्ता भोक्ताभिमान्ययम् ।
सत्त्वादिगुणयोगेन चावस्थात्रयमश्नुते ।।

अनुष्टुभ् श्लोक छंद

अहंका	रःसवि	ज्ञेयः	
। ऽ ऽ	ऽ । ऽ	ऽ ऽ	यरगग, कुलाधारी छंद
कर्ताभो	क्ताभिमा	न्ययम्	
ऽ ऽ ऽ	ऽ । ऽ	। ऽ	मरलग, क्षमा छंद
सत्त्वादि	गुणयो	गेन	
ऽ ऽ ।	। । ऽ	ऽ ।	तसगल, श्यामा छंद
चावस्था	त्रयम	श्नुते	
ऽ ऽ ऽ	। । ऽ	। ऽ	मसलग, अपरिचित छंद

संधि-विग्रह.

अहंकारः	सः	विज्ञेयः	कर्ता	भोक्ता	अभिमानी	अयम्
अहंकार	यह	जानना चाहिए	कर्ता	भोक्ता	अभिमानी	यह

सत्त्वादि-गुण-योगेन	च	अवस्था-त्रयम्	अश्नुते
सत्त्व रज तम गुण योग से	और	जागृति-सुप्ति-स्वप्नादि तीन अवस्था	भोग करता है

107. विषयाणामानुकूल्ये सुखी दुःखी विपर्यये ।
सुखं दुःखं च तद्धर्मः सदानन्दस्य नात्मनः ।।

अनुष्टुभ् छंद

विषया	णामानु	कूल्ये	
। । ऽ	ऽ ऽ ।	ऽ ऽ	सतगग, कौचमार छंद
सुखीदुः	खीविप	र्यये	
। ऽ ऽ	ऽ । ऽ	। ऽ	यरलग, भाषा छंद
सुखंदुः	खंचत	द्धर्मः	
। ऽ ऽ	ऽ । ऽ	ऽ ऽ	यरगग, कुलाधारी छंद
सदान	न्दस्यना	त्मनः	
। ऽ ऽ	ऽ । ऽ	। ऽ	यरलग, भाषा छंद

पाद टिप्पणी :

इस अनुष्टुभ् छंद के विषम चरण 1 में पहले चार अक्षरों के बाद य गण (। ऽ ऽ) के स्थान पर र (ऽ । ऽ) गण आने के कारण – विषम चरण 3 में प्रथम चार अक्षरों के पश्चात् य गण (। ऽ ऽ) गण और सम चरण 2 और 4 में प्रथम चार अक्षरों के पश्चात् ज (। ऽ ।) गण आ कर भी इस चार चरणों के पद्य में श्लोक छंद सिद्ध नहीं हुआ है.

संधि-विग्रह.

विषयाणाम्	आनुकूल्ये	सुखी	दुःखी	विपर्यये
विषयों की	अनूकूलता में	सुखी	दुखी	प्रतिकूलता में

सुखं दुःखं च तद्धर्मः सदानन्दस्य	न	आत्मनः
सुख दुख उसके सदानन्दके गुण हैं	नहीं	आत्मा के

108. आत्मार्थत्वेन हि प्रेयान्विषयो न स्वतः प्रियः ।
स्वत एव हि सर्वेषामात्मा प्रियतमो यतः ॥

अनुष्टुभ् श्लोक छंद

आत्मार्थ	त्वेनहि	प्रेया	
ऽ ऽ ऽ	ऽ । ऽ	ऽ ऽ	मरगग, मधुमालती छंद
न्विषयो	नस्वतः	प्रियः	
। । ऽ	ऽ । ऽ	। ऽ	सरलग, शलुकलुप्ता छंद
स्वतए	वहिस	र्वेषा	
। । ऽ	। । ऽ	ऽ ऽ	ससगग, पंचशिखा छंद

मात्माप्रि	यतमो	यतः	
ऽ ऽ ।	। । ऽ	। ऽ	तसलग, अपरिचित छंद

संधि-विग्रह.

आत्मार्थ-त्वेन	हि	प्रेयान्	विषयः	न	स्वतः	प्रियः
अत्माको जानने के लिए	ही	प्रिय	विषय	नहीं	स्वतः	प्रिय

स्वतः	एव हि	सर्वेषाम्	आत्मा	प्रियतमः	यतः
स्वतः	ही	सबका	आत्मा	प्रियतम है	क्यों कि

109. तत आत्मा सदानन्दो नास्य दुःखं कदाचन ।
यत्सुषुप्तौ निर्विषय आत्मानन्दोऽनुभूयते ।।

अनुष्टुभ् छंद

ततआ	त्मासदा	नन्दो	
। । ऽ	ऽ । ऽ	ऽ ऽ	सरगग, परिधारा छंद
नास्यदुः	खंकदा	चन	
ऽ । ऽ	ऽ । ऽ	। ऽ *	ररलग, हेमरूप छंद
यत्सुषु	प्तौनिर्वि	षय	
ऽ । ऽ	ऽ ऽ ।	। ।	रतलल, नीत छंद
आत्मान	न्दोऽनुभू	यते	
ऽ ऽ ऽ	ऽ । ऽ	। ऽ	मरलग, क्षमा छंद

* चरण की अंतिम लघु मात्रा दीर्घ मानी गई है.

पाद टिप्पणी :

इस अनुष्टुभ् छंद के विषम चरण 3 में पहले चार अक्षरों के बाद य गण (। ऽ ऽ) के स्थान पर भ (ऽ । ।) गण आने के कारण – विषम चरण 1 में प्रथम चार अक्षरों के पश्चात् य गण (। ऽ ऽ) गण और सम चरण 2 और 4 में प्रथम चार अक्षरों के पश्चात् ज (। ऽ ।) गण आ कर भी इस चर चरणों के पद्य में श्लोक छंद सिद्ध नहीं हुआ है.

संधि-विग्रह.

ततः	आत्मा	सदानन्दः	न	अस्य	दुःखं	कदाचन
उस कारण	आत्मा	सदानंद	नहीं होता	इसे	दुख	कभी भी

यत्	सुषुप्तौ	निर्विषयः	आत्मानन्दः	अनुभूयते

क्यों कि	सुप्ति में	विषय संयोग के बिना	चित्त आनंद	परखा जाता है

110. अव्यक्तनाम्नी परमेशशक्तिरनाद्यविद्या त्रिगुणात्मिका परा।
कार्यानुमेया सुधियैव माया यया जगत्सर्वमिदं प्रसूयते ।।

उपजाति : इंद्रवज्रा-वंशस्थ-इंद्रवज्रा-वंशस्थ छंद

अव्यक्त	नाम्नीप	रमेश	शक्तिः		
ऽ ऽ ।	ऽ ऽ ।	। ऽ ।	ऽ ऽ	त त ज ग ग	इंद्रवज्रा छंद
अनाद्य	विद्यात्रि	गुणात्मि	कापरा		
। ऽ ।	ऽ ऽ ।	। ऽ ।	ऽ । ऽ	ज त ज र	वंशस्थ छंद
कार्यानु	मेयासु	धियैव	माया		
ऽ ऽ ।	ऽ ऽ ।	। ऽ ।	ऽ ऽ	त त ज ग ग	इंद्रवज्रा छंद
ययाज	गत्सर्व	मिदंप्र	सूयते		
। ऽ ।	ऽ ऽ ।	। ऽ ।	ऽ । ऽ	ज त ज र	वंशस्थ छंद

संधि–विग्रह.

अव्यक्त-नाम्नी	परमेश-शक्तिः
अव्यक्त नाम की	परम शक्ति

अनाद्यविद्या	त्रि-गुणात्मिका	परा
अनादि अविद्या	तीन गुणों से युक्त	अलग है

कार्यानुमेया	सुधिया	एव	माया
कार्य से जाने योग्य	ज्ञानियों द्वारा	ही	माया

यया	जगत्सर्वं	इदं	प्रसूयते
जिससे	अखिल विश्व	यह	प्रसूत होता है

111. सन्नाप्यसन्नाप्युभयात्मिका नो भिन्नाप्यभिन्नाप्युभयात्मिका नो।
साङ्गाप्यनङ्गा ह्युभयात्मिका नो महाद्भुतानिर्वचनीयरूपा ।।

उपजाति : इंद्रवज्रा इंद्रवज्रा इंद्रवज्रा उपेंद्रवज्रा छंद

सन्नाप्य	सन्नाप्यु	भयात्मि	कानो		
ऽ ऽ ।	ऽ ऽ ।	। ऽ ।	ऽ ऽ	त त ज ग ग	इंद्रवज्रा छंद
भिन्नाप्य	भिन्नाप्यु	भयात्मि	कानो		
ऽ ऽ ।	ऽ ऽ ।	। ऽ ।	ऽ ऽ	त त ज ग ग	इंद्रवज्रा छंद

साङ्गाप्य	नङ्गाह्यु	भयात्मि	कानो		
ऽ ऽ ।	ऽ ऽ ।	। ऽ ।	ऽ ऽ	त त ज ग ग	इंद्रवज्रा छंद
महाद्भु	तानिर्व	चनीय	रूपा		
। ऽ ।	ऽ ऽ ।	। ऽ ।	ऽ ऽ	ज त ज ग ग	उपेंद्रवज्रा छंद

संधि-विग्रह.

सत्	न	अपि	असत्	न	अपि	उभयात्मिका	नो
अस्तित्व	नहीं	और	अनस्तित्व	नहीं	भी	उभयरूपी	नहीं

भिन्ना	अपि	अभिन्ना	अपि	उभयात्मिका	नो
भिन्न	भी	अभिन्न	भी	उभयरूपी	नहीं
स-अङ्गा	अपि	अनङ्गा	हि	उभयात्मिका	नो
अंग वाली	भी	बिना अंग की	भी	उभयरूपी	नहीं

महा-अद्भुता	अ-निर्वचनीय-रूपा
महा अद्भुत	अनिर्वचनीय स्वरूप की है

112. शुद्धाद्वयब्रह्मविभोधनाश्या सर्पभ्रमो रज्जुविवेकतो यथा ।
रजस्तमःसत्त्वमिति प्रसिद्धा गुणास्तदीयाः प्रथितैः स्वकार्यैः ।।

उपजाति : इंद्रवज्रा-इंद्रवंशा-उपेंद्रवज्रा-उपेंद्रवज्रा छंद

शुद्धाद्व	यब्रह्म	विभोध	नाश्या		
ऽ ऽ ।	ऽ ऽ ।	। ऽ ।	ऽ ऽ	त त ज ग ग	इंद्रवज्रा छंद
सर्पभ्र	मोरज्जु	विवेक	तोयथा		
ऽ ऽ ।	ऽ ऽ ।	। ऽ ।	ऽ । ऽ	त त ज र	इंद्रवंशा छंद
रजस्त	मःसत्त्व	मितिप्र	सिद्धा		
। ऽ ।	ऽ ऽ ।	। ऽ ।	ऽ ऽ	ज त ज ग ग	उपेंद्रवज्रा छंद
गुणास्त	दीयाःप्र	थितैःस्व	कार्यैः		
। ऽ ।	ऽ ऽ ।	। ऽ ।	ऽ ऽ	ज त ज ग ग	उपेंद्रवज्रा छंद

संधि-विग्रह.

शुद्धाद्वय-ब्रह्म-विभोधनाश्या		
शुद्ध और अद्वैत ब्रह्म के ज्ञान से नष्ट होने वाले-		
सर्प-भ्रमः	रज्जु-विवेकतः	यथा
सर्प का आभास देने वाले	रज्जु के भ्रम से	जैसे

रजः	स्तमः	सत्त्वं	इति	प्रसिद्धाः

रज	तम	सत्त्व	नामक	प्रसिद्ध हैं

गुणाः	तदीयाः	प्रथितैः	स्वकार्यैः
तीन गुण	उसके	कहे हुए	कार्यों से-

113. विक्षेपशक्ती रजसः क्रियात्मिका यतः प्रवृत्तिः प्रसृता पुराणी।
रागादयोऽस्याः प्रभवन्ति नित्यं दुःखादयो ये मनसो विकाराः ।।

उपजाति : इंद्रवंशा-उपेंद्रवज्रा-इंद्रवज्रा-उपेंद्रवज्रा छंद

विक्षेप	शक्तीर	जसःक्रि	यात्मिका		
ऽ ऽ ।	ऽ ऽ ।	। ऽ ।	ऽ । ऽ	त त ज र	इंद्रवंशा छंद
यतःप्र	वृत्तिःप्र	सृतापु	राणी		
। ऽ ।	ऽ ऽ ।	। ऽ ।	ऽ ऽ	ज त ज ग ग	उपेंद्रवज्रा छंद
रागाद	योस्याःप्र	भवन्ति	नित्यं		
ऽ ऽ ।	ऽ ऽ ।	। ऽ ।	ऽ ऽ	त त ज ग ग	इंद्रवज्रा छंद
दुःखाद	योयेम	नसोवि	काराः		
। ऽ ।	ऽ ऽ ।	। ऽ ।	ऽ ऽ	ज त ज ग ग	उपेंद्रवज्रा छंद

संधि-विग्रह.

विक्षेप-शक्तीः	रजसः	क्रियात्मिकाः
प्रभावित करने की शक्ति	रजोगुण की	प्रभावी है

यतः	प्रवृत्तिः	प्रसृता	पुराणी
जिससे	संसार का प्रवाह	सृष्ट हुआ है	अनादि

रागादयः	अस्याः	प्रभवन्ति	नित्यं
राग आसक्ति आदि	इससे	उद्भुत होते हैं	सदैव

दुःखादयः	ये	मनसः	विकाराः
दुःखादि	जो	मन के	विकार हैं

114. कामः क्रोधो लोभदम्भाद्यसूयाऽहंकारेर्ष्यामत्सराद्यास्तु घोराः।
धर्मा एते राजसाः पुम्प्रवृत्तिर्यस्मादेषा तद्रजो बन्धहेतुः ।।

शालिनी छंद : (म त त ग ग)

कामःक्रो	धोलोभ	दम्भाद्य	सूया
ऽ ऽ ऽ	ऽ ऽ ।	ऽ ऽ ।	ऽ ऽ

हंकारे	र्ष्यामत्स	राद्यास्तु	घोराः
ऽ ऽ ऽ	ऽ ऽ ।	ऽ ऽ ।	ऽ ऽ
धर्माए	तेराज	साःपुम्प्र	वृत्तिः
ऽ ऽ ऽ	ऽ ऽ ।	ऽ ऽ ।	ऽ ऽ
यस्मादे	षातद्र	जोबन्ध	हेतुः
ऽ ऽ ऽ	ऽ ऽ ।	ऽ ऽ ।	ऽ ऽ

संधि-विग्रह.

कामः	क्रोधः	लोभ-दम्भाद्यसूया-
कामना	क्रोध	लोभ, दंभ, जलन

अहंकार-ईर्ष्या-मत्सराद्याः	तु घोराः
अहंकार, ईर्ष्या, मत्सर आदि	जो भीषण भ्रांति करक हैं

धर्माः	एते	राजसाः	पुम्प्रवृत्तिः
गुणधर्म	ये	राजोगुण के	मनुष्य की प्रवृत्ति

यस्मात्	एषा	तत्	रजः	बन्ध-हेतुः
जिससे	यह	उस कारण से	राजोगुण	बंधनकारक है

115. एषाऽऽवृतिर्नाम तमोगुणस्य शक्तिर्यया वस्त्ववभासतेऽन्यथा ।
सैषा निदानं पुरुषस्य संसृतेः विक्षेपशक्तेः प्रवणस्य हेतुः ।।

उपजाति : इंद्रवज्रा-इंद्रवंशा-इंद्रवंशा-इंद्रवज्रा छंद

एषावृ	तिर्नाम	तमोगु	णस्य		
ऽ ऽ ।	ऽ ऽ ।	। ऽ ।	ऽ ऽ *	त त ज ग ग	इंद्रवज्रा छंद
शक्तिर्य	यावस्त्व	वभास	तेऽन्यथा		
ऽ ऽ ।	ऽ ऽ ।	। ऽ ।	ऽ । ऽ	त त ज र	इंद्रवंशा छंद
सैषानि	दानंपु	रुषस्य	संसृतेः		
ऽ ऽ ।	ऽ ऽ ।	। ऽ ।	ऽ । ऽ	त त ज र	इंद्रवंशा छंद
विक्षेप	शक्तेःप्र	वणस्य	हेतुः		
ऽ ऽ ।	ऽ ऽ ।	। ऽ ।	ऽ ऽ	त त ज ग ग	इंद्रवज्रा छंद

* चरण की अंतिम लघु मात्रा दीर्घ मानी गई है.

संधि-विग्रह.

एषा	आवृतिः	नाम	तमो-गुणस्य

यह	आवरण	नामक	तमोगुण की	
शक्तिः	यया	वस्तु	अवभासते	अन्यथा
शक्ति है	जिससे	आत्मतत्त्व	आभास देता है	भिन्न
सा	एषा	निदानं	पुरुषस्य	संसृतेः
वह शक्ति	यह	कारण है	पुरुष के	संसारचक्र का
विक्षेप-शक्तेः	प्रवणस्य	हेतुः		
विक्षेपशक्ति को	प्रवृत्त करने का	कारण है		

116. प्रज्ञावानपि पण्डितोऽपि चतुरोऽप्यत्यन्तसूक्ष्मात्मदृग्
व्यालीढस्तमसा न वेत्ति बहुधा संबोधितोऽपि स्फुटम् ।
भ्रान्त्यारोपितमेव साधु कलयत्यालम्बते तद्गुणान्
हन्तासौ प्रबला दुरन्ततमसः शक्तिर्महत्यावृतिः ।।

शार्दूलविक्रीडित छंद : (म स ज स त त ग)

प्रज्ञावा	नपिप	ण्डितोपि	चतुरो	प्यत्यन्त	सूक्ष्मात्म	दृग्
ऽ ऽ ऽ	। । ऽ	। ऽ ।	। । ऽ	ऽ ऽ ।	ऽ ऽ ।	ऽ
व्यालीढ	स्तमसा	नवेत्ति	बहुधा	संबोधि	तोऽपिस्फु	टम्
ऽ ऽ ऽ	। । ऽ	। ऽ ।	। । ऽ	ऽ ऽ ।	ऽ ऽ ।	ऽ
भ्रान्त्यारो	पितमे	वसाधु	कलय	त्यालम्ब	तेतद्गु	णान्
ऽ ऽ ऽ	। । ऽ	। ऽ ।	। । ऽ	ऽ ऽ ।	ऽ ऽ ।	ऽ
हन्तासौ	प्रबला	दुरन्त	तमसः	शक्तिर्म	हत्यावृ	तिः
ऽ ऽ ऽ	। । ऽ	। ऽ ।	। । ऽ	ऽ ऽ ।	ऽ ऽ ।	ऽ

संधि–विग्रह.

प्रज्ञावान्	अपि	पण्डितः	अपि	चतुरः	अपि	अत्यन्त-सूक्ष्मात्मदृग्	
ज्ञानी	भी	पंडित	भी	चतुर	भी	सूक्ष्म अत्मा को देखने वाला	
व्यालीढः	तमसा	न	वेत्ति	बहुधा	संबोधितः	अपि	स्फुटम्
ढका	तमस से	नहीं	जानता	विविधता से	कहा हुआ	भी	स्पष्ट
भ्रान्त्या	आरोपितम्	एव	साधु	कलयति	आलम्बते	तद्-गुणान्	
भ्रम से	कल्पित	ही	सत्य	मानता है	आश्रय लेता	वह गुणों को	
हन्त	असौ	प्रबला	दुरन्त-तमसः	शक्तिः	महति	आवृतिः	
हाय!	यह	प्रबल	तमस की घोर	–शक्ति	बहुत	ढकने की–	

117. अभावना वा विपरीतभावनाऽसंभावना विप्रतिपत्तिरस्याः ।
संसर्गयुक्तं न विमुञ्चति ध्रुवं विक्षेपशक्तिः क्षपयत्यजस्रम् ।।

उपजाति : वंशस्थ-इंद्रवज्रा-इंद्रवंशा-इंद्रवज्रा छंद

अभाव	नावावि	परीत	भावना		
। ऽ ।	ऽ ऽ ।	। ऽ ।	ऽ । ऽ	ज त ज र	वंशस्थ छंद
संभाव	नाविप्र	तिपत्ति	रस्याः		
ऽ ऽ ।	ऽ ऽ ।	। ऽ ।	ऽ ऽ	त त ज ग ग	इंद्रवज्रा छंद
संसर्ग	युक्तंन	विमुञ्च	तिध्रुवं		
ऽ ऽ ।	ऽ ऽ ।	। ऽ ।	ऽ । ऽ	त त ज र	इंद्रवंशा छंद
विक्षेप	शक्तिःक्ष	पयत्य	जस्रम्		
ऽ ऽ ।	ऽ ऽ ।	। ऽ ।	ऽ ऽ	त त ज ग ग	इंद्रवज्रा छंद

संधि-विग्रह.

अ-भावना	वा	विपरीत-भावना
यथार्थ ज्ञान का अभाव	अथवा	विपरीत समझ
अ-संभावना	विप्रतिपत्तिः	अस्याः
अविश्वास	संदेह	इस शक्ति का

संसर्ग-युक्तं	न	विमुञ्चति	ध्रुवं
संसर्ग युक्त	नहीं	छोड़ती	बिलकुल

विक्षेप-शक्तिः	क्षपयति	अजस्रम्
विक्षेप शक्ति	भ्रमित कराती है	निरंतर

118. अज्ञानमालस्यजडत्वनिद्रा प्रमादमूढत्वमुखास्तमोगुणाः ।
एतैः प्रयुक्तो नहि वेत्ति किंचिन्निद्रालुवत्स्तम्भवदेव तिष्ठति ।।

उपजाति : इंद्रवज्रा-वंशस्थ-इंद्रवज्रा-इंद्रवंशा छंद

अज्ञान	मालस्य	जडत्व	निद्रा		
ऽ ऽ ।	ऽ ऽ ।	। ऽ ।	ऽ ऽ	त त ज ग ग	इंद्रवज्रा छंद
प्रमाद	मूढत्व	मुखास्त	मोगुणाः		
। ऽ ।	ऽ ऽ ।	। ऽ ।	ऽ । ऽ	ज त ज र	वंशस्थ छंद
एतैःप्र	युक्तोन	हिवेत्ति	किंचित्		
ऽ ऽ ।	ऽ ऽ ।	। ऽ ।	ऽ ऽ	त त ज ग ग	इंद्रवज्रा छंद

निद्रालु	वत्स्तम्भ	वदेव	तिष्ठति		
ऽ ऽ ।	ऽ ऽ ।	। ऽ ।	ऽ । ऽ *	त त ज र	इंद्रवंशा छंद

* चरण की अंतिम लघु मात्रा दीर्घ मानी गई है.

संधि-विग्रह.

अज्ञानं	आलस्य-जडत्व-निद्रा-
अज्ञान	आलस्य, जड़त्व, निद्रा
प्रमाद-मूढत्वमुखाः	स्तमो-गुणाः
प्रमाद, मूढ़ता आदि	तमो गुण के काम है

एतैः	प्रयुक्तः	न	हि	वेत्ति	किंचित्
इन कार्यों से	युक्त	नहीं	भी	जानता है	लेश मात्र

निद्रालुवत्	स्तम्भवत्	एव	तिष्ठति
निद्रालु समान	स्तंभ समान	ही	स्तब्ध रहता है

119. सत्त्वं विशुद्धं जलवत्तथापि ताभ्यां मिलित्वा सरणाय कल्पते ।
यत्रात्मबिम्बः प्रतिबिम्बितः सन्प्रकाशयत्यर्क इवाखिलं जडम् ।।

उपजाति : इंद्रवज्रा-इंद्रवंशा-इंद्रवज्रा-वंशस्थ छंद

सत्त्वंवि	शुद्धंज	लवत्त	थापि		
ऽ ऽ ।	ऽ ऽ ।	। ऽ ।	ऽ ऽ *	त त ज ग ग	इंद्रवज्रा छंद
ताभ्यांमि	लित्वास	रणाय	कल्पते		
ऽ ऽ ।	ऽ ऽ ।	। ऽ ।	ऽ । ऽ	त त ज र	इंद्रवंशा छंद
यत्रात्म	बिम्बःप्र	तिबिम्बि	तःसन्		
ऽ ऽ ।	ऽ ऽ ।	। ऽ ।	ऽ ऽ	त त ज ग ग	इंद्रवज्रा छंद
प्रकाश	यत्यर्क	इवाखि	लंजडम्		
। ऽ ।	ऽ ऽ ।	। ऽ ।	ऽ । ऽ	ज त ज र	वंशस्थ छंद

* चरण की अंतिम लघु मात्रा दीर्घ मानी गई है.

संधि-विग्रह.

सत्त्वं	विशुद्धं	जलवत्	तथापि
सत् गुण	विशुद्ध	जल की तरह	फिर भी
ताभ्यां	मिलित्वा	सरणाय	कल्पते
रज-तम के साथ	मिल कर	सृजन के लिए	समर्थ होता है
यत्र	आत्म-बिम्बः	प्रतिबिम्बितः	सन्
जिस सत् गुण में	आत्मा स्वरूप	प्रतिबिंबित	हो कर

प्रकाशयति	अर्कः	इव	अखिलं	जडम्
दरसाता है	सूर्य प्रकाश	समान	पूर्ण	स्थूल

120. मिश्रस्य सत्त्वस्य भवन्ति धर्मास्त्वमानिताद्या नियमा यमाद्याः ।
श्रद्धा च भक्तिश्च मुमुक्षुता च दैवी च सम्पत्तिरसन्निवृत्तिः ।।

उपजाति : इंद्रवज्रा- उपेंद्रवज्रा- इंद्रवज्रा- इंद्रवज्रा छंद

मिश्रस्य	सत्त्वस्य	भवन्ति	धर्माः		
ऽ ऽ ।	ऽ ऽ ।	। ऽ ।	ऽ ऽ	त त ज ग ग	इंद्रवज्रा छंद
त्वमानि	ताद्यानि	यमाय	माद्याः		
। ऽ ।	ऽ ऽ ।	। ऽ ।	ऽ ऽ	ज त ज ग ग	उपेंद्रवज्रा छंद
श्रद्धाच	भक्तिश्च	मुमुक्ष	ताच		
ऽ ऽ ।	ऽ ऽ ।	। ऽ ।	ऽ ऽ *	त त ज ग ग	इंद्रवज्रा छंद
दैवीच	सम्पत्ति	रसन्नि	वृत्तिः		
ऽ ऽ ।	ऽ ऽ ।	। ऽ ।	ऽ ऽ	त त ज ग ग	इंद्रवज्रा छंद

* चरण की अंतिम लघु मात्रा दीर्घ मानी गई है.

संधि–विग्रह.

मिश्रस्य	सत्त्वस्य	भवन्ति	धर्माः
मिले हुए	सत् गुण के	होते हैं	गुण धर्म

तु	अमानिताद्याः	नियमाः	यमाद्याः
ही	अहं भाव का अभाव आदि	नियम	यम आदि

श्रद्धा	च	भक्तिः	च	मुमुक्षुता	च
श्रद्धा	और	भक्ति	और	मुमुक्षुता	और

दैवी	च	सम्पत्तिः	असन्निवृत्तिः
दैवी	और	संपत्ति	असत् से दूर

121. विशुद्धसत्त्वस्य गुणाः प्रसादः स्वात्मानुभूतिः परमा प्रशान्तिः ।
तृप्तिः प्रहर्षः परमात्मनिष्ठा यया सदानन्दरसं समृच्छति ।।

उपजाति : उपेंद्रवज्रा-इंद्रवज्रा-इंद्रवज्रा-वंशस्थ छंद

विशुद्ध	सत्त्वस्य	गुणाःप्र	सादः		
। ऽ ।	ऽ ऽ ।	। ऽ ।	ऽ ऽ	ज त ज ग ग	उपेंद्रवज्रा छंद
स्वात्मानु	भूतिःप	रमाप्र	शान्तिः		

ऽ ऽ ।	ऽ ऽ ।	। ऽ ।	ऽ ऽ	त त ज ग ग	इंद्रवज्रा छंद
तृप्तिःप्र	हर्षःप	रमात्म	निष्ठा		
ऽ ऽ ।	ऽ ऽ ।	। ऽ ।	ऽ ऽ	त त ज ग ग	इंद्रवज्रा छंद
ययास	दानन्द	रसंस	मृच्छति		
। ऽ ।	ऽ ऽ ।	। ऽ ।	ऽ । ऽ *	ज त ज र	वंशस्थ छंद

* चरण की अंतिम लघु मात्रा दीर्घ मानी गई है.

संधि-विग्रह.

विशुद्ध-सत्त्वस्य	गुणाः	प्रसादः
विशुद्ध सत् के	गुण	प्रसन्नता आदि

स्वात्मानुभूतिः	परमा	प्रशान्तिः
आत्मसाक्षात्कार	परम	प्रशांति

तृप्तिः	प्रहर्षः	परमात्मनिष्ठा
तृप्ति	हर्ष	परमात्मा पर विश्वास

यया	सदानन्द-रसं	समृच्छति
जिससे	मनुष्य सदानंद रस को	प्राप्त होता है

122. अव्यक्तमेतत्त्रिगुणैर्निरुक्तं तत्कारणं नाम शरीरमात्मनः ।
सुषुप्तिरेतस्य विभक्त्यवस्था प्रलीनसर्वेन्द्रियबुद्धिवृत्तिः ।।

उपजाति : इंद्रवज्रा-इंद्रवंशा-उपेंद्रवज्रा-उपेंद्रवज्रा छंद

अव्यक्त	मेतत्त्रि	गुणैर्नि	रुक्तं		
ऽ ऽ ।	ऽ ऽ ।	। ऽ ।	ऽ ऽ	त त ज ग ग	इंद्रवज्रा छंद
तत्कार	णंनाम	शरीर	मात्मनः		
ऽ ऽ ।	ऽ ऽ ।	। ऽ ।	ऽ । ऽ	त त ज र	इंद्रवंशा छंद
सुषुप्ति	रेतस्य	विभक्त्य	वस्था		
। ऽ ।	ऽ ऽ ।	। ऽ ।	ऽ ऽ	ज त ज ग ग	उपेंद्रवज्रा छंद
प्रलीन	सर्वेन्द्रि	यबुद्धि	वृत्तिः		
। ऽ ।	ऽ ऽ ।	। ऽ ।	ऽ ऽ	ज त ज ग ग	उपेंद्रवज्रा छंद

संधि-विग्रह.

अव्यक्तं	एतत्-त्रिगुणैः	निरुक्तं
अव्यक्त	सत-रज-तम आदि तीन गुणों से	कहा हुआ

तत्	कारणं	नाम	शरीरं	आत्मनः

वह	कारण	नाम का	देह	आत्मा का

सुषुप्तिः	एतस्य	विभक्त्यवस्था
निद्रा है	इसकी	अलग अवस्था

प्रलीन-सर्वेन्द्रिय-बुद्धि-वृत्तिः
जिसमें सब इंद्रियाँ और बुद्धि लय पाती है

123. सर्वप्रकारप्रमितिप्रशान्तिर्बीजात्मनावस्थितिरेव बुद्धेः ।
सुषुप्तिरेतस्य किल प्रतीतिः किंचिन्न वेद्मीति जगत्प्रसिद्धेः ।।

उपजाति : इंद्रवज्रा- इंद्रवज्रा- उपेंद्रवज्रा- इंद्रवज्रा छंद

सर्वप्र	कारप्र	मितिप्र	शान्तिः		
ऽ ऽ ।	ऽ ऽ ।	। ऽ ।	ऽ ऽ	त त ज ग ग	इंद्रवज्रा छंद
बीजात्म	नावस्थि	तिरेव	बुद्धेः		
ऽ ऽ ।	ऽ ऽ ।	। ऽ ।	ऽ ऽ	त त ज ग ग	इंद्रवज्रा छंद
सुषुप्ति	रेतस्य	किलप्र	तीतिः		
। ऽ ।	ऽ ऽ ।	। ऽ ।	ऽ ऽ	ज त ज ग ग	उपेंद्रवज्रा छंद
किंचिन्न	वेद्मीति	जगत्प्र	सिद्धेः		
ऽ ऽ ।	ऽ ऽ ।	। ऽ ।	ऽ ऽ	त त ज ग ग	इंद्रवज्रा छंद

संधि–विग्रह.

सर्व-प्रकार-प्रमिति-प्रशान्तिः
सब प्रकार की भ्रांति का लय

बीजात्मना	अवस्थितिः	एव	बुद्धेः
अंत:करण की	अवस्था	ही	बुद्धि की
सुषुप्तिः	एतस्य	किल	प्रतीतिः
सुषुप्ति है	इसकी	सचमुच	प्रतीति

किंचित्	न	वेद्मि	इति	जगत्प्रसिद्धेः
कुछ	नहीं	मैं समझता हूँ	ऐसा	लौकिक प्रसिद्धि

124. देहेन्द्रियप्राणमनोऽहमादयः सर्वे विकारा विषयाः सुखादयः ।
व्योमादिभूतान्यखिलं च विश्वमव्यक्तपर्यन्तमिदं ह्यनात्मा ।।

उपजाति : इंद्रवंशा-इंद्रवंशा-इंद्रवंशा-इंद्रवज्रा छंद

देहेन्द्रि	यप्राण	मनोह	मादयः		

ऽ ऽ ।	ऽ ऽ ।	। ऽ ।	ऽ । ऽ	त त ज र	इंद्रवंशा छंद
सर्वेवि	काराविं	षयाःसु	खादयः		
ऽ ऽ ।	ऽ ऽ ।	। ऽ ।	ऽ । ऽ	त त ज र	इंद्रवंशा छंद
व्योमादि	भूतान्य	खिलंच	विश्वं		
ऽ ऽ ।	ऽ ऽ ।	। ऽ ।	ऽ । ऽ	त त ज र	इंद्रवंशा छंद
अव्यक्त	पर्यन्त	मिदंह्य	नात्मा		
ऽ ऽ ।	ऽ ऽ ।	। ऽ ।	ऽ ऽ	त त ज ग ग	इंद्रवज्रा छंद

संधि-विग्रह.

देहेन्द्रिय-प्राण-मनः-अहमादयः			
शरीर, इंद्रिय, प्राण, मन, अहंभाव आदि			
सर्वे	विकाराः	विषयाः	सुखादयः
सब	विकार	विषय	सुख-दुख आदि
व्योमादि-भूतानि	अखिलं	च	विश्वं
आकाश-पृथ्वी-जल आदि भूत	सर्व	और	विश्व
अव्यक्त-पर्यन्तंम्	इदं	हि	अनात्मा
अव्यक्त तत्त्व पर्यंत	यह	हि	अनात्मा है

125. माया मायाकार्यं सर्वं महदादिदेहपर्यन्तम् ।
असदिदमनात्मतत्त्वं विद्धि त्वं मरुमरीचिकाकल्पम् ।।

आर्या उद्गाथा छंद (मात्रा 12-18, 12-18)

मायामा	याकार्यं			
ऽ ऽ ऽ	ऽ ऽ ऽ			12
सर्वंम	हदादि	देहप	र्यन्तम्	
ऽ ऽ ।	। ऽ ।	ऽ । ऽ	ऽ ऽ	18
असदि	दमना	त्मतत्त्वं		
। । ।	। । ऽ	। ऽ ऽ		12
विद्धित्वं	मरुम	रीचिका	कल्पम्	
ऽ ऽ ऽ	। । ।	ऽ । ऽ	ऽ ऽ	18

संधि-विग्रह.

माया	माया-कार्यं	सर्वं	महदादि-देह-पर्यन्तम्
माया	माया का काम	सब	महत् तत्त्व से जड़ देह तक

असत्	इदं	अनात्मतत्त्वं	विद्धि	त्वं	मरुमरीचिका-कल्पम्
असत्	यह	अनात्म तत्त्व	जानो	तुम	रेगिस्तान के मृगजल के समान

126. अथ ते संप्रवक्ष्यामि स्वरूपं परमात्मनः ।
यद्विज्ञाय नरो बन्धान्मुक्तः कैवल्यमश्नुते ।।

अनुष्टुभ् श्लोक छंद

अथते	संप्रव	क्ष्यामि	
। । ऽ	ऽ । ऽ	ऽ ऽ	सरगग, परिधारा छंद
स्वरूपं	परमा	त्मनः	
। ऽ ऽ	। । ऽ	। ऽ	यसलग, अपरिचित छंद
यद्विज्ञा	यनरो	बन्धात्	
ऽ ऽ ऽ	। । ऽ	ऽ ऽ	मसगग, वक्त्र छंद
मुक्तःकै	वल्यम	श्नुते	
ऽ ऽ ऽ	ऽ । ऽ	। ऽ	मरलग, क्षमा छंद

संधि–विग्रह.

अथ	ते	संप्रवक्ष्यामि	स्वरूपं	परमात्मनः
अब	तुझे	मैं समझाता हूँ	स्वरूप	परमात्मा का

यत्	विज्ञाय	नरः	बन्धात्	मुक्तः	कैवल्यं	अश्नुते
जो	जान कर	मनुष्य	बंधन से	मुक्त	कैवल्य	पाता है

127. अस्ति कश्चित्स्वयं नित्यमहंप्रत्ययलम्बनः ।
अवस्थात्रयसाक्षी सन्पञ्चकोशविलक्षणः ।।

अनुष्टुभ् श्लोक छंद

अस्तिक	श्चित्स्वयं	नित्यम्	
ऽ । ऽ	ऽ । ऽ	ऽ ऽ	ररगग, पद्ममाला छंद
अहंप्र	त्ययल	म्बनः	
। ऽ ऽ	ऽ । ऽ	। ऽ	यरलग, भाषा छंद

अवस्था	त्रयसा	क्षीसन्	
।ऽऽ	।।ऽ	ऽऽ	यसगग, मनोला छंद
पञ्चको	शविल	क्षणः	
ऽ।ऽ	।।ऽ	।ऽ	रसलग, पथ्यावक्त्र छंद

संधि–विग्रह.

अस्ति	कश्चित्	स्वयं	नित्यं	अहं-प्रत्यय-लम्बनः
है	कोई	आप	शाश्वत	मैं नामक प्रत्यय का विषय

अवस्था-त्र-साक्षी	सन्	पञ्च-कोश-विलक्षणः
जागृत आदि तीन अवस्थाओं का साक्षी	होते हुए	पाँच कोशों से अलग हूँ

128. यो विजानाति सकलं जाग्रत्स्वप्नसुषुप्तिषु ।
बुद्धितद्वृत्तिसद्भावमभावमहमित्ययम् ।।

अनुष्टुभ् छंद

योविजा	नातिस	कलं	
ऽ।ऽ	ऽ।।	।ऽ	रसलग, पथ्यावक्त्र छंद
जाग्रत्स्व	प्नसुषु	प्तिषु	
ऽऽऽ	।।ऽ	।ऽ *	मसलग, अपरिचित छंद
बुद्धित	द्वृत्तिस	द्भाव	
ऽ।ऽ	ऽ।ऽ	ऽ।	ररगल, लक्ष्मी छंद
मभाव	महमि	त्ययम्	
।ऽ।	।।ऽ	।ऽ	जसलग, अपरिचित छंद

* चरण की अंतिम लघु मात्रा दीर्घ मानी गई है.

पाद टिप्पणी :

इस अनुष्टुभ् छंद के विषम चरण 1 में पहले चार अक्षरों के बाद य गण (।ऽऽ) के स्थान पर न (।।।) गण आने के कारण – विषम चरण 3 में प्रथम चार अक्षरों के पश्चात् य गण (।ऽऽ) गण और सम चरण 2 और 4 में प्रथम चार अक्षरों के पश्चात् ज (।ऽ।) गण आ कर भी इस चार चरणों के पद्य में श्लोक छंद सिद्ध नहीं हुआ है.

संधि–विग्रह.

यः	विजानाति	सकलं	जाग्रत्स्वप्न-सुषुप्तिषु
जो	जानता है	सकल	जागृत-स्वप्न-सुप्ति में

बुद्धितत्	वृत्ति-सद्भावं	अभावं	अहं	इति	अयम्
बुद्धि और	वृत्ति सद्भाव	अभाव	मैं हूँ	इस तरह	यह

129. यः पश्यति स्वयं सर्वं यं न पश्यति कश्चन ।
यश्चेतयति बुद्ध्यादि न तद्यं चेतयत्ययम् ।।

अनुष्टुभ् श्लोक छंद

यःपश्य	तिस्वयं	सर्वम्	
ऽ ऽ ।	ऽ । ऽ	ऽ ऽ	तरगग, विभा छंद
यंनप	श्यतिक	श्चन	
ऽ । ऽ	ऽ । ऽ	। ऽ *	ररलग, हेमरूप छंद
यश्चेत	यतिबु	द्ध्यादि	
ऽ ऽ ।	। । ऽ	ऽ ।	तसगल, श्यामा छंद
नतद्यं	चेतय	त्ययम्	
। ऽ ऽ	ऽ । ऽ	। ऽ	यरलग, भाषा छंद

* चरण की अंतिम लघु मात्रा दीर्घ मानी गई है.

संधि-विग्रह.

यः	पश्यति	स्वयं	सर्वं	यं	न	पश्यति	कश्चन
जो	देखता है	आप	सर्व	जिसे	नहीं	देखता	कोई

यः	चेतयति	बुद्ध्यादि	न	तत्	यं	चेतयति	अयम्
जो	चेतना देता है	बुद्धि आदि को	नहीं	वह	जिसे	चेतना देता	यह

130. येन विश्वमिदं व्याप्तं यं न व्याप्नोति किंचन ।
आअभारूपमिदं सर्वं यं भान्त्यमनुभात्ययम् ।।

अनुष्टुभ् श्लोक छंद

येनवि	श्वमिदं	व्याप्तम्	
ऽ । ऽ	। । ऽ	ऽ ऽ	रसगग, गाथ छंद
यंनव्या	प्नोतिकिं	चन	

ऽ ऽ ऽ	ऽ । ऽ	। ऽ *	मरलग, क्षमा छंद
आभारू	पमिदं	सर्वं	
ऽ ऽ ऽ	। । ऽ	ऽ ऽ	मसगग, वक्त्र छंद
यंभान्त्य	मनुभा	त्ययम्	
ऽ ऽ ।	। । ऽ	। ऽ	तसलग, अपरिचित छंद

* चरण की अंतिम लघु मात्रा दीर्घ मानी गई है.

संधि-विग्रह.

येन	विश्वं	इदं	व्याप्तं	यं	न	व्याप्नोति	किंचन
जिससे	विश्व	यह	व्याप्त	जिसे	नहीं	व्याप्त करता	कोई

आभा-रूपं	इदं	सर्वं	यं	भान्तं	अनुभाति	अयम्
आभारूप	यह	सब	जिसके	चमकते	प्रकाशित होता है	यह

131. यस्य सन्निधिमात्रेण देहेन्द्रियमनोधियः ।
विषयेषु स्वकीयेषु वर्तन्ते प्रेरिता इव ।।

अनुष्टुभ् श्लोक छंद

यस्यस	न्निधिमा	त्रेण	
ऽ । ऽ	। । ऽ	ऽ ।	रसगल, पथ्यावक्त्र छंद
देहेन्द्रि	यमनो	धियः	
ऽ ऽ ।	। । ऽ	। ऽ	तसलग, अपरिचित छंद
विषये	षुस्वकी	येषु	
। । ऽ	ऽ । ऽ	ऽ ।	सरगल, सुविशाला छंद
वर्तन्ते	प्रेरिता	इव	
ऽ ऽ ऽ	ऽ । ऽ	। ऽ *	मरलग, क्षमा छंद

* चरण की अंतिम लघु मात्रा दीर्घ मानी गई है.

संधि-विग्रह.

यस्य	सन्निधि-मात्रेण	देहेन्द्रिय-मनो-धियः
जिसके	केवल सान्निध्य से	इंद्रियाँ-मन-बुद्धि-आदि

विषयेषु	स्वकीयेषु	वर्तन्ते	प्रेरिताः	इव
विषयों में	अपने	विचरते हैं	प्रवृत्त किए	समान

132. अहङ्कारादिदेहान्ता विषयाश्च सुखादयः ।
वेद्यन्ते घटवद्येन नित्यबोधस्वरूपिणा ।।

अनुष्टुभ् श्लोक छंद

अहङ्का	रादिदे	हान्ता	
।ऽऽ	ऽ।ऽ	ऽऽ	यरगग, कुलाधारी छंद
विषया	श्चसुखा	दयः	
।।ऽ	।।ऽ	।ऽ	ससलग, मही छंद
वेद्यन्ते	घटव	द्येन	
ऽऽऽ	।।ऽ	ऽ।	मसगल, वक्त्र छंद
नित्यबो	धस्वरू	पिणा	
ऽ।ऽ	ऽ।ऽ	।ऽ	ररलग, हेमरूप छंद

संधि-विग्रह.

अहङ्कारादि-देहान्ताः	विषयाः	च	सुखादयः
अहंभाव से देहान्त तक	विषय	और	सुख-दुख आदि
वेद्यन्ते	घटवत्	येन	नित्य-बोध-स्वरूपिणा
जाने जाते हैं	घट के समान	जिससे	सर्वज्ञ आत्मा द्वारा

133. एषोऽन्तरात्मा पुरुषः पुराणो निरन्तराखण्डसुखानुभूतिः ।
सदैकरूपः प्रतिबोधमात्रो येनेषिता वागसवश्चरन्ति ।।

उपजाति : इंद्रवज्रा- उपेंद्रवज्रा- उपेंद्रवज्रा- इंद्रवज्रा छंद

एषोन्त	रात्मापु	रुषःपु	राणो		
ऽऽ।	ऽऽ।	।ऽ।	ऽऽ	त त ज ग ग	इंद्रवज्रा छंद
निरन्त	राखण्ड	सुखानु	भूतिः		
।ऽ।	ऽऽ।	।ऽ।	ऽऽ	ज त ज ग ग	उपेंद्रवज्रा छंद
सदैक	रूपःप्र	तिबोध	मात्रो		
।ऽ।	ऽऽ।	।ऽ।	ऽऽ	ज त ज ग ग	उपेंद्रवज्रा छंद
येनेषि	तावाग	सवश्च	रन्ति		
ऽऽ।	ऽऽ।	।ऽ।	ऽऽ *	त त ज ग ग	इंद्रवज्रा छंद

* चरण की अंतिम लघु मात्रा दीर्घ मानी गई है.

संधि–विग्रह.

एषः	अन्तरात्मा	पुरुषः	पुराणः
यह	अंतरात्मा	पुरुष	सनातन
निरन्तर-अखण्ड-सुखानुभूतिः			
निरंतर अखंड सुख की अनुभूति करने वाला			

सदा	एकरूपः	प्रतिबोध-मात्रः
सदा	एकरूप	चेतनात्मा

येन ईषिताः वाग् असवः	चरन्ति
जिससे प्रेरित हुए कर्मेंद्रिय आदि	विचरते हैं

134. अत्रैव सत्त्वात्मनि धीगुहायामव्याकृताकाश उशत्प्रकाशः ।
आकाश उच्चै रविवत्प्रकाशते स्वतेजसा विश्वमिदं प्रकाशयन् ।।

उपजाति : इंद्रवज्रा- इंद्रवज्रा- इंद्रवंशा-इंद्रवंशा छंद

अत्रैव	सत्त्वात्म	निधीगु	हायां		
ऽ ऽ ।	ऽ ऽ ।	। ऽ ।	ऽ ऽ	त त ज ग ग	इंद्रवज्रा छंद
अव्याकृ	ताकाश	उशत्प्र	काशः		
ऽ ऽ ।	ऽ ऽ ।	। ऽ ।	ऽ ऽ	त त ज ग ग	इंद्रवज्रा छंद
आकाश	उच्चैर	विवत्प्र	काशते		
ऽ ऽ ।	ऽ ऽ ।	। ऽ ।	ऽ । ऽ	त त ज र	इंद्रवंशा छंद
स्वतेज	साविश्व	मिदंप्र	काशयन्		
ऽ ऽ ।	ऽ ऽ ।	। ऽ ।	ऽ । ऽ	त त ज र	इंद्रवंशा छंद

संधि–विग्रह.

अत्र	एव	सत्त्वात्मनि	धी-गुहायाम्
यहाँ देह में	ही	सत् गुण प्रधान अंतःकरण में	बुद्धि रूप गुहा में

अव्याकृताकाशे	उशत्प्रकाशः
अव्याकृत आकाश में	महा तेजस्वी

आकाशः	उच्चैः	रविवत्	प्रकाशते
आकाश	श्रेष्ठ	सूर्य समान	चमकता है

स्व-तेजसा	विश्वं	इदं	प्रकाशयन्
अपने तेज से	विश्व	यह	प्रकाशित करता हुआ

135. ज्ञाता मनोऽहंकृतिविक्रियाणां देहेन्द्रियप्राणकृतक्रियाणाम् ।
अयोऽग्निवत्तानुवर्तमानो न चेष्टते नो विकरोति किञ्चन ।।

उपजाति : इंद्रवज्रा- इंद्रवज्रा- उपेंद्रवज्रा- उपेंद्रवज्रा छंद

ज्ञाताम	नोहंकृ	तिविक्रि	याणां		
ऽ ऽ ।	ऽ ऽ ।	। ऽ ।	ऽ ऽ	त त ज ग ग	इंद्रवज्रा छंद
देहेन्द्रि	यप्राण	कृतक्रि	याणाम्		
ऽ ऽ ।	ऽ ऽ ।	। ऽ ।	ऽ ऽ	त त ज ग ग	इंद्रवज्रा छंद
अयोग्नि	वत्तान	नुवर्त	मानो		
। ऽ ।	ऽ ऽ ।	। ऽ ।	ऽ ऽ	ज त ज ग ग	उपेंद्रवज्रा छंद
नचेष्ट	तेनोवि	करोति	किञ्चन		
। ऽ ।	ऽ ऽ ।	। ऽ ।	ऽ ऽ	ज त ज ग ग	उपेंद्रवज्रा छंद

संधि–विग्रह.

ज्ञाता	मनः-अहंकृति-विक्रियाणाम्			
जानने वाला	मन अहंभाव आदि क्रियाओं को–			
देहेन्द्रिय-प्राण-कृत-क्रियाणाम्				
देह, इंद्रिय, प्राण की क्रियाओं को–				
अयः-अग्निवत्	तान्	अनुवर्तमानः		
तप्त लोहे की तरह	उन	जैसा वर्तता है		
न	चेष्टते	नो	विकरोति	किञ्चन
नहीं	कार्य करता	नहीं	विकार पाता	कुछ भी

136. न जायते नो म्रियते न वर्धते न क्षीयते नो विकरोति नित्यः ।
विलीयमानेऽपि वपुष्यमुष्मिन्न लीयते कुम्भ इवाम्बरं स्वयम् ।।

उपजाति : वंशस्थ-इंद्रवज्रा-उपेंद्रवज्रा-वंशस्थ छंद

नजाय	तेनोम्रि	यतेन	वर्धते		
। ऽ ।	ऽ ऽ ।	। ऽ ।	ऽ । ऽ	ज त ज र	वंशस्थ छंद
नक्षीय	तेनोवि	करोति	नित्यः		
ऽ ऽ ।	ऽ ऽ ।	। ऽ ।	ऽ ऽ	त त ज ग ग	इंद्रवज्रा छंद
विलीय	मानेपि	वपुष्य	मुष्मिन्		
। ऽ ।	ऽ ऽ ।	। ऽ ।	ऽ ऽ	ज त ज ग ग	उपेंद्रवज्रा छंद

नलीय	तेकुम्भ	इवाम्ब	रंस्वयम्		
। ऽ ।	ऽ ऽ ।	। ऽ ।	ऽ । ऽ	ज त ज र	वंशस्थ छंद

संधि–विग्रह.

न	जायते	नो	म्रियते	न	वर्धते
नहीं	जन्म लेता	नहीं	मरता	नहीं	बढ़ता

न	क्षीयते	नो	विकरोति	नित्यः
नहीं	घटता	नहीं	विकृति पाता	शाश्वत

विलीयमाने	अपि	वपुषि	अमुष्मिन्
विलीन होकर	भी	देह	उसमें

न	लीयते	कुम्भे	इव	अम्बरं	स्वयम्
नहीं	नाश पाता	कुम्भ में	जैसे	आकाश	स्वयं

137. प्रकृतिविकृतिभिन्नः शुद्धबोधस्वभावः
सदसदिदमशेषं भासयन्निर्विशेषः ।
विलसति परमात्मा जाग्रदादिष्ववस्था
स्वहमहमिति साक्षात्साक्षिरूपेण बुद्धेः ।।

मालिनी छंद : (न न म य य)

प्रकृति	विकृति	भिन्नःशु	द्धबोध	स्वभावः
। । ।	। । ।	ऽ ऽ ऽ	। ऽ ऽ	। ऽ ऽ
सदस	दिदम	शेषंभा	सयन्नि	र्विशेषः
। । ।	। । ।	ऽ ऽ ऽ	। ऽ ऽ	। ऽ ऽ
विलस	तिपर	मात्माजा	ग्रदादि	ष्ववस्था
। । ।	। । ।	ऽ ऽ ऽ	। ऽ ऽ	। ऽ ऽ
स्वहम	हमिति	साक्षात्सा	क्षिरूपे	णबुद्धेः
। । ।	। । ।	ऽ ऽ ऽ	। ऽ ऽ	। ऽ ऽ

संधि–विग्रह.

प्रकृति-विकृति-भिन्नः	शुद्ध-बोध-स्वभावः
प्रकृति और विकृति से भिन्न	शुद्ध ज्ञान स्वरूप

सत्-असत्	इदं	अशेषं	भासयन्	निर्विशेषः

सत् और असत्	इस	संपूर्ण	दिखाने वाला	विशेषण विरहित

विलसति	परमात्मा	जाग्रदादिषु	अवस्थासु
विलास करता है	परमात्मा	जागृति आदि	अवस्थाओं में

अहं	अहं	इति	साक्षात्	साक्षि-रूपेण	बुद्धेः
मैं	मैं	नामक	प्रत्यक्ष	साक्षी के रूप से	बुद्धि के

138. नियमितमनसामुं त्वं स्वमात्मानमात्मन्य्
अहमहमिति साक्षाद्विद्धि बुद्धिप्रसादात् ।
जनिमरणतरङ्गापारसंसारसिन्धुं
प्रतर भव कृतार्थो ब्रह्मरूपेण संस्थः ।।

मालिनी छंद : (न न म य य)

नियमि	तमन	सामुंत्वं	स्वमात्मा	नमात्मन्य्
। । ।	। । ।	ऽ ऽ ऽ	। ऽ ऽ	। ऽ ऽ
अयम	हमिति	साक्षाद्वि	द्धिबुद्धि	प्रसादात्
। । ।	। । ।	ऽ ऽ ऽ	। ऽ ऽ	। ऽ ऽ
जनिम	रणत	रङ्गापा	रसंसा	रसिन्धुं
। । ।	। । ।	ऽ ऽ ऽ	। ऽ ऽ	। ऽ ऽ
प्रतर	भवकृ	तार्थोब्र	ह्मरूपे	णसंस्थः
। । ।	। । ।	ऽ ऽ ऽ	। ऽ ऽ	। ऽ ऽ

संधि-विग्रह.

नियमित-मनसा	अमुं	त्वं	स्वं	आत्मानं	आत्मनि
मन को निवृत्त करके	इसको	तुम	अपने	आपको	आपमें

अहं	इति	साक्षात्	विद्धि	बुद्धि-प्रसादात्
मैं	नाम से	प्रत्यक्ष	तुम जानो	बुद्धि की प्रसन्नता से

जनि-मरण-तरङ्गापार-संसार-सिन्धुम्
जन्म मरण तरंग का अपार संसार सागर

प्रतर	भव	कृतार्थः	ब्रह्म-रूपेण	संस्थः
पार कर लो	हो जाओ	कृतकृत्य	ब्रह्म रूप-	तादात्म्य से

139. अत्रानात्मन्यहमिति मतिर्बन्ध एषोऽस्य पुंसः

प्राप्तोऽज्ञानाज्जननमरणक्लेशसंपातहेतुः ।
येनैवायं वपुरिदमसत्सत्यमित्यात्मबुद्ध्या
पुष्यत्युक्षत्यवति विषयैस्तन्तुभिः कोशकृद्वत् ।।

मंदाक्रांता छंद : (म भ न त त ग ग)

अत्राना	तमन्यह	मितिम	तिर्बन्ध	एषोऽस्य	पुंसः
ऽ ऽ ऽ	ऽ । ।	। । ।	ऽ ऽ ।	ऽ ऽ ।	ऽ ऽ
प्राप्तोऽज्ञा	नाज्जन	नमर	णक्लेश	संपात	हेतुः
ऽ ऽ ऽ	ऽ । ।	। । ।	ऽ ऽ ।	ऽ ऽ ।	ऽ ऽ
येनैवा	यंवपु	रिदम	सत्सत्य	मित्यात्म	बुद्ध्या
ऽ ऽ ऽ	ऽ । ।	। । ।	ऽ ऽ ।	ऽ ऽ ।	ऽ ऽ
पुष्यत्यु	क्षत्यव	तिविष	यैस्तन्तु	भिःकोश	कृद्वत्
ऽ ऽ ऽ	ऽ । ।	। । ।	ऽ ऽ ।	ऽ ऽ ।	ऽ ऽ

संधि–विग्रह.

अत्र	अनात्मनि	अहं	इति	मतिः	बन्धः	एषः	अस्य	पुंसः
यहाँ	अनात्म में	मैं	नामक	बुद्धि	बंधन	यह	इस–	मनुष्य का

प्राप्तः	अज्ञानात्	जनन-मरण-क्लेश-संपात-हेतुः
प्राप्त	अज्ञान से	जन्म मरण क्लेश संपात का हेतु

येन	एव	अयं	वपुः	इदं	असत्	सत्यं	इति	आत्म-बुद्ध्या
जिससे	ही	यह	देह	इस	असत्	सत्य	ऐसी	बुद्धि से

पुष्यति	उक्षति	अवति	विषयैः	तन्तुभिः	कोश-कृद्वत्
पोषण करता	नहाता	रक्षा करता	विषयों द्वारा	धागों से	कोश बद्ध

140. अतस्मिंस्तद्बुद्धिः प्रभवति विमूढस्य तमसा
विवेकाभावाद्वै स्फुरति भुजगे रज्जुधिषणा ।
ततोऽनर्थव्रातो निपतति समादातुरधिकः
ततो योऽसद्ग्राहः स हि भवति बन्धः शृणु सखे ।।

शिखरिणी छंद : (य म न स भ ल ग)

अतस्मिं	स्तद्बुद्धिः	प्रभव	तिविमू	ढस्यत	मसा
। ऽ ऽ	ऽ ऽ ऽ	। । ।	। । ऽ	ऽ । ।	। ऽ

विवेका	भावाद्वै	स्फुरति	भुजगे	रज्जुधि	षणा
। ऽ ऽ	ऽ ऽ ऽ	। । ।	। । ऽ	ऽ । ।	। ऽ
ततोन	र्थव्रातो	निपत	तिसमा	दातुर	धिकः
। ऽ ऽ	ऽ ऽ ऽ	। । ।	। । ऽ	ऽ । ।	। ऽ
ततोयो	सद्ग्राहः	सहिभ	वतिब	न्धःशृणु	सखे
। ऽ ऽ	ऽ ऽ ऽ	। । ।	। । ऽ	ऽ । ।	। ऽ

संधि-विग्रह.

अतस्मिन्	तद्बुद्धिः	प्रभवति	विमूढस्य	तमसा
उसमें नही	वह बुद्धि	होती है	विमूढ़ की	अज्ञान से

विवेका-भावात्	वै	स्फुरति	भुजगे	रज्जु-धिषणा
विवेक के अभाव से	ही	स्फुरित होती है	साँप पर	रज्जु बुद्धि से

ततः	अनर्थव्रातः	निपतति	समादातुः	अधिकः
उससे	अनर्थ का समूह	प्राप्त होता है	उठाने वाले का	बहुत

ततः	यः	असद्ग्राहः	सः	हि	भवति	बन्धः	शृणु	सखे
उससे	जो	असत्यबुद्धि	वह	ही	है	बंधन	सुनो	सखे!

141. अखण्डनित्याद्वयबोधशक्त्या स्फुरन्तमात्मानमनन्तवैभवम् ।
समावृणोत्यावृतिशक्तिरेषा तमोमयी राहुरिवार्कबिम्बम् ।।

उपजाति : उपेंद्रवज्रा-वंशस्थ-उपेंद्रवज्रा-उपेंद्रवज्रा छंद

अखण्ड	नित्याद्व	यबोध	शक्त्या		
। ऽ ।	ऽ ऽ ।	। ऽ ।	ऽ ऽ	ज त ज ग ग	उपेंद्रवज्रा छंद
स्फुरन्त	मात्मान	मनन्त	वैभवम्		
। ऽ ।	ऽ ऽ ।	। ऽ ।	ऽ । ऽ	ज त ज र	वंशस्थ छंद
समावृ	णोत्यावृ	तिशक्ति	रेषा		
। ऽ ।	ऽ ऽ ।	। ऽ ।	ऽ ऽ	ज त ज ग ग	उपेंद्रवज्रा छंद
तमोम	यीराहु	रिवार्क	बिम्बम्		
। ऽ ।	ऽ ऽ ।	। ऽ ।	ऽ ऽ	ज त ज ग ग	उपेंद्रवज्रा छंद

संधि-विग्रह.

अखण्ड-नित्याद्वय-बोध-शक्त्या
निरंतर नित्य अद्वैत बोधशक्ति से

स्फुरन्तं	आत्मानं	अनन्त-वैभवम्
स्फूर्ति पाते हुए	आत्मा को	अनंत वैभव से

समावृणोति	आवृतिशक्तिः	एषा
ढकता है	आवरण शक्ति	यह

तमो-मयी	राहुः	इव	अर्क-बिम्बम्
तमोगुण मयी	राहु के	समान	सूर्य मंडल को

142. तिरोभूते स्वात्मन्यमलतरतेजोवति पुमान्
अनात्मानं मोहादहमिति शरीरं कलयति ।
ततः कामक्रोधप्रभृतिभिरमुं बन्धनगुणैः
परं विक्षेपाख्या रजस उरुशक्तिर्व्यथयति ॥

शिखरिणी छंद : (य म न स भ ल ग)

तिरोभू	तेस्वात्म	न्यमल	तरते	जोवति	पुमान्
। ऽ ऽ	ऽ ऽ ऽ	। । ।	। । ऽ	ऽ । ।	। ऽ
अनात्मा	नंमोहा	दहमि	तिशरी	रंकल	यति
। ऽ ऽ	ऽ ऽ ऽ	। । ।	। । ऽ	ऽ । ।	। ऽ *
ततःका	मक्रोध	प्रभृति	भिरमुं	बन्धन	गुणैः
। ऽ ऽ	ऽ ऽ ऽ	। । ।	। । ऽ	ऽ । ।	। ऽ
परंवि	क्षेपाख्या	रजस	उरुश	क्तिर्व्यथ	यति
। ऽ ऽ	ऽ ऽ ऽ	। । ।	। । ऽ	ऽ । ।	। ऽ *

* चरण की अंतिम लघु मात्रा दीर्घ मानी गई है.

संधि-विग्रह.

तिरोभूते	स्वात्मनि	अमलतर-तेजोवति	पुमान्
ढके हुए	अपने में	निर्मल और तेजयुक्त	पुरुष

अनात्मानं	मोहात्	अहं	इति	शरीरं	कलयति
अनात्म देह को	मोह के कारण	मैं	नाम से	देह	समझता है

ततः	काम-क्रोध-प्रभृतिभिः	अमुं	बन्धन-गुणैः
और फिर	कामना, क्रोध आदि	उसको	बंधन के पाश से

परं	विक्षेपाख्या	रजसः	उरुशक्तिः	व्यथयति
बहुत	विक्षेप नामक	राजो गुण की	प्रबल शक्ति	व्यथा देती है

143. महामोहग्राहग्रसनगलितात्मावगमनो
धियो नानावस्थां स्वयमभिनयंस्तद्गुणतया ।
अपारे संसारे विषयविषपूरे जलनिधौ
निमज्योन्मज्यायं भ्रमति कुमतिः कुत्सितगतिः ।।

शिखरिणी छंद : (य म न स भ ल ग)

महामो	हग्राह	ग्रसन	गलिता	त्मावग	मनो
। ऽ ऽ	ऽ ऽ ऽ	। । ।	। । ऽ	ऽ । ।	। ऽ
धियोना	नावस्थां	स्वयम	भिनयं	स्तद्गुण	तया
। ऽ ऽ	ऽ ऽ ऽ	। । ।	। । ऽ	ऽ । ।	। ऽ
अपारे	संसारे	विषय	विषपू	रेजल	निधौ
। ऽ ऽ	ऽ ऽ ऽ	। । ।	। । ऽ	ऽ । ।	। ऽ
निमज्यो	न्मज्यायं	भ्रमति	कुमतिः	कुत्सित	गतिः
। ऽ ऽ	ऽ ऽ ऽ	। । ।	। । ऽ	ऽ । ।	। ऽ

संधि-विग्रह.

महा-मोह-ग्राह-ग्रसन-गलितात्मावगमनः
महान अज्ञान स्वरूप नक्र ने निगला हुआ जिसका आत्मज्ञान है

धियः	नानावस्थां	स्वयं	अभिनयन्	तद्गुणतया
बुद्धि की	नाना अवस्थाओं का	स्वतः	अभिनय करते हुए	उन गुणों से

अपारे	संसारे	विषय-विषपूरे	जल-निधौ
अपार	संसार में	विषय के विष भरे	सागर में

निमज्य उन्मज्य	अयं	भ्रमति	कुमतिः	कुत्सित-गतिः
डुबकियाँ लगाता हुआ	यह	भ्रमण करता है	कुमति नर	नीच गति का

144. भानुप्रभासंजनिताभ्रपङ्क्तिर्भानुं तिरोधाय विजृम्भते यथा ।
आत्मोदिताहंकृतिरात्मतत्त्वं तथा तिरोधाय विजृम्भते स्वयम् ।।

उपजाति : इंद्रवज्रा-इंद्रवंशा-इंद्रवज्रा-वंशस्थ छंद

भानुप्र	भासंज	निताभ्र	पङ्क्तिः		
ऽ ऽ ।	ऽ ऽ ।	। ऽ ।	ऽ ऽ	त त ज ग ग	इंद्रवज्रा छंद
भानुंति	रोधाय	विजृम्भ	तेयथा		

ऽ ऽ ।	ऽ ऽ ।	। ऽ ।	ऽ । ऽ	त त ज र	इंद्रवंशा छंद
आत्मोदि	ताहंकृ	तिरात्म	तत्त्वं		
ऽ ऽ ।	ऽ ऽ ।	। ऽ ।	ऽ ऽ	त त ज ग ग	इंद्रवज्रा छंद
तथाति	रोधाय	विजृम्भ	तेस्वयम्		
। ऽ ।	ऽ ऽ ।	। ऽ ।	ऽ । ऽ	ज त ज र	वंशस्थ छंद

संधि–विग्रह.

भानु-प्रभा-संजनिताभ्र-पङ्क्तिः			
किरणों की प्रभा से बाष्प बना हुआ मेघ मंडल			
भानुं	तिरोधाय	विजृम्भते	यथा
सूर्य को	आच्छादित करके	स्वतः प्रकट होता है	जैसे

आत्मोदिता	अहंकृतिः	आत्म-तत्त्वं
चित्त से उदित	अहंकार	आत्मतत्त्व को

तथा	तिरोधाय	विजृम्भते	स्वयम्
वैसे ही	आच्छादित करके	प्रतीत होता है	स्वतः

145. कवलितदिननार्थे दुर्दिने सान्द्रमेघैः
व्यथयति हिमझञ्झावायुरुग्रो यथैतान् ।
अविरततमसात्मन्यावृते मूढबुद्धिं
क्षपयति बहुदुःखैस्तीव्रविक्षेपशक्तिः ।।

मालिनी छंद : (न न म य य)

कवलि	तदिन	नार्थेदु	र्दिनेसा	न्द्रमेघैः
। । ।	। । ।	ऽ ऽ ऽ	। ऽ ऽ	। ऽ ऽ
व्यथय	तिहिम	झंझावा	युरुग्रो	यथैतान्
। । ।	। । ।	ऽ ऽ ऽ	। ऽ ऽ	। ऽ ऽ
अविर	ततम	सात्मन्या	वृतेमू	ढबुद्धिं
। । ।	। । ।	ऽ ऽ ऽ	। ऽ ऽ	। ऽ ऽ
क्षपय	तिबहु	दुःखैस्ती	व्रविक्षे	पशक्तिः
। । ।	। । ।	ऽ ऽ ऽ	। ऽ ऽ	। ऽ ऽ

संधि–विग्रह.

कवलित-दिन-नार्थे	दुर्दिने	सान्द्र-मेघैः
सूरज को ढकने के बाद	अंधकारमय दिन में	घने बादलों से

व्यथयति	हिम-झञ्झा-वायुः	उग्रः	यथा	एतान्
व्यथित करता है	हिम झंझा वायु	उग्र	जैसे	इनको

अविरत-तमसा	आत्मनि	आवृते	मूढ-बुद्धिं
अविरत तमस से	आत्मा में	आवृत्त करके	मूढ़ बुद्धि के मनुष्य को

क्षपयति	बहु-दुःखैः	तीव्र-विक्षेप-शक्तिः
फेंकती है	महा दुःखों से	तीव्र विक्षेप शक्ति

146. एताभ्यामेव शक्तिभ्यां बन्धः पुंसः समागतः ।
याभ्यां विमोहितो देहं मत्वात्मानं भ्रमत्ययम् ।।

अनुष्टुभ् श्लोक छंद

एताभ्या	मेवश	क्तिभ्याम्	
ऽ ऽ ऽ	ऽ । ऽ	ऽ ऽ	मरगग, मधुमालती छंद
बन्धःपुं	सःसमा	गतः	
ऽ ऽ ऽ	ऽ । ऽ	। ऽ	मरलग, क्षमा छंद
याभ्यांवि	मोहितो	देहम्	
ऽ ऽ ।	ऽ । ऽ	ऽ ऽ	तरगग, विभा छंद
मत्वात्मा	नंभ्रम	त्ययम्	
ऽ ऽ ऽ	ऽ । ऽ	। ऽ	मरलग, क्षमा छंद

संधि–विग्रह.

एताभ्यां	एव शक्तिभ्यां बन्धः पुंसःसमागतः
इन पूर्वोक्त दो	शक्तियों के द्वारा ही पुरुष को बंधन प्राप्त हुआ है

याभ्यां	विमोहितः	देहं	मत्वा	आत्मानं	भ्रमति	अयम्
जिन से	मोह पाए हुए	देह को	जान कर	आत्मा	भ्रम पाता है	यह

147. बीजं संसृतिभूमिजस्य तु तमो देहात्मधीरङ्कुरो
रागः पल्लवमम्बु कर्म तु वपुः स्कन्धोओऽसवः शाखिकाः ।
अग्राणीन्द्रियसंहतिश्च विषयाः पुष्पाणि दुःखं फलं
नानाकर्मसमुद्भवं बहुविधं भोक्तात्र जीवः खगः ।।

शार्दूलविक्रीडित छंद : (म स ज स त त ग)

बीजंसं	सृतिभू	मिजस्य	तुतमो	देहात्म	धीरङ्कु	रो
ऽ ऽ ऽ	। । ऽ	। ऽ ।	। । ऽ	ऽ ऽ ।	ऽ ऽ ।	ऽ
रागःप	ल्लवम	म्बुकर्म	तुवपुः	स्कन्धोस	वःशाखि	काः
ऽ ऽ ऽ	। । ऽ	। ऽ ।	। । ऽ	ऽ ऽ ।	ऽ ऽ ।	ऽ
अग्राणी	न्द्रियसं	हतिश्च	विषयाः	पुष्पाणि	दुःखंफ	लं
ऽ ऽ ऽ	। । ऽ	। ऽ ।	। । ऽ	ऽ ऽ ।	ऽ ऽ ।	ऽ
नानाक	र्मसमु	द्धवंब	हुविधं	भोक्तात्र	जीवःख	गः
ऽ ऽ ऽ	। । ऽ	। ऽ ।	। । ऽ	ऽ ऽ ।	ऽ ऽ ।	ऽ

संधि–विग्रह.

बीजं	संसृति-भूमिजस्य	तु	तमः	देहात्म-धीः	अङ्कुरः
बीज	भूमिजन्य संसारवृक्ष का	और	अज्ञान	बुद्धि आत्मस्थ होना	अंकुर है

रागः	पल्लवं	अम्बु	कर्म	तु	वपुः	स्कन्धः	असवः	शाखिकाः
राग	पल्लव	पानी	कर्म	है	देह	स्कंध	प्राण	तना

अग्राणि	इन्द्रिय-संहतिः	च	विषयाः	पुष्पाणि	दुःखं	फलम्
अग्र	इंद्रिय समूह	और	विषय	पुष्प	दुःख	फल

नाना-कर्म-समुद्धवं	बहु-विधं	भोक्ता	अत्र	जीवः	खगः
विविध कर्म से उत्पन्न	बहुविध	भोक्ता	इस जग में	जीव	पक्षी है

148. अज्ञानमूलोऽयमनात्मबन्धो नैसर्गिकोऽनादिरनन्त ईरितः ।
जन्माप्ययव्याधिजरादिदुःखप्रवाहपातं जनयत्यमुष्य ।।

उपजाति : इंद्रवज्रा-इंद्रवंशा-इंद्रवज्रा-उपेंद्रवज्रा छंद

अज्ञान	मूलोय	मनात्म	बन्धो		
ऽ ऽ ।	ऽ ऽ ।	। ऽ ।	ऽ ऽ	त त ज ग ग	इंद्रवज्रा छंद
नैसर्गि	कोनादि	रनन्त	ईरितः		
ऽ ऽ ।	ऽ ऽ ।	। ऽ ।	ऽ । ऽ	त त ज र	इंद्रवंशा छंद
जन्माप्य	यव्याधि	जरादि	दुःख		
ऽ ऽ ।	ऽ ऽ ।	। ऽ ।	ऽ ऽ	त त ज ग ग	इंद्रवज्रा छंद
प्रवाह	पातंज	नयत्य	मुष्य		
। ऽ ।	ऽ ऽ ।	। ऽ ।	ऽ ऽ *	ज त ज ग ग	उपेंद्रवज्रा छंद

* चरण की अंतिम लघु मात्रा दीर्घ मानी गई है.

संधि-विग्रह.

अज्ञान-मूलः	अयं	अनात्म-बन्धः
अज्ञान मूल है	यह	अनात्म वस्तु का बंधन कारक

नैसर्गिकः	अनादिः	अनन्तः	ईरितः
नैसर्गिक	अनादि	अनंत	कहा गया है

जन्माप्यय-व्याधि-जरादि-दुःख-
जन्म, मरण, व्याधि, जरा, दुःख आदि

प्रवाह-पातं	जनयति	अमुष्य
प्रवाह प्राप्ति	निर्माण कराता है	इस जीव को

149. नास्त्रैर्न शस्त्रैरनिलेन वन्हिना छेत्तुं न शक्यो न च कर्मकोटिभिः ।
विवेकविज्ञानमहासिना विना धातुः प्रसादेन सितेन मञ्जुना ।।

उपजाति : इंद्रवंशा-इंद्रवंशा-वंशस्थ-इंद्रवंशा- छंद

नास्त्रैर्न	शस्त्रैर	निलेन	वन्हिना		
ऽ ऽ ।	ऽ ऽ ।	। ऽ ।	ऽ । ऽ	त त ज र	इंद्रवंशा छंद
छेत्तुंन	शक्योन	चकर्म	कोटिभिः		
ऽ ऽ ।	ऽ ऽ ।	। ऽ ।	ऽ । ऽ	त त ज र	इंद्रवंशा छंद
विवेक	विज्ञान	महासि	नाविना		
। ऽ ।	ऽ ऽ ।	। ऽ ।	ऽ । ऽ	ज त ज र	वंशस्थ छंद
धातुःप्र	सादेन	सितेन	मञ्जुना		
ऽ ऽ ।	ऽ ऽ ।	। ऽ ।	ऽ । ऽ	त त ज र	इंद्रवंशा छंद

संधि-विग्रह.

न	अस्त्रैः	न	शस्त्रैः	अनिलेन	वन्हिना
नहीं	अस्त्रों से	नहीं	शस्त्रों से	वायु से	आग से
छेत्तुं	न	शक्यः	न	च	कर्म-कोटिभिः
काटने	नहीं	शक्य	नहीं	और	कोटिशः कर्म से

विवेक-विज्ञान-महासिना	विना
आत्म-अनात्म विज्ञान के विवेक शस्त्र के	बिना

धातुः	प्रसादेन	सितेन	मञ्जुना
विधाता के	प्रसाद के	निर्मल	मनोहर

150. श्रुतिप्रमाणैकमतेः स्वधर्म निष्ठा तयैवात्मविशुद्धिरस्य ।
विशुद्धबुद्धेः परमात्मवेदनं तेनैव संसारसमूलनाशः ।।

उपजाति : उपेंद्रवज्रा-इंद्रवज्रा-वंशस्थ-इंद्रवज्रा छंद

श्रुतिप्र	माणैक	मतेःस्व	धर्म		
।ऽ।	ऽऽ।	।ऽ।	ऽऽ *	ज त ज ग ग	उपेंद्रवज्रा छंद
निष्ठात	यैवात्म	विशुद्धि	रस्य		
ऽऽ।	ऽऽ।	।ऽ।	ऽऽ *	त त ज ग ग	इंद्रवज्रा छंद
विशुद्ध	बुद्धेःप	रमात्म	वेदनं		
।ऽ।	ऽऽ।	।ऽ।	ऽ।ऽ	ज त ज र	वंशस्थ छंद
तेनैव	संसार	समूल	नाशः		
ऽऽ।	ऽऽ।	।ऽ।	ऽऽ	त त ज ग ग	इंद्रवज्रा छंद

* चरण की अंतिम लघु मात्रा दीर्घ मानी गई है.

संधि-विग्रह.

श्रुति-प्रमाणैकमतेः			स्वधर्म-	
जिसकी बुद्धि शास्त्र के प्रमाण पर दृढ़ है			अपने सदाचार तत्त्वों पर जिसकी-	
निष्ठा	तया	एव	आत्म-विशुद्धिः	अस्य
निष्ठा है	उसके द्वारा	ही	आत्म विशुद्धि	इसकी
विशुद्ध-बुद्धेः		परमात्मवेदनम्		
विशुद्ध बुद्धि वाले मनुष्य का		परमात्मा पर एकाग्र ध्यान है		
तेन	एव	संसार-समूल-नाशः		
उसके द्वारा	ही	संसारवृक्ष का समूल नाश		

151. कोशैरन्नमयाद्यैः पञ्चभिरात्मा न संवृतो भाति ।
निजशक्तिसमुत्पन्नैः शैवालपटलैरिवाम्बु वापीस्थम् ।।

आर्या उद्गाथा छंद (मात्रा 12-18, 12-18)

कोशैर	न्नमया	द्यैः	
ऽऽऽ	।।ऽ	ऽ	12
पञ्चभि	रात्मान	संवृतो	भाति	
ऽ।।	ऽऽ।	ऽ।ऽ	ऽऽ *	18

निजश	क्तिसमु	त्पन्नैः		
।।ऽ	।।ऽ	ऽऽ	12	
शैवाल	पटलै	रिवाम्बु	वापीस्थम्	
ऽऽ।	।।ऽ	।ऽ।	ऽऽऽ	19 **

* चरण की अंतिम लघु मात्रा दीर्घ मानी गई है.

** कवि को कभी-कभी एक मात्रा कम या अधिक प्रयुक्त करने का अधिकार होता है.

संधि-विग्रह.

कोशैः	अन्नमयाद्यैः	पञ्चभिः	आत्मा	न	संवृतः	भाति
तंतुओं से	आच्छादित	पाँच	आत्मा	नहीं	ढका हुआ	लगता

निज-शक्ति-समुत्पन्नैः	शैवाल-पटलैः	इव	अम्बु वापीस्थम्
अपने सामर्थ्य से उत्पन्न	सेवाल तंतुओं	समान	बावली के पानी में स्थित

152. तच्छैवालापनये सम्यक्सलिलं प्रतीयते शुद्धम् ।
तृष्णासन्तापहरं सद्यः सौख्यप्रदं परं पुंसः ।।

आर्या उद्गाथा छंद (मात्रा 12-18, 12-18)

तच्छैवा	लापन	ये		
ऽऽऽ	ऽ।।	ऽ		12
सम्यक्स	लिलंप्र	तीयते	शुद्धम्	
ऽऽ।	।ऽ।	ऽ।ऽ	ऽऽ	18
तृष्णास	न्तापह	रं		
ऽऽऽ	ऽ।।	ऽ		12
सद्यःसौ	ख्यप्रदं	परंपुं	सः	
ऽऽऽ	ऽ।ऽ	।ऽऽ	ऽ	18

संधि-विग्रह.

तत्	शैवालापनये	सम्यक्	सलिलं	प्रतीयते	शुद्धम्
उस	सेवाल को निकालने पर	ठीक से	पानी	दिखता है	शुद्ध

तृष्णा-सन्ताप-हरं	सद्यः	सौख्य-प्रदं	परं	पुंसः
तृष्णा संताप हरने वाला	तत्काल	सौख्यप्रद	परम	मनुष्य को

153. पञ्चानामपि कोशानामपवादे विभात्ययं शुद्धः ।

नित्यानन्दैकरसः प्रत्यग्रूपः परः स्वयंज्योतिः ।।

आर्या उद्गाथा छंद (मात्रा 12-18, 12-18)

पञ्चाना	मपिको	शा		
ऽ ऽ ऽ	। । ऽ	ऽ	12	
नामप	वादेवि	भात्ययं	शुद्धः	
ऽ । ।	ऽ ऽ ।	ऽ । ऽ	ऽ ऽ	18
नित्यान	न्दैकर	सः		
ऽ ऽ ऽ	ऽ । ।	ऽ	12	
प्रत्यग्रू	पःपरः	स्वयंज्यो	तिः	
ऽ ऽ ऽ	ऽ । ऽ	। ऽ ऽ	ऽ	18

संधि-विग्रह.

पञ्चानां	अपि	कोशानां	अपवादे	विभाति	अयं	शुद्धः
पाँच-	ही	तंतु कोशों के	निरीक्षण में	लगता है	यह	शुद्ध
नित्यानन्दैकरसः		प्रत्यग्रूपः	परः	स्वयं-ज्योतिः		
नित्यानंद एक रस युक्त		प्रत्यगात्मा	परम	स्वयं प्रकाशित		

154. आत्मानात्मविवेकः कर्तव्यो बन्धमुक्तये विदुषा ।
तेनैवानन्दी भवति स्वं विज्ञाय सच्चिदानन्दम्

आर्या उद्गाथा छंद (मात्रा 12-18, 12-18)

आत्माना	त्मविवे	कः		
ऽ ऽ ऽ	। । ऽ	ऽ	12	
कर्तव्यो	बन्धमु	क्तयेवि	दुषा	
ऽ ऽ ऽ	ऽ । ऽ	। ऽ ।	। ऽ	18
तेनैवा	नन्दीभ	व		
ऽ ऽ ऽ	ऽ ऽ ।	।	12	
तिस्वंवि	ज्ञायस	च्चिदान	न्दम्	
ऽ ऽ ऽ	ऽ । ऽ	। ऽ ऽ	ऽ	18

संधि-विग्रह.

आत्मानात्म-विवेकः	कर्तव्यः	बन्ध-मुक्तये	विदुषा
आत्मा–अनात्म विवेक	करना चाहिए	बंधन से मुक्ति के लिए	ज्ञानी द्वारा

तेन	एव	आनन्दी भवति स्वं विज्ञाय सच्चिदानन्दम्
उससे	ही	सच्चिदानंद को जान कर संतोष प्राप्त होता है

155. मुञ्जादिषीकामिव दृश्यवर्गात्प्रत्यञ्चमात्मानमसङ्गमक्रियम् ।
विविच्य तत्र प्रविलाप्य सर्वं तदात्मना तिष्ठति यः स मुक्तः ॥

उपजाति : इंद्रवज्रा-इंद्रवंशा-उपें

+++द्रवज्रा-उपेंद्रवज्रा छंद

मुञ्जादि	षीकामि	वदृश्य	वर्गात्		
ऽ ऽ ।	ऽ ऽ ।	। ऽ ।	ऽ ऽ	त त ज ग ग	इंद्रवज्रा छंद
प्रत्यञ्च	मात्मान	मसङ्ग	मक्रियम्		
ऽ ऽ ।	ऽ ऽ ।	। ऽ ।	ऽ । ऽ	त त ज र	इंद्रवंशा छंद
विविच्य	तत्रप्र	विलाप्य	सर्वं		
। ऽ ।	ऽ ऽ ।	। ऽ ।	ऽ ऽ	ज त ज ग ग	उपेंद्रवज्रा छंद
तदात्म	नातिष्ठ	तियःस	मुक्तः		
। ऽ ।	ऽ ऽ ।	। ऽ ।	ऽ ऽ	ज त ज ग ग	उपेंद्रवज्रा छंद

संधि–विग्रह.

मुञ्जात्	इषीकां	इव	दृश्य-वर्गात्
मुंज घास की	डंडी के	समान	दृश्य समूह से
प्रत्यञ्चं	आत्मानं	असङ्गं	अक्रियम्
प्रत्यक्ष	आत्मा को	अनासक्त	अक्रिय

विविच्य	तत्र	प्रविलाप्य	सर्वं
अलग जान कर	उस आत्मस्वरूप में	लय करके	सर्व
तत्	आत्मनातिष्ठति यः सः मुक्तः		
वह	जो आत्मा में स्थिर है वह मुक्त कहा गया है		

156. देहोऽयमन्नभवनोऽन्नमयस्तु कोशः
चान्नेन जीवति विनश्यति तद्विहीनः ।
त्वक्चर्ममांसरुधिरास्थिपुरीषराशिः
नायं स्वयं भवितुमर्हति नित्यशुद्धः ।।

वसंततिलका छंद : (त भ ज ज ग ग)

देहोय	मन्नभ	वनोन्न	मयस्तु	कोशः
ऽ ऽ ।	ऽ । ।	। ऽ ।	। ऽ ।	ऽ ऽ
चान्नेन	जीवति	विनश्य	तितद्वि	हीनः
ऽ ऽ ।	ऽ । ।	। ऽ ।	। ऽ ।	ऽ ऽ
त्वक्चर्म	मांसरु	धिरास्थि	पुरीष	राशिः
ऽ ऽ ।	ऽ । ।	। ऽ ।	। ऽ ।	ऽ ऽ
नायंस्व	यंभवि	तुमर्ह	तिनित्य	शुद्धः
ऽ ऽ ।	ऽ । ।	। ऽ ।	। ऽ ।	ऽ ऽ

संधि–विग्रह.

देहः अयं अन्न-भवनः अन्नमयः तु			कोशः		
यह अन्न रस से उत्पन्न देह अन्नमय			कोश है		
च	अन्नेन	जीवति	विनश्यति	तत्	विहीनः
और	अन्न से	जीता है	नष्ट होता है	उसके	बगैर
त्वक्-चर्म-मांस-रुधिरास्थि-पुरीष-राशिः					
त्वचा चर्म माँस रक्त अस्थि गुदा समूह					
न अयं स्वयं भवितुं अर्हति			नित्य-शुद्धः		
यह स्वयं विद्यमान नहीं हो सकता			सदा शुद्ध मल रहित		

157. पूर्वं जनेरधिमृतेरपि नायमस्ति जातक्षणः क्षणगुणोऽनियतस्वभावः ।
नैको जडश्च घटवत्परिदृश्यमानः स्वात्मा कथं भवति भावविकारवेत्ता ।।

वसंततिलका छंद : (त भ ज ज ग ग)

पूर्वंज	नेरधि	मृतेर	पिनाय	मस्ति
ऽ ऽ ।	ऽ । ।	। ऽ ।	। ऽ ।	ऽ ऽ *
जातक्ष	णःक्षण	गुणोऽनि	यतस्व	भावः
ऽ ऽ ।	ऽ । ।	। ऽ ।	। ऽ ।	ऽ ऽ
नैकोज	डश्चघ	टवत्प	रिदृश्य	मानः
ऽ ऽ ।	ऽ । ।	। ऽ ।	। ऽ ।	ऽ ऽ
स्वात्माक	थंभव	तिभाव	विकार	वेत्ता
ऽ ऽ ।	ऽ । ।	। ऽ ।	। ऽ ।	ऽ ऽ

* चरण की अंतिम लघु मात्रा दीर्घ मानी गई है.

संधि-विग्रह.

पूर्वं	जनेः	अधि	मृतेः	अपि	न	अयं	अस्ति
पहले	जन्म के	बाद	मरण के	भी	नहीं	यह	होता है

जात-क्षणः	क्षण-गुणः	अनियत-स्वभावः
जन्मा हुआ है इस विकार का	समय के गुण का	अशाश्वत स्वभाव का

न	एकः	जडः	च	घटवत्	परिदृश्यमानः
नहीं	एक	जड़	और	घट के समान	दिखने वाला

स्वात्मा	कथं	भवति	भाव-विकारवेत्ता
अपना आत्मा	कैसे	होता है	भाव और विकार का साक्षी

158. पाणिपादादिमान्देहो नात्मा व्यङ्गेऽपि जीवनात् ।
तत्तच्छक्तेरनाशाच्च न नियम्यो नियामकः ।।

अनुष्टुभ् श्लोक छंद

पाणिपा	दादिमा	न्देहो	
ऽ । ऽ	ऽ । ऽ	ऽ ऽ	ररगग, पद्ममाला छंद
नात्माव्य	ङ्गेपिजी	वनात्	
ऽ ऽ ऽ	ऽ । ऽ	। ऽ	मरलग, क्षमा छंद
तत्तच्छ	क्तेरना	शाच्च	
ऽ ऽ ऽ	ऽ । ऽ	ऽ ।	मरगल, मधुमालती छंद

ननिय	म्योनिया	मकः	
। । ऽ	ऽ । ऽ	। ऽ	सरलग, शलुकलुप्ता छंद

संधि-विग्रह.

पाणि-पादादिमान्	देहः	न	आत्मा	व्यङ्गे	अपि	जीवनात्
हाथ पाँव आदि इंद्रिय वाला	देह	नहीं	आत्मा	व्यंगता में	भी	जीता है

तत्	तत्-शच्छःक्ते	अनाशात्	च	न	नियम्यः	नियामकः
वह	उस शक्ति के	अविनाश में	और	नहीं	परतंत्र	स्वतंत्र

159. देहतद्धर्मतत्कर्मतदवस्थादिसाक्षिणः ।
स्वत एव स्वतः सिद्धं तद्वैलक्षण्यमात्मनः ।।

अनुष्टुभ् श्लोक छंद

देहत	द्धर्मत	त्कर्म	
ऽ । ऽ	ऽ । ऽ	ऽ ।	रगगल, लक्ष्मी छंद
तदव	स्थादिसा	क्षिणः	
। । ऽ	ऽ । ऽ	। ऽ	सरलग, हेमरूप छंद
सतए	वस्वतः	सिद्धम्	
। । ऽ	ऽ । ऽ	ऽ ऽ	सरगग, परिधारा छंद
तद्वैल	क्षण्यमा	त्मनः	
ऽ ऽ ऽ	ऽ । ऽ	। ऽ	मरलग, क्षमा छंद

संधि-विग्रह.

देह-तद्धर्म-तत्कर्म-तदवस्थादि-साक्षिणः				
स्थूल देह, उसका आना जाना, बाल्य, आदि अवस्थाओं का साक्षी				
स्वतः	एव	स्वतः सिद्धं	तद्वैलक्षण्यं	आत्मनः
आत्मा आप	ही	स्वयंसिद्ध	इससे विलक्षण	आत्मा का

160. कुल्यराशिर्मांसलिप्तो मलपूर्णोऽतिकश्मलः ।
कथं भवेदयं वेत्ता स्वयमेतद्विलक्षणः ।।

अनुष्टुभ् छंद

कुल्यरा	शिर्मांस	लिप्तो	

ऽ । ऽ	ऽ ऽ ।	ऽ ऽ	रतगग, सखी छंद
मलपू	र्णोतिक	श्मलः	
। । ऽ	ऽ । ऽ	। ऽ	सरलग, शलुकलुप्ता छंद
कथंभ	वेदयं	वेत्ता	
। ऽ ।	ऽ । ऽ	ऽ ऽ	जरगग, यशस्करी छंद
स्वयमे	तद्विल	क्षणः	
। । ऽ	ऽ । ऽ	। ऽ	सरलग, शलुकलुप्ता छंद

पाद टिप्पणी :

इस अनुष्टुभ् छंद के विषम चरण 1 में पहले चार अक्षरों के बाद य गण (। ऽ ऽ) के स्थान पर र (ऽ । ऽ) गण आने के कारण – विषम चरण 3 में प्रथम चार अक्षरों के पश्चात् य गण (। ऽ ऽ) गण और सम चरण 2 और 4 में प्रथम चार अक्षरों के पश्चात् ज (। ऽ ।) गण आ कर भी इस चार चरणों के पद्य में श्लोक छंद सिद्ध नहीं हुआ है.

संधि–विग्रह.

कुल्य-राशिः	मांस-लिप्तः	मल-पूर्णः	अति-कश्मलः
अस्थि समूह	माँस से ढका	मल पूर्ण	बहुत अलग सा

कथं	भवेत्	अयं	वेत्ता	स्वयं	एतद्विलक्षणः
कैसे	हो सकता है	यह	वेत्ता	स्वयं	विलक्षण ऐसा

161. त्वङ्मांसमेदोऽस्थिपुरीषराशा वहंमतिं मूढजनः करोति ।
विलक्षणं वेत्ति विचारशीलो निजस्वरूपं परमार्थ भूतम् ॥

उपजाति : इंद्रवज्रा- उपेंद्रवज्रा- उपेंद्रवज्रा- उपेंद्रवज्रा छंद

त्वङ्मांस	मेदोऽस्थि	पुरीष	राशा		
ऽ ऽ ।	ऽ ऽ ।	। ऽ ।	ऽ ऽ	त त ज ग ग	इंद्रवज्रा छंद
वहंम	तिंमूढ	जनःक	रोति		
। ऽ ।	ऽ ऽ ।	। ऽ ।	ऽ ऽ *	ज त ज ग ग	उपेंद्रवज्रा छंद
विलक्ष	णंवेत्ति	विचार	शीलो		
। ऽ ।	ऽ ऽ ।	। ऽ ।	ऽ ऽ	ज त ज ग ग	उपेंद्रवज्रा छंद
निजस्व	रूपंप	रमार्थ	भूतम्		
। ऽ ।	ऽ ऽ ।	। ऽ ।	ऽ ऽ	ज त ज ग ग	उपेंद्रवज्रा छंद

* चरण की अंतिम लघु मात्रा दीर्घ मानी गई है.

संधि-विग्रह.

त्वङ्मांस-मेदोऽस्थि-पुरी-षराशौ		
त्वचा, माँस, मेदा, अस्थि, मल आदि के समूह के लिए		
अहं-मतिं	मूढ-जनः	करोति
"मैं" नामोच्चार	मूढ़ मति का मनुष्य	करता है
विलक्षणं	वेत्ति	विचारशीलः
भिन्न है	जानता है	विचारशील मनुष्य
निज-स्वरूपं	परमार्थभूतम्	
निज स्वरूप को	परमात्मभूत से अलग	

162. देहोऽहमित्येव जडस्य बुद्धिर्देहे च जीवे विदुषस्त्वहंधीः ।
विवेकविज्ञानवतो महात्मनो ब्रह्माहमित्येव मतिः सदात्मनि ॥

उपजाति : इंद्रवज्रा- इंद्रवज्रा- वंशस्थ-इंद्रवंशा छंद

देहोह	मित्येव	जडस्य	बुद्धिः		
ऽ ऽ ।	ऽ ऽ ।	। ऽ ।	ऽ ऽ	त त ज ग ग	इंद्रवज्रा छंद
देहेच	जीवेवि	दुषस्त्व	हंधीः		
ऽ ऽ ।	ऽ ऽ ।	। ऽ ।	ऽ ऽ	त त ज ग ग	इंद्रवज्रा छंद
विवेक	विज्ञान	वतोम	हात्मनो		
। ऽ ।	ऽ ऽ ।	। ऽ ।	ऽ । ऽ	ज त ज र	वंशस्थ छंद
ब्रह्माह	मित्येव	मतिःस	दात्मनि		
ऽ ऽ ।	ऽ ऽ ।	। ऽ ।	ऽ । ऽ *	त त ज र	इंद्रवंशा छंद

* चरण की अंतिम लघु मात्रा दीर्घ मानी गई है.

संधि-विग्रह.

देहः	अहं	इति	एव	जडस्य	बुद्धिः
देह	मैं	इस प्रकार	ही	जड़ मनुष्य की	बुद्धि
देहे	च	जीवे	विदुषः	तु	अहं-धीः
शरीर में	और	जीव में	ज्ञानी की	मगर	मैं यह विचार
विवेक-विज्ञानवतः	महात्मनः				
आत्मा-अनात्म का विज्ञान जानने वाले	महाजन का				
ब्रह्म	अहं	इति	एव	मतिः	सत् आत्मनि
ब्रह्म	मैं	नामक	ही	बुद्धि	सत्य आत्मा में

163. अत्रात्मबुद्धिं त्यज मूढबुद्धे त्वङ्मांसमेदोऽस्थिपुरीषराशौ ।
सर्वात्मनि ब्रह्मणि निर्विकल्पे कुरुष्व शान्ति परमां भजस्व ।।

उपजाति : इंद्रवज्रा इंद्रवज्रा इंद्रवज्रा उपेंद्रवज्रा छंद

अत्रात्म	बुद्धिंत्य	जमूढ	बुद्धे		
ऽ ऽ ।	ऽ ऽ ।	। ऽ ।	ऽ ऽ	त त ज ग ग	इंद्रवज्रा छंद
त्वङ्मांस	मेदोऽस्थि	पुरीष	राशौ		
ऽ ऽ ।	ऽ ऽ ।	। ऽ ।	ऽ ऽ	त त ज ग ग	इंद्रवज्रा छंद
सर्वात्म	निब्रह्म	णिनिर्वि	कल्पे		
ऽ ऽ ।	ऽ ऽ ।	। ऽ ।	ऽ ऽ	त त ज ग ग	इंद्रवज्रा छंद
कुरुष्व	शान्तिप	रमांभ	जस्व		
। ऽ ।	ऽ ऽ ।	। ऽ ।	ऽ ऽ *	ज त ज ग ग	उपेंद्रवज्रा छंद

* चरण की अंतिम लघु मात्रा दीर्घ मानी गई है.

संधि-विग्रह.

अत्र	आत्म-बुद्धिं	त्यज	मूढ-बुद्धे
इस बारे में	तादात्म्य अध्यास	छोड़ दे	हे मूढ़ बुद्धे!
त्वङ्मांस-मेदः-अस्थि-पुरीष-राशौ			
त्वचा, माँस, मेदा, अस्थि, मल के समूह पर			
सर्वात्मनि	ब्रह्मणि	निर्विकल्पे	
सर्वात्म-	ब्रह्म में	निर्विकल्प पर	
कुरुष्व	शान्तिं	परमां	भजस्व
स्थिर कर लो और	शांति	परम को	तुम अनुभव में लो

164. देहेन्द्रियादावसति भ्रमोदितां विद्वानहं तां न जहाति यावत् ।
तावन्न तस्यास्ति विमुक्तिवार्ताप्यस्त्वेष वेदान्तनयान्तदर्शी ।।

उपजाति : इंद्रवंशा-इंद्रवज्रा-इंद्रवज्रा-इंद्रवज्रा छंद

देहेन्द्रि	यादाव	सतिभ्र	मोदितां		
ऽ ऽ ।	ऽ ऽ ।	। ऽ ।	ऽ । ऽ	त त ज र	इंद्रवंशा छंद
विद्वान	हंतांन	जहाति	यावत्		
ऽ ऽ ।	ऽ ऽ ।	। ऽ ।	ऽ ऽ	त त ज ग ग	इंद्रवज्रा छंद
तावन्न	तस्यास्ति	विमुक्ति	वार्ताप्य्		

ऽ ऽ ।	ऽ ऽ ।	। ऽ ।	ऽ ऽ	त त ज ग ग	इंद्रवज्रा छंद
अस्त्वेष	वेदान्त	नयान्त	दर्शी		
ऽ ऽ ।	ऽ ऽ ।	। ऽ ।	ऽ ऽ	त त ज ग ग	इंद्रवज्रा छंद

संधि–विग्रह.

देहेन्द्रियादौ	असति	भ्रमोदिताम्
देह–इंद्रियाँ आदि में	मिथ्या	भ्रम से उत्पन्न

विद्वान्	अहंतां	न	जहाति	यावत्
ज्ञानी	अहंभाव	नहीं	छोड़ता	जब तक

तावत्	न	तस्य	अस्ति	विमुक्ति-वार्ता	अपि
तब तक	नहीं	उसकी	है	विमुक्ति की बात	भी

अस्तु	एषः	वेदान्तनयान्त-दर्शी
हो	यह ज्ञानी	वेद–वेदांत शास्त्र सिद्धांत निपुण

165. छायाशरीरे प्रतिबिम्बगात्रे यत्स्वप्नदेहे हृदि कल्पिताङ्गे ।
यथात्मबुद्धिस्तव नास्ति काचिज्जीवच्छरीरे च तथैव मास्तु ॥

उपजाति : इंद्रवज्रा- इंद्रवज्रा- उपेंद्रवज्रा- इंद्रवज्रा छंद

छायाश	रीरेप्र	तिबिम्ब	गात्रे		
ऽ ऽ ।	ऽ ऽ ।	। ऽ ।	ऽ ऽ	त त ज ग ग	इंद्रवज्रा छंद
यत्स्वप्न	देहेहृ	दिकल्पि	ताङ्गे		
ऽ ऽ ।	ऽ ऽ ।	। ऽ ।	ऽ ऽ	त त ज ग ग	इंद्रवज्रा छंद
यथात्म	बुद्धिस्त	वनास्ति	काचित्		
। ऽ ।	ऽ ऽ ।	। ऽ ।	ऽ ऽ	ज त ज ग ग	उपेंद्रवज्रा छंद
जीवच्छ	रीरेच	तथैव	मास्तु		
ऽ ऽ ।	ऽ ऽ ।	। ऽ ।	ऽ ऽ *	त त ज ग ग	इंद्रवज्रा छंद

* चरण की अंतिम लघु मात्रा दीर्घ मानी गई है.

संधि–विग्रह.

छाया-शरीरे	प्रतिबिम्ब-गात्रे
देह की छाया पर	इंद्रियों के प्रतिबिंब पर

यत्	स्वप्न-देहे	हृदि	कल्पिताङ्गे
जो	स्वप्न के देह पर	हृदय में	कल्पना के अंग पर

यथा	आत्म-बुद्धिः	तव	न	अस्ति	काचित्

जैसे	आत्माभिमान	तुम्हारा	नहीं	होता है	कोई भी
जीवत् शरीरे च तथा एव			मा अस्तु		
जीवित शरीर पर भी वैसे ही			न हो		

166. देहात्मधीरेव नृणामसद्धियां जन्मादिदुःखप्रभवस्य बीजम् ।
यतस्ततस्त्वं जहि तां प्रयत्नात्त्यक्ते तु चित्ते न पुनर्भवाशा ।।

उपजाति : इंद्रवंशा-इंद्रवज्रा-उपेंद्रवज्रा-इंद्रवज्रा छंद

देहात्म	धीरेव	नृणाम	सद्धियां		
ऽ ऽ ।	ऽ ऽ ।	। ऽ ।	ऽ । ऽ	त त ज र	इंद्रवंशा छंद
जन्मादि	दुःखप्र	भवस्य	बीजम्		
ऽ ऽ ।	ऽ ऽ ।	। ऽ ।	ऽ ऽ	त त ज ग ग	इंद्रवज्रा छंद
यतस्त	तस्त्वंज	हितांप्र	यत्नात्		
। ऽ ।	ऽ ऽ ।	। ऽ ।	ऽ ऽ	ज त ज ग ग	उपेंद्रवज्रा छंद
त्यक्तेतु	चित्तेन	पुनर्भ	वाशा		
ऽ ऽ ।	ऽ ऽ ।	। ऽ ।	ऽ ऽ	त त ज ग ग	इंद्रवज्रा छंद

संधि–विग्रह.

देहात्मधीः		एव	नृणां		असद्धियां
देह को आत्मा जानने वाली बुद्धि		ही	मनुष्यों की		असत् बुद्धि का
जन्मादि-दुःख-प्रभवस्य				बीजम्	
जन्म–मरण–दुःख आदि के उद्गम का				बीज है	
यतः	ततः	त्वं	जहि	तां	प्रयत्नात्
जिस कारण	फिर	तुम	नष्ट करो	उसे	प्रयत्न से
त्यक्ते	तु	चित्ते	न	पुनः	भवाशा
उस त्याग में	निश्चित्	चित्त में	नहीं होती	पुनः	भव की इच्छा

167. कर्मेन्द्रियैः पञ्चभिरञ्चितोऽयं प्राणो भवेत्प्राणमयास्तु कोशः ।
येनात्मवानन्नमयोऽनुपूर्णः प्रवर्ततेऽसौ सकलक्रियासु ।।

उपजाति : इंद्रवज्रा इंद्रवज्रा इंद्रवज्रा उपेंद्रवज्रा छंद

कर्मेन्द्रि	यैःपञ्च	भिरञ्चि	तोऽयं		
ऽ ऽ ।	ऽ ऽ ।	। ऽ ।	ऽ ऽ	त त ज ग ग	इंद्रवज्रा छंद

प्राणोभ	वेत्प्राण	मयास्तु	कोशः		
ऽ ऽ ।	ऽ ऽ ।	। ऽ ।	ऽ ऽ	त त ज ग ग	इंद्रवज्रा छंद
येनात्म	वानन्न	मयोऽनु	पूर्णः		
ऽ ऽ ।	ऽ ऽ ।	। ऽ ।	ऽ ऽ	त त ज ग ग	इंद्रवज्रा छंद
प्रवर्त	तेसौस	कलक्रि	यासु		
। ऽ ।	ऽ ऽ ।	। ऽ ।	ऽ ऽ *	ज त ज ग ग	उपेंद्रवज्रा छंद

* चरण की अंतिम लघु मात्रा दीर्घ मानी गई है.

संधि–विग्रह.

कर्मेन्द्रियैः	पञ्चभिः	अञ्चितः	अयम्
कर्म की इंद्रियों द्वारा	पाँच-	गूँथा हुआ	यह

प्राणः	भवेत्	प्राणमयः	तु	कोशः
प्राण	होता है	प्राणयुक्त	ही	कोश है

येन	आत्मवत्	अन्नमयः	अनुपूर्णः
जिससे	आत्मायुक्त	अन्नमय	परिपूर्ण

प्रवर्तते	असौ	सकल-क्रियासु
प्रवृत्त होता है	यह	सब व्यवहारों में

168. नैवात्मापि प्राणमयो वायुविकारो गन्तागन्ता वायुवदन्तर्बहिरेषः।
यस्मात्किंचित्क्वापि न वेत्तीष्टमनिष्टं स्वं वान्यं वा किञ्चन नित्यं परतन्त्रः।।

मत्तमयूर छंद : (म त य स ग)

नैवात्मा	पिप्राण	मयोवा	युविका	रो
ऽ ऽ ऽ	ऽ ऽ ।	। ऽ ऽ	। । ऽ	ऽ
गन्ताग	न्तावायु	वदन्त	र्बहिरे	षः
ऽ ऽ ऽ	ऽ ऽ ।	। ऽ ऽ	। । ऽ	ऽ
यस्मात्किं	चित्क्वापि	नवेत्ती	ष्टमनि	ष्टम्
ऽ ऽ ऽ	ऽ ऽ ।	। ऽ ऽ	। । ऽ	ऽ
स्वंवान्यं	वाकिञ्च	ननित्यं	परत	न्त्रः
ऽ ऽ ऽ	ऽ ऽ ।	। ऽ ऽ	। । ऽ	ऽ

संधि–विग्रह.

न	एव	आत्मा	अपि	प्राण-मयः	वायु-विकारः
नहीं	ही	आत्मा	भी	प्राणमय	वायुजन्य

गन्ता	आगन्ता	वायुवत्	अन्तः	बहिः	एषः
जाने वाला	आने वाला	वायु समान	भीतर	बाहर	यह

यस्मात्	किञ्चित्	क्व अपि	न	वेत्ति	इष्टं	अनिष्टम्
जिस कारण	कुछ भी	कभी	नहीं	जानता	इष्ट-	अनिष्ट को

स्वं	वा	अन्यं	वा	किञ्चन	नित्यं	परतन्त्रः
अपने	अथवा	दूसरे को	अथवा	कुछ	नित्य	पराधीन

169. ज्ञानेन्द्रियाणि च मनश्च मनोमयाः स्यात्
कोशो ममाहमिति वस्तुविकल्पहेतुः ।
संज्ञादिभेदकलनाकलितो बलीयांस्
तत्पूर्वकोशमभिपूर्य विजृम्भते यः ।।

वसंततिलका छंद : (त भ ज ज ग ग)

ज्ञानेन्द्रि	याणिच	मनश्च	मनोम	याःस्यात्
ऽ ऽ ।	ऽ । ।	। ऽ ।	। ऽ ।	ऽ ऽ
कोशोम	माहमि	तिवस्तु	विकल्प	हेतुः
ऽ ऽ ।	ऽ । ।	। ऽ ।	। ऽ ।	ऽ ऽ
संज्ञादि	भेदक	लनाक	लितोब	लीयांस्
ऽ ऽ ।	ऽ । ।	। ऽ ।	। ऽ ।	ऽ ऽ
तत्पूर्व	कोशम	भिपूर्य	विजृम्भ	तेयः
ऽ ऽ ।	ऽ । ।	। ऽ ।	। ऽ ।	ऽ ऽ

संधि-विग्रह.

ज्ञानेन्द्रियाणि	च	मनः	च	मनोमयाः	स्यात्
ज्ञानेन्द्रियाँ	और	मन	और	मन युक्त	हो

कोशः	मम	अहं	इति	वस्तु-विकल्प-हेतुः
संग्रह	मेरा	मैं	नामक	वस्तु के विकल्प का कारण

संज्ञादि-भेद-कलना-कलितः	बलीयान्
नाम आदि कल्पना से युक्त	बलवान

तत्पूर्वकोशं	अभिपूर्य	विजृम्भते	यः
उससे पूर्व संग्रह को	पूर्ण करके	प्रकट होता है	जो

170. पञ्चेन्द्रियैः पञ्चभिरेव होतृभिःप्रचीयमानो विषयाज्यधारया।
जाज्वल्यमानो बहुवासनेन्धनैर्मनोमयाग्निर्वहति प्रपञ्चम् ।।

उपजाति : इंद्रवंशा-वंशस्थ-इंद्रवंशा-उपेंद्रवज्रा छंद

पञ्चेन्द्रि	यैःपञ्च	भिरेव	होतृभिः		
ऽ ऽ ।	ऽ ऽ ।	। ऽ ।	ऽ । ऽ	त त ज र	इंद्रवंशा छंद
प्रचीय	मानोवि	षयाज्य	धारया		
। ऽ ।	ऽ ऽ ।	। ऽ ।	ऽ । ऽ	ज त ज र	वंशस्थ छंद
जाज्वल्य	मानोब	हुवास	नेन्धनैः		
ऽ ऽ ।	ऽ ऽ ।	। ऽ ।	ऽ । ऽ	त त ज र	इंद्रवंशा छंद
मनोम	याग्निर्व	हतिप्र	पञ्चम्		
। ऽ ।	ऽ ऽ ।	। ऽ ।	ऽ ऽ	ज त ज ग ग	उपेंद्रवज्रा छंद

संधि–विग्रह.

पञ्चेन्द्रियैः	पञ्चभिः	एव	होतृभिः
पाँच इंद्रियों द्वारा	पाँच	ही	यज्ञकर्ताओं द्वारा

प्रचीयमानः	विषयाज्यधारया
प्रज्वलित किया हुआ	विषय के स्रोत से
जाज्वल्यमानः	बहु-वासनेन्धनैः
प्रदीप्त किया हुआ	अनेक वासनाओं के इंधनों से

मनोमयाग्निः	वहति	प्रपञ्चम्
मनोमय अग्नि	धारण करता है	प्राणमय कोश को

171. न ह्यस्त्यविद्या मनसोऽतिरिक्तामनो ह्यविद्या भवबन्धहेतुः।
तस्मिन्विनष्टे सकलं विनष्टं विजृम्भितेऽस्मिन्सकलं विजृम्भते ।।

उपजाति : इंद्रवज्रा- उपेंद्रवज्रा- इंद्रवज्रा- वंशस्थ छंद

नह्यस्त्य	विद्याम	नसोऽति	रिक्ता		
ऽ ऽ ।	ऽ ऽ ।	। ऽ ।	ऽ ऽ	त त ज ग ग	इंद्रवज्रा छंद
मनोह्य	विद्याभ	वबन्ध	हेतुः		
। ऽ ।	ऽ ऽ ।	। ऽ ।	ऽ ऽ	रा त ज ग ग	उपेंद्रवज्रा छंद
तस्मिन्वि	नष्टेस	कलंवि	नष्टं		
ऽ ऽ ।	ऽ ऽ ।	। ऽ ।	ऽ ऽ	त त ज ग ग	इंद्रवज्रा छंद

विजृम्भि	तेऽस्मिन्स	कलंवि	जृम्भते		
। ऽ ।	ऽ ऽ ।	। ऽ ।	ऽ । ऽ	ज त ज र	वंशस्थ छंद

संधि-विग्रह.

न	हि	अस्ति	अविद्या	मनसः	अतिरिक्ता
नहीं	भी	है	अज्ञान	मन से	अतिरिक्त

मनः	हि	अविद्या	भव-बन्ध-हेतुः
मन	भी	अज्ञान	भव बंधन का कारण
तस्मिन्	न्विनष्टे	सकलं	विनष्टं
उसमें	विनाश होकर	सब	विनष्ट
विजृम्भिते	अस्मिन्	सकलं	विजृम्भते
उदय होकर	इसमें	सब	उदय होता है

172. स्वप्नेऽर्थशून्ये सृजति स्वशक्त्या भोक्त्रादिविश्वं मन एव सर्वम् ।
तथैव जाग्रत्यपि नो विशेषस्तत्सर्वमेतन्मनसो विजृम्भणम् ।।

उपजाति : इंद्रवज्रा- इंद्रवज्रा- उपेंद्रवज्रा- इंद्रवंशा छंद

स्वप्नेर्थ	शून्येसृ	जतिस्व	शक्त्या		
ऽ ऽ ।	ऽ ऽ ।	। ऽ ।	ऽ ऽ	त त ज ग ग	इंद्रवज्रा छंद
भोक्त्रादि	विश्वंम	नएव	सर्वम्		
ऽ ऽ ।	ऽ ऽ ।	। ऽ ।	ऽ ऽ	त त ज ग ग	इंद्रवज्रा छंद
तथैव	जाग्रत्य	पिनोवि	शेषः		
। ऽ ।	ऽ ऽ ।	। ऽ ।	ऽ ऽ	ज त ज ग ग	उपेंद्रवज्रा छंद
तत्सर्व	मेतन्म	नसोवि	जृम्भणम्		
ऽ ऽ ।	ऽ ऽ ।	। ऽ ।	ऽ । ऽ	त त ज र	इंद्रवंशा छंद

संधि-विग्रह.

स्वप्ने	अर्थशून्ये	सृजति	स्व-शक्त्या
स्वप्न में	अर्थशून्य-	निर्माण होता है	अपनी शक्ति से

भोक्त्रादि	विश्वं	मनः	एव	सर्वम्
भोक्ता भोग भोग्य आदि	विश्व	मन	ही	सर्व
तथैव	जाग्रति	अपि	नो	विशेषः
उसी प्रकार से	जागृत अवस्था में	भी	नहीं	भिन्नता

तत्सर्वं	एतत्	मनसः	विजृम्भणम्

वह सब	यह	मन का	विलास है

173. सुषुप्तिकाले मनसि प्रलीने नैवास्ति किंचित्सकलप्रसिद्धेः ।
अतो मनःकल्पित एव पुंसः संसार एतस्य न वस्तुतोऽस्ति ।।

उपजाति : उपेंद्रवज्रा-इंद्रवज्रा-उपेंद्रवज्रा-इंद्रवज्रा छंद

सुषुप्ति	कालेम	नसिप्र	लीने		
। ऽ ।	ऽ ऽ ।	। ऽ ।	ऽ ऽ	ज त ज ग ग	उपेंद्रवज्रा छंद
नैवास्ति	किंचित्स	कलप्र	सिद्धेः		
ऽ ऽ ।	ऽ ऽ ।	। ऽ ।	ऽ ऽ	त त ज ग ग	इंद्रवज्रा छंद
अतोम	नःकल्पि	तएव	पुंसः		
। ऽ ।	ऽ ऽ ।	। ऽ ।	ऽ ऽ	ज त ज ग ग	उपेंद्रवज्रा छंद
संसार	एतस्य	नवस्तु	तोस्ति		
ऽ ऽ ।	ऽ ऽ ।	। ऽ ।	ऽ ऽ *	त त ज ग ग	इंद्रवज्रा छंद

* चरण की अंतिम लघु मात्रा दीर्घ मानी गई है.

संधि-विग्रह.

सुषुप्तिकाले	मनसि	प्रलीने
सुप्तावस्था में	मन में	लीन हुए-

न	एव	अस्ति	किञ्चित्	सकल-प्रसिद्धेः
नहीं	ही	होता है	किंचित्	सर्वज्ञात

अतः	मनः कल्पितः	एव	पुंसः
अतः	मन में कल्पना किया हुआ	ही	मनुष्य का

संसारः	एतस्य	न	वस्तुतः	अस्ति
संसार	इस-	नहीं	वास्तविक	होता है

174. वायुनानीयते मेघः पुनस्तेनैव नीयते ।
मनसा कल्प्यते बन्धो मोक्षस्तेनैव कल्प्यते ।।

अनुष्टुभ् श्लोक छंद

वायुना	नीयते	मेघः	
ऽ । ऽ	ऽ । ऽ	ऽ ऽ	रगगग, पद्ममाला छंद
पुनस्ते	नैवनी	यते	

। ऽ ऽ	ऽ । ऽ	। ऽ	यरलग, भाषा छंद
मनसा	कल्प्यते	बन्धो	
। । ऽ	ऽ । ऽ	ऽ ऽ	सरगग, परिधारा छंद
मोक्षस्ते	नैवक	ल्प्यते	
ऽ ऽ ऽ	ऽ । ऽ	। ऽ	मरलग, क्षमा छंद

संधि–विग्रह.

वायुना	आनीयते	मेधः	पुनः	तेन	एव	नीयते
वायु से	लाया जाता	मेघ	और	उससे	ही	ले जाया जाता
मनसा	कल्प्यते	बन्धः	मोक्षः	तेन	एव	कल्प्यते
मनसे	कल्पना की जाती	बंधन	मोक्ष	उससे	ही	कल्पना की जाती

175. देहादिसर्वविषये परिकल्प्य रागं
बध्नाति तेन पुरुषं पशुवद्गुणेन ।
वैरस्यमत्र विषवत्सुविधाय पश्चाद्
एनं विमोचयति तन्मन एव बन्धात् ।।

वसंततिलका छंद (त भ ज ज ग ग)

देहादि	सर्ववि	षयेप	रिकल्प्य	रागं
ऽ ऽ ।	ऽ । ।	। ऽ ।	। ऽ ।	ऽ ऽ
बध्नाति	तेनपु	रुषंप	शुवद्गु	णेन
ऽ ऽ ।	ऽ । ।	। ऽ ।	। ऽ ।	ऽ ऽ
वैरस्य	मत्रवि	षवत्सु	विधाय	पश्चाद्
ऽ ऽ ।	ऽ । ।	। ऽ ।	। ऽ ।	ऽ ऽ
एनंवि	मोचय	तितन्म	नएव	बन्धात्
ऽ ऽ ।	ऽ । ।	। ऽ ।	। ऽ ।	ऽ ऽ

संधि–विग्रह.

देहादि-सर्व-विषये	परिकल्प्य	रागम्
देहादि सब विषय में	उत्पन्न करके	प्रीति

बध्नाति	तेन	पुरुषं	पशुवत्	गुणेन
बद्ध करता है	उससे	पुरुष को	पशु समान	गुण से

वैरस्यं	अत्र	विषवत्	सुविधाय	पश्चाद्
वैराग्य को	इसमें	विष समान	उत्पन्न करके	फिर

एनं	विमोचयति	तत्	मनः	एव	बन्धात्
इस जीव को	मुक्त करता है	वह	मन	ही	बंधन से

176. तस्मान्मनः कारणमस्य जन्तोर्बन्धस्य मोक्षस्य च वा विधाने।
बन्धस्य हेतुर्मलिनं रजोगुणैर्मोक्षस्य शुद्धं विरजस्तमस्कम् ।।

उपजाति : इंद्रवज्रा- इंद्रवज्रा- इंद्रवंशा-इंद्रवज्रा छंद

तस्मान्म	नःकार	णमस्य	जन्तोः		
ऽ ऽ ।	ऽ ऽ ।	। ऽ ।	ऽ ऽ	त त ज ग ग	इंद्रवज्रा छंद
बन्धस्य	मोक्षस्य	चवावि	धाने		
ऽ ऽ ।	ऽ ऽ ।	। ऽ ।	ऽ ऽ	त त ज ग ग	इंद्रवज्रा छंद
बन्धस्य	हेतुर्म	लिनंर	जोगुणैः		
ऽ ऽ ।	ऽ ऽ ।	। ऽ ।	ऽ । ऽ	त त ज र	इंद्रवंशा छंद
मोक्षस्य	शुद्धंवि	रजस्त	मस्कम्		
ऽ ऽ ।	ऽ ऽ ।	। ऽ ।	ऽ ऽ	त त ज ग ग	इंद्रवज्रा छंद

संधि-विग्रह.

तस्मात्	मनः	कारणं	अस्य	जन्तोः
इस लिए	मन	कारण	इस-	जीव के
बन्धस्य	मोक्षस्य	च	वा	विधाने
बंधन का	मोक्ष का	और	अथवा	देने

बन्धस्य	हेतुः	मलिनं	रजो-गुणैः
बंधन का	कारण	मलिन	रज आदि गुणों से

मोक्षस्य	शुद्धं	विरजस्तमस्कम्
मोक्ष का	शुद्ध	रज और तम गुणों से विरहित सत् गुण

177. विवेकवैराग्यगुणातिरेकाच्छुद्धत्वमासाद्य मनो विमुक्त्यै।
भवत्यतो बुद्धिमतो मुमुक्षोस्ताभ्यां दृढाभ्यां भवितव्यमग्रे ।।

उपजाति : उपेंद्रवज्रा-इंद्रवज्रा-उपेंद्रवज्रा-इंद्रवज्रा छंद

विवेक	वैराग्य	गुणाति	रेकात्		
। ऽ ।	ऽ ऽ ।	। ऽ ।	ऽ ऽ	ज त ज ग ग	उपेंद्रवज्रा छंद

छुद्धत्व	मासाद्य	मनोवि	मुक्त्यै		
ऽ ऽ ।	ऽ ऽ ।	। ऽ ।	ऽ ऽ	त त ज ग ग	इंद्रवज्रा छंद
भवत्य	तोबुद्धि	मतोमु	मुक्षोः		
। ऽ ।	ऽ ऽ ।	। ऽ ।	ऽ ऽ	ज त ज ग ग	उपेंद्रवज्रा छंद
ताभ्यांदृ	ढाभ्यांभ	वितव्य	मग्रे		
ऽ ऽ ।	ऽ ऽ ।	। ऽ ।	ऽ ऽ	त त ज ग ग	इंद्रवज्रा छंद

संधि-विग्रह.

विवेक-वैराग्य-गुण-अतिरेकात्			
विवेक और वैराग्य के आधिक्य से			
शुद्धत्वं	आसाद्य	मनः	विमुक्त्यै
शुद्धता	प्राप्त करके	मन	मोक्ष पाने के लिए
भवति	अतः	बुद्धिमतः	मुमुक्षोः
योग्य होता है	अतः	बुद्धिमान	मुमुक्षु को
ताभ्यां	दृढाभ्यां	भवितव्यं	अग्रे
उन दानों गुणों में	दृढ़-	होना चाहिए	प्रथमतः

178. मनो नाम महाव्याघ्रो विषयारण्यभूमिषु ।
चरत्यत्र न गच्छन्तु साधवो ये मुमुक्षवः ।।

अनुष्टुभ् श्लोक छंद

मनोना	ममहा	व्याघ्रो	
। ऽ ऽ	। । ऽ	ऽ ऽ	यसगग, मनोला छंद
विषया	रण्यभू	मिषु	
। । ऽ	ऽ । ऽ	। ऽ *	सरलग, शलुकलुप्ता छंद
चरत्य	त्रनग	च्छन्तु	
। ऽ ऽ	। । ऽ	ऽ ।	यसगल, मनोला छंद
साधवो	येमुमु	क्षवः	
ऽ । ऽ	ऽ । ऽ	। ऽ	ररलग, हेमरूप छंद

* चरण की अंतिम लघु मात्रा दीर्घ मानी गई है.

संधि-विग्रह.

मनः	नाम	महाव्याघ्रः	विषयारण्य-भूमिषु

मन		नामक		महाव्याघ्र		विषय के अरण्य भूमि पर
चरति	अत्र	न	गच्छन्तु	साधवः	ये	मुमुक्षवः
विचरता है	यहाँ	नहीं	जाएँ	साधु लोग	जो	मुमुक्षु हैं

179. मनः प्रसूते विषयानशेषान्स्थूलात्मना सूक्ष्मतया च भोक्तुः ।
शरीरवर्णाश्रमजातिभेदान्गुणक्रियाहेतुफलानि नित्यम् ।।

उपजाति : उपेंद्रवज्रा-इंद्रवज्रा-उपेंद्रवज्रा-उपेंद्रवज्रा छंद

मनःप्र	सूतेवि	षयान	शेषान्		
। ऽ ।	ऽ ऽ ।	। ऽ ।	ऽ ऽ	ज त ज ग ग	उपेंद्रवज्रा छंद
स्थूलात्म	नासूक्ष्म	तयाच	भोक्तुः		
ऽ ऽ ।	ऽ ऽ ।	। ऽ ।	ऽ ऽ	त त ज ग ग	इंद्रवज्रा छंद
शरीर	वर्णाश्र	मजाति	भेदान्		
। ऽ ।	ऽ ऽ ।	। ऽ ।	ऽ ऽ	ज त ज ग ग	उपेंद्रवज्रा छंद
गुणक्रि	याहेतु	फलानि	नित्यम्		
। ऽ ।	ऽ ऽ ।	। ऽ ।	ऽ ऽ	ज त ज ग ग	उपेंद्रवज्रा छंद

संधि–विग्रह.

मनः	प्रसूते	विषयान्	अशेषान्
मन	उत्पन्न करता है	विषयों को	सभी
स्थूलात्मना	सूक्ष्मतया	च	भोक्तुः
अपने स्थूल	सूक्ष्म रीति से	और	भोक्ता के
शरीर-वर्णाश्रम-जाति-भेदान्			
शरीर वर्ण आश्रम जाति आदि भेदों को			
गुणक्रिया	हेतुफलानि	नित्यम्	
गुणों की क्रिया	हेतु फलों को	सर्वदा	

180. असङ्गचिद्रूपममुं विमोह्य देहेन्द्रियप्राणगुणैर्निबद्ध्य ।
अहंममेति भ्रमायात्यजस्रं मनः स्वकृत्येषु फलोपभुक्तिषु ।।

उपजाति : उपेंद्रवज्रा-इंद्रवज्रा-उपेंद्रवज्रा-वंशस्थ छंद

असङ्ग	चिद्रूप	ममुंवि	मोह्य		
। ऽ ।	ऽ ऽ ।	। ऽ ।	ऽ ऽ *	ज त ज ग ग	उपेंद्रवज्रा छंद

देहेन्द्रि	यप्राण	गुणैर्नि	बद्ध्य		
ऽ ऽ ।	ऽ ऽ ।	। ऽ ।	ऽ ऽ *	त त ज ग ग	इंद्रवज्रा छंद
अहंम	मेतिभ्र	मायात्य	जस्त्रं		
। ऽ ।	ऽ ऽ ।	। ऽ ।	ऽ ऽ	ज त ज ग ग	उपेंद्रवज्रा छंद
मनःस्व	कृत्येषु	फलोप	भुक्तिषु		
। ऽ ।	ऽ ऽ ।	। ऽ ।	ऽ । ऽ *	ज त ज र	वंशस्थ छंद

* चरण की अंतिम लघु मात्रा दीर्घ मानी गई है.

संधि-विग्रह.

असङ्ग-चिद्रूपं	अमुं	विमोह्य
संग विरहित	इस-	भ्रम में डाल कर

देहेन्द्रिय-प्राण-गुणैः	निबद्ध्य
देह, इंद्रिय, प्राण आदि बंधनों से	बद्ध करके

अहं	मम	इति	भ्रमायाति	अजस्त्रं
मैं	मेरा	कह कर	भ्रमित कराता है	घोर

मनः	स्व-कृत्येषु	फलोपभुक्तिषु
मन	अपनी क्रियाओं में	फल के उपभोग में

181. अध्यासदोषात्पुरुषस्य संसृतिरध्यासबन्धस्त्वमुनैव कल्पितः ।
रजस्तमोदोषवतोऽविवेकिनो जन्मादिदुःखस्य निदानमेतत् ।।

उपजाति : इंद्रवंशा-इंद्रवंशा-वंशस्थ-इंद्रवज्रा छंद

अध्यास	दोषात्पु	रुषस्य	संसृतिः		
ऽ ऽ ।	ऽ ऽ ।	। ऽ ।	ऽ । ऽ	त त ज र	इंद्रवंशा छंद
अध्यास	बन्धस्त्व	मुनैव	कल्पितः		
ऽ ऽ ।	ऽ ऽ ।	। ऽ ।	ऽ । ऽ	त त ज र	इंद्रवंशा छंद
रजस्त	मोदोष	वतोवि	वेकिनो		
। ऽ ।	ऽ ऽ ।	। ऽ ।	ऽ । ऽ	ज त ज र	वंशस्थ छंद
जन्मादि	दुःखस्य	निदान	मेतत्		
ऽ ऽ ।	ऽ ऽ ।	। ऽ ।	ऽ ऽ	त त ज ग ग	इंद्रवज्रा छंद

संधि-विग्रह.

अध्यास-दोषात्	पुरुषस्य	संसृतिः
जन्म-मरण के दोष से	मनुष्य का	सांसारिक आवागमन चक्र

अध्यास-बन्धः	तु	अमुना	एव	कल्पितः
उसमें बंधन	और	इस मन ने	ही	कल्पित

रजः-स्तमः-दोषवतः	अ-विवेकिनः
रज-तम दोष युक्त	अविवेकी मनुष्य का

जन्मादि-दुःखस्य	निदानं	एतत्
जन्म-मरण दुःख	निदान है	यह मन

182. अतः प्राहुर्मनोऽविद्यां पण्डितास्तत्त्वदर्शिनः ।
येनैव भ्राम्यते विश्वं वायुनेवाभ्रमण्डलम् ।।

अनुष्टुभ् श्लोक छंद

अतःप्रा	हुर्मनो	विद्याम्	
। ऽ ऽ	ऽ । ऽ	ऽ ऽ	यरगग, कुलाधारी छंद
पण्डिता	स्तत्त्वद	र्शिनः	
ऽ । ऽ	ऽ । ऽ	। ऽ	ररलग, हेमरूप छंद
येनैव	भ्राम्यते	विश्वम्	
ऽ ऽ ऽ	ऽ । ऽ	ऽ ऽ	मरगग, मधुमालती छंद
वायुने	वाभ्रम	ण्डलम्	
ऽ । ऽ	ऽ । ऽ	। ऽ	ररलग, हेमरूप छंद

संधि-विग्रह.

अतः	प्राहुः	मनः	अविद्यां	पण्डिताः	तत्त्व-दर्शिनः
अतः	कहते हैं	मन	अविद्या को	ज्ञानी	यथार्थ ज्ञाता

येन	एव	भ्राम्यते	विश्वं	वायुना	इव	अभ्र-मण्डलम्
जिससे	ही	भ्रमित करता	विश्व को	वायु से	जैसे	अभ्र मंडल

183. तन्मनःशोधनं कार्यं प्रयत्नेन मुमुक्षुणा ।
विशुद्धे सति चैतस्मिन्मुक्तिः करफलायते ।।

अनुष्टुभ् श्लोक छंद

तन्मनः	शोधनं	कार्यम्	
ऽ । ऽ	ऽ । ऽ	ऽ ऽ	ररगग, पद्ममाला छंद

प्रयत्ने	नमुमु	क्षुणा	
।ऽऽ	।।ऽ	।ऽ	यसलग, अपरिचित छंद
विशुद्धे	सतिचै	तस्मिन्	
।ऽऽ	।।ऽ	ऽऽ	यसगग, मनोला छंद
मुक्तिःक	रफला	यते	
ऽऽ।	।।ऽ	।ऽ	तसलग, अपरिचित छंद

संधि–विग्रह.

तत्	मनः शोधनं	कार्यं	प्रयत्नेन	मुमुक्षुणा
उस	मन की शुद्धि	की जानी चाहिए	प्रयत्न से	मुमुक्षु द्वारा

विशुद्धे सति च एतस्मिन्	मुक्तिः कर-फलायते
और इस मन की शुद्धि से	मुक्ति हस्तगत होती है

184. मोक्षैकसक्त्या विषयेषु रागं निर्मूल्य संन्यस्य च सर्वकर्म ।
सच्छ्रद्धया यः श्रवणादिनिष्ठो रजःस्वभावं स धुनोति बुद्धेः ।।

उपजाति : इंद्रवज्रा इंद्रवज्रा इंद्रवज्रा उपेंद्रवज्रा छंद

मोक्षैक	सक्त्यावि	षयेषु	रागं		
ऽऽ।	ऽऽ।	।ऽ।	ऽऽ	त त ज ग ग	इंद्रवज्रा छंद
निर्मूल्य	संन्यस्य	चसर्व	कर्म		
ऽऽ।	ऽऽ।	।ऽ।	ऽऽ	त त ज ग ग	इंद्रवज्रा छंद
सच्छ्रद्ध	यायःश्र	वणादि	निष्ठो		
ऽऽ।	ऽऽ।	।ऽ।	ऽऽ	त त ज ग ग	इंद्रवज्रा छंद
रजःस्व	भावंस	धुनोति	बुद्धेः		
।ऽ।	ऽऽ।	।ऽ।	ऽऽ	ज त ज ग ग	उपेंद्रवज्रा छंद

संधि–विग्रह.

मोक्षैकसक्त्या	विषयेषु	रागं
मोक्ष में आसक्ति हो कर	विषयों में	मोह का

निर्मूल्य	संन्यस्य	च	सर्व-कर्म
निर्मूलन करके	त्याग करके	और	सब काम

सच्छ्रद्धया यः	श्रवणादि-निष्ठो
जो दृढ़ श्रद्धा से	श्रवणादि में निष्ठ होता है

रजःस्वभावं	सः	धुनोति	बुद्धेः
रजोगुणी स्वभाव को	वह	दूर करता है	बुद्धि से

185. मनोमयो नापि भवेत्परात्मा ह्याद्यन्तवत्त्वात्परिणामिभावात् ।
दुःखात्मकत्वाद्विषयत्वहेतोः द्रष्टा हि दृश्यात्मतया न दृष्टः ।।

उपजाति : उपेंद्रवज्रा-इंद्रवज्रा-इंद्रवज्रा-इंद्रवज्रा छंद

मनोम	योनापि	भवेत्प	रात्मा		
।ऽ।	ऽऽ।	।ऽ।	ऽऽ	ज त ज ग ग	उपेंद्रवज्रा छंद
ह्याद्यन्त	वत्त्वात्प	रिणामि	भावात्		
ऽऽ।	ऽऽ।	।ऽ।	ऽऽ	त त ज ग ग	इंद्रवज्रा छंद
दुःखात्म	कत्वाद्वि	षयत्व	हेतोः		
ऽऽ।	ऽऽ।	।ऽ।	ऽऽ	त त ज ग ग	इंद्रवज्रा छंद
द्रष्टाहि	दृश्यात्म	तयान	दृष्टः		
ऽऽ।	ऽऽ।	।ऽ।	ऽऽ	त त ज ग ग	इंद्रवज्रा छंद

संधि-विग्रह.

मनोमयः	न	अपि	भवेत्	परात्मा
मन	नहीं	भी	हो सके	परम आत्मा
हि	आद्यन्तवत्त्वात्		परिणामि-भावात्	
क्यों कि	उसे आदि अंत और नाश है		वह विकारवान है	
दुःखात्मकत्वात्		विषयत्व-हेतोः		
वह दुःखादि पाता है		विषय के हेतु का		
द्रष्टा	हि	दृश्यात्मतया	न	दृष्टः
साक्षी	क्यों कि	दृश्य रूप से	नहीं	देखा है

186. बुद्धिर्बुद्धीन्द्रियैः सार्धं सवृत्तिः कर्तृलक्षणः ।
विज्ञानमयकोशः स्यात्पुंसः संसारकारणम् ।।

अनुष्टुभ् श्लोक छंद

बुद्धिर्बु	द्धीन्द्रियैः	सार्धम्	
ऽऽऽ	ऽ।ऽ	ऽऽ	मरगग, मधुमालती छंद
सवृत्तिः	कर्तृल	क्षणः	

। ऽ ऽ	ऽ । ऽ	। ऽ	यरलग, भाषा छंद
विज्ञान	मयको	शःस्यात्	
ऽ ऽ ।	। । ऽ	ऽ ऽ	तसगग, श्यामा छंद
पुंसःसं	सारका	रणम्	
ऽ ऽ ऽ	ऽ । ऽ	। ऽ	मरलग, क्षमा छंद

संधि–विग्रह.

बुद्धिः	बुद्धीन्द्रियैः सार्धं	सवृत्तिः	कर्तृलक्षणः
बुद्धि	पाँच ज्ञानेंद्रियों के साथ	उनकी वृत्ति के साथ	कर्ता के प्रत्यय से

विज्ञानमयकोशः	स्यात्	पुंसः	संसार-कारणम्
ज्ञान का कोश	हो	मनुष्य	संसार प्राप्ति का कारण

187. अनुव्रजच्चित्प्रतिबिम्बशक्तिर्विज्ञानसंज्ञः प्रकृतेर्विकारः ।
ज्ञानक्रियावानहमित्यजस्त्रं देहेन्द्रियादिष्वभिमन्यते भृशम् ।।

उपजाति : उपेंद्रवज्रा-इंद्रवज्रा-इंद्रवज्रा-इंद्रवंशा छंद

अनुव्र	जच्चित्प्र	तिबिम्ब	शक्ति		
। ऽ ।	ऽ ऽ ।	। ऽ ।	ऽ ऽ *	ज त ज ग ग	उपेंद्रवज्रा छंद
र्विज्ञान	संज्ञःप्र	कृतेर्वि	कारः		
ऽ ऽ ।	ऽ ऽ ।	। ऽ ।	ऽ ऽ	त त ज ग ग	इंद्रवज्रा छंद
ज्ञानक्रि	यावान	हमित्य	जस्त्रं		
ऽ ऽ ।	ऽ ऽ ।	। ऽ ।	ऽ ऽ	त त ज ग ग	इंद्रवज्रा छंद
देहेन्द्रि	यादिष्व	भिमन्य	तेभृशम्		
ऽ ऽ ।	ऽ ऽ ।	। ऽ ।	ऽ । ऽ	त त ज र	इंद्रवंशा छंद

* चरण की अंतिम लघु मात्रा दीर्घ मानी गई है.

संधि–विग्रह.

अनुव्रजच्चित्-प्रतिबिम्ब-शक्ति
प्रतिबिंबशक्ति जिसके साथ जाती है

र्विज्ञान-संज्ञः	प्रकृतेः	विकारः
वह विज्ञानमय जाना गया	प्रकृति का	विकार

ज्ञानक्रियावान्	अहं	इति	अजस्त्रं
ज्ञानक्रिया से संपन्न	मैं	नामक	असीम

देहेन्द्रियादिषु	अभिमन्यते	भृशम्
देह की इंद्रियों में	अभिमान पालता है	बहुत

188. अनादिकालोऽयमहंस्वभावो जीवः समस्तव्यवहारवोढा ।
करोति कर्माण्यपि पूर्ववासनः पुण्यान्यपुण्यानि च तत्फलानि ।।

उपजाति : उपेंद्रवज्रा-इंद्रवज्रा-वंशस्थ-इंद्रवज्रा छंद

अनादि	कालोय	महंस्व	भावो		
।ऽ।	ऽऽ।	।ऽ।	ऽऽ	ज त ज ग ग	उपेंद्रवज्रा छंद
जीवःस	मस्तव्य	वहार	वोढा		
ऽऽ।	ऽऽ।	।ऽ।	ऽऽ	त त ज ग ग	इंद्रवज्रा छंद
करोति	कर्मण्य	पिपूर्व	वासनः		
।ऽ।	ऽऽ।	।ऽ।	ऽ।ऽ	ज त ज र	वंशस्थ छंद
पुण्यान्य	पुण्यानि	चतत्फ	लानि		
ऽऽ।	ऽऽ।	।ऽ।	ऽऽ*	त त ज ग ग	इंद्रवज्रा छंद

* चरण की अंतिम लघु मात्रा दीर्घ मानी गई है.

संधि–विग्रह.

अनादिकालः	अयं	अहं-स्वभावः
अनादि कालीन	यह	अहं भाव

जीवः	समस्त-व्यवहारवोढा
जीव	समस्त व्यवहार करने वाला

करोति	कर्माणि	अपि	पूर्व-वासनः
करता है	कर्म	भी	पूर्व वासनाओं से प्रयुक्त

पुण्यानि अ-पुण्यानि	च तत्फलानि
पुण्य और पाप	और उनके फल पाता है

189. भुङ्क्ते विचित्रास्वपि योनिषुव्रजन्नायाति निर्यात्यध ऊर्ध्वमेषः ।
अस्यैव विज्ञानमयस्य जाग्रत्स्वप्नाद्यवस्थाः सुखदुःखभोगः ।।

उपजाति : इंद्रवंशा-इंद्रवज्रा-इंद्रवज्रा-इंद्रवज्रा छंद

भुङ्क्तेवि	चित्रास्व	पियोनि	षुव्रजन्		
ऽऽ।	ऽऽ।	।ऽ।	ऽ।ऽ	त त ज र	इंद्रवंशा छंद
आयाति	निर्यात्य	धऊर्ध्व	मेषः		

ऽ ऽ ।	ऽ ऽ ।	। ऽ ।	ऽ ऽ	त त ज ग ग	इंद्रवज्रा छंद
अस्यैव	विज्ञान	मयस्य	जाग्रत्		
ऽ ऽ ।	ऽ ऽ ।	। ऽ ।	ऽ ऽ	त त ज ग ग	इंद्रवज्रा छंद
स्वप्नाद्य	वस्थाःसु	खदुःख	भोगः		
ऽ ऽ ।	ऽ ऽ ।	। ऽ ।	ऽ ऽ	त त ज ग ग	इंद्रवज्रा छंद

संधि-विग्रह.

भुङ्क्ते	विचित्रासु	अपि	योनिषु	व्रजन्
उपभोग करता है	विविध रूप में	भी	योनियों में	जाकर
आयाति	निर्याति	अधः	ऊर्ध्वं	एषः
आता है	लौटता है	नीचे	ऊपर	यह

अस्य	एव	विज्ञानमयस्य	जाग्रत्
इसका	ही	विज्ञानमय का	जागृत

स्वप्नाद्यवस्थाः	सुख-दुःख-भोगः
स्वप्न आदि अवस्था	सुख दुःख भोग देती है

190. देहादिनिष्ठाश्रमधर्मकर्म गुणाभिमानः सततं ममेति ।
विज्ञानकोशोऽयमतिप्रकाशः प्रकृष्टसान्निध्यवशात्परात्मनः ।
अतो भवत्येष उपाधिरस्य यदात्मधीः संसरति भ्रमेण ।।

उपजाति : इंद्रवज्रा-उपेंद्रवज्रा-इंद्रवज्रा-वंशस्थ-उपेंद्रवज्रा-उपेंद्रवज्रा छंद

देहादि	निष्ठाश्र	मधर्म	कर्म		
ऽ ऽ ।	ऽ ऽ ।	। ऽ ।	ऽ ऽ *	त त ज ग ग	इंद्रवज्रा छंद
गुणाभि	मानःस	ततंम	मेति		
। ऽ ।	ऽ ऽ ।	। ऽ ।	ऽ ऽ *	ज त ज ग ग	उपेंद्रवज्रा छंद
विज्ञान	कोशोय	मतिप्र	काशः		
ऽ ऽ ।	ऽ ऽ ।	। ऽ ।	ऽ ऽ	त त ज ग ग	इंद्रवज्रा छंद
प्रकृष्ट	सान्निध्य	वशात्प	रात्मनः		
। ऽ ।	ऽ ऽ ।	। ऽ ।	ऽ । ऽ	ज त ज र	वंशस्थ छंद
अतोभ	वत्येष	उपाधि	रस्य		
। ऽ ।	ऽ ऽ ।	। ऽ ।	ऽ ऽ *	ज त ज ग ग	उपेंद्रवज्रा छंद
यदात्म	धीःसंस	रतिभ्र	मेण		

। ऽ ।	ऽ ऽ ।	। ऽ ।	ऽ ऽ *	ज त ज ग ग	उपेंद्रवज्रा छंद

* चरण की अंतिम लघु मात्रा दीर्घ मानी गई है.

संधि-विग्रह.

<table>
<tr><td colspan="4">देहादि-निष्ठा-आश्रम-धर्म-कर्म-</td></tr>
<tr><td colspan="4">देह, निष्ठा, आश्रम, कर्म, धर्म आदि</td></tr>
<tr><td colspan="2">गुणाभिमानः सततं मम</td><td colspan="2">इति</td></tr>
<tr><td colspan="2">गुणों का अभिमान मेरा निरंतर है</td><td colspan="2">नामक</td></tr>
<tr><td>विज्ञान-कोशः</td><td colspan="2">अयं</td><td>अतिप्रकाशः</td></tr>
<tr><td>विज्ञान समूह</td><td colspan="2">यह</td><td>तेज युक्त</td></tr>
<tr><td colspan="2">प्रकृष्ट-सान्निध्य-वशात्</td><td colspan="2">परात्मनः</td></tr>
<tr><td colspan="2">अति सान्निध्य के कारण</td><td colspan="2">परमात्मा के</td></tr>
</table>

अतः	भवति	एषः	उपाधिः	अस्य
अतः	होती है	यह	उपाधि	इसकी

यत्	आत्मधीः	संसरति	भ्रमेण
जो	आत्मबुद्धि मनुष्य	संसारी होता है	भ्रम के साथ

191. योऽयं विज्ञानमयः प्राणेषु हृदि स्फुरत्ययं ज्योतिः ।
कूटस्थः सन्नात्मा कर्ता भोक्ता भवत्युपाधिस्थः ।।

आर्या उद्गाथा छंद (मात्रा 12-18, 12-18)

योयंवि	ज्ञानम	यः	
ऽ ऽ ऽ	ऽ । ।	ऽ	12

प्राणेषु	हृदिस्फु	रत्ययं	ज्योतिः	
ऽ ऽ ।	। ऽ ।	ऽ । ऽ	ऽ ऽ	18

कूटस्थः	सन्नात्मा	
ऽ ऽ ऽ	ऽ ऽ ऽ	12

कर्ताभो	क्ताभव	त्युपाधि	स्थः	
ऽ ऽ ऽ	ऽ । ऽ	। ऽ ऽ	ऽ	18

संधि-विग्रह.

यः	अयं	विज्ञानमयः	प्राणेषु	हृदि	स्फुरति	अयं	ज्योतिः
जो	यह	विज्ञानमय	प्राणों में	हृदय में	स्फूर्त होती	यह	ज्योति

कूटस्थः	सन्	आत्मा	कर्ता	भोक्ता	भवति	उपाधिस्थः
उच्च	हो कर	आत्मा	कर्ता	भोक्ता	होता है	उपाधि युक्त

192. स्वयं परिच्छेदमुपेत्य बुद्धेस्तादात्म्यदोषेण परं मृषात्मनः ।
सर्वात्मकः सन्नपि वीक्षते स्वयं स्वतः पृथक्त्वेन मृदो घटानिव ।।

उपजाति : उपेंद्रवज्रा- इंद्रवंशा-इंद्रवंशा-वंशस्थ छंद

स्वयंप	रिच्छेद	मुपेत्य	बुद्धेः		
। ऽ ।	ऽ ऽ ।	। ऽ ।	ऽ ऽ	ज त ज ग ग	उपेंद्रवज्रा छंद
तादात्म्य	दोषेण	परंमृ	षात्मनः		
ऽ ऽ ।	ऽ ऽ ।	। ऽ ।	ऽ । ऽ	त त ज र	इंद्रवंशा छंद
सर्वात्म	कःसन्न	पिवीक्ष	तेस्वयं		
ऽ ऽ ।	ऽ ऽ ।	। ऽ ।	ऽ । ऽ	त त ज र	इंद्रवंशा छंद
स्वतःपृ	थक्त्वेन	मृदोघ	टानिव		
। ऽ ।	ऽ ऽ ।	। ऽ ।	ऽ । ऽ *	ज त ज र	वंशस्थ छंद

* चरण की अंतिम लघु मात्रा दीर्घ मानी गई है.

संधि-विग्रह.

स्वयं	परिच्छेदं	उपेत्य	बुद्धेः
स्वयं	परिच्छिन्नता	प्राप्त होकर	बुद्धि के

तादात्म्य-दोषेण	परं	मृषात्मनः
तादात्म्य दोष से	फिर	मिथ्या रूप

सर्वात्मकः	सन्	अपि	वीक्षते	स्वयं
सर्व व्यापक	हो कर	भी	देखता है	स्वयं

स्वतः	पृथक्त्वेन	मृदः	घटान्	इव
अपने आप को	विभिन्नता से	भूमि से	घटों को	जैसे

193. उपाधिसंबन्धवशात्परात्मा ह्युपाधिधर्माननुभाति तद्गुणः ।
अयोविकारानविकारिवन्हिवत्सदैकरूपोऽपि परः स्वभावात् ।।

उपजाति : उपेंद्रवज्रा-वंशस्थ-वंशस्थ-उपेंद्रवज्रा छंद

उपाधि	संबन्ध	वशात्प	रात्मा		
। ऽ ।	ऽ ऽ ।	। ऽ ।	ऽ ऽ	ज त ज ग ग	उपेंद्रवज्रा छंद

ह्युपाधि	धर्मान	नुभाति	तद्गुणः		
। ऽ ।	ऽ ऽ ।	। ऽ ।	ऽ । ऽ	ज त ज र	वंशस्थ छंद
अयोवि	कारान	विकारि	वन्हिवत्		
। ऽ ।	ऽ ऽ ।	। ऽ ।	ऽ । ऽ	ज त ज र	वंशस्थ छंद
सदैक	रूपोपि	परःस्व	भावात्		
। ऽ ।	ऽ ऽ ।	। ऽ ।	ऽ ऽ	ज त ज ग ग	उपेंद्रवज्रा छंद

संधि–विग्रह.

उपाधि-संबन्ध-वशात्	परात्मा
उपाधि के संबंध से	चेतनात्मा

हि	उपाधि-धर्मान्	अनुभाति	तद्गुणः
ही	उपाधि के गुणों को	अनुसरित करता है	उन गुणों वाला

अयोविकारान्	अविकारि-वन्हिवत्
लोह के विकार	निर्विकारी अग्नि

सदा	एक-रूपः	अपि	परः	स्वभावात्
सदा	साथ मिल कर	भी	भिन्न है	गुण से

शिष्यउवाच

194. भ्रमेणाप्यन्यथा वास्तु जीवभावः परात्मनः ।
तदुपाधेरनादित्वान्नानादेर्नाश इष्यते ।।

अनुष्टुभ् श्लोक छंद

भ्रमेणा	प्यन्यथा	वास्तु	
। ऽ ऽ	ऽ । ऽ	ऽ ।	यरगल, कुलाधारी छंद
जीवभा	वःपरा	त्मनः	
ऽ । ऽ	ऽ । ऽ	। ऽ	ररलग, हेमरूप छंद
तदुपा	धेरना	दित्वात्	
। । ऽ	ऽ । ऽ	ऽ ऽ	सरगग, परिधारा छंद
नानादे	र्नाशइ	ष्यते	
ऽ ऽ ऽ	ऽ । ऽ	। ऽ	मरलग, क्षमा छंद

संधि–विग्रह.
शिष्यः उवाच

भ्रमेण	अपि	अन्यथा	वा	अस्तु	जीव-भावः	परात्मनः
भ्रम से	भी	अन्यथा	अथवा	हो	प्राणी का भाव	परमात्मा का

तत्-उपाधेः	अनादित्वात्	न	अनादेः	नाशः	इष्यते
उनकी उपाधि का	अनादित्व से	नहीं	अनादि वस्तु का	नाश	माना जाता है

195. अतोऽस्य जीवभावोऽपि नित्या भवति संसृतिः ।
न निवर्तेत तन्मोक्षः कथं मे श्रीगुरो वद ॥

अनुष्टुभ् श्लोक छंद

अतोस्य	जीवभा	वोपि	
। ऽ ।	ऽ । ऽ	ऽ ।	जरगल, सुचंद्रप्रभा छंद
नित्याभ	वतिसं	सृतिः	
ऽ ऽ ।	। । ऽ	। ऽ	तसलग, अपरिचित छंद
ननिव	र्तेतत	न्मोक्षः	
। । ऽ	ऽ । ऽ	ऽ ऽ	सरगग, परिधारा छंद
कथंमे	श्रीगुरो	वद	
। ऽ ऽ	ऽ । ऽ	। ऽ *	यरलग, भाषा छंद

* चरण की अंतिम लघु मात्रा दीर्घ मानी गई है.

अतः	अस्य	जीव-भावः	अपि	नित्या	भवति	संसृतिः
अतः	इसका	जीव भाव	भी	निरंतर	होता है	संसार

न	निवर्तेत	तत्	मोक्षः	कथं	मे	श्रीगुरो	वद
नहीं	निवृत्त होता	वह	मोक्ष	कैसे	मुझे	श्रीगुरु!	बताइए

श्रीगुरुरुवाच

196. सम्यक्पृष्टं त्वया विद्वन्सावधानेन तच्छृणु ।
प्रामाणिकी न भवति भ्रान्त्या मोहितकल्पना ॥

अनुष्टुभ् छंद

सम्यक्पृ	ष्टंत्वया	विद्वन्	
ऽ ऽ ऽ	ऽ । ऽ	ऽ ऽ	मरगग, मधुमालती छंद
सावधा	नेनत	च्छृणु	

ऽ । ऽ	ऽ । ऽ	। ऽ *	ररलग, हेमरूप छंद
प्रामाणि	कीनभ	वति	
ऽ ऽ ।	ऽ । ।	। ऽ	तभलग, रामा छंद
भ्रान्त्यामो	हितक	ल्पना	
ऽ ऽ ऽ	। । ऽ	। ऽ	मसलग, अपरिचित छंद

* चरण की अंतिम लघु मात्रा दीर्घ मानी गई है.

पाद टिप्पणी :

इस अनुष्टुभ् छंद के विषम चरण 3 में पहले चार अक्षरों के बाद य गण (। ऽ ऽ) के स्थान पर न (। । ।) गण आने के कारण – विषम चरण 1 में प्रथम चार अक्षरों के पश्चात् य गण (। ऽ ऽ) गण और सम चरण 2 और 4 में प्रथम चार अक्षरों के पश्चात् ज (। ऽ ।) गण आ कर भी इस चार चरणों के पद्य में श्लोक छंद सिद्ध नहीं हुआ है.

संधि–विग्रह.

श्रीगुरुः उवाच

सम्यक्	पृष्टं	त्वया	विद्वन्	सावधानेन	तत्	श्रुणु
ठीक है	पूछा	तुमने	है विद्वान!	लक्ष्य पूर्वक	वह	सुनो

प्रामाणिकी	न	भवति	भ्रान्त्या	मोहित-कल्पना
प्रमाण से सिद्ध	नहीं	होती	भ्रम के कारण	भ्रमित कल्पना

197. भ्रान्तिं विना त्वसङ्गस्य निष्क्रियस्य निराकृतेः ।
न घटेतार्थसंबन्धो नभसो नीलतादिवत् ।।

अनुष्टुभ् श्लोक छंद

भ्रान्तिंवि	नात्वस	ङ्गस्य	
ऽ ऽ ।	ऽ । ऽ	ऽ ।	तरगल, विभा छंद
निष्क्रिय	स्यनिरा	कृतेः	
ऽ । ऽ	। । ऽ	। ऽ	रसलग, पथ्यावक्त्र छंद
नघटे	तार्थसं	बन्धो	
। । ऽ	ऽ । ऽ	ऽ ऽ	सरगग, परिधारा छंद
नभसो	नीलता	दिवत्	
। । ऽ	ऽ । ऽ	। ऽ	सरलग, शलुकलुप्ता छंद

संधि-विग्रह.

भ्रान्तिं	विना	तु	असङ्गस्य	निष्क्रियस्य	निराकृतेः
भ्रम	के बिना	तो	अनासक्त-	निष्क्रिय-	निराकार का

न	घटेत	अर्थ-संबन्धः	नभसः	नीलतादिवत्
नहीं	होता	द्वैतार्थ संबंध	आकाश का	जैसे नीले रंग से

198. स्वस्य द्रष्टुर्निर्गुणस्याक्रियस्य प्रत्यग्बोधानन्दरूपस्य बुद्धेः ।
भ्रान्त्या प्राप्तो जीवभावो न सत्यो मोहापाये नास्त्यवस्तुस्वभावात् ।।

शालिनी छंद : (म त त ग ग)

स्वस्यद्र	ष्टुर्निर्गु	णस्याक्रि	यस्य
ऽ ऽ ऽ	ऽ ऽ ।	ऽ ऽ ।	ऽ ऽ *
प्रत्यग्बो	धानन्द	रूपस्य	बुद्धेः
ऽ ऽ ऽ	ऽ ऽ ।	ऽ ऽ ।	ऽ ऽ
भ्रान्त्याप्रा	प्तोजीव	भावोन	सत्यो
ऽ ऽ ऽ	ऽ ऽ ।	ऽ ऽ ।	ऽ ऽ
मोहापा	येनास्त्य	वस्तुस्व	भावात्
ऽ ऽ ऽ	ऽ ऽ ।	ऽ ऽ ।	ऽ ऽ

* चरण की अंतिम लघु मात्रा दीर्घ मानी गई है.

संधि-विग्रह.

स्वस्य	द्रष्टुः	निर्गुणस्य	अ-क्रियस्य
आत्मा का अपना	साक्षी-	निर्गुण-	अक्रिय-

प्रत्यक्-बोधानन्दरूपस्य	बुद्धेः
प्रत्यकबोध और आनंदस्वरूप-	बुद्धि का

भ्रान्त्या	प्राप्तः	जीव-भावः	न	सत्यः
भ्रम के कारण	प्राप्त	जीव भाव	नहीं होता है	वास्तविक

मोहापाये	न	अस्ति	अवस्तु-स्वभावात्
भ्रम के जाने से	नहीं	होता है	आत्मा वस्तुरूप न होने से

199. यावद्भ्रान्तिस्तावदेवास्य सत्ता मिथ्याज्ञानोज्जृम्भितस्य प्रमादात् ।
रज्ज्वां सर्पो भ्रान्तिकालीन एव भ्रान्तेर्नाशे नैव सर्पोऽपि तद्वत् ।।

शालिनी छंद : (म त त ग ग)

यावद्भ्रा	न्तिस्ताव	देवास्य	सत्ता
ऽ ऽ ऽ	ऽ ऽ ।	ऽ ऽ ।	ऽ ऽ
मिथ्याज्ञा	नोज्जृम्भि	तस्यप्र	मादात्
ऽ ऽ ऽ	ऽ ऽ ।	ऽ ऽ ।	ऽ ऽ
रज्ज्वांस	र्पोभ्रान्ति	कालीन	एव
ऽ ऽ ऽ	ऽ ऽ ।	ऽ ऽ ।	ऽ ऽ *
भ्रान्तेर्ना	शेनैव	सर्पोऽपि	तद्वत्
ऽ ऽ ऽ	ऽ ऽ ।	ऽ ऽ ।	ऽ ऽ

* चरण की अंतिम लघु मात्रा दीर्घ मानी गई है.

संधि-विग्रह.

यावत्	भ्रान्तिः	तावत्	एव	अस्य	सत्ता
जब तक	भ्रम	तब तक	ही	इस जीव भाव की	सत्ता

मिथ्या-ज्ञानः ज्जृम्भितस्य	प्रमादात्
मिथाज्ञान से उत्पन्न का	प्रमाद से

रज्ज्वां	सर्पः	भ्रान्ति-कालीनः	एव
रज्जू पर	सर्प के	भ्रम क्षणिक	ही

भ्रान्तेः	नाशे	न	एव	सर्पः	अपि	तद्वत्
भ्रम के	नाश पर	नहीं	ही	सर्प	भी	उस प्रकार से

200. अनादित्वमविद्यायाः कार्यस्यापि तथेष्यते ।
उत्पन्नायां तु विद्यायामाविद्यकमनाद्यपि ।।

अनुष्टुभ् श्लोक छंद

अनादि	त्वमवि	द्यायाः	
। ऽ ऽ	। । ऽ	ऽ ऽ	यसगग, मनोला छंद
कार्यस्या	पितथे	ष्यति	
ऽ ऽ ऽ	। । ऽ	। ऽ *	मसलग, अपरिचित छंद
उत्पन्ना	यांतुवि	द्याया	
ऽ ऽ ऽ	ऽ । ऽ	ऽ ऽ	मरगग, मधुमालती छंद

माविद्य	कमना	द्यपि	
ऽ ऽ ।	। । ऽ	। ऽ *	तसलग, अपरिचित छंद

संधि-विग्रह.

अनादित्वं	अविद्यायाः	कार्यस्य	अपि	तथा	इष्यते
अनादित्व	अविद्या के	कार्य का	भी	तथा	माना जाता है

उत्पन्नायां	तु	विद्यायां	आविद्यकं	अनादि	अपि
उत्पत्ति में	तो	विद्या के	अविद्या कार्य	अनादि	भी

* चरण की अंतिम लघु मात्रा दीर्घ मानी गई है.

201. प्रबोधे स्वप्नवत्सर्वं सहमूलं विनश्यति ।
अनाद्यपीदं नो नित्यं प्रागभाव इव स्फुटम् ।।

अनुष्टुभ् छंद

प्रबोधे	स्वप्नव	त्सर्वं	
। ऽ ऽ	ऽ । ऽ	ऽ ऽ	यरगग, कुलाधारी छंद
सहमू	लंविन	श्यति	
। । ऽ	। । ऽ	। ऽ *	ससलग, मही छंद
अनाद्य	पीदंनो	नित्यं	
। ऽ ।	ऽ ऽ ऽ	ऽ ऽ	जमगग, हाकली छंद
प्रागभा	वइव	स्फुटम्	
ऽ । ऽ	। । ऽ	। ऽ	रसलग, पथ्यावक्त्र छंद

* चरण की अंतिम लघु मात्रा दीर्घ मानी गई है.

पाद टिप्पणी :

इस अनुष्टुभ् छंद के विषम चरण 3 में पहले चार अक्षरों के बाद य गण (। ऽ ऽ) के स्थान पर म (ऽ ऽ ऽ) गण आने के कारण – विषम चरण 1 में प्रथम चार अक्षरों के पश्चात् य गण (। ऽ ऽ) गण और सम चरण 2 और 4 में प्रथम चार अक्षरों के पश्चात् ज (। ऽ ।) गण आ कर भी इस चार चरणों के पद्य में श्लोक छंद सिद्ध नहीं हुआ है.

संधि-विग्रह.

प्रबोधे	स्वप्नवत्	सर्वं	सह-मूलं	विनश्यति
जागृति में	स्वप्न के समान	सब	अविद्या के साथ-साथ	नष्ट होता है

अनादि	अपि	इदं	नो	नित्यं	प्राक्-अभावः	इव	स्फुटम्
अनादि	भी	यह	नहीं	शाश्वत	पूर्व न्यूनता	के समान	स्पष्ट

202. अनादेरपि विध्वंसः प्रागभावस्य वीक्षितः ।
यद्बुद्ध्युपाधिसंबन्धात्परिकल्पितमात्मनि ।।

अनुष्टुभ् श्लोक छंद

अनादे	रपिवि	ध्वंसः	
। ऽ ऽ	। । ऽ	ऽ ऽ	यसगग, मनोला छंद
प्रागभा	वस्यवी	क्षितः	
ऽ । ऽ	ऽ । ऽ	। ऽ	ररलग, हेमरूप छंद
यद्बुद्ध्यु	पाधिसं	बन्धात्	
ऽ ऽ ।	ऽ । ऽ	ऽ ऽ	तरगग, विभा छंद
परिक	ल्पितमा	त्मनि	
। । ऽ	ऽ । ऽ	। ऽ *	सरलग, शलुकलुप्ता छंद

* चरण की अंतिम लघु मात्रा दीर्घ मानी गई है.

संधि-विग्रह.

अनादेः	अपि	विध्वंसः	प्राक्-अभावस्य	वीक्षितः
अनादि प्रभाव का	भी	नाश	पूर्व न्यूनत्व	देखा है

यद्बुद्ध्युपाधि-संबन्धात्	परिकल्पितं	आत्मनि
जिस बुद्धि की उपाधि के संबंध से	कल्पित किया है	आत्मा में

203. जीवत्वं न ततोऽन्यस्तु स्वरूपेण विलक्षणाः ।
सम्बन्धः स्वात्मनो बुद्ध्या मिथ्याज्ञानपुरस्सरः ।।

अनुष्टुभ् श्लोक छंद

जीवत्वं	नततो	न्यस्तु	
ऽ ऽ ऽ	। । ऽ	ऽ ऽ	मसगग, वक्त्र छंद
स्वरूपे	णविल	क्षणाः	
। ऽ ऽ	। । ऽ	। ऽ	यसलग, अपरिचित छंद
सम्बन्धः	स्वात्मनो	बुद्ध्या	

ऽ ऽ ऽ	ऽ । ऽ	ऽ ऽ	मरगग, मधुमालती छंद
मिथ्याज्ञा	नपुर	स्सरः	
ऽ ऽ ऽ	। । ऽ	। ऽ	मसलग, अपरिचित छंद

संधि-विग्रह.

जीवत्वं	न	ततः	अन्यः	तु	स्वरूपेण	विलक्षणाः
जीव भाव	नहीं	उस उपाधि से	अलग	मगर	स्वरूप से	विलक्षण

सम्बन्धः	स्वात्मनः	बुद्ध्या	मिथ्या-ज्ञान-पुरस्सरः
संबंध	आत्मा का	बुद्धि से	मिथ्या ज्ञान मूलक

204. विनिवृत्तिर्भवेत्तस्य सम्यग्ज्ञानेन नान्यथा ।
ब्रह्मात्मैकत्वविज्ञानं सम्यग्ज्ञानं श्रुतेर्मतम् ।।

अनुष्टुभ् श्लोक छंद

विनिवृ	त्तिर्भवे	त्तस्य	
। । ऽ	ऽ । ऽ	ऽ ।	सरगल, सुविलासा छंद
सम्यग्ज्ञा	नेनना	न्यथा	
ऽ ऽ ऽ	ऽ । ऽ	। ऽ	मरलग, क्षमा छंद
ब्रह्मात्मै	कत्ववि	ज्ञानम्	
ऽ ऽ ऽ	ऽ । ऽ	ऽ ऽ	मरगग, मधुमालती छंद
सम्यग्ज्ञा	नंश्रुते	र्मतम्	
ऽ ऽ ऽ	ऽ । ऽ	। ऽ	मरलग, क्षमा छंद

संधि-विग्रह.

विनिवृत्तिः	भवेत्त्	तस्य सम्यक्-ज्ञानेन न अन्यथा
निवृत्ति	होती है	उसके ठीक ज्ञान से, अन्यथा नहीं

ब्रह्मात्मैकत्व-विज्ञानं	सम्यग्ज्ञानं	श्रुतेः	मतम्
ब्रह्म और आत्मा का ऐक्य भाव	ठीक ज्ञान	शास्त्र का	जाना गया है

205. तदात्मानात्मनोः सम्यग्विवेकेनैव सिध्यति ।
ततो विवेकः कर्तव्यः प्रत्यगात्मसदात्मनोः ।।

अनुष्टुभ् छंद

तदात्मा	नात्मनोः	सम्य	
। ऽ ऽ	ऽ । ऽ	ऽ ऽ	यरगग, कुलाधारी छंद
ग्विवेके	नैवसि	ध्यति	
। ऽ ऽ	ऽ । ऽ	। ऽ *	यरलग, भाषा छंद
ततोवि	वेकःक	र्तव्यः	
। ऽ ।	ऽ ऽ ऽ	ऽ ऽ	जरगग, यशस्करी छंद
प्रत्यगा	त्मसदा	त्मनोः	
ऽ । ऽ	। । ऽ	। ऽ	रसलग, पथ्यावक्त्र छंद

* चरण की अंतिम लघु मात्रा दीर्घ मानी गई है.

पाद टिप्पणी :

इस अनुष्टुभ् छंद के विषम चरण 3 में पहले चार अक्षरों के बाद य गण (। ऽ ऽ) के स्थान पर म (ऽ ऽ ऽ) गण आने के कारण – विषम चरण 1 में प्रथम चार अक्षरों के पश्चात् य गण (। ऽ ऽ) गण और सम चरण 2 और 4 में प्रथम चार अक्षरों के पश्चात् ज (। ऽ ।) गण आ कर भी इस चार चरणों के पद्य में श्लोक छंद सिद्ध नहीं हुआ है.

संधि–विग्रह.

तत्	आत्मा-अनात्मनोः	सम्यक्	विवेकेन	एव	सिध्यति
वह ज्ञान	आत्मा–अनात्मा का	ठीक	विविक से	ही	सिद्ध होता है

ततः	विवेकः	कर्तव्यः	प्रत्यगात्म-सदात्मनोः
फिर	विचार	करना चाहिए	प्रत्यगात्मा और चिदात्मा का

206. जलं पङ्कवदत्यन्तं पङ्कापाये जलं स्फुटम् ।
यथा भाति तथात्मापि दोषाभावे स्फुटप्रभः ।।

अनुष्टुभ् श्लोक छंद

जलंप	ङ्कवद	त्यन्तम्	
। ऽ ऽ	ऽ । ऽ	ऽ ऽ	यरगग, कुलाधारी छंद
पङ्कापा	येजलं	स्फुटम्	
ऽ ऽ ऽ	ऽ । ऽ	। ऽ	मरलग, क्षमा छंद
यथाभा	तितथा	त्मापि	

।ऽऽ	।।ऽ	ऽ।	यसगल, अपरिचित छंद
दोषाभा	वेस्फुट	प्रभः	
ऽऽऽ	ऽ।ऽ	।ऽ	मरलग, क्षमा छंद

संधि–विग्रह.

जलं	पङ्कवत्	अत्यन्तं	पङ्कापाये	जलं	स्फुटम्
जल	कीचड़ समान	बिलकुल	कीचड़ साफ करने पर	जल	साफ

यथा	भाति	तथा	आत्मा	अपि	दोष-अभावे	स्फुटप्रभः
जैसे	दिखता है	वैसे	आत्मा	भी	दोष हटने पर	स्पष्ट होता है

207. असन्निवृत्तौ तु सदात्मना स्फुटं प्रतीतिरेतस्य भवेत्प्रतीचः ।
ततो निरासः करणीय एव सदात्मनः साध्वहमादिवस्तुनः ।।

उपजाति : वंशस्थ-उपेंद्रवज्रा-उपेंद्रवज्रा-वंशस्थ छंद

असन्नि	वृत्तौतु	सदात्म	नास्फुटं		
।ऽ।	ऽऽ।	।ऽ।	ऽ।ऽ	ज त ज र	वंशस्थ छंद
प्रतीति	रेतस्य	भवेत्प्र	तीचः		
।ऽ।	ऽऽ।	।ऽ।	ऽऽ	ज त ज ग ग	उपेंद्रवज्रा छंद
ततोनि	रासःक	रणीय	एव		
।ऽ।	ऽऽ।	।ऽ।	ऽऽ *	ज त ज ग ग	उपेंद्रवज्रा छंद
सदात्म	नःसाध्व	हमादि	वस्तुनः		
।ऽ।	ऽऽ।	।ऽ।	ऽ।ऽ	ज त ज र	वंशस्थ छंद

* चरण की अंतिम लघु मात्रा दीर्घ मानी गई है.

संधि–विग्रह.

असन्निवृत्तौ	तु	सदात्मना	स्फुटं
अविद्या की निवृत्ति पर	ही	अद्वैत स्वरूप से	स्पष्ट

प्रतीतिः	एतस्य	भवेत्	प्रतीचः
प्रतीति	इसकी	होती	प्रत्यगात्मा की

ततः	निरासः	करणीयः	एव
फिर	निराकरण	करना चाहिए	ही

सदात्मनः	साधु	अहं-आदि-वस्तुनः
सदात्मा से	अच्छी तरह से	अहं भाव आदि अनात्म का

208. अतो नायं परात्मा स्याद्विज्ञानमयशब्दभाक् ।
विकारित्वाज्जडत्वाच्च परिच्छिन्नत्वहेतुतः ।
दृश्यत्वाद्व्यभिचारित्वान्नानित्यो नित्य इष्यते ।।

अनुष्टुभ् श्लोक छंद

अतोना	यंपरा	तमास्या	
।ऽऽ	ऽ।ऽ	ऽऽ	यरगग, कुलाधारी छंद
द्विज्ञान	मयश	ब्दभाक्	
ऽऽ।	।।ऽ	।ऽ	तसलग, अपरिचित छंद
विकारि	त्वाज्जड	त्वाच्च	
।ऽऽ	ऽ।ऽ	ऽ।	यरगल, सुचंद्रभा छंद
परिच्छि	न्नत्वहे	तुतः	
।ऽऽ	ऽ।ऽ	।ऽ	यरलग, भाषा छंद
दृश्यत्वा	द्व्यभिचा	रित्वा	
ऽऽऽ	।।ऽ	ऽऽ	मसगग, वक्त्र छंद
न्नानित्यो	नित्यइ	ष्यते	
ऽऽऽ	ऽ।ऽ	।ऽ	मरलग, क्षमा छंद

संधि–विग्रह.

अतः	न	अयं	परात्मा	स्यात्	विज्ञान-मय-शब्दभाक्
इस लिए	नहीं	यह	परमात्मा	हो	विज्ञानमय ज्ञान

विकारित्वात्	जडत्वात्	च	परिच्छिन्नत्व-हेतुतः
विकार के कारण	जड़ता से	और	परिच्छिन्नता के कारण

दृश्यत्वात्	व्यभिचारित्वात्	न	अनित्यः	नित्यः	इष्यते
दृश्यत्व से	अपवाद के कारण	नहीं	अनित्य	नित्य	माना जाता

209. आनन्दप्रतिबिम्बचुम्बिततनुर्वृत्तिस्तमोजृम्भिता
स्यादानन्दमयः प्रियादिगुणकः स्वेष्टार्थलाभोदयः ।
पुण्यस्यानुभवे विभाति कृतिनामानन्दरूपः स्वयं
भूत्वा नन्दति यत्र साधु तनुभृन्मात्रः प्रयत्नं विना ।।

शार्दूलविक्रीडित छंद : (म स ज स त त ग)

आनन्द	प्रतिबि	म्बचुम्बि	ततनु	वृत्तिस्त	मोजृम्भि	ता
ऽ ऽ ऽ	। । ऽ	। ऽ ।	। । ऽ	ऽ ऽ ।	ऽ ऽ ।	ऽ
स्यादान	न्दमयः	प्रियादि	गुणकः	स्त्रेष्टार्थ	लाभोद	यः
ऽ ऽ ऽ	। । ऽ	। ऽ ।	। । ऽ	ऽ ऽ ।	ऽ ऽ ।	ऽ
पुण्यस्या	नुभवे	विभाति	कृतिना	मानन्द	रूपःस्व	यं
ऽ ऽ ऽ	। । ऽ	। ऽ ।	। । ऽ	ऽ ऽ ।	ऽ ऽ ।	ऽ
भूत्वान	न्दतिय	त्रसाधु	तनुभृ	न्मात्रःप्र	यत्नंवि	ना
ऽ ऽ ऽ	। । ऽ	। ऽ ।	। । ऽ	ऽ ऽ ।	ऽ ऽ ।	ऽ

संधि–विग्रह.

आनन्द-प्रतिबिम्ब-चुम्बित-तनुः	वृत्तिः	स्तमो-जृम्भिता
आनंद प्रतिबिंब से चुम्बित तन की	वृत्ति	अविद्या से उत्पन्न

स्यात्	आनन्दमयः	प्रियादि-गुणकः	स्वेष्टार्थ-लाभोदयः
हो	आनंदमय	प्रिय गुण वाला	इष्ट अर्थ से उत्पन्न

पुण्यस्य	अनुभवे	विभाति	कृतिनां	आनन्दरूपः	स्वयं
पुण्य के	अनुभव में	भासमान होता है	सुकृतों का	आनंदस्वरूप	स्वयं

भूत्वा	नन्दति	यत्र	साधु	तनुभृन्मात्रः	प्रयत्नं	विना
हो कर	प्रसन्न होता	जहाँ	ठीक से	देहधारी	प्रयत्न	के बिना

210. आनन्दमयकोशस्य सुषुप्तौ स्फूर्तिरुत्कटा ।
स्वप्नजागरयोरीषदिष्टसंदर्शनाविना ।।

अनुष्टुभ् श्लोक छंद

आनन्द	मयको	शस्य	
ऽ ऽ ।	। । ऽ	ऽ ।	तसगल, श्यामा छंद
सुषुप्तौ	स्फूर्तिरु	त्कटा	
। ऽ ऽ	ऽ । ऽ	। ऽ	यरलग, भाषा छंद
स्वप्नजा	गरयो	रीष	
ऽ । ऽ	। । ऽ	ऽ ।	रसगल, गाथ छंद
दिष्टसं	दर्शना	विना	
ऽ । ऽ	ऽ । ऽ	। ऽ	ररलग, हेमरूप छंद

संधि–विग्रह.

आनन्दमय-कोशस्य	सुषुप्तौ	स्फूर्तिः	उत्कटा
आनंदमय कोश की	सुप्ति में	स्फूर्ति	उत्कट

स्वप्न-जागरयोः	ईषत्	इष्ट-संदर्शनाविना
स्वप्न और जागृति में	थोड़ा सा	इष्ट वस्तु के दर्शन से

211. नैवायमानन्दमयः परात्मा सोपाधिकत्वात्प्रकृतेर्विकारात् ।
कार्यत्वहेतोः सुकृतक्रियाया विकारसङ्घातसमाहितत्वात् ।।

उपजाति : इंद्रवज्रा इंद्रवज्रा इंद्रवज्रा उपेंद्रवज्रा छंद

नैवाय	मानन्द	मयःप	रात्मा		
ऽ ऽ ।	ऽ ऽ ।	। ऽ ।	ऽ ऽ	त त ज ग ग	इंद्रवज्रा छंद
सोपाधि	कत्वात्प्र	कृतेर्वि	कारात्		
ऽ ऽ ।	ऽ ऽ ।	। ऽ ।	ऽ ऽ	त त ज ग ग	इंद्रवज्रा छंद
कार्यत्व	हेतोःसु	कृतक्रि	याया		
ऽ ऽ ।	ऽ ऽ ।	। ऽ ।	ऽ ऽ	त त ज ग ग	इंद्रवज्रा छंद
विकार	सङ्घात	समाहि	तत्वात्		
। ऽ ।	ऽ ऽ ।	। ऽ ।	ऽ ऽ	ज त ज ग ग	उपेंद्रवज्रा छंद

संधि–विग्रह.

न	एव	अयं	आनन्दमयः
नहीं	ही	यह	आनंदमय

सोपाधिकत्वात्	प्रकृतेः	विकारात्
उपाधियुक्त होने के कारण	प्रकृति के	विकार से

कार्यत्व-हेतोः	सुकृत-क्रियायाः
कार्याधिकार के हेतु के	पुण्यकर्म का

विकार-सङ्घात-समाहितत्वात्
अविद्या का विकार समूह रूप परिणाम है

212. पञ्चानामपि कोशानां निषेधे युक्तितः श्रुतेः ।
तन्निषेधावधिः साक्षी बोधरूपोऽवशिष्यते ।।

अनुष्टुभ् श्लोक छंद

पञ्चाना	मपिको	शानां	
ऽ ऽ ऽ	ऽ । ऽ	ऽ ऽ	मरगग, मधुमालती छंद
निषेधे	युक्तितः	श्रुतेः	
। ऽ ऽ	ऽ । ऽ	। ऽ	यरलग, भाषा छंद
तन्निषे	धावधिः	साक्षी	
ऽ । ऽ	ऽ । ऽ	ऽ ऽ	ररगग, पद्ममाला छंद
बोधरू	पोवशि	ष्यते	
ऽ । ऽ	ऽ । ऽ	। ऽ	ररलग, हेमरूप छंद

संधि-विग्रह.

पञ्चानां	अपि	कोशानां	निषेधे	युक्तितः	श्रुतेः
पाँच के	भी	कोशों के	त्याग में	युक्ति से	शास्त्र की

तन्निषेधावधिः	साक्षी	बोधरूपः	अवशिष्यते
निषेध करने वाला	साक्षी	बोधरूप	रहता है

213. योऽयमात्मा स्वयंज्योतिः पञ्चकोशविलक्षणः ।
अवस्थात्रयसाक्षी सन्निर्विकारो निरञ्जनः
सदानन्दः स विज्ञेयः स्वात्मत्वेन विपश्चिता ।।

अनुष्टुभ् श्लोक छंद

योयमा	त्मास्वयं	ज्योतिः	
ऽ । ऽ	ऽ । ऽ	ऽ ऽ	ररगग, पद्ममाला छंद
पञ्चको	शविल	क्षणः	
ऽ । ऽ	। । ऽ	। ऽ	रसलग, पथ्यावक्त्र छंद
अवस्था	त्रयसा	क्षीस	
। ऽ ऽ	। । ऽ	ऽ ऽ	यसगग, मनोला छंद
न्निर्विका	रोनिर	ञ्जनः	
ऽ । ऽ	ऽ । ऽ	। ऽ	ररलग, हेमरूप छंद
सदान	न्दःसवि	ज्ञेयः	
। ऽ ऽ	ऽ । ऽ	ऽ ऽ	यरगग, कुलाधारी छंद

स्वात्मत्वे	नविप	श्चिता	
ऽ ऽ ऽ	। । ऽ	। ऽ	मसलग, अपरिचित छंद

संधि–विग्रह.

यः	अयं	आत्मा	स्वयं-ज्योतिः	पञ्च-कोश-विलक्षणः
जो	यह	आत्मा	स्वयं प्रकाशित	पंचकोश से भिन्न

अवस्था-त्रय-साक्षी	सन्	निर्विकारः	निरञ्जनः
तीन अवस्थाओं का साक्षी	होते हुए	निर्विकार	निरंजन

सदानन्दः	सः	विज्ञेयः	स्वात्मत्वेन	विपश्चिता
सदानंद है	वह	समझा जाना चाहिए	निज आत्मा से	ज्ञानी द्वारा

शिष्यउवाच

214. मिथ्यात्वेन निषिद्धेषु कोशेष्वेतेषु पञ्चसु ।
सर्वाभावं विना किंचिन्न पश्याम्यत्र हे गुरो ।
विज्ञेयं किमु वस्त्वस्ति स्वात्मनात्मविपश्चिता

अनुष्टुभ् श्लोक छंद

मिथ्यात्वे	ननिषि	द्धेषु	
ऽ ऽ ऽ	। । ऽ	ऽ ।	मसगल, वक्त्र छंद
कोशेष्वे	तेषुप	ञ्चसु	
ऽ ऽ ऽ	ऽ । ऽ	। ऽ *	मरलग, क्षमा छंद
सर्वाभा	वंविना	किंचित्	
ऽ ऽ ऽ	ऽ । ऽ	ऽ ऽ	मरगग, मधुमालती छंद
नपश्या	म्यत्रहे	गुरो	
। ऽ ऽ	ऽ । ऽ	। ऽ	यरलग, भाषा छंद
विज्ञेयं	किमुव	स्त्वस्ति	
ऽ ऽ ऽ	। । ऽ	ऽ ऽ	मसगग, वक्त्र छंद
स्वात्मना	त्मविप	श्चिता	
ऽ । ऽ	। । ऽ	। ऽ	रसलग, पथ्यावक्त्र छंद

* चरण की अंतिम लघु मात्रा दीर्घ मानी गई है.

संधि–विग्रह.

शिष्यः उवाच

मिथ्यात्वेन	निषिद्धेषु	कोशेषु	एतेषु	पञ्चसु		
मिथा जान कर	निषेध से	-कोशों में	इन	पाँच-		
सर्वाभावं	विना	किंचित्	न	पश्यामि	अत्र	हे गुरो
सर्व अभाव	के बिना	कुछ भी	नहीं	देखता मैं	यहाँ	हे गुरु!
विज्ञेयं	किमु	वस्तु	अस्ति	स्वात्मना	आत्म-विपश्चिता	
जानने योग्य	कौनसी	वस्तु	है	अपनी आत्मा से	आत्मज्ञाता द्वारा	

श्रीगुरुरुवाच

215. सत्यमुक्तं त्वया विद्वन्निपुणोऽसि विचारणे ।
अहमादिविकारास्ते तदभावोऽयमप्यनु ।।

अनुष्टुभ् श्लोक छंद

सत्यमु	क्तंत्वया	विद्वन्	
ऽ । ऽ	ऽ । ऽ	ऽ ऽ	रगगग, पद्ममाला छंद
निपुणो	सिविचा	रणे	
। । ऽ	। । ऽ	। ऽ	ससलग, मही छंद
अहमा	दिविका	रास्ते	
। । ऽ	। । ऽ	ऽ ऽ	ससगग, पंचशिखा छंद
तदभा	वोयम	प्यनु	
। । ऽ	ऽ । ऽ	। ऽ *	सरलग, शलुकलुप्ता छंद

* चरण की अंतिम लघु मात्रा दीर्घ मानी गई है.

संधि-विग्रह.

श्रीगुरुः उवाच

सत्यं	उक्तं	त्वया	विदन्	निपुणः	असि	विचारणे
सच	कहा गया	तेरे द्वारा	हे विद्वान!	निपुण	हो तुम	पूछने में
अहमादि-विकाराः ते तत्-अभावः अयं				अपि अनु		
अहंभाव आदि जो विकार हैं और उनका अभाव				और भी		

216. सर्वे येनानुभूयन्ते यः स्वयं नानुभूयते ।
तमात्मानं वेदितारं विद्धि हुद्ध्या सुसूक्ष्मया ।।

अनुष्टुभ् छंद

सर्वेये	नानुभू	यन्ते	
ऽ ऽ ऽ	ऽ । ऽ	ऽ ऽ	मरगग, मधुमालती छंद
यःस्वयं	नानुभू	यते	
ऽ । ऽ	ऽ । ऽ	। ऽ	ररलग, हेमरूप छंद
तमात्मा	नंवेदि	तारं	
। ऽ ऽ	ऽ ऽ ।	ऽ ऽ	यतगग, पारांतचारी छंद
विद्धिहु	द्ध्यासुसू	क्ष्मया	
ऽ । ऽ	ऽ । ऽ	। ऽ	ररलग, हेमरूप छंद

पाद टिप्पणी :

इस अनुष्टुभ् छंद के विषम चरण 3 में पहले चार अक्षरों के बाद य गण (। ऽ ऽ) के स्थान पर र (ऽ । ऽ) गण आने के कारण – विषम चरण 1 में प्रथम चार अक्षरों के पश्चात् य गण (। ऽ ऽ) गण और सम चरण 2 और 4 में प्रथम चार अक्षरों के पश्चात् ज (। ऽ ।) गण आ कर भी इस चार चरणों के पद्य में श्लोक छंद सिद्ध नहीं हुआ है.

संधि–विग्रह.

सर्वे	येन	अनुभूयन्ते	यः	स्वयं	न	अनुभूयते
सब भाव	जिससे	अनुभव किए जाते हैं	जो	स्वयं	नहीं	अनुभूत होता

तं	आत्मानं	वेदितारं	विद्धि	वुद्ध्या	सु-सूक्ष्मया
उस–	आत्मा को	सर्वज्ञ को–	जानो	बुद्धि से	सूक्ष्म–

217. तत्साक्षिकं भवेत्तत्तद्यद्यद्येनानुभूयते ।
कस्याप्यननुभूतार्थे साक्षित्वं नोपयुज्यते ।।

अनुष्टुभ् श्लोक छंद

तत्साक्षि	कंभवे	तत्त	
ऽ ऽ ।	ऽ । ऽ	ऽ ऽ	तरगग, विभा छंद
द्यद्यद्ये	नानुभू	यते	
ऽ ऽ ऽ	ऽ । ऽ	। ऽ	मरलग, क्षमा छंद
कस्याप्य	ननुभू	तार्थे	
ऽ ऽ ।	। । ऽ	ऽ ऽ	तसगग, श्यामा छंद
साक्षित्वं	नोपयु	ज्यते	

ऽ ऽ ऽ	ऽ । ऽ	। ऽ	मरलग, क्षमा छंद

संधि-विग्रह.

तत् साक्षिकं भवेत् तत् तत् यद्	यद् येन	अनुभूयते
वह साक्षी होता है वह जो-	जो और जिसके द्वारा	अनुभव किया जाता है

कस्य	अपि	अनुभूतार्थे	साक्षित्वं	न	उपयुज्यते
किसी का	भी	अनुभव करने के लिए	साक्षित्व	नहीं	काम आता

218. असौ स्वसाक्षिको भावो यतः स्वेनानुभूयते ।
अतः परं स्वयं साक्षात्प्रत्यगात्मा न चेतरः ।।

अनुष्टुभ् श्लोक छंद

असौस्व	साक्षिको	भावो	
। ऽ ।	ऽ । ऽ	ऽ ऽ	जरगग, यशस्करी छंद
यतःस्वे	नानुभू	यते	
। ऽ ऽ	ऽ । ऽ	। ऽ	यरलग, भाषा छंद
अतःप	रंस्वयं	साक्षात्	
। ऽ ।	ऽ । ऽ	ऽ ऽ	जरगग, यशस्करी छंद
प्रत्यगा	त्मानचे	तरः	
ऽ । ऽ	ऽ । ऽ	। ऽ	ररलग, हेमरूप छंद

संधि-विग्रह.

असौ	स्व-साक्षिकः	भावः	यतः	स्वेन	अनुभूयते
यह	आत्मसाक्षी	भाव	चूँ कि	स्वतः से	अनुभव किया जाता है

अतः	परं	स्वयं	साक्षात्	प्रत्यगात्मा	न	च	इतरः
अतः	परमात्मा	स्वयं	साक्षात्	प्रत्यगात्मा	नहीं	और	भिन्न

219. जाग्रत्स्वप्रसुषुप्तिषु स्फुटतरं योऽसौ समुज्जृम्भते
प्रत्यग्रूपतया सदाहमहमित्यन्तः स्फुरन्नैकधा ।
नानाकारविकारभागिन इमान् पश्यन्नहंधीमुखान्
नित्यानन्दचिदात्मना स्फुरति तं विद्धि स्वमेतं हृदि ।।

शार्दूलविक्रीडित छंद : (म स ज स त त ग)

जाग्रत्स्व	प्रसुषु	प्तिषुस्फु	टतरं	योसौस	मुज्जृम्भ	ते
ऽ ऽ ऽ	। । ऽ	। ऽ ।	। । ऽ	ऽ ऽ ।	ऽ ऽ ।	ऽ
प्रत्यग्रू	पतया	सदाह	महमि	त्यन्तःस्फु	रन्नैक	धा
ऽ ऽ ऽ	। । ऽ	। ऽ ।	। । ऽ	ऽ ऽ ।	ऽ ऽ ।	ऽ
नानाका	रविका	रभागि	नइमा	न्पश्यन्न	हंधीमु	खान्
ऽ ऽ ऽ	। । ऽ	। ऽ ।	। । ऽ	ऽ ऽ ।	ऽ ऽ ।	ऽ
नित्यान	न्दचिदा	त्मनास्फु	रतितं	विद्धिस्व	मेतंहृ	दि
ऽ ऽ ऽ	। । ऽ	। ऽ ।	। । ऽ	ऽ ऽ ।	ऽ ऽ ।	ऽ *

* चरण की अंतिम लघु मात्रा दीर्घ मानी गई है.

संधि–विग्रह.

जाग्रत्स्वप्र-सुषुप्तिषु	स्फुटतरं	यः	असौ	समुज्जृम्भते
जागृत–स्वप्न–सुप्ति अवस्थाओं में	स्पष्ट	जो	यह	गोचर होता है

प्रत्यग्रूपतया	सदा	अहम्	इति	अन्तः	स्फुरन्	एकधा
प्रत्यक्ष रूप से	सदैव	मैं	नामक	अंदर से	स्फूर्त हो कर	एकरूप

नाना-कार-विकार-भागिनः	इमान्	पश्यन्	अहं-धी-मुखान्
विविध विकार प्राप्त होने वाले	इस	देखते हुए	अहं–बुद्धि–आदि को

नित्यानन्द-चिदात्मना	स्फुरति	तं	विद्धि	स्वं	एतं	हृदि
नित्यानंद चिदात्मा से	स्फूर्त होता	उसे	जानो	अपने आत्मा को	इस–	हृदय में

220. घटोदके बिम्बितमर्कबिम्बमालोक्य मूढो रविमेव मन्यते ।
तथा चिदाभासमुपाधिसंस्थं भ्रान्त्याहमित्येव जडोऽभिमन्यते ॥

उपजाति : उपेंद्रवज्रा-इंद्रवंशा-उपेंद्रवज्रा-इंद्रवंशा छंद

घटोद	केबिम्बि	तमर्क	बिम्बम्		
। ऽ ।	ऽ ऽ ।	। ऽ ।	ऽ ऽ	ज त ज ग ग	उपेंद्रवज्रा छंद
आलोक्य	मूढोर	विमेव	मन्यते		
ऽ ऽ ।	ऽ ऽ ।	। ऽ ।	ऽ । ऽ	त त ज र	इंद्रवंशा छंद
तथाचि	दाभास	मुपाधि	संस्थं		
। ऽ ।	ऽ ऽ ।	। ऽ ।	ऽ ऽ	ज त ज ग ग	उपेंद्रवज्रा छंद
भ्रान्त्याह	मित्येव	जडोऽभि	मन्यते		
ऽ ऽ ।	ऽ ऽ ।	। ऽ ।	ऽ । ऽ	त त ज र	इंद्रवंशा छंद

संधि–विग्रह.

घटोदके	बिम्बितं	अर्क-बिम्बम्
घट के पानी में	गिरा हुआ प्रतिबिंब	सूरज के बिंब को

आलोक्य	मूढः	रविं	एव	मन्यते
देख कर	मूरख अपने आप को	सूरज	ही	मानता है

तथा	चिदाभासं	उपाधिसंस्थं
वैसे ही	–चैतन्य के आभास को	उपाधि में स्थित–

भ्रान्त्या	अहं	इति	एव	जडः	अभिमन्यते
भ्रम से	मैं	कह कर	ही	वह जड़	गर्व करता है

221. घटं जलं तद्गतमर्कबिम्बं विहाय सर्वं विनिरीक्ष्यतेऽर्कः ।
तटस्थ एतत्त्रितयावभासकः स्वयंप्रकाशो विदुषा यथा तथा ।।

उपजाति : उपेंद्रवज्रा-उपेंद्रवज्रा-वंशस्थ-वंशस्थ छंद

घटंज	लंतद्ग	तमर्क	बिम्बं		
। ऽ ।	ऽ ऽ ।	। ऽ ।	ऽ ऽ	ज त ज ग ग	उपेंद्रवज्रा छंद
विहाय	सर्वंवि	निरीक्ष्य	तेऽर्कः		
। ऽ ।	ऽ ऽ ।	। ऽ ।	ऽ ऽ	ज त ज ग ग	उपेंद्रवज्रा छंद
तटस्थ	एतत्त्रि	तयाव	भासकः		
। ऽ ।	ऽ ऽ ।	। ऽ ।	ऽ । ऽ	ज त ज र	वंशस्थ छंद
स्वयंप्र	काशोवि	दुषाय	थातथा		
। ऽ ।	ऽ ऽ ।	। ऽ ।	ऽ । ऽ	ज त ज र	वंशस्थ छंद

संधि-विग्रह.

घटं	जलं	तद्गतं	अर्क-बिम्बं
घट	पानी	उसमें गिरा हुए	सूर्य बिंब को

विहाय	सर्वं	विनिरीक्ष्यते	अर्कः
छोड़ कर	सब	देखा जाता है	सूर्य

तटस्थः	एतत्त्रितयावभासकः
तटस्थ	इन तीनों को प्रकाशित करने वाला

स्वयं-प्रकाशः	विदुषा	यथा	तथा
आत्मप्रकाशवाला	ज्ञानियों द्वारा	जैसे	वैसे

222. देहं धियं चित्प्रतिबिम्बमेवं विसृज्य बुद्धौ निहितं गुहायाम् ।

द्रष्टारमात्मानमखण्डबोधं सर्वप्रकाशं सदसद्विलक्षणम् ।।

उपजाति : इंद्रवज्रा- उपेंद्रवज्रा- इंद्रवज्रा- इंद्रवंशा छंद

देहंधि	यंचित्प्र	तिबिम्ब	मेवं		
ऽ ऽ ।	ऽ ऽ ।	। ऽ ।	ऽ ऽ	त त ज ग ग	इंद्रवज्रा छंद
विसृज्य	बुद्धौनि	हितंगु	हायाम्		
। ऽ ।	ऽ ऽ ।	। ऽ ।	ऽ ऽ	ज त ज ग ग	उपेंद्रवज्रा छंद
द्रष्टार	मात्मान	मखण्ड	बोधं		
ऽ ऽ ।	ऽ ऽ ।	। ऽ ।	ऽ ऽ	त त ज ग ग	इंद्रवज्रा छंद
सर्वप्र	काशंस	दसद्वि	लक्षणम्		
ऽ ऽ ।	ऽ ऽ ।	। ऽ ।	ऽ । ऽ	त त ज र	इंद्रवंशा छंद

संधि–विग्रह.

देहं	धियं	चित्प्रतिबिम्बं	एवं
देह–	बुद्धि–	चित्प्रतिबिंब–	और
विसृज्य	बुद्धौ	निहितं	गुहायाम्
छोड़ कर	बुद्धि की–	स्थापित	–गुहा में

द्रष्टारं	आत्मानं	अखण्ड-बोधं
दृष्टा को	आत्मा को	अखंड बोध–

सर्व-प्रकाशं	सत्-असत्-विलक्षणम्
सकल प्रकाशित करने वाला	सत् असत् से अलग–

223. नित्यं विभुं सर्वगतं सुसूक्ष्ममन्तर्बहिःशून्यमनन्यमात्मनः ।
विज्ञाय सम्यक् निजरूपमेतत्पुमान्विपाप्मा विरजा विमृत्युः ।।

उपजाति : इंद्रवज्रा-इंद्रवंशा-इंद्रवज्रा-उपेंद्रवज्रा छंद

नित्यंवि	भुंसर्व	गतंसु	सूक्ष्म		
ऽ ऽ ।	ऽ ऽ ।	। ऽ ।	ऽ ऽ	त त ज ग ग	इंद्रवज्रा छंद
मन्तर्ब	हिःशून्य	मनन्य	मात्मनः		
ऽ ऽ ।	ऽ ऽ ।	। ऽ ।	ऽ । ऽ	त त ज र	इंद्रवंशा छंद
विज्ञाय	सम्यक्नि	जरूप	मेत		
ऽ ऽ ।	ऽ ऽ ।	। ऽ ।	ऽ ऽ	त त ज ग ग	इंद्रवज्रा छंद
त्पुमान्वि	पाप्मावि	रजावि	मृत्युः		

।ऽ।	ऽऽ।	।ऽ।	ऽऽ	ज त ज ग ग	उपेंद्रवज्रा छंद

संधि-विग्रह.

नित्यं	विभुं	सर्वगतं	सु-सूक्ष्मं
नित्य	विभु को	सर्वगत	सूक्ष्म
अन्तर्बहिः	शून्यं	अनन्यं	आत्मनः
भीतर-बाहर	शून्य	अनन्य	अपने से
विज्ञाय	सम्यक्	निज-रूपं	एतत्
जान कर	यथार्थ	अपना रूप	यही है
पुमान्	विपाप्मा	विरजाः	विमृत्युः
मनुष्य	निष्पाप	रजो गुण विरहित	मृत्यु से परे

224. विशोक आनन्दघनो विपश्चित्स्वयं कुतश्चिन्न बिभेति कश्चित् ।
नान्योऽस्ति पन्था भवबन्धमुक्तेर्विना स्वतत्त्वावगमं मुमुक्षोः ।।

उपजाति : उपेंद्रवज्रा-उपेंद्रवज्रा-इंद्रवज्रा-उपेंद्रवज्रा छंद

विशोक	आनन्द	घनोवि	पश्चित्		
।ऽ।	ऽऽ।	।ऽ।	ऽऽ	ज त ज ग ग	उपेंद्रवज्रा छंद
स्वयंकु	तश्चिन्न	बिभेति	कश्चित्		
।ऽ।	ऽऽ।	।ऽ।	ऽऽ	ज त ज ग ग	उपेंद्रवज्रा छंद
नान्योस्ति	पन्थाभ	वबन्ध	मुक्ते		
ऽऽ।	ऽऽ।	।ऽ।	ऽऽ	त त ज ग ग	इंद्रवज्रा छंद
र्विनास्व	तत्वाव	गमंमु	मुक्षोः		
।ऽ।	ऽऽ।	।ऽ।	ऽऽ	ज त ज ग ग	उपेंद्रवज्रा छंद

संधि-विग्रह.

विशोकः	आनन्दघनः	विपश्चित्	
शोक रहित	आनंदघन	ज्ञानी	
स्वयं	कुतश्चित्	न	बिभेति
स्वयं	किसी से	नहीं	डरता है
न	अन्यः	अस्ति	पन्थाः
नहीं	अन्य	है	मार्ग
विना	स्व-तत्त्वावगमं	मुमुक्षोः	
बिना	आत्मज्ञान के	मुमुक्षु के लिए	

225. ब्रह्माभिन्नत्वविज्ञानं भवमोक्षस्य कारणम् ।
येनाद्वितीयमानन्दं ब्रह्म सम्पद्यते बुधैः ।।

अनुष्टुभ् श्लोक छंद

ब्रह्माभि	न्नत्ववि	ज्ञानं	
ऽ ऽ ऽ	ऽ । ऽ	ऽ ऽ	मरगग, मधुमालती छंद
भवमो	क्षस्यका	रणम्	
। । ऽ	ऽ । ऽ	। ऽ	सरलग, शलुकलुप्ता छंद
येनाद्वि	तीयमा	नन्दं	
ऽ ऽ ।	ऽ । ऽ	ऽ ऽ	तरगग, विभा छंद
ब्रह्मस	म्पद्यते	बुधैः	
ऽ । ऽ	ऽ । ऽ	। ऽ	ररलग, हेमरूप छंद

संधि-विग्रह.

ब्रह्माभिन्नत्व-विज्ञानं	भव-मोक्षस्य	कारणम्
ब्रह्म से आत्मा का अभेद्य साक्षात्कार	भवमुक्ति का	कारण है

येन	अद्वितीयं	आनन्दं	ब्रह्म	सम्पद्यते	बुधैः
जिससे	द्वैत रहित	आनंद	ब्रह्म	प्राप्त किया जाता	ज्ञानियों द्वारा

226. ब्रह्मभूतस्तु संसृत्यै विद्वान्नावर्तते पुनः ।
विज्ञातव्यमतः सम्यग्ब्रह्माभिन्नत्वमात्मनः ।।

अनुष्टुभ् श्लोक छंद

ब्रह्मभू	तस्तुसं	सृत्यै	
ऽ । ऽ	ऽ । ऽ	ऽ ऽ	ररगग, पद्ममाला छंद
विद्वान्ना	वर्तते	पुनः	
ऽ ऽ ऽ	ऽ । ऽ	। ऽ	मरलग, क्षमा छंद
विज्ञात	व्यमतः	सम्य	
ऽ ऽ ऽ	ऽ । ऽ	ऽ ऽ	मरगग, मधुमालती छंद
ग्ब्रह्माभि	न्नत्वमा	त्मनः	

ऽ ऽ ऽ	ऽ । ऽ	। ऽ	मरलग, क्षमा छंद

संधि–विग्रह.

ब्रह्मभूतः	तु	संसृत्यै	विद्वान्	न	आवर्तते	पुनः
ब्रह्मस्वरूप–	और	संसार के लिए	ज्ञानी	नहीं	जन्म लेता	पुनः

विज्ञातव्यं	अतः	सम्यक्	ब्रह्माभिन्नत्वं	आत्मनः
जानना चाहिए	अतः	ठीक से	ब्रह्म का ऐक्य	आत्मा के साथ

227. सत्यं ज्ञानमनन्तं ब्रह्म विशुद्धं परं स्वतःसिद्धम् ।
नित्यानन्दैकरसं प्रत्यगभिन्नं निरन्तरं जयति ॥

आर्या उद्गाथा छंद (मात्रा 12-18, 12-18)

सत्यंज्ञा	नमन	न्तं		
ऽ ऽ ऽ	। । ऽ	ऽ		12
ब्रह्मवि	शुद्धंप	रंस्वतः	सिद्धम्	
ऽ । ।	ऽ ऽ ।	ऽ । ऽ	ऽ ऽ	18
नित्यान	न्दैकर	सं		
ऽ ऽ ऽ	ऽ । ।	ऽ		12
प्रत्यग	भिन्नंनि	रन्तरं	जयति	
ऽ । ।	ऽ ऽ ।	ऽ । ऽ	। । ऽ *	18

* चरण की अंतिम लघु मात्रा दीर्घ मानी गई है.

संधि–विग्रह.

सत्यं	ज्ञानं	अनन्तं	ब्रह्म	विशुद्धं	परं	स्वतः सिद्धम्
सत्य	ज्ञान	अनंत	ब्रह्म	विशुद्ध	परम	स्वयंसिद्ध है

नित्यानन्दैकरसं	प्रत्यगभिन्नं	निरन्तरं	जयति
नित्यानंदरस	प्रत्यक्ष अभिन्न	निरंतर	सिद्ध होता है

228. सदिदं परमाद्वैतं स्वस्मादन्यस्य वस्तुनोऽभावात् ।
नान्यदस्ति किञ्चित्सम्यक्परमार्थतत्त्वबोधदशायाम् ॥

आर्या उद्गाथा छंद (मात्रा 12-18, 12-18)

सदिदं	परमा	द्वैतं	

। । ऽ	। । ऽ	ऽ ऽ	12
स्वस्माद	न्यस्यव	स्तुनोभा	वात्	
ऽ ऽ ऽ	ऽ । ऽ	। ऽ ऽ	ऽ	18
नान्यद	स्तिकिंचि	त्स	
ऽ । ऽ	ऽ ऽ ।	ऽ	12
म्यक्पर	मार्थत	त्त्वबोध	दशायाम्	
ऽ । ।	ऽ । ऽ	। ऽ ।	। ऽ ऽ	18

संधि–विग्रह.

सत्	इदं	परमाद्वैतं	स्वस्मात्	अन्यस्य	वस्तुनः	अभावात्
सत्	यह	परम अद्वैत	अपने से	अन्य	वस्तु	के अभाव से
न	हि	अन्यत्	अस्ति	किञ्चित्	सम्यक्	परमार्थ-तत्त्व-बोधदशायाम्
नहीं	हि	अन्य	है	कुछ भी	योग्य	परमार्थ का तत्त्व समझता तब

229. यदिदं सकलं विश्वं नानारूपं प्रतीतमज्ञानात् ।
तत्सर्वं ब्रह्मैव प्रत्यस्ताशेषभावनादोषम् ।।

आर्या उद्गाथा छंद (मात्रा 12-18, 12-18)

यदिदं	सकलं	विश्वं		
। । ऽ	। । ऽ	ऽ ऽ	12	
नानारू	पंप्रती	तमज्ञा	नात्	
ऽ ऽ ऽ	ऽ । ऽ	। ऽ ऽ	ऽ	18
तत्सर्वं	ब्रह्मैव			
ऽ ऽ ऽ	ऽ ऽ ऽ	12		
प्रत्यस्ता	शेषभा	वनादो	षम्	
ऽ ऽ ऽ	ऽ । ऽ	। ऽ ऽ	ऽ	18

संधि–विग्रह.

यत्	इदं	सकलं	विश्वं	नाना-रूपं	प्रतीतं	अज्ञानात्
जो	यह	सर्व	विश्व	विविध रूप	प्रतीत होता है	अज्ञान से
तत्	सर्वं	ब्रह्म	एव	प्रत्यस्ताशेष-भावना-दोषम्		
वह	सब	ब्रह्म	ही	कल्पना दोष से पूर्णतः अलग		

230. मृत्कार्यभूतोऽपि मृदो न भिन्नः कुम्भोऽस्ति सर्वत्र तु मृत्स्वरूपात् ।
न कुम्भरूपं पृथगस्ति कुम्भः कुतो मृषा कल्पितनाममात्रः ।।

उपजाति : इंद्रवज्रा- इंद्रवज्रा- उपेंद्रवज्रा- उपेंद्रवज्रा छंद

मृत्कार्य	भूतोपि	मृदोन	भिन्नः		
ऽ ऽ ।	ऽ ऽ ।	। ऽ ।	ऽ ऽ	त त ज ग ग	इंद्रवज्रा छंद
कुम्भोस्ति	सर्वत्र	तुमृत्स्व	रूपात्		
ऽ ऽ ।	ऽ ऽ ।	। ऽ ।	ऽ ऽ	त त ज ग ग	इंद्रवज्रा छंद
नकुम्भ	रूपंपृ	थगस्ति	कुम्भः		
। ऽ ।	ऽ ऽ ।	। ऽ ।	ऽ ऽ	ज त ज ग ग	उपेंद्रवज्रा छंद
कुतोमृ	षाकल्पि	तनाम	मात्रः		
। ऽ ।	ऽ ऽ ।	। ऽ ।	ऽ ऽ	ज त ज ग ग	उपेंद्रवज्रा छंद

संधि–विग्रह.

मृत्कार्यभूतः	अपि	मृदः	न	भिन्नः
मिट्टी से बना घट	भी	मिट्टी से	नहीं	भिन्न
कुम्भः	अस्ति	सर्वत्र	तु	मृत्स्वरूपात्
घट	है	सब तरह से	तो फिर	मिट्टी के स्वरूप से
न	कुम्भ-रूपं	पृथक्	अस्ति	कुम्भः
नहीं	कुम्भ स्वरूप	भिन्न	है	कुम्भ

कुतः	मृषा	कल्पित-नाम-मात्रः
कहाँ से	मिथ्या	मात्र कल्पित कहने से

231. केनापि मृद्भिन्नतया स्वरूपं घटस्य संदर्शयितुं न शक्यते ।
अतो घटः कल्पित एव मोहान्मृदेव सत्यं परमार्थभूतम् ।।

उपजाति : इंद्रवज्रा-वंशस्थ-उपेंद्रवज्रा-उपेंद्रवज्रा छंद

केनापि	मृद्भिन्न	तयास्व	रूपं		
ऽ ऽ ।	ऽ ऽ ।	। ऽ ।	ऽ ऽ	त त ज ग ग	इंद्रवज्रा छंद
घटस्य	संदर्श	यितुंन	शक्यते		
। ऽ ।	ऽ ऽ ।	। ऽ ।	ऽ । ऽ	ज त ज र	वंशस्थ छंद
अतोघ	टःकल्पि	तएव	मोहान्		

।ऽ।	ऽऽ।	।ऽ।	ऽऽ	ज त ज ग ग	उपेंद्रवज्रा छंद
मृदेव	सत्यंप	रमार्थ	भूतम्		
।ऽ।	ऽऽ।	।ऽ।	ऽऽ	ज त ज ग ग	उपेंद्रवज्रा छंद

संधि–विग्रह.

केन	अपि	मृद्भिन्नतया	स्वरूपं
किसी के द्वारा	भी	मिट्टी से भिन्न का	स्वरूप

घटस्य	संदर्शयितुं	न	शक्यते
घट का	दिखलाया	नही	जा सकता है

अतः	घटः	कल्पितः	एव	मोहात्
अतः	घट	कल्पित	ही	भ्रम के कारण

मृद्	एव	सत्यं	परमार्थ-भूतम्
मिट्टी	ही	सत्य	परमार्थ स्वरूप

232. सद्ब्रह्मकार्यं सकलं सदेव तन्मात्रमेतन्न ततोऽन्यदस्ति ।
अस्तीति यो वक्ति न तस्य मोहो विनिर्गतो निद्रितवत्प्रजल्पः ।।

उपजाति : इंद्रवज्रा इंद्रवज्रा इंद्रवज्रा उपेंद्रवज्रा छंद

सद्ब्रह्म	कार्यंस	कलंस	देव		
ऽऽ।	ऽऽ।	।ऽ।	ऽऽ *	त त ज ग ग	इंद्रवज्रा छंद
तन्मात्र	मेतन्न	ततोन्य	दस्ति		
ऽऽ।	ऽऽ।	।ऽ।	ऽऽ *	त त ज ग ग	इंद्रवज्रा छंद
अस्तीति	योवक्ति	नतस्य	मोहो		
ऽऽ।	ऽऽ।	।ऽ।	ऽऽ	त त ज ग ग	इंद्रवज्रा छंद
विनिर्ग	तोनिद्रि	तवत्प्र	जल्पः		
।ऽ।	ऽऽ।	।ऽ।	ऽऽ	ज त ज ग ग	उपेंद्रवज्रा छंद

* चरण की अंतिम लघु मात्रा दीर्घ मानी गई है.

संधि–विग्रह.

सद्ब्रह्म-कार्यं	सकलं	सदा	एव
सत् स्वरूप ब्रह्म का कार्य	सर्व	सर्वदा	ही

तन्मात्रं	एतत्	न	ततः	अन्यत्	अस्ति
तद्रूप	यह	नहीं	उससे	भिन्न	है

अस्ति	इति	यः	वक्ति	न	तस्य	मोहः

है	ऐसा	जो	कहता है	नहीं	उसका	भ्रम

विनिर्गतः	निद्रितवत्	प्रजल्पः
नष्ट हुआ	निद्रस्थ के समान	बरगलाना है

233. ब्रह्मैवेदं विश्वमित्येव वाणी श्रौती ब्रूतेऽथर्वनिष्ठा वरिष्ठा।
तस्मादेतद्ब्रह्ममात्रं हि विश्वं नाधिष्ठानाद्भिन्नतारोपितस्य ।।

शालिनी छंद : (म त त ग ग)

ब्रह्मैवे	दंविश्व	मित्येव	वाणी
ऽ ऽ ऽ	ऽ ऽ ।	ऽ ऽ ।	ऽ ऽ
श्रौतीब्रू	तेऽथर्व	निष्ठान	रिष्ठा
ऽ ऽ ऽ	ऽ ऽ ।	ऽ ऽ ।	ऽ ऽ
तस्मादे	तद्ब्रह्म	मात्रंहि	विश्वं
ऽ ऽ ऽ	ऽ ऽ ।	ऽ ऽ ।	ऽ ऽ
नाधिष्ठा	नाद्भिन्न	तारोपि	तस्य
ऽ ऽ ऽ	ऽ ऽ ।	ऽ ऽ ।	ऽ ऽ *

* चरण की अंतिम लघु मात्रा दीर्घ मानी गई है.

संधि-विग्रह.

ब्रह्म एव	इदं विश्वं इति एव वाणी
ब्रह्म ही	यह विश्व है, यह वचन

श्रौती	ब्रूते	अथर्व-निष्ठा	वरिष्ठा
शास्त्र	कहता है	अथर्व वेद का वचन	वरिष्ठ

तस्मात्	एतत्	ब्रह्म-मात्रं	हि	विश्वं
इस लिए	यह	ब्रह्म स्वरूप	ही है	विश्व

न	अधिष्ठानात्	भिन्नता	आरोपितस्य
नहीं	अधिष्ठान से	भिन्नता	कल्पना के पदार्थ का

234. सत्यं यदि स्याज्जगदेतदात्मनोऽनन्तत्त्वहानिर्निगमाप्रमाणता।
असत्यवादित्वमपीशितुः स्यान्नैतत्त्रयं साधु हितं महात्मनाम् ।।

उपजाति : इंद्रवंशा छंद

सत्यंय	दिस्याज्ज	गदेत	दात्मनोऽ		

ऽ ऽ ।	ऽ ऽ ।	। ऽ ।	ऽ । ऽ	त त ज र	इंद्रवंशा छंद
नन्तत्त्व	हानिर्नि	गमाप्र	माणता		
ऽ ऽ ।	ऽ ऽ ।	। ऽ ।	ऽ । ऽ	त त ज र	इंद्रवंशा छंद
असत्य	वादित्व	मपीशि	तुःस्यान्		
ऽ ऽ ।	ऽ ऽ ।	। ऽ ।	ऽ । ऽ	त त ज र	इंद्रवंशा छंद
नैतत्त्र	यंसाधु	हितंम	हात्मनाम्		
ऽ ऽ ।	ऽ ऽ ।	। ऽ ।	ऽ । ऽ	त त ज र	इंद्रवंशा छंद

संधि-विग्रह.

सत्यं	यदि	स्यात्	जगत्	आत्मनः
सत्य	अगर	होता	विश्व	स्वतः

न	तत्त्व-हानिः	निगमाप्रमाणता
नहीं	सत्य से निवृत्ति होती	शास्त्र को अप्रमाणता प्राप्त होकर

असत्य-वादित्वं	अपि	ईशितुः	स्यात्	न
असत्य वचन का दोष	भी	ईश्वर की ओर	होती	नहीं

एतत्	त्रयं	साधु-हितं	महात्मनाम्
यह	दोषत्रय	हित कारक	ज्ञानियों के लिए

235. ईश्वरो वस्तुतत्त्वज्ञो न चाहं तेष्ववस्थितः ।
न च मत्स्थानि भूतानीत्येवमेव व्यचीक्लृपत् ।।

अनुष्टुभ् श्लोक छंद

ईश्वरो	वस्तुत	त्त्वज्ञो	
ऽ । ऽ	ऽ । ऽ	ऽ ऽ	ररगग, पद्ममाला छंद
नचाहं	तेष्वव	स्थितः	
। ऽ ऽ	ऽ । ऽ	। ऽ	यरलग, भाषा छंद
नचम	त्स्थानिभू	तानी	
। । ऽ	ऽ । ऽ	ऽ ऽ	सरगग, परिधारा छंद
त्येवमे	वव्यची	क्लृपत्	
ऽ । ऽ	ऽ । ऽ	। ऽ	ररलग, हेमरूप छंद

संधि-विग्रह.

ईश्वरः	वस्तु-तत्त्वज्ञः	न	च	अहं	तेषु	अवस्थितः

ईश्वर	पदार्थ का तत्त्व ज्ञाता	नहीं	और	नैं	उनमें	स्थित हूँ

न	च	मत्स्थानि	भूतानी	इति	एवं	एव	व्यचीक्लृपत्
नहीं	और	मुझमें	भूत हैं	ऐसा	भी	ही	कहा है

236. यदि सत्यं भवेद्विश्वं सुषुप्तामुपलभ्यताम् ।
यन्नोपलभ्यते किञ्चिदतोऽसत्स्वप्नवन्मृषा ॥

अनुष्टुभ् श्लोक छंद

यदिस	त्यंभवे	द्विश्वं	
। । ऽ	ऽ । ऽ	ऽ ऽ	सरगग, परिधारा छंद
सुषुप्ता	मुपल	भ्यताम्	
। ऽ ऽ	। । ऽ	। ऽ	यसलग, अपरिचित छंद
यन्नोप	लभ्यते	किंचि	
ऽ ऽ ।	ऽ । ऽ	ऽ ।	तरगल, विभा छंद
दतोस	त्स्वप्नव	न्मृषा	
। ऽ ऽ	ऽ । ऽ	। ऽ	यरलग, भाषा छंद

संधि-विग्रह.

यदि	सत्यं	भवेत्	विश्वं	सुषुप्तौ	उपलभ्यताम्
यदि	सत्य	होता	विश्व	सुप्ति में	आया होता

यत्	न	उपलभ्यते	किञ्चित्	अतः	असत्	स्वप्नवत्	मृषा
जो	नहीं	प्राप्त होता	जरा भी	अतः	असत्	स्वप्न समान	मिथ्या

237. अतः पृथङ्नास्ति जगत्परात्मनः पृथक्प्रतीतिस्तु मृषा गुणादिवत् ।
आरोपितस्यास्ति किमर्थवत्ताद्धिष्ठानमाभाति तथा भ्रमेण ॥

उपजाति : वंशस्थ-वंशस्थ-इंद्रवज्रा-इंद्रवज्रा छंद

अतःपृ	थङ्नास्ति	जगत्प	रात्मनः		
। ऽ ।	ऽ ऽ ।	। ऽ ।	ऽ । ऽ	ज त ज र	वंशस्थ छंद
पृथक्प्र	तीतिस्तु	मृषागु	णादिवत्		
। ऽ ।	ऽ ऽ ।	। ऽ ।	ऽ । ऽ	ज त ज र	वंशस्थ छंद
आरोपि	तस्यास्ति	किमर्थ	वत्तात्		

ऽ ऽ ।	ऽ ऽ ।	। ऽ ।	ऽ ऽ	त त ज ग ग	इंद्रवज्रा छंद
धिष्ठान	माभाति	तथाभ्र	मेण		
ऽ ऽ ।	ऽ ऽ ।	। ऽ ।	ऽ ऽ *	त त ज ग ग	इंद्रवज्रा छंद

* चरण की अंतिम लघु मात्रा दीर्घ मानी गई है.

संधि-विग्रह.

अतः	पृथक्	न	अस्ति	जगत्	परात्मनः
अतः	भिन्न	नहीं	है	विश्व	परमात्मा से

पृथक्	प्रतीतिः	तु	मृषा	गुणादिवत्
पृथक्	प्रतीति	तो	मिथ्या	गुण के अनुसार

आरोपितस्य	अस्ति	किं	अर्थवत्ता
कल्पित किया हहआ	है	क्या	यथार्थता

अधिष्ठानं	आभाति	तथा	भ्रमेण
अधिष्ठान का	आभास होता है	तथा	भ्रम के कारण

238. भ्रान्तस्य यद्यद्भ्रमतः प्रतीतं ब्रह्मैव तत्तद्रजतं हि शुक्तिः ।
इदंतया ब्रह्म सदैव रूप्यते त्वारोपितं ब्रह्मणि नाममात्रम् ।।

उपजाति - इंद्रवज्रा-इंद्रवज्रा-वंशस्थ-इंद्रवज्रा छंद

भ्रान्तस्य	यद्यद्भ्र	मतःप्र	तीतं		
ऽ ऽ ।	ऽ ऽ ।	। ऽ ।	ऽ ऽ	त त ज ग ग	इंद्रवज्रा छंद
ब्रह्मैव	तत्तद्र	जतंहि	शुक्तिः		
ऽ ऽ ।	ऽ ऽ ।	। ऽ ।	ऽ ऽ	त त ज ग ग	इंद्रवज्रा छंद
इदंत	याब्रह्म	सदैव	रूप्यते		
। ऽ ।	ऽ ऽ ।	। ऽ ।	ऽ । ऽ	ज त ज र	वंशस्थ छंद
त्वारोपि	तंब्रह्म	णिनाम	मात्रम्		
ऽ ऽ ।	ऽ ऽ ।	। ऽ ।	ऽ ऽ	त त ज ग ग	इंद्रवज्रा छंद

संधि-विग्रह.

भ्रान्तस्य	यत्	यत्	भ्रमतः	प्रतीतं
भ्रमित मनुष्य का	जो	जो	भ्रम के कारण	प्रतीत है

ब्रह्म एव	तत् तत् रजतंहिशुक्तिः
ब्रह्म ही	वह वह रजत रूप शंख है

इदं	तया	ब्रह्म	सदा	एव	रूप्यते

यह	उस निर्देश से	ब्रह्म	सदा	ही	ज्ञात होता है

तु	आरोपितं	ब्रह्मणि	नाम-मात्रम्
तो	कल्पित	ब्रह्म में	नाम मात्र है

239. अतः परं ब्रह्म सदद्वितीयं विशुद्धविज्ञानघनं निरञ्जनम् ।
प्रशान्तमाद्यन्तविहीनमक्रियं निरन्तरानन्दरसस्वरूपम् ।।

उपजाति : उपेंद्रवज्रा-वंशस्थ-वंशस्थ-उपेंद्रवज्रा छंद

अत:प	रंब्रह्म	सदद्वि	तीयं		
। ऽ ।	ऽ ऽ ।	। ऽ ।	ऽ ऽ	ज त ज ग ग	उपेंद्रवज्रा छंद
विशुद्ध	विज्ञान	घनंनि	रञ्जनम्		
। ऽ ।	ऽ ऽ ।	। ऽ ।	ऽ । ऽ	ज त ज र	वंशस्थ छंद
प्रशान्त	माद्यन्त	विहीन	मक्रियं		
। ऽ ।	ऽ ऽ ।	। ऽ ।	ऽ । ऽ	ज त ज र	वंशस्थ छंद
निरन्त	रानन्द	रसस्व	रूपम्		
। ऽ ।	ऽ ऽ ।	। ऽ ।	ऽ ऽ	ज त ज ग ग	उपेंद्रवज्रा छंद

संधि–विग्रह.

अतः	परं	ब्रह्म	सत्	अद्वितीयं
अतः	परम	ब्रह्म	सत्	अद्वितीय

विशुद्ध-विज्ञानघनं	निरञ्जनम्
विशुद्ध ज्ञान स्वरूप	निरंजन

प्राशान्तं	आद्यन्तविहीनं	अक्रियं
प्रशांत	आदि–अंत विरहित	अक्रिय

निरन्तरानन्द-रस-स्वरूपम्
निरंतर आनंद स्वरूप है

240. निरस्तमायाकृतसर्वभेदं नित्यं सुखं निष्कलमप्रमेयम् ।
अरूपमव्यक्तमनाख्यमव्ययं ज्योतिः स्वयं किञ्चिदिदं चकास्ति ।।

उपजाति : उपेंद्रवज्रा-इंद्रवज्रा-वंशस्थ-इंद्रवज्रा छंद

निरस्त	मायाकृ	तसर्व	भेदं		
। ऽ ।	ऽ ऽ ।	। ऽ ।	ऽ ऽ	ज त ज ग ग	उपेंद्रवज्रा छंद

नित्यंसु	खंनिष्क	लमप्र	मेयम्		
ऽ ऽ ।	ऽ ऽ ।	। ऽ ।	ऽ ऽ	त त ज ग ग	इंद्रवज्रा छंद
अरूप	मव्यक्त	मनाख्य	मव्ययं		
। ऽ ।	ऽ ऽ ।	। ऽ ।	ऽ । ऽ	ज त ज र	वंशस्थ छंद
ज्योतिःस्व	यंकिञ्चि	दिदंच	कास्ति		
ऽ ऽ ।	ऽ ऽ ।	। ऽ ।	ऽ ऽ *	त त ज ग ग	इंद्रवज्रा छंद

* चरण की अंतिम लघु मात्रा दीर्घ मानी गई है.

संधि–विग्रह.

निरस्तमायाकृत-सर्वभेदं				
अविद्या जनित सर्व भेदों से भिन्न				
नित्यं	सुखं	निष्कलं	अप्रमेयम्	
नित्य	सुखकारी	निरवयव	अप्रमेय	
अरूपं	अव्यक्तं	अनाख्यं	अव्ययं	
अरूप	अव्यक्त	निर्वचनीय	अव्यय	
ज्योतिः	स्वयं	किञ्चित्	इदं	चकास्ति
ज्योति	स्वयं	फिर भी	यह	चमकता है

241. ज्ञातृज्ञेयज्ञानशून्यमनन्तं निर्विकल्पकम् ।
केवलाखण्डचिन्मात्रं परं तत्त्वं विदुर्बुधाः ।।

अनुष्टुभ् छंद

ज्ञातृज्ञे	यज्ञान	शून्य	
ऽ ऽ ऽ	ऽ ऽ ।	ऽ ।	मभगल, अतिजनी छंद
मनन्तं	निर्विक	ल्पकम्	
। ऽ ऽ	ऽ । ऽ	। ऽ	यरलग, भाषा छंद
केवला	खण्डचि	न्मात्रं	
ऽ । ऽ	ऽ । ऽ	ऽ ऽ	ररगग, पद्ममाला छंद
परंत	त्त्वंविदु	र्बुधाः	
। ऽ ऽ	ऽ । ऽ	। ऽ	यरलग, भाषा छंद

पाद टिप्पणी :

इस अनुष्टुभ् छंद के विषम चरण 1 में पहले चार अक्षरों के बाद य गण (। ऽ ऽ) के स्थान पर र (ऽ । ऽ) गण आने के कारण – विषम चरण 3 में प्रथम चार अक्षरों

के पश्चात् य गण (। ऽ ऽ) गण और सम चरण 2 और 4 में प्रथम चार अक्षरों के पश्चात् ज (। ऽ ।) गण आ कर भी इस चार चरणों के पद्य में श्लोक छंद सिद्ध नहीं हुआ है.

संधि–विग्रह.

ज्ञातृ-ज्ञेय-ज्ञानशून्यं	अनन्तं	निर्विकल्पकम्
ज्ञाता, ज्ञातव्य और ज्ञान से विपरित	अनंत को	निर्विकल्प

केवलाखण्ड-चिन्मात्रं	परं	तत्त्वं	विदुः	बुधाः
अखंड चिन्मात्र	परम	तत्त्व	कहते हैं	ज्ञानी लोग

242. अहेयमनुपादेयं मनोवाचामगोचरम् ।
अप्रमेयमनाद्यन्तं ब्रह्म पूर्णमहं महः ।।

अनुष्टुभ् श्लोक छंद

अहेय	मनुपा	देयं	
। ऽ ।	। । ऽ	ऽ ऽ	जसगग, भांर्गी छंद
मनोवा	चामगो	चरम्	
। ऽ ऽ	ऽ । ऽ	। ऽ	यरलग, भाषा छंद
अप्रमे	यमना	द्यन्तं	
ऽ । ऽ	। । ऽ	ऽ ऽ	रसगग, गाथ छंद
ब्रह्मपू	र्णमहं	महः	
ऽ । ऽ	। । ऽ	। ऽ	रसलग, पथ्यावक्त्र छंद

संधि–विग्रह.

अहेयम्	अनुपादेयं	मनोवाचां	अगोचरम्
अवर्ज्य	-वर्णनातीत	मन और वाणी से-	अगोचर

अप्रमेयं	अनाद्यन्तं	ब्रह्म	पूर्णं	अहं	महः
अप्रमेय	आदि अंत रहित	ब्रह्म	पूर्ण	मैं	महान

243. तत्त्वंपदाभ्यामभिधीयमानयोः ब्रह्मात्मनोः शोधितयोर्यदीत्थम् ।
श्रुत्या तयोस्तत्त्वमसीति सम्यगेकत्वमेव प्रतिपाद्यते मुहुः ।।

उपजाति : इंद्रवंशा-इंद्रवज्रा-इंद्रवज्रा-इंद्रवंशा छंद

तत्त्वंप	दाभ्याम	भिधीय	मानयोः		
ऽ ऽ ।	ऽ ऽ ।	। ऽ ।	ऽ । ऽ	त त ज र	इंद्रवंशा छंद
ब्रह्मात्म	नोःशोधि	तयोर्य	दीत्थम्		
ऽ ऽ ।	ऽ ऽ ।	। ऽ ।	ऽ ऽ	त त ज ग ग	इंद्रवज्रा छंद
श्रुत्यात	योस्तत्त्व	मसीति	सम्यग्		
ऽ ऽ ।	ऽ ऽ ।	। ऽ ।	ऽ ऽ	त त ज ग ग	इंद्रवज्रा छंद
एकत्व	मेवप्र	तिपाद्य	तेमुहुः		
ऽ ऽ ।	ऽ ऽ ।	। ऽ ।	ऽ । ऽ	त त ज र	इंद्रवंशा छंद

संधि–विग्रह.

तत् त्वं पदाभ्यां				अभिधीयमानयोः	
वह तत् और त्वं पदों से				कहा जाने वाला	
ब्रह्मात्मनोः		शोधितयोः		यदि	इत्थम्
ब्रह्म और आत्म		उपाधि रहित		यदि	ऐसा
श्रुत्या	तयोः	तत्	त्वं	असि इति	सम्यक्
शास्त्र से	उनका	वह ब्रह्म	तुम	हो ऐसा	ठीक
एकत्वं		एव		प्रतिपाद्यते	मुहुः
अद्वैतत्व		ही		प्रतिपादित किया जाता हे	पुनः पुनः

244. ऐक्यं तयोर्लक्षितयोर्न वाच्ययोर्निगद्यतेऽन्योन्यविरुद्धधर्मिणोः ।
खद्योतभान्वोरिव राजभृत्ययोः कूपाम्बुराश्योः परमाणुमेर्वोः ।।

उपजाति : इंद्रवंशा-वंशस्थ-इंद्रवंशा-इंद्रवंशा छंद

ऐक्यंत	योर्लक्षि	तयोर्न	वाच्ययोः		
ऽ ऽ ।	ऽ ऽ ।	। ऽ ।	ऽ । ऽ	त त ज र	इंद्रवंशा छंद
निगद्य	तेऽन्योन्य	विरुद्ध	धर्मिणोः		
। ऽ ।	ऽ ऽ ।	। ऽ ।	ऽ । ऽ	ज त ज र	वंशस्थ छंद
खद्योत	भान्वोरि	वराज	भृत्ययोः		
ऽ ऽ ।	ऽ ऽ ।	। ऽ ।	ऽ । ऽ	त त ज र	इंद्रवंशा छंद
कूपाम्बु	राश्योःप	रमाणु	मेर्वोः		
ऽ ऽ ।	ऽ ऽ ।	। ऽ ।	ऽ ऽ	ज त ज ग ग	इंद्रवंशा छंद

संधि–विग्रह.

ऐक्यं	तयोः	लक्षितयोः	न	वाच्ययोः
अद्वैत	उनका	देखा गया	नहीं	वचनों का

निगद्यते	अन्योन्य-विरुद्ध-धर्मिणोः
कहा गया	परस्पर विरुद्ध मतों का

खद्योत-भान्वो	इव	राज-भृत्ययोः
जुगनू और सूर्य	जैसे	राजा और सेवक का

कूपाम्बु-राश्योः	परमाणु-मेर्वोः
वापी और समुद्र का	परमाणु और मेरु पर्वत का

245. तयोर्विरोधोऽयमुपाधिकल्पितो न वास्तवः कश्चिदुपाधिरेषः ।
ईशस्य माया महदादिकारणं जीवस्य कार्यं शृणु पञ्चकोशम् ।।

उपजाति : वंशस्थ-उपेंद्रवज्रा-इंद्रवंशा-इंद्रवज्रा छंद

तयोर्वि	रोधोय	मुपाधि	कल्पितो		
। ऽ ।	ऽ ऽ ।	। ऽ ।	ऽ । ऽ	ज त ज र	वंशस्थ छंद
नवास्त	वःकश्चि	दुपाधि	रेषः		
। ऽ ।	ऽ ऽ ।	। ऽ ।	ऽ ऽ	ज त ज ग ग	उपेंद्रवज्रा छंद
ईशस्य	मायाम	हदादि	कारणं		
ऽ ऽ ।	ऽ ऽ ।	। ऽ ।	ऽ । ऽ	त त ज र	इंद्रवंशा छंद
जीवस्य	कार्यंशृ	णुपञ्च	कोशम्		
ऽ ऽ ।	ऽ ऽ ।	। ऽ ।	ऽ ऽ	त त ज ग ग	इंद्रवज्रा छंद

संधि–विग्रह.

तयोः	विरोधः	अयं	उपाधि-कल्पितो
उनके बीच का	विरोधाभास	यह	उपाधि से कल्पित

न	वास्तवः	कश्चित्	उपाधिः	एषः
नहीं	सत्य	कुछ	उपाधि	यह

ईशस्य	माया	महदादि-कारणं
ईश्वर की	माया	महत् आदि कारण है

जीवस्य	कार्यं	शृणु	पञ्च-कोशम्
जीव का	कार्य	सुनो	पाँच कोश वाला

246. एतावुपाधी परजीवयोस्तयोः सम्यङ्निरासे न परो न जीवः ।

राज्यं नरेन्द्रस्य भटस्य खेटकस्तयोरपोहे न भटो न राजा ।।

उपजाति : इंद्रवंशा-इंद्रवज्रा-वंशस्थ-इंद्रवंशा छंद

एतावु	पाधीप	रजीव	योस्तयोः		
ऽ ऽ ।	ऽ ऽ ।	। ऽ ।	ऽ । ऽ	त त ज र	इंद्रवंशा छंद
सम्यङ्गिन	रासेन	परोन	जीवः		
ऽ ऽ ।	ऽ ऽ ।	। ऽ ।	ऽ ऽ	त त ज ग ग	इंद्रवज्रा छंद
राज्यंन	रेन्द्रस्य	भटस्य	खेटकः		
। ऽ ।	ऽ ऽ ।	। ऽ ।	ऽ । ऽ	ज त ज र	वंशस्थ छंद
तयोर	पोहेन	भटोन	राजा		
ऽ ऽ ।	ऽ ऽ ।	। ऽ ।	ऽ । ऽ	त त ज र	इंद्रवंशा छंद

संधि–विग्रह.

एतौ	उपाधी	पर-जीवयोः	तयोः		
ये दो	उपाधियाँ	ईश्वर और जीव	उनके उपाधि का		
सम्यक्	निरासे	न	परः	न	जीवः
उचित	निराकरण पर	नहीं	ईश्वर	नहीं	जीव
राज्यं	नरेन्द्रस्य	भटस्य	खेटकः		
राज्य	राजा का	योद्धा की	ढाल		
तयोः	अपोहे	न	भटः	न	राजा
उनके	त्याग से	नहीं	योद्धा	नहीं	राजा

247. अथात आदेश इति श्रुतिः स्वयं निषेधति ब्रह्मणि कल्पितं द्वयम् ।
श्रुतिप्रमाणानुगृहीतबोधात्तयोर्निरासः करणीय एव ।।

उपजाति : वंशस्थ-वंशस्थ-उपेंद्रवज्रा-उपेंद्रवज्रा छंद

अथात	आदेश	इतिश्रु	तिःस्वयं		
। ऽ ।	ऽ ऽ ।	। ऽ ।	ऽ । ऽ	ज त ज र	वंशस्थ छंद
निषेध	तिब्रह्म	णिकल्पि	तंद्वयम्		
। ऽ ।	ऽ ऽ ।	। ऽ ।	ऽ । ऽ	ज त ज र	वंशस्थ छंद
श्रुतिप्र	माणानु	गृहीत	बोधात्		
। ऽ ।	ऽ ऽ ।	। ऽ ।	ऽ ऽ	ज त ज ग ग	उपेंद्रवज्रा छंद
तयोर्नि	रासःक	रणीय	एव		

। ऽ ।	ऽ ऽ ।	। ऽ ।	ऽ ऽ *	ज त ज ग ग	उपेंद्रवज्रा छंद

* चरण की अंतिम लघु मात्रा दीर्घ मानी गई है.

संधि-विग्रह.

अथात आदेशः	इति	श्रुतिः	स्वयं
"अथात आदेश" (अथ अतः)	ऐसा	शास्त्र	स्वयं
निषेधति	ब्रह्मणि	कल्पितं	द्वयम्
निषेध करता है	ब्रह्म में	कल्पित	द्वैत
श्रुति-प्रमाणानुगृहीत-बोधात्			
शास्त्र प्रमाण संमत जान कर			
तयोः	निरासः	करणीयः	एव
उन दोनों का	निराकरण	करना चाहिए	ही

248. नेदं नेदं कल्पितत्वान्न सत्यं रज्जौ दृष्टव्यालवत्स्वप्नवच्च ।
इत्थं दृश्यं साधुयुक्त्या व्यपोह्य ज्ञेयः पश्चादेकभावस्तयोर्यः ।।

शालिनी छंद : (म त त ग ग)

नेदंने	दंकल्पि	तत्वान्न	सत्यं
ऽ ऽ ऽ	ऽ ऽ ।	ऽ ऽ ।	ऽ ऽ
रज्जौदृ	ष्टव्याल	वत्स्वप्न	वच्च
ऽ ऽ ऽ	ऽ ऽ ।	ऽ ऽ ।	ऽ ऽ *
इत्थंदृ	श्यंसाधु	युक्त्याव्य	पोह्य
ऽ ऽ ऽ	ऽ ऽ ।	ऽ ऽ ।	ऽ ऽ *
ज्ञेयःप	श्चादेक	भावस्त	योर्यः
ऽ ऽ ऽ	ऽ ऽ ।	ऽ ऽ ।	ऽ ऽ

* चरण की अंतिम लघु मात्रा दीर्घ मानी गई है.

संधि-विग्रह.

न	इदं	न	इदं	कल्पितत्वात्	न	सत्यं
नहीं	यह	नहीं	यह	कल्पना के कारण	नहीं	सत्य

रज्जौ	दृष्टव्यालवत्	स्वप्नवत्	च
रज्जू पर	दिखे हुए सर्प समान	स्वप्न के समान	और

इत्थं	दृश्यं	साधु	युक्त्या	व्यपोह्य
इस तरह से	दृश्य को	ठीक	युक्ति से	निषेध करके

ज्ञेयः	पश्चात्	एक-भावः	तयोः	यः
जानना चाहिए	फिर	ऐक्य	उन दोनों का	जो है

249. ततस्तु तौ लक्षणया सुलक्ष्यौ तयोरखण्डैकरसत्वसिद्धये ।
नालं जहत्या न तथाजहत्या किन्तूभयार्थात्मिकयैव भाव्यम् ।।

उपजाति : उपेंद्रवज्रा-वंशस्थ-इंद्रवज्रा-इंद्रवज्रा छंद

ततस्तु	तौलक्ष	णयासु	लक्ष्यौ		
। ऽ ।	ऽ ऽ ।	। ऽ ।	ऽ ऽ	ज त ज ग ग	उपेंद्रवज्रा छंद
तयोर	खण्डैक	रसत्व	सिद्धये		
। ऽ ।	ऽ ऽ ।	। ऽ ।	ऽ । ऽ	ज त ज र	वंशस्थ छंद
नालंज	हत्यान	तथाज	हत्या		
ऽ ऽ ।	ऽ ऽ ।	। ऽ ।	ऽ ऽ	त त ज ग ग	इंद्रवज्रा छंद
किन्तूभ	यार्थात्मि	कयैव	भाव्यम्		
ऽ ऽ ।	ऽ ऽ ।	। ऽ ।	ऽ ऽ	त त ज ग ग	इंद्रवज्रा छंद

संधि-विग्रह.

ततः	तु	तौ	लक्षणया	सुलक्ष्यौ
फिर	तो	वे दोनों	लक्षण से	अनायास से

तयोः	अखण्डै-करसत्व-सिद्धये
उनका	अखंड अद्वैत तत्त्व सिद्ध करने में

न	अलं	जहत्या	न	तथा	अजहत्या
नहीं	पर्याप्त	"जहत्-लक्षण"	नहीं	और	"अ-जहल्लक्षण" वाली

किन्तु	उभयार्थात्मिकया	एव	भाव्यम्
मगर	दोनों लक्षणों से युक्त	ही	समर्थ होनी चाहिए

250. स देवदत्तोऽयमितीह वैकता विरुद्धधर्मांशमपास्य कथ्यते ।
यथा तथा तत्त्वमसीतिवाक्ये विरुद्धधर्मानुभयत्र हित्वा ।।

उपजाति : वंशस्थ-वंशस्थ-उपेंद्रवज्रा-उपेंद्रवज्रा छंद

सदेव	दत्तोय	मितीह	वैकता		
। ऽ ।	ऽ ऽ ।	। ऽ ।	ऽ । ऽ	ज त ज र	वंशस्थ छंद
विरुद्ध	धर्मांश	मपास्य	कथ्यते		

। ऽ ।	ऽ ऽ ।	। ऽ ।	ऽ । ऽ	ज त ज र	वंशस्थ छंद
यथात	थातत्त्व	मसीति	वाक्ये		
। ऽ ।	ऽ ऽ ।	। ऽ ।	ऽ ऽ	ज त ज ग ग	उपेंद्रवज्रा छंद
विरुद्ध	धर्मानु	भयत्र	हित्वा		
। ऽ ।	ऽ ऽ ।	। ऽ ।	ऽ ऽ	ज त ज ग ग	उपेंद्रवज्रा छंद

संधि–विग्रह.

सः	देवदत्तः	अयं	इति	इह्	ना	एकता
वह	देवदत्त	यह	ऐसा	यहाँ	नहीं	ऐक्य
विरुद्ध-धर्मांशं		अपास्य		कथ्यते		
विरुद्ध भाग		त्याग करके		कहा जाता है		
यथा	तथा	तत्	त्वं	असि	इति	वाक्ये
जैसे	वैसे	वह	तुम	हो	इस	वचन में
विरुद्ध-धर्मान्		उभयत्र		हित्वा		
विरुद्ध तत्त्व		उभय पक्ष		त्याग कर		

251. संलक्ष्य चिन्मात्रतया सदात्मनोरखण्डभावः परिचीयते बुधैः ।
एवं महावाक्यशतेन कथ्यते ब्रह्मात्मनोरैक्यमखण्डभावः ।।

उपजाति : इंद्रवंशा-वंशस्थ-इंद्रवंशा-इंद्रवज्रा छंद

संलक्ष्य	चिन्मात्र	तयास	दात्मनोः		
ऽ ऽ ।	ऽ ऽ ।	। ऽ ।	ऽ । ऽ	त त ज र	इंद्रवंशा छंद
अखण्ड	भावःप	रिचीय	तेबुधैः		
। ऽ ।	ऽ ऽ ।	। ऽ ।	ऽ । ऽ	ज त ज र	वंशस्थ छंद
एवंम	हावाक्य	शतेन	कथ्यते		
ऽ ऽ ।	ऽ ऽ ।	। ऽ ।	ऽ । ऽ	त त ज र	इंद्रवंशा छंद
ब्रह्मात्म	नोरैक्य	मखण्ड	भावः		
ऽ ऽ ।	ऽ ऽ ।	। ऽ ।	ऽ ऽ	त त ज ग ग	इंद्रवज्रा छंद

संधि–विग्रह.

संलक्ष्य	चिन्मात्रतया	सदात्मनोः
ठीक से ध्यान देकर	चैतन्यस्वरूप से	अद्वैत और प्रत्यगात्मा के
अखण्ड-भावः	परिचीयते	बुधैः

अभेदत्व का	परिचय किया जाता है	ज्ञानियों द्वारा

एवं	महा-वाक्य-शतेन	कथ्यते
इस तरह से	सहस्त्र महा वचनों से	कहा जाता है

ब्रह्मात्मनोः	ऐक्यं	अखण्ड-भावः
ईश्वर और जीव की	एकता	और उनका अभिन्नत्व

252. अस्थूलमित्येतदसन्निरस्य सिद्धं स्वतो व्योमवदप्रतर्क्यम् ।
अतो मृषामात्रमिदं प्रतीतं जहीहि यत्स्वात्मतया गृहीतम् ।
ब्रह्माहमित्येव विशुद्धबुद्ध्या विद्धि स्वमात्मानमखण्डबोधम् ।।

उपजाति : इंद्रवज्रा-इंद्रवज्रा-उपेंद्रवज्रा-उपेंद्रवज्रा-इंद्रवज्रा-इंद्रवज्रा- छंद

अस्थूल	मित्येत	दसन्नि	रस्य		
ऽ ऽ ।	ऽ ऽ ।	। ऽ ।	ऽ ऽ *	त त ज ग ग	इंद्रवज्रा छंद
सिद्धंस्व	तोव्योम	वदप्र	तर्क्यम्		
ऽ ऽ ।	ऽ ऽ ।	। ऽ ।	ऽ ऽ	त त ज ग ग	इंद्रवज्रा छंद
अतोमृ	षामात्र	मिदंप्र	तीतं		
। ऽ ।	ऽ ऽ ।	। ऽ ।	ऽ ऽ	ज त ज ग ग	उपेंद्रवज्रा छंद
जहीहि	यत्स्वात्म	तयागृ	हीतम्		
। ऽ ।	ऽ ऽ ।	। ऽ ।	ऽ ऽ	ज त ज ग ग	उपेंद्रवज्रा छंद
ब्रह्माह	मित्येव	विशुद्ध	बुद्ध्या		
ऽ ऽ ।	ऽ ऽ ।	। ऽ ।	ऽ ऽ	त त ज ग ग	इंद्रवज्रा छंद
विद्धिस्व	मात्मान	मखण्ड	बोधम्		
ऽ ऽ ।	ऽ ऽ ।	। ऽ ।	ऽ ऽ	त त ज ग ग	इंद्रवज्रा छंद

* चरण की अंतिम लघु मात्रा दीर्घ मानी गई है.

संधि–विग्रह.

अस्थूलं	इति	एतत्	असत्	निरस्य
जड़	कहा	यह	असत्	निराकरण करके

सिद्धं	स्वतः	व्योमवत्	अप्रतर्क्यम्
सिद्ध	स्वतः	आकाश के समान	तर्क का जो विषय नहीं है

अतः	मृषामात्रं	इदं	प्रतीतं
अतः	मिथा मात्र	यह	प्रतीत हुआ है

जहीहि	यत्	स्वात्मतया	गृहीतम्
त्याग करके	जो	आत्मरूप से	माना गया

ब्रह्म	अहं	इति	एव	विशुद्ध-बुद्ध्या
ब्रह्म	मैं	कह कर	ही	अकलुषित बुद्धि से

विद्धि	स्वं	आत्मानं	अखण्ड-बोधम्
जान लो	अपनी	आत्मा को	अखंड जाने हुए-

253. मृत्कार्यं सकलं घटादि सततं मृन्मात्रमेवाहितं
तद्वत्सज्जनितं सदात्मकमिदं सन्मात्रमेवाखिलम् ।
यस्मान्नास्ति सतः परं किमपि तत्सत्यं स आत्मा स्वयं
तस्मात्तत्त्वमसि प्रशान्तममलं ब्रह्माद्वयं यत्परम् ।।

शार्दूलविक्रीडित छंद : (म स ज स त त ग)

मृत्कार्यं	सकलं	घटादि	सततं	मृन्मात्र	मेवाहि	तं
ऽ ऽ ऽ	। । ऽ	। ऽ ।	। । ऽ	ऽ ऽ ।	ऽ ऽ ।	ऽ
तद्वत्स	ज्जनितं	सदात्म	कमिदं	सन्मात्र	मेवाखि	लम्
ऽ ऽ ऽ	। । ऽ	। ऽ ।	। । ऽ	ऽ ऽ ।	ऽ ऽ ।	ऽ
यस्मान्ना	स्तिसतः	परंकि	मपित	त्सत्यंस	आत्मास्व	यं
ऽ ऽ ऽ	। । ऽ	। ऽ ।	। । ऽ	ऽ ऽ ।	ऽ ऽ ।	ऽ
तस्मात्त	त्त्वमसि	प्रशान्त	ममलं	ब्रह्माद्व	यंयत्प	रम्
ऽ ऽ ऽ	। । ऽ	। ऽ ।	। । ऽ	ऽ ऽ ।	ऽ ऽ ।	ऽ

संधि–विग्रह.

मृत्कार्यं	सकलं	घटादि	सततं	मृन्मात्रं	एव	आहितं
मिट्टी के बने	सब	घट आदि	सदैव	केवल मिट्टी	ही	धारण की हुई

तद्वत्	सज्जनितं	सदात्मकं	इदं	सन्मात्रं	एव	अखिलम्
उसी तरह से	सत् से निर्मित	सदात्मक	यह	केवल सत्	ही	संपूर्ण

यस्मात्	न	अस्ति	सतः	परं	किमपि	तत्	सत्यं	सः	आत्मा	स्वयं
चूँकि	नही	है	सत् से	परे	कुछ भी	वह	सत्य	वह	आत्मा	स्वतः

तस्मात्	तत् त्वं असि	प्रशान्तं	अमलं	ब्रह्म	अद्वयं	यत्	परम्
इस लिए	वह तुम ही हो	प्रशांत	निर्मल	ब्रह्म	अद्वैत	जो	परमोच्च

254. निद्राकल्पितदेशकालविषयज्ञात्रादि सर्वं यथा
मिथ्या तद्वदिहापि जाग्रति जगत्स्वाज्ञानकार्यत्वतः ।
यस्मादेवमिदं शरीरकरणप्राणाहमाद्यप्यसत्

तस्मात्तत्त्वमसि प्रशान्तममलं ब्रह्माद्वयं यत्परम् ।।

शार्दूलविक्रीडित छंद : (म स ज स त त ग)

निद्राक	ल्पितदे	शकाल	विषय	ज्ञात्रादि	सर्वंय	था
ऽ ऽ ऽ	। । ऽ	। ऽ ।	। । ऽ	ऽ ऽ ।	ऽ ऽ ।	ऽ
मिथ्यात	द्वदिहा	पिजाग्र	तिजग	त्स्वाज्ञान	कार्यत्व	तः
ऽ ऽ ऽ	। । ऽ	। ऽ ।	। । ऽ	ऽ ऽ ।	ऽ ऽ ।	ऽ
यस्मादे	वमिदं	शरीर	करण	प्राणाह	माद्यप्य	सत्
ऽ ऽ ऽ	। । ऽ	। ऽ ।	। । ऽ	ऽ ऽ ।	ऽ ऽ ।	ऽ
तस्मात्त	त्वमसि	प्रशान्त	ममलं	ब्रह्माद्व	यंयत्प	रम्
ऽ ऽ ऽ	। । ऽ	। ऽ ।	। । ऽ	ऽ ऽ ।	ऽ ऽ ।	ऽ

संधि–विग्रह.

निद्राकल्पित-देश-काल-विषय-ज्ञात्रादि	सर्वं	यथा
निद्रा के दोष से कल्पित देश, काल विषय, ज्ञाता आदि	सर्व	जिस तरह

मिथ्या	तद्वत्	इह	अपि	जाग्रति	जगत्	स्वाज्ञानकार्यत्वतः
मिथ्या	उसी तरह से	यहाँ	भी	जागृत स्थिति में	विश्व	अज्ञान की क्रिया है

यस्मात्	एवं	इदं	शरीर-करण-प्राणाहमादि	अपि	असत्
चूंकि	और	यह	देह, इंद्रिय, प्राण आदि	भी	असत् हैं

तस्मात्	तत् त्वं असि	प्रशान्तं	अमलं	ब्रह्म	अद्वयं	यत्	परम्
इस लिए	वह तुम ही हो	प्रशांत	निर्मल	ब्रह्म	अद्वैत	जो	परम

255. यत्र भ्रान्त्या कल्पितं तद्विवेके तत्तन्मात्रं नैव तस्माद्विभिन्नम् ।
स्वप्ने नष्टं स्वप्नविश्वं विचित्रं स्वस्माद्भिन्नं किन्नु दृष्टं प्रबोधे ।।

शालिनी छंद : (म त त ग ग)

यत्रभ्रा	न्त्याकल्पि	तंतद्वि	वेके
ऽ ऽ ऽ	ऽ ऽ ।	ऽ ऽ ।	ऽ ऽ
तत्तन्मा	त्रंनैव	तस्माद्वि	भिन्नम्
ऽ ऽ ऽ	ऽ ऽ ।	ऽ ऽ ।	ऽ ऽ
स्वप्नेन	ष्टंस्वप्न	विश्वंवि	चित्रं
ऽ ऽ ऽ	ऽ ऽ ।	ऽ ऽ ।	ऽ ऽ

स्वस्माद्भि	न्नंकिन्नु	दृष्टंप्र	बोधे
ऽ ऽ ऽ	ऽ ऽ ।	ऽ ऽ ।	ऽ ऽ

संधि-विग्रह.

यत्र	भ्रान्त्या	कल्पितं	तद्विवेके
जहाँ	भ्रम के कारण	कल्पित	और उसके विवेक में

तत्	तन्मात्रं	न एव	तस्मात्	विभिन्नम्
वह	तन्मात्र	नहीं	उससे	भिन्न

स्वप्ने	नष्टं	स्वप्न-विश्वं	विचित्रं
स्वप्न में	नष्ट	स्वप्न का विश्व	निराला

स्वस्मात्	भिन्नं	किं नु	दृष्टं	प्रबोधे
स्वत: से	भिन्न	क्या	देखा गया	जागृत अवस्था में

256. जातिनीतिकुलगोत्रदूरगं नामरूपगुणदोषवर्जितम् ।
देशकालविषयातिवर्ति यद्ब्रह्म तत्त्वमसि भावयात्मनि ।।

रथोद्धता छंद : (र न र ल ग)

जातिनी	तिकुल	गोत्रदू	रगम्
ऽ । ऽ	। । ।	ऽ । ऽ	। ऽ
नामरू	पगुण	दोषव	र्जितम्
ऽ । ऽ	। । ।	ऽ । ऽ	। ऽ
देशका	लविष	यातिव	र्तिय
ऽ । ऽ	। । ।	ऽ । ऽ	। ऽ *
द्ब्रह्मत	त्त्वमसि	भावया	त्मनि
ऽ । ऽ	। । ।	ऽ । ऽ	। ऽ *

* चरण की अंतिम लघु मात्रा दीर्घ मानी गई है.

संधि-विग्रह.

जाति-नीति-कुल-गोत्र-दूरगं	
जन्म, सदाचार, कुटुंब, गोत्र आदि से अलग	
नाम-रूप-गुण-दोष-वर्जितम्	
नाम, रूप, गुण के दोष से मुक्त	
देश-काल-विषयातिवर्ति	यद्

देश, कल, षियय आदि से परे			जो है		
ब्रह्म	तत्	त्वम्	असि	भावय	आत्मनि
ब्रह्म	वह	तुम	हो	जान लो	मन में

257. यत्परं सकलरागगोचरं गोचरं विमलबोधचक्षुषः ।
शुद्धचिद्धनमनादि वस्तु यद्ब्रह्म तत्त्वमसि भावयात्मनि ।।

रथोद्धता छंद : (र न र ल ग)

यत्परं	सकल	रागगो	चरम्
ऽ । ऽ	। । ।	ऽ । ऽ	। ऽ
गोचरं	विमल	बोधच	क्षुषः
ऽ । ऽ	। । ।	ऽ । ऽ	। ऽ
शुद्धचि	द्धनम	नादिव	स्तुयद्
ऽ । ऽ	। । ।	ऽ । ऽ	। ऽ
ब्रह्मत	त्त्वमसि	भावया	त्मनि
ऽ । ऽ	। । ।	ऽ । ऽ	। ऽ *

* चरण की अंतिम लघु मात्रा दीर्घ मानी गई है.

संधि-विग्रह.

यत्	परं	सकल-राग-गोचरं
जो	परे	सब विध गोचर

गोचरं	विमल-बोध-चक्षुषः
गोचर विषय	निर्मल ज्ञानचक्षु से

शुद्ध-चिद्धनं	अनादि	वस्तु	यद्
शुद्ध चैतन्यरूप	सनातन	तत्त्व	जो

ब्रह्म	तत्	त्वं	असि	भावय	आत्मनि
ब्रह्म है	वह	तुम	हो	जान लो	मन में

258. षड्भिरूर्मिभिरयोगि योगिहृद्भावितं न करणैर्विभावितम् ।
बुद्ध्यवेद्यमनवद्यमस्ति यद्ब्रह्म तत्त्वमसि भावयात्मनि ।।

रथोद्धता छंद : (र न र ल ग)

षड्भिरू	र्मिभिर	योगियो	गिहृद्

ऽ । ऽ	। । ।	ऽ । ऽ	। ऽ
भावितं	नकर	णैर्विभा	वितम्
ऽ । ऽ	। । ।	ऽ । ऽ	। ऽ
बुद्ध्यवे	द्यमन	वद्यम	स्तियद्
ऽ । ऽ	। । ।	ऽ । ऽ	। ऽ
ब्रह्मत	त्वमसि	भावया	त्मनि
ऽ । ऽ	। । ।	ऽ । ऽ	। ऽ *

* चरण की अंतिम लघु मात्रा दीर्घ मानी गई है.

संधि–विग्रह.

षड्भिः	ऊर्मिभिः	अयोगि	योगि-हृद्-
छह–	तरंगों से	संसर्ग रहित	योगी के हृदय में

भावितं	न	करणैः	विभावितम्
सोचा जाता है	नहीं	इंद्रियों से	अनजाना

बुद्ध्यवेद्यं	अनवद्यं	अस्ति	यद्
बुद्धि से अनजाना	दोष रहित	है	जो

ब्रह्म	तत्	त्वम्	असि	भावय	आत्मनि
ब्रह्म है	वह	तुम	हो	जान लो	मन में

259. भ्रान्तिकल्पितजगत्कलाश्रयं स्वाश्रयं च सदसद्विलक्षणम् ।
निष्कलं निरुपमानवद्धि यद्ब्रह्म तत्त्वमसि भावयात्मनि ।।

रथोद्धता छंद : (र न र ल ग)

भ्रान्तिक	ल्पितज	गत्कला	श्रयम्
ऽ । ऽ	। । ।	ऽ । ऽ	। ऽ
स्वाश्रयं	चसद	सद्विल	क्षणम्
ऽ । ऽ	। । ।	ऽ । ऽ	। ऽ
निष्कलं	निरुप	मानव	द्धियद्
ऽ । ऽ	। । ।	ऽ । ऽ	। ऽ
ब्रह्मत	त्वमसि	भावया	त्मनि
ऽ । ऽ	। । ।	ऽ । ऽ	। ऽ *

* चरण की अंतिम लघु मात्रा दीर्घ मानी गई है.

संधि–विग्रह.

<table>
<tr><td colspan="12">भ्रान्तिकल्पित-जगत्कलाश्रयं</td></tr>
<tr><td colspan="12">भ्रम के कारण कल्पना किए हुए जगत की कल्पना का अधिष्ठान</td></tr>
<tr><td colspan="4">स्वाश्रयं</td><td colspan="4">च</td><td colspan="4">सत्-असत्-विलक्षणम्</td></tr>
<tr><td colspan="4">अपने मन का आश्रय</td><td colspan="4">और</td><td colspan="4">सत् असत् से अलग</td></tr>
<tr><td colspan="3">निष्कलं</td><td colspan="3">निरुपमानवत्</td><td colspan="3">हि</td><td colspan="3">यद्</td></tr>
<tr><td colspan="3">निरवयव</td><td colspan="3">अनुपमेय</td><td colspan="3">ही</td><td colspan="3">जो</td></tr>
<tr><td colspan="2">ब्रह्म</td><td colspan="2">तत्</td><td colspan="2">त्वम्</td><td colspan="2">असि</td><td colspan="2">भावय</td><td colspan="2">आत्मनि</td></tr>
<tr><td colspan="2">ब्रह्म है</td><td colspan="2">वह</td><td colspan="2">तुम</td><td colspan="2">हो</td><td colspan="2">जान लो</td><td colspan="2">मन में</td></tr>
</table>

260. जन्मवृद्धिपरिणत्यपक्षयव्याधिनाशनविहीनमव्ययम् ।
विश्वसृष्ट्यवविघातकारणं ब्रह्म तत्त्वमसि भावयात्मनि ।।

रथोद्धता छंद : (र न र ल ग)

जन्मवृ	द्धिपरि	णत्यप	क्षय
ऽ । ऽ	। । ।	ऽ । ऽ	। ऽ
व्याधिना	शनवि	हीनम	व्ययम्
ऽ । ऽ	। । ।	ऽ । ऽ	। ऽ
विश्वसृ	ष्ट्यववि	घातका	रणं
ऽ । ऽ	। । ।	ऽ । ऽ	। ऽ
ब्रह्मत	त्त्वमसि	भावया	त्मनि
ऽ । ऽ	। । ।	ऽ । ऽ	। ऽ *

* चरण की अंतिम लघु मात्रा दीर्घ मानी गई है.

संधि–विग्रह.

<table>
<tr><td colspan="6">जन्म-वृद्धि-परिणत्यपक्षय-</td></tr>
<tr><td colspan="6">जन्म, वृद्धि, परिणाम, क्षीणता,</td></tr>
<tr><td colspan="3">व्याधि-नाशन-विहीनं</td><td colspan="3">अव्ययम्</td></tr>
<tr><td colspan="3">व्याधि, विनाश से विरहित</td><td colspan="3">अक्षर</td></tr>
<tr><td colspan="6">विश्व-सृष्ट्यवविघात-कारणं</td></tr>
<tr><td colspan="6">विश्व की और सृष्टि की उत्पत्ति का कारण</td></tr>
<tr><td>ब्रह्म</td><td>तत्</td><td>त्वम्</td><td>असि</td><td>भावय</td><td>आत्मनि</td></tr>
<tr><td>ब्रह्म है</td><td>वह</td><td>तुम</td><td>हो</td><td>जान लो</td><td>मन में</td></tr>
</table>

261. अस्तभेदमनपास्तलक्षणं निस्तरङ्गजलराशिनिश्चलम् ।
नित्यमुक्तमविभक्तमूर्ति यद्ब्रह्म तत्त्वमसि भावयात्मनि ॥

रथोद्धता छंद : (र न र ल ग)

अस्तभे	दमन	पास्तल	क्षणं
ऽ । ऽ	। । ।	ऽ । ऽ	। ऽ
निस्तर	ङ्गजल	राशिनि	श्चलम्
ऽ । ऽ	। । ।	ऽ । ऽ	। ऽ
नित्यमु	क्तमवि	भक्तमू	र्तियद्
ऽ । ऽ	। । ।	ऽ । ऽ	। ऽ
ब्रह्मत	त्त्वमसि	भावया	त्मनि
ऽ । ऽ	। । ।	ऽ । ऽ	। ऽ *

* चरण की अंतिम लघु मात्रा दीर्घ मानी गई है.

संधि-विग्रह.

अस्त-भेदं			अनपास्त-लक्षणं		
भिन्नत्व जिसका अस्त हुआ है			जो अगोचर नहीं है		
निस्तरङ्ग-जल-राशि-निश्चलम्					
जो निस्तरंग जलराशि की तरह गंभीर है					
नित्य-मुक्तं		अविभक्त-मूर्ति		यद्	
नित्य मुक्त है		अखंड है		जो	
ब्रह्म	तत्	त्वम्	असि	भावय	आत्मनि
ब्रह्म है	वह	तुम	हो	जान लो	मन में

262. एकमेव सदनेककारणं कारणान्तरनिरास्यकारणम् ।
कार्यकारणविलक्षणं स्वयं ब्रह्म तत्त्वमसि भावयात्मनि ॥

रथोद्धता छंद : (र न र ल ग)

एकमे	वसद	नेकका	रणं
ऽ । ऽ	। । ।	ऽ । ऽ	। ऽ
कारणा	न्तरनि	रास्यका	रणम्

ऽ । ऽ	। । ।	ऽ । ऽ	। ऽ
कार्यका	रणवि	लक्षणं	स्वयं
ऽ । ऽ	। । ।	ऽ । ऽ	। ऽ
ब्रह्मत	त्वमसि	भावया	त्मनि
ऽ । ऽ	। । ।	ऽ । ऽ	। ऽ *

* चरण की अंतिम लघु मात्रा दीर्घ मानी गई है.

संधि-विग्रह.

एकं		एव		सत्	अनेक-कारणं
एक अकेला जो		ही		सत्	अनेक का कारण है
कारणान्तर-निरास्यकारणम्					
जो स्वयं कारणशून्य है मगर अन्य के निराकरण का कारण है					
कार्य-कारण-विलक्षणं			स्वयं		
कार्य और करण से अलग			स्वयं		
ब्रह्म	तत्	त्वम्	असि	भावय	आत्मनि
ब्रह्म है	वह	तुम	हो	जान लो	मन में

263. निर्विकल्पकमनल्पमक्षरं यत्क्षराक्षरविलक्षणं परम् ।
नित्यमव्ययसुखं निरञ्जनं ब्रह्म तत्त्वमसि भावयात्मनि ।।

रथोद्धता छंद : (र न र ल ग)

निर्विक	ल्पकम	नल्पम	क्षरं
ऽ । ऽ	। । ।	ऽ । ऽ	। ऽ
यत्क्षरा	क्षरवि	लक्षणं	परम्
ऽ । ऽ	। । ।	ऽ । ऽ	। ऽ
नित्यम	व्ययसु	खंनिर	ञ्जनं
ऽ । ऽ	। । ।	ऽ । ऽ	। ऽ
ब्रह्मत	त्वमसि	भावया	त्मनि
ऽ । ऽ	। । ।	ऽ । ऽ	। ऽ *

* चरण की अंतिम लघु मात्रा दीर्घ मानी गई है.

संधि-विग्रह.

निर्विकल्पकं	अनल्पं	अक्षरं

संशय विपर्यय विकल्प विरहित	अक्षय	शाश्वत

यत्	क्षराक्षर-विलक्षणं	परम्
जो	क्षर और अक्षर से भिन्न	परम

नित्यं	अव्ययसुखं	निरञ्जनं
नित्य	चिर सुखदायी	निरंजन

ब्रह्म	तत्	त्वम्	असि	भावय	आत्मनि
ब्रह्म है	वह	तुम	हो	जान लो	मन में

264. यद्विभाति सदनेकधा भ्रमान्नामरूपगुणविक्रियात्मना ।
हेमवत्स्वयमविक्रियं सदा ब्रह्म तत्त्वमसि भावयात्मनि ।।

रथोद्धता छंद : (र न र ल ग)

यद्विभा	तिसद	नेकधा	भ्रमान्
ऽ । ऽ	। । ।	ऽ । ऽ	। ऽ
नामरू	पगुण	विक्रिया	त्मना
ऽ । ऽ	। । ।	ऽ । ऽ	। ऽ
हेमव	त्स्वयम	विक्रियं	सदा
ऽ । ऽ	। । ।	ऽ । ऽ	। ऽ
ब्रह्मत	त्त्वमसि	भावया	त्मनि
ऽ । ऽ	। । ।	ऽ । ऽ	। ऽ *

* चरण की अंतिम लघु मात्रा दीर्घ मानी गई है.

संधि-विग्रह.

यद्	विभाति	सत्	अनेकधा	भ्रमान्
जो	आभास देता है	सत्	विविध रीति से	भ्रमों को

नाम-रूप-गुण-विक्रियात्मना
नाम, रूप, गुण, आदि भेदों से

हेमवत्	स्वयं	अविक्रियं	सदा
सोने के समान	स्वयं	निर्विकार	सदैव

ब्रह्म	तत्	त्वम्	असि	भावय	आत्मनि
ब्रह्म है	वह	तुम	हो	जान लो	मन में

265. यच्चकास्त्यनपरं परात्परं प्रत्यगेकरसमात्मलक्षणम् ।

सत्यचित्सुखमनन्तमव्ययं ब्रह्म तत्त्वमसि भावयात्मनि ।।

रथोद्धता छंद : (र न र ल ग)

यच्चका	स्त्यनप	रंपरा	त्परं
ऽ । ऽ	। । ।	ऽ । ऽ	। ऽ
प्रत्यगे	करस	मात्मल	क्षणम्
ऽ । ऽ	। । ।	ऽ । ऽ	। ऽ
सत्यचि	त्सुखम	नन्तम	व्ययं
ऽ । ऽ	। । ।	ऽ । ऽ	। ऽ
ब्रह्मत	त्त्वमसि	भावया	त्मनि
ऽ । ऽ	। । ।	ऽ । ऽ	। ऽ *

* चरण की अंतिम लघु मात्रा दीर्घ मानी गई है.

संधि–विग्रह.

यत्	चकास्ति	अनपरं	परात्परं
जो	चमकता है	अन्य से अधिक	परम से परे

प्रत्यगेकरसं	आत्म-लक्षणम्
सर्वसनातन एकरूप	आत्मस्वरूप

सत्य-चित्सुखं	अनन्तं	अव्ययं
सच्चिदानंदरूप	अनंत	अव्यय

ब्रह्म	तत्	त्वम्	असि	भावय	आत्मनि
ब्रह्म है	वह	तुम	हो	जान लो	मन में

266. उक्तमर्थमिममात्मनि स्वयं भावयेत्प्रथितयुक्तिभिर्धिया ।
संशयादिरहितं कराम्बुवत्तेन तत्त्वनिगमो भविष्यति ।।

रथोद्धता छंद : (र न र ल ग)

उक्तम	र्थमिम	मात्मनि	स्वयं
ऽ । ऽ	। । ।	ऽ । ऽ	। ऽ
भावये	त्प्रथित	युक्तिभि	र्धिया
ऽ । ऽ	। । ।	ऽ । ऽ	। ऽ
संशया	दिरहि	तंकरा	म्बुवत्

ऽ । ऽ	। । ।	ऽ । ऽ	। ऽ
तेनत	त्वनिग	मोभवि	ष्यति
ऽ । ऽ	। । ।	ऽ । ऽ	। ऽ *

* चरण की अंतिम लघु मात्रा दीर्घ मानी गई है.

संधि–विग्रह.

उक्तं	अर्थं	इमं	आत्मनि	स्वयं
कहा गया	अर्थ	यह	आप में	स्वयं

भावयेत्	प्रथितयुक्तिभिः	धिया
चिंतन करना चाहिए	शास्त्र संमत रीतियों से	बुद्धि द्वारा

संशयादि-रहितं	कराम्बुवत्
निःसंशय	हाथ के जल के समान

तेन	तत्त्व-निगमः	भविष्यति
उससे	तत्त्व का साक्षात्कार	होगा

267. संबोधमात्रं परिशुद्धतत्त्वं विज्ञाय सङ्घे नृपवच्च सैन्ये ।
तदाश्रयः स्वात्मनि सर्वदा स्थितो विलापय ब्रह्मणि विश्वजातम् ।।

उपजाति : इंद्रवज्रा- इंद्रवज्रा- वंशस्थ-उपेंद्रवज्रा छंद

संबोध	मात्रंप	रिशुद्ध	तत्त्वं		
ऽ ऽ ।	ऽ ऽ ।	। ऽ ।	ऽ ऽ	त त ज ग ग	इंद्रवज्रा छंद
विज्ञाय	सङ्घेनृ	पवच्च	सैन्ये		
ऽ ऽ ।	ऽ ऽ ।	। ऽ ।	ऽ ऽ	त त ज ग ग	इंद्रवज्रा छंद
तदाश्र	यःस्वात्म	निसर्व	दास्थितो		
। ऽ ।	ऽ ऽ ।	। ऽ ।	ऽ । ऽ	ज त ज र	वंशस्थ छंद
विलाप	यब्रह्म	णिविश्व	जातम्		
। ऽ ।	ऽ ऽ ।	। ऽ ।	ऽ ऽ	ज त ज ग ग	उपेंद्रवज्रा छंद

संधि–विग्रह.

संबोध-मात्रं	परिशुद्ध-तत्त्वं
संबोधन योग्य	शुद्धि युक्त तत्त्व

विज्ञाय	सङ्घे	नृपवत्	च	सैन्ये
जानने के लिए	संयोग में	राजा की तरह	और	सेना में

तदाश्रयः	स्वात्मनि	सर्वदा	स्थितः

उसका अश्रय दाता	निज आत्मा में	सदा	स्थित

विलापय	ब्रह्मणि	विश्व-जातम्
जानो	ब्रह्म में	सृष्ट विश्व

268. बुद्धौ गुहायां सदसद्विलक्षणं ब्रह्मास्ति सत्यं परमद्वितीयम् ।
तदात्मना योऽत्र वसेद्गुहायां पुनर्न तस्याङ्गगुहाप्रवेशः ।।

उपजाति : इंद्रवंशा-इंद्रवज्रा-उपेंद्रवज्रा-उपेंद्रवज्रा छंद

बुद्धौगु	हायांस	दसद्वि	लक्षणं		
ऽ ऽ ।	ऽ ऽ ।	। ऽ ।	ऽ । ऽ	त त ज र	इंद्रवंशा छंद
ब्रह्मास्ति	सत्यंप	रमद्वि	तीयम्		
ऽ ऽ ।	ऽ ऽ ।	। ऽ ।	ऽ ऽ	त त ज ग ग	इंद्रवज्रा छंद
तदात्म	नायोत्र	वसेद्गु	हायां		
। ऽ ।	ऽ ऽ ।	। ऽ ।	ऽ ऽ	ज त ज ग ग	उपेंद्रवज्रा छंद
पुनर्न	तस्याङ्ग	गुहाप्र	वेशः		
। ऽ ।	ऽ ऽ ।	। ऽ ।	ऽ ऽ	ज त ज ग ग	उपेंद्रवज्रा छंद

संधि–विग्रह.

बुद्धौ गुहायां	सदसद्विलक्षणं
बुद्धि स्वरूप गुहा में	स्थूल और सूक्ष्म से भिन्न

ब्रह्म	अस्ति	सत्यं	परं	अद्वितीयम्
ब्रह्म	है	सत्य	परम	अद्वितीय

तदात्मना	यः	अत्र	वसेत्	गुहायां
वह आत्मा से	जो	यहाँ	स्थित होगा	गुहा में

पुनः	न	तस्य	अङ्ग!	गुहा-प्रवेशः
तो फिर	नहीं	उसका	हे शिष्य!	गुहा में प्रवेश होना

269. ज्ञाते वस्तुन्यपि बलवती वासनानादिरेषा
कर्ता भोक्ताप्यहमिति दृढा यास्य संसारहेतुः ।
प्रत्यग्दृष्ट्यात्मनि निवसता सापनेया प्रयत्नान्
मुक्तिं प्राहुस्तदिह मुनयो वासनातानवं यत् ।।

मंदाक्रांता छंद : (म भ न त त ग ग)

ज्ञातेव	स्तुन्यपि	बलव	तीवास	नानादि	रेषा
ऽ ऽ ऽ	ऽ । ।	। । ।	ऽ ऽ ।	ऽ ऽ ।	ऽ ऽ
कर्ताभो	क्ताप्यह	मितिदृ	ढायास्य	संसार	हेतुः
ऽ ऽ ऽ	ऽ । ।	। । ।	ऽ ऽ ।	ऽ ऽ ।	ऽ ऽ
प्रत्यग्दृ	ष्ट्यात्मनि	निवस	तासाप	नेयाप्र	यत्नान्
ऽ ऽ ऽ	ऽ । ।	। । ।	ऽ ऽ ।	ऽ ऽ ।	ऽ ऽ
मुक्तिंप्रा	हुस्तदि	हमुन	योवास	नातान	वंयत्
ऽ ऽ ऽ	ऽ । ।	। । ।	ऽ ऽ ।	ऽ ऽ ।	ऽ ऽ

संधि–विग्रह.

ज्ञाते	वस्तुनि	अपि	बलवती	वासना	अनादिः	एषा
ज्ञान होने पर	वस्तुओं का	भी	बलवान	वासना	सनातन	यह

कर्ता	भोक्ता	अपि	अहं इति	दृढा	या	अस्य	संसार-हेतुः
कर्ता	भोक्ता	भी	मैं	दृढ़	जो	इसका	सृष्टि का कारण

प्रत्यग्दृष्ट्या	आत्मनि	निवसता	सा	अपनेया	प्रयत्नात्
आत्मदृष्टि से	आप में	विद्यमान	वह	परंपरागत	यत्न से

मुक्तिं	प्राहुः	तद्	इह	मुनयः	वासना-तानवं	यत्
मुक्ति	कहते हैं	वह	यहाँ	मुनिजन	वासना का लोप	जो

270. अहं ममेति यो भावो देहाक्षादावनात्मनि ।
अध्यासोऽयं निरस्तव्यो विदुषा स्वात्मनिष्ठया ।।

अनुष्टुभ् श्लोक छंद

अहंम	मेतियो	भावो	
। ऽ ।	ऽ । ऽ	ऽ ऽ	जरगग, यशस्करी छंद
देहाक्षा	दावना	त्मनि	
ऽ ऽ ऽ	ऽ । ऽ	। ऽ *	मरलग, क्षमा छंद
अध्यासो	यंनिर	स्तव्यो	
ऽ ऽ ऽ	ऽ । ऽ	ऽ ऽ	मरगग, मधुमालती छंद
विदुषा	स्वात्मनि	ष्ठया	
। । ऽ	ऽ । ऽ	। ऽ	सरलग, शलुकलुप्ता छंद

* चरण की अंतिम लघु मात्रा दीर्घ मानी गई है.

संधि–विग्रह.

अहं	मम	इति	यः	भावः	देहाक्षादौ	अनात्मनि
मैं	मेरा	नामक	जो	भाव	इन्द्रियादि	अनात्म में

अध्यासः	अयं	निरस्तव्यः	विदुषा	स्वात्म-निष्ठया
अधिष्ठान	यह	निराकरणीय है	ज्ञानी द्वारा	आत्मनिष्ठा से

271. ज्ञात्वा स्वं प्रत्यगात्मानं बुद्धितद्वृत्तिसाक्षिणम् ।
सोऽहमित्येव सद्वृत्त्यानात्मन्यात्ममतिं जहि ।।

अनुष्टुभ् श्लोक छंद

ज्ञात्वास्वं	प्रत्यगा	त्मानं	
ऽ ऽ ऽ	ऽ । ऽ	ऽ ऽ	मरगग, मधुमालती छंद
बुद्धित	द्वृत्तिसा	क्षिणम्	
ऽ । ऽ	ऽ । ऽ	। ऽ	ररलग, हेमरूप छंद
सोहमि	त्येवस	द्वृत्त्या	
ऽ । ऽ	ऽ । ऽ	। ऽ	ररलग, हेमरूप छंद
नात्मन्या	त्ममतिं	जहि	
ऽ ऽ ऽ	। । ऽ	। ऽ *	मसलग, अपरिचित छंद

* चरण की अंतिम लघु मात्रा दीर्घ मानी गई है.

संधि–विग्रह.

ज्ञात्वा	स्वं	प्रत्यगात्मानं	बुद्धितद्वृत्ति-साक्षिणम्
जान कर	अपने	अंतःकरण स्थित	बुद्धि और वृत्ति का साक्षी

सः	अहं	इति	एव	सद्वृत्त्या	अनात्मनि	आत्म-मतिं	जहि
वह	मैं	कह कर	ही	सद्वृत्ति से	देह में से	आत्मबुद्धि को	त्याग दो

272. लोकानुवर्तनं त्यक्त्वा त्यक्त्वा देहानुवर्तनम् ।
शास्त्रानुवर्तनं त्यक्त्वा स्वाध्यासापनयं कुरु ।।

अनुष्टुभ् श्लोक छंद

लोकानु	वर्तनं	त्यक्त्वा	
ऽ ऽ ।	ऽ । ऽ	ऽ ऽ	तरगग, विभा छंद
त्यक्त्वादे	हानुव	र्तनम्	

ऽ ऽ ऽ	ऽ । ऽ	। ऽ	मरलग, क्षमा छंद
शास्त्रानु	वर्तनं	त्यक्त्वा	
ऽ ऽ ।	ऽ । ऽ	ऽ ऽ	तरगग, विभा छंद
स्वाध्यासा	पनयं	कुरु	
ऽ ऽ ऽ	। । ऽ	। ऽ *	मसलग, अपरिचित छंद

* चरण की अंतिम लघु मात्रा दीर्घ मानी गई है.

संधि-विग्रह.

लोकानुवर्तनं	त्यक्त्वा	त्यक्त्वा	देहानुवर्तनम्
लोकाचार को	छोड़ कर	त्याग कर	आत्मसुख को

शास्त्रानुवर्तनं	त्यक्त्वा	स्वाध्यासापनयं	कुरु
शास्त्र की नकल को	छोड़ कर	मन पर आए दबाव को दूर	करो

273. लोकवासनया जन्तोः शास्त्रवासनयापि च ।
देहवासनया ज्ञानं यथावन्नैव जायते ।।

अनुष्टुभ् श्लोक छंद

लोकवा	सनया	जन्तोः	
ऽ । ऽ	। । ऽ	ऽ ऽ	रसगग, गाथ छंद
शास्त्रवा	सनया	पिच	
ऽ । ऽ	। । ऽ	। ऽ *	रसलग, पथ्यावक्त्र छंद
देहवा	सनया	ज्ञानं	
ऽ । ऽ	। । ऽ	ऽ ऽ	रसगग, गाथ छंद
यथाव	न्नैवजा	यते	
। ऽ ऽ	ऽ । ऽ	। ऽ	यरलग, भाषा छंद

* चरण की अंतिम लघु मात्रा दीर्घ मानी गई है.

संधि-विग्रह.

लोक-वासनया	जन्तोः	शास्त्र-वासनया	अपि	च
लोकखुशी के हेतु से	मनुष्य को	शास्त्र के पीछे बहुत पड़ कर	भी	और

देह-वासनया ज्ञानं यथावत् न एव	जायते
देह की इच्छाएँ पूर्ण करने में भी यथार्थ नहीं	होता है

274. संसारकारागृहमोक्षमिच्छोरयोमयं पादनिबन्धशृङ्खलम् ।
वदन्ति तज्ज्ञाः पटु वासनात्रयं योऽस्माद्विमुक्तः समुपैति मुक्तिम् ।।

उपजाति : इंद्रवज्रा-वंशस्थ-वंशस्थ-इंद्रवज्रा छंद

संसार	कारागृ	हमोक्ष	मिच्छो		
ऽ ऽ ।	ऽ ऽ ।	। ऽ ।	ऽ ऽ	त त ज ग ग	इंद्रवज्रा छंद
रयोम	यंपाद	निबन्ध	शृङ्खलम्		
। ऽ ।	ऽ ऽ ।	। ऽ ।	ऽ । ऽ	ज त ज र	वंशस्थ छंद
वदन्ति	तज्ज्ञाःप	टुवास	नात्रयं		
। ऽ ।	ऽ ऽ ।	। ऽ ।	ऽ । ऽ	ज त ज र	वंशस्थ छंद
योस्माद्वि	मुक्तःस	मुपैति	मुक्तिम्		
ऽ ऽ ।	ऽ ऽ ।	। ऽ ।	ऽ ऽ	त त ज ग ग	इंद्रवज्रा छंद

संधि–विग्रह.

संसार-कारागृह-मोक्षं		इच्छोः	
संसाररूप कारावास से मुक्ति		की इच्छा कारने वाले मुमुक्षु को	
अयोमयं		पाद-निबन्ध-शृङ्खलम्	
लोह की बनी		पाँव की बेड़ी को	
वदन्ति	तज्ज्ञाः	पटु	वासना-त्रयं
कहते हैं	ज्ञानी	कुशल	वासना त्रय

यः	अस्मात्	विमुक्तः	समुपैति	मुक्तिम्
जो	इस बंधन से	विमुक्त	प्राप्त होता	मोक्ष को

275. जलादिसंसर्गवशात्प्रभूत दुर्गन्धधूतागरुदिव्यवासना ।
संघर्षणेनैव विभाति सम्यग्विधूयमाने सति बाह्यगन्धे ।।

उपजाति : उपेंद्रवज्रा-इंद्रवंशा-इंद्रवज्रा-उपेंद्रवज्रा छंद

जलादि	संसर्ग	वशात्प्र	भूत		
। ऽ ।	ऽ ऽ ।	। ऽ ।	ऽ ऽ *	ज त ज ग ग	उपेंद्रवज्रा छंद
दुर्गन्ध	धूताग	रुदिव्य	वासना		
ऽ ऽ ।	ऽ ऽ ।	। ऽ ।	ऽ । ऽ	त त ज र	इंद्रवंशा छंद
संघर्ष	णेनैव	विभाति	सम्यग्		
ऽ ऽ ।	ऽ ऽ ।	। ऽ ।	ऽ ऽ	त त ज ग ग	इंद्रवज्रा छंद

विधूय	मानेस	तिबाह्य	गन्धे		
। ऽ ।	ऽ ऽ ।	। ऽ ।	ऽ ऽ	ज त ज ग ग	उपेंद्रवज्रा छंद

* चरण की अंतिम लघु मात्रा दीर्घ मानी गई है.

संधि-विग्रह.

जलादि-संसर्ग-वशात्	प्रभूत-
जल आदि के संसर्ग के परिणाम से	उसके विद्यमान

दुर्गन्ध-धूता	अगरु-दिव्य-वासना
दुर्गंध से अच्छादित	चंदन का उत्कृष्ट सुवास

संघर्षणेन	एव	विभाति	सम्यक्
संघर्ष से	ही	लगता है	अच्छा

विधूयमाने सति	बाह्य-गन्धे
नष्ट हो कर	बाहरी दुर्गंध

276. अन्तःश्रितानन्तदुरन्तवासना धूलीविलिप्ता परमात्मवासना।
प्रज्ञातिसंघर्षणतो विशुद्धा प्रतीयते चन्दनगन्धवत्स्फुटम् ॥

उपजाति : इंद्रवंशा-इंद्रवंशा-इंद्रवज्रा-वंशस्थ छंद

अन्तःश्रि	तानन्त	दुरन्त	वासना		
ऽ ऽ ।	ऽ ऽ ।	। ऽ ।	ऽ । ऽ	त त ज र	इंद्रवंशा छंद
धूलीवि	लिप्ताप	रमात्म	वासना		
ऽ ऽ ।	ऽ ऽ ।	। ऽ ।	ऽ । ऽ	त त ज र	इंद्रवंशा छंद
प्रज्ञाति	संघर्ष	णतोवि	शुद्धा		
ऽ ऽ ।	ऽ ऽ ।	। ऽ ।	ऽ ऽ	त त ज ग ग	इंद्रवज्रा छंद
प्रतीय	तेचन्द	नगन्ध	वत्स्फुटम्		
। ऽ ।	ऽ ऽ ।	। ऽ ।	ऽ । ऽ	ज त ज र	वंशस्थ छंद

संधि-विग्रह.

अन्तः-श्रितानन्त-दूरन्त-वासना-
अंतःकरण की अनेक दुर्गंध देने वाली वासनाओं से

धूली-विलिप्ता	परमात्म-वासना
धूल से पूर्ण लिप्त	परमात्म वासना

प्रज्ञाति-संघर्षणतः	विशुद्धा
शुद्ध बुद्धि के संघर्षण से	विशुद्ध

प्रतीयते	चन्दन-गन्धवत्	स्फुटम्
प्रतीत होती है	चंदन के सुवास समान	स्पष्ट

277. अनात्मवासनाजालैस्तिरोभूतात्मवासना ।
नित्यात्मनिष्ठया तेषां नाशे भाति स्वयं स्फुटम् ।।

अनुष्टुभ् श्लोक छंद

अनात्म	वासना	जालै	
। ऽ ।	ऽ । ऽ	ऽ ऽ	सरगग, परिधारा छंद
स्तिरोभू	तात्मवा	सना	
। ऽ ऽ	ऽ । ऽ	। ऽ	सरलग, शलुकलुप्ता छंद
नित्यात्म	निष्ठया	तेषां	
ऽ ऽ ।	ऽ । ऽ	ऽ ऽ	तरगग, विभा छंद
नाशेभा	तिस्वयं	स्फुटम्	
ऽ ऽ ऽ	ऽ । ऽ	। ऽ	मरलग, क्षमा छंद

संधि–विग्रह.

अनात्म-वासना-जालैः	तिरोभूता	आत्म-वासना
अनात्म वासना के जाल तंतुओं से	तिरोभूत	आत्मवासना

नित्यात्म-निष्ठया	तेषां	नाशे	भाति	स्वयं-स्फुटम्
नित्य ब्रह्मनिष्ठा से	उनके	नाश में	प्रकाशमान होती	स्पष्ट आप स्वयं

278. यथा यथा प्रत्यगवस्थितं मनस्तथा तथा मुञ्चति बाह्यवासनाम् ।
निःशेषमोक्षे सति वासनानामात्मानुभूतिः प्रतिबन्धशून्या ।।

उपजाति : वंशस्थ-वंशस्थ-इंद्रवज्रा-इंद्रवज्रा छंद

यथाय	थाप्रत्य	गवस्थि	तंमनः		
। ऽ ।	ऽ ऽ ।	। ऽ ।	ऽ । ऽ	ज त ज र	वंशस्थ छंद
तथात	थामुञ्च	तिबाह्य	वासनाम्		
। ऽ ।	ऽ ऽ ।	। ऽ ।	ऽ । ऽ	ज त ज र	वंशस्थ छंद
निःशेष	मोक्षेस	तिवास	नानां		
ऽ ऽ ।	ऽ ऽ ।	। ऽ ।	ऽ ऽ	त त ज ग ग	इंद्रवज्रा छंद

आत्मानु	भूतिःप्र	तिबन्ध	शून्या		
ऽ ऽ ।	ऽ ऽ ।	। ऽ ।	ऽ ऽ	त त ज ग ग	इंद्रवज्रा छंद

संधि-विग्रह.

यथा	यथा	प्रत्यगवस्थितं	मनः
जैसे	जैसे	आत्मा में स्थित	मन
तथा	तथा	मुञ्चति	बाह्य-वासनाम्
वैसे	वैसे	मुक्त होता है	बाह्य वासना से

निःशेष-मोक्षे	सति	वासनानां
संपूर्ण नाश होने पर	तब	वासनाओं का

आत्मानुभूतिः	प्रतिबन्ध-शून्या
आत्मा की अनुभूति	बिन बाधा के होती है

279. स्वात्मन्येव सदा स्थित्वा मनो नश्यति योगिनः ।
वासनानां क्षयश्चातः स्वाध्यासापनयं कुरु ॥

अनुष्टुभ् श्लोक छंद

स्वात्मन्ये	वसदा	स्थित्वा	
ऽ ऽ ऽ	। । ऽ	ऽ ऽ	मसगग, वक्त्र छंद
मनोन	श्यतियो	गिनः	
। ऽ ऽ	ऽ । ऽ	। ऽ	यरलग, भाषा छंद
वासना	नांक्षय	श्चातः	
ऽ । ऽ	ऽ । ऽ	ऽ ऽ	ररगग, पद्ममाला छंद
स्वाध्यासा	पनयं	कुरु	
ऽ ऽ ऽ	। । ऽ	। ऽ *	मसलग, अपरिचित छंद

* चरण की अंतिम लघु मात्रा दीर्घ मानी गई है.

संधि-विग्रह.

स्वात्मनि	एव	सदा	स्थित्वा	मनः	नश्यति	योगिनः
अपनी आत्मा में	ही	सदैव	रह कर	मन	विनाश होता है	योगी की

वासनानां	क्षयः	च	अतः	स्वाध्यासापनयं	कुरु
वासनाओं का	क्षय	और	अतः	मन पर आए दबाव को दूर	करो

280. तमो द्वाभ्यां रजः सत्त्वात्सत्त्वं शुद्धेन नश्यति ।

तस्मात्सत्त्वमवष्टभ्य स्वाध्यासापनयं कुरु ।।

अनुष्टुभ् श्लोक छंद

तमोद्वा	भ्यांरजः	सत्त्वा	
। ऽ ऽ	ऽ । ऽ	ऽ ऽ	यरगग, कुलाधारी छंद
त्सत्त्वंशु	द्धेनन	श्यति	
ऽ ऽ ऽ	ऽ । ऽ	। ऽ *	मरलग, क्षमा छंद
तस्मात्स	त्त्वमव	ष्टभ्य	
ऽ ऽ ऽ	। । ऽ	ऽ ऽ	मसगग, वक्त्र छंद
स्वाध्यासा	पनयं	कुरु	
ऽ ऽ ऽ	। । ऽ	। ऽ *	मसलग, अपरिचित छंद

* चरण की अंतिम लघु मात्रा दीर्घ मानी गई है.

संधि-विग्रह.

तमः	द्वाभ्यां	रजः	सत्त्वात्	सत्त्वं	शुद्धेन	नश्यति
तमो गुण	दोनों में	रजो गुण	सत् गुण से	सत् गुण	शुद्ध से	नष्ट होता है

तस्मात्	सत्त्वं	अवष्टभ्य	स्वाध्यासापनयं	कुरु
इस लिए	सत् गुण को	पाल कर	मन पर आए दबाव को दूर	करो

281. प्रारब्धं पुष्यति वपुरिति निश्चित्य निश्चलः ।
धैर्यमालम्ब्य यत्नेन स्वाध्यासापनयं कुरु ।।

अनुष्टुभ् छंद

प्रारब्धं	पुष्यति	वपु	
ऽ ऽ ऽ	ऽ । ।	। ।	मभलल, अतिजनी छंद
रितिनि	श्चित्यनि	श्चलः	
। । ऽ	ऽ । ऽ	। ऽ	सरलग, शलुकलुप्ता छंद
धैर्यमा	लम्ब्यय	त्नेन	
ऽ । ऽ	ऽ । ऽ	ऽ ऽ	ररगग, पद्ममाला छंद
स्वाध्यासा	पनयं	कुरु	
ऽ ऽ ऽ	। । ऽ	। ऽ *	मसलग, अपरिचित छंद

* चरण की अंतिम लघु मात्रा दीर्घ मानी गई है.

पाद टिप्पणी :

इस अनुष्टुभ् छंद के विषम चरण 1 में पहले चार अक्षरों के बाद य गण (। ऽ ऽ) के स्थान पर न (। । ।) गण आने के कारण – विषम चरण 3 में प्रथम चार अक्षरों के पश्चात् य गण (। ऽ ऽ) गण और सम चरण 2 और 4 में प्रथम चार अक्षरों के पश्चात् ज (। ऽ ।) गण आ कर भी इस चार चरणों के पद्य में श्लोक छंद सिद्ध नहीं हुआ है.

संधि–विग्रह.

प्रारब्धं	पुष्यति	वपुः	इति	निश्चित्य	निश्चलः
प्रारब्ध	पालता है	देह	ऐसा	निश्चय करके	दृढ़

धैर्यं	आलम्ब्य	यत्नेन	स्वाध्यासापनयं	कुरु
धैर्य	आचरण कर	यत्न से	मन पर आए दबाव को दूर	करो

282. नाहं जीवः परं ब्रह्मेत्यतद्व्यावृत्तिपूर्वकम् ।
वासनावेगतः प्राप्तस्वाध्यासापनयं कुरु ॥

अनुष्टुभ् श्लोक छंद

नाहंजी	वःपरं	ब्रह्मे	
ऽ ऽ ऽ	ऽ । ऽ	ऽ ऽ	मरगग, मधुमालती छंद
त्यतद्व्या	वृत्तिपू	र्वकम्	
। ऽ ऽ	ऽ । ऽ	। ऽ	यरलग, भाषा छंद
वासना	वेगतः	प्राप्त	
ऽ ऽ ऽ	। । ऽ	ऽ ऽ	मसगग, वक्त्रा छंद
स्वाध्यासा	पनयं	कुरु	
ऽ ऽ ऽ	। । ऽ	। ऽ *	मसलग, अपरिचित छंद

* चरण की अंतिम लघु मात्रा दीर्घ मानी गई है.

संधि–विग्रह.

न	अहं	जीवः	परं	ब्रह्म	इति	अतद्व्यावृत्ति-पूर्वकम्
नहीं	मैं	जीव	–से भिन्न	ब्रह्म–	ऐसा	भ्रम का निवारण किए

वासना-वेगतः	प्राप्त-स्वाध्यासापनयं	कुरु
वासना की प्रबलता से	मन पर आए हुए दबाव को दूर	करो

283. श्रुत्या युक्त्या स्वानुभूत्या ज्ञात्वा सार्वात्म्यमात्मनः ।
क्वचिदाभासतः प्राप्तस्वाध्यासापनयं कुरु ।।

अनुष्टुभ् छंद

श्रुत्यायु	क्त्यास्वानु	भूत्या	
ऽ ऽ ऽ	ऽ ऽ ।	ऽ ऽ	मतगग, उल्लाला छंद
ज्ञात्वासा	र्वात्म्यम	त्मनः	
ऽ ऽ ऽ	ऽ । ऽ	। ऽ	मरलग, क्षमा छंद
क्वचिदा	भासतः	प्राप्त	
। । ऽ	ऽ । ऽ	ऽ ऽ	सरगग, परिधारा छंद
स्वाध्यासा	पनयं	कुरु	
ऽ ऽ ऽ	। । ऽ	। ऽ *	मसलग, अपरिचित छंद

* चरण की अंतिम लघु मात्रा दीर्घ मानी गई है.

पाद टिप्पणी :

इस अनुष्टुभ् छंद के विषम चरण 1 में पहले चार अक्षरों के बाद य गण (। ऽ ऽ) के स्थान पर र (ऽ । ऽ) गण आने के कारण – विषम चरण 3 में प्रथम चार अक्षरों के पश्चात् य गण (। ऽ ऽ) गण और सम चरण 2 और 4 में प्रथम चार अक्षरों के पश्चात् ज (। ऽ ।) गण आ कर भी इस चार चरणों के पद्य में श्लोक छंद सिद्ध नहीं हुआ है.

संधि-विग्रह.

श्रुत्या	युक्त्या	स्वानुभूत्या	ज्ञात्वा	सार्वात्म्यं	आत्मनः
शास्त्र द्वारा	युक्ति से	स्व अनुभव से	जान कर	अद्वैत का	स्वतः

क्वचित्	आभासतः	प्राप्त-स्वाध्यासापनयं	कुरु
कदाचित्	आभास मात्र से	मन पर आए हुए दबाव को दूर	करो

284. अनादानविसर्गाभ्यामीषन्नास्ति क्रिया मुनेः ।
तदेकनिष्ठया नित्यं स्वाध्यासापनयं कुरु ।।

अनुष्टुभ् श्लोक छंद

अनादा	नविस	र्गाभ्या	
। ऽ ऽ	। । ऽ	ऽ ऽ	यसगग, मनोला छंद

मीषन्ना	स्तिक्रिया	मुनेः	
ऽ ऽ ऽ	ऽ । ऽ	। ऽ	मरलग, क्षमा छंद
तदेक	निष्ठया	नित्यं	
। ऽ ।	ऽ । ऽ	ऽ ऽ	जरगग, यशस्करी छंद
स्वाध्यासा	पनयं	कुरु	
ऽ ऽ ऽ	। । ऽ	। ऽ *	मसलग, अपरिचित छंद

* चरण की अंतिम लघु मात्रा दीर्घ मानी गई है.

संधि-विग्रह.

अनादान-विसर्गाभ्यां	ईषत्	न	अस्ति	क्रिया	मुनेः
लाभ-हानि के अभाव से	जरा भी	नहीं	होती	क्रिया	मुनि की

तत्	एक	निष्ठया	नित्यं	स्वाध्यासापनयं	कुरु
वैसी	एकाग्र	निष्ठा से	सतत	मन पर आए दबाव को दूर	करो

285. तत्त्वमस्यादिवाक्योत्थब्रह्मात्मैकत्वबोधतः ।
ब्रह्मण्यात्मत्वदार्ढ्याय स्वाध्यासापनयं कुरु ।।

अनुष्टुभ् श्लोक छंद

तत्त्वम	स्यादिवा	क्योत्थ	
ऽ । ऽ	ऽ । ऽ	ऽ ऽ	ररगग, पद्ममाला छंद
ब्रह्मात्मै	कत्वबो	धतः	
ऽ ऽ ऽ	ऽ । ऽ	। ऽ	मरलग, क्षमा छंद
ब्रह्मण्या	त्मत्वदा	र्ढ्याय	
ऽ ऽ ऽ	ऽ । ऽ	ऽ ऽ	मरगग, मधुमालती छंद
स्वाध्यासा	पनयं	कुरु	
ऽ ऽ ऽ	। । ऽ	। ऽ *	मसलग, अपरिचित छंद

* चरण की अंतिम लघु मात्रा दीर्घ मानी गई है.

संधि-विग्रह.

तत्	त्वं	असि	आदि-वाक्योत्थ-ब्रह्मात्मैकत्व-बोधतः
वह ब्रह्म	तुम	ही हो	इत्यादि कहे हु ब्रह्म वचन के बोध से

ब्रह्मणि	आत्मत्व	दार्ढ्याय	स्वाध्यासापनयं	कुरु
ब्रह्म में	अपना आत्मा	दृढ़ करने के लिए	मन पर आए दबाव को दूर	करो

286. अहंभावस्य देहेऽस्मिन्निःशेषविलयावधि ।
सावधानेन युक्तात्मा स्वाध्यासापनयं कुरु ।।

अनुष्टुभ् श्लोक छंद

अहंभा	वस्यदे	हेस्मिन्	
। ऽ ऽ	ऽ । ऽ	ऽ ऽ	यरगग, कुलाधारी छंद
निःशेष	विलया	वधि	
ऽ ऽ ।	। । ऽ	। ऽ *	तसलग, अपरिचित छंद
सावधा	नेनयु	क्तात्मा	
ऽ । ऽ	ऽ । ऽ	ऽ ऽ	ररगग, पद्ममाला छंद
स्वाध्यासा	पनयं	कुरु	
ऽ ऽ ऽ	। । ऽ	। ऽ *	मसलग, अपरिचित छंद

* चरण की अंतिम लघु मात्रा दीर्घ मानी गई है.

संधि-विग्रह.

अहं-भावस्य	देहे	अस्मिन्	निःशेष-विलयावधि
अहंभाव का	देह में	इस	पूर्ण विलय होने तक
सावधानेन	युक्तात्मा	स्वाध्यासापनयं	कुरु
सावधानी से	आत्मयुक्त हो कर	मन पर आए हुए दबाव को दूर	करो

287. प्रतीतिर्जीवजगतोः स्वप्नवद्भाति यावता ।
तावन्निरन्तरं विद्वन्स्वाध्यासापनयं कुरु ।।

अनुष्टुभ् छंद

प्रतीति	जीवज	गतोः	
। ऽ ऽ	ऽ । ।	। ऽ	यभलग, नीत छंद
स्वप्नव	द्भातिया	वता	
ऽ । ऽ	ऽ । ऽ	। ऽ	ररलग, हेमरूप छंद
तावन्नि	रन्तरं	विद्वन्	
ऽ ऽ ।	ऽ । ऽ	ऽ ऽ	तरगग, विभा छंद
स्वाध्यासा	पनयं	कुरु	
ऽ ऽ ऽ	। । ऽ	। ऽ *	मसलग, अपरिचित छंद

* चरण की अंतिम लघु मात्रा दीर्घ मानी गई है.

पाद टिप्पणी :

इस अनुष्टुभ् छंद के विषम चरण 1 में पहले चार अक्षरों के बाद य गण (। ऽ ऽ) के स्थान पर न (। । ।) गण आने के कारण – विषम चरण 3 में प्रथम चार अक्षरों के पश्चात् य गण (। ऽ ऽ) गण और सम चरण 2 और 4 में प्रथम चार अक्षरों के पश्चात् ज (। ऽ ।) गण आ कर भी इस चार चरणों के पद्य में श्लोक छंद सिद्ध नहीं हुआ है.

संधि–विग्रह.

प्रतीतिः	जीव-जगतोः	स्वप्नवत्	भाति	यावता
धारणा	जीव और जगत की	स्वप्न समान	लगती है	जब तक

तावत्	निरन्तरं	विद्वन्	स्वाध्यासापनयं	कुरु
तब तक	निरंतर	हे विद्वान शिष्य!	मन पर आए दबाव को दूर	करो

288. निद्राया लोकवार्तायाः शब्दादेरपि विस्मृतेः ।
क्वचिन्नावसरं दत्त्वा चिन्तयात्मानमात्मनि ।।

अनुष्टुभ् श्लोक छंद

निद्राया	लोकवा	र्तायाः	
ऽ ऽ ऽ	ऽ । ऽ	ऽ ऽ	मरगग, मधुमालती छंद
शब्दादे	रपिवि	स्मृतेः	
ऽ ऽ ऽ	। । ऽ	। ऽ	मसलग, अपरिचित छंद
क्वचिन्ना	वसरं	दत्त्वा	
। ऽ ऽ	। । ऽ	ऽ ऽ	यसगग, मनोला छंद
चिन्तया	त्मानमा	त्मनि	
ऽ । ऽ	ऽ । ऽ	। ऽ *	ररलग, हेमरूप छंद

* चरण की अंतिम लघु मात्रा दीर्घ मानी गई है.

संधि–विग्रह.

निद्रायाः	लोक-वार्तायाः	शब्दादेः	अपि	विस्मृतेः
निद्रा वृत्ति की	लोकोक्ति का	शब्दादि विषय की	भी	विस्मृति का

क्वचित्	न	अवसरं	दत्त्वा	चिन्तय	आत्मानं	आत्मनि
कभी भी	नहीं	अवसर	दे कर	चिंतन करो	अपना	आप में

289. मातापित्रोर्मलोद्भूतं मलमांसमयं वपुः ।
त्यक्त्वा चाण्डालवद्दूरं ब्रह्मीभूय कृती भव ।।

अनुष्टुभ् श्लोक छंद

मातापि	त्रोर्मलो	द्भूतं	
ऽ ऽ ऽ	ऽ । ऽ	ऽ ऽ	मरगग, मधुमालती छंद
मलमां	समयं	वपुः	
। । ऽ	। । ऽ	। ऽ	ससलग, मही छंद
त्यक्त्वाचा	ण्डालव	द्दूरं	
ऽ ऽ ऽ	ऽ । ऽ	ऽ ऽ	मरगग, मधुमालती छंद
ब्रह्मीभू	यकृती	भव	
ऽ ऽ ऽ	। । ऽ	। ऽ *	मसलग, अपरिचित छंद

* चरण की अंतिम लघु मात्रा दीर्घ मानी गई है.

संधि-विग्रह.

माता-पित्रोः	मलोद्भूतं	मल-मांस-मयं	वपुः		
माता-पिता के	मल से उप्तन्न	मल-माँसमय	देह		
त्यक्त्वा	चाण्डालवत्	दूरं	ब्रह्मी-भूय	कृती	भव
छोड़ कर	चांडाल समान	दूर	ब्रह्मरूप होकर	कृतकृत्य	होजाओ

290. घटाकाशं महाकाश इवात्मानं परात्मनि ।
विलाप्याखण्डभावेन तूष्णी भव सदा मुने ।।

अनुष्टुभ् श्लोक छंद

घटाका	शंमहा	काश	
। ऽ ऽ	ऽ । ऽ	ऽ ।	यरगल, सुचंद्रभा छंद
इवात्मा	नंपरा	त्मनि	
। ऽ ऽ	ऽ । ऽ	। ऽ *	यरलग, भाषा छंद
विलाप्या	खण्डभा	वेन	
ऽ ऽ ऽ	ऽ । ऽ	ऽ ।	मरगल, मधुमालती छंद
तूष्णीभ	वसदा	मुने	

ऽ ऽ ।	। । ऽ	। ऽ	तसलग, अपरिचित छंद

* चरण की अंतिम लघु मात्रा दीर्घ मानी गई है.

संधि-विग्रह.

घटाकाशं	महाकाशे	इव	आत्मानं	परात्मनि
घट का रिक्त स्थान	महान आकाश में	जैसे	आप को	परमात्मा में

विलाप्य	अखण्ड-भावेन	तूष्णी	भव	सदा	मुने
विलीन करके	निर्भेद भाव से	स्तब्ध	रहो	नित्य	हे मुनि!

291. स्वप्रकाशमधिष्ठानं स्वयंभूय सदात्मना ।
ब्रह्माण्डमपि पिण्डाण्डं त्यज्यतां मलभाण्डवत् ।।

अनुष्टुभ् श्लोक छंद

स्वप्रका	शमधि	ष्ठानं	
ऽ । ऽ	। । ऽ	ऽ ऽ	रसगग, गाथ छंद
स्वयंभू	यसदा	त्मना	
। ऽ ऽ	। । ऽ	। ऽ	यसलग, अपरिचित छंद
ब्रह्माण्ड	मपिपि	ण्डाण्डं	
ऽ ऽ ।	। । ऽ	ऽ ऽ	तसगग, श्यामा छंद
त्यज्यतां	मलभा	ण्डव	
ऽ । ऽ	। । ऽ	। ऽ *	रसलग, पथ्यावक्त्र छंद

* चरण की अंतिम लघु मात्रा दीर्घ मानी गई है.

संधि-विग्रह.

स्व-प्रकाशं	अधिष्ठानं	स्वयं-भूय	सदात्मना
स्वप्रकाशित	अधिष्ठान	आप ही हो कर	अपने आप से

ब्रह्माण्डं	अपि	पिण्डाण्डं	त्यज्यतां	मल-भाण्डवत्
ब्रह्मांड को	भी	पिंड को	त्याग दो	मलपात्र समान

292. चिदात्मनि सदानन्दे देहारूढामहंधियम् ।
निवेश्य लिङ्गमुत्सृज्य केवलो भव सर्वदा ।।

अनुष्टुभ् श्लोक छंद

चिदात्म	निसदा	नन्दे	
। ऽ ।	। । ऽ	ऽ ऽ	जसगग, भार्गी छंद
देहारू	ढामहं	धियम्	
ऽ ऽ ऽ	ऽ । ऽ	। ऽ	मरलग, क्षमा छंद
निवेश्य	लिङ्गमु	त्सृज्य	
। ऽ ।	ऽ । ऽ	ऽ ।	जरगल, सुचंद्रप्रभा छंद
केवलो	भवस	र्वदा	
ऽ । ऽ	। । ऽ	। ऽ	रसलग, पथ्यावक्त्र छंद

संधि–विग्रह.

चिदात्मनि	सदानन्दे	देहारूढां	अहं-धियम्
चिद्रूप आत्मा में	सदानंद–	देह पर आरूढ़	अहंभाव को

निवेश्य	लिङ्गं	उत्सृज्य	केवलः	भव	सर्वदा
त्याग कर	लिंग विचार	छोड़ कर	एकस्थ	हो जाओ	सदा

293. यत्रैष जगदाभासो दर्पणान्तः पुरं यथा ।
तद्ब्रह्माहमिति ज्ञात्वा कृतकृत्यो भविष्यसि ।।

अनुष्टुभ् श्लोक छंद

यत्रैष	जगदा	भासो	
ऽ ऽ ।	। । ऽ	ऽ ऽ	तसगग, श्यामा छंद
दर्पणा	न्तःपुरं	यथा	
ऽ । ऽ	ऽ । ऽ	। ऽ	ररलग, हेमरूप छंद
तद्ब्रह्मा	हमिति	ज्ञात्वा	
ऽ ऽ ऽ	। । ऽ	ऽ ऽ	मसगग, वक्त्र छंद
कृतकृ	त्योभवि	ष्यसि	
। । ऽ	ऽ । ऽ	। ऽ *	सरलग, शलुकलुप्ता छंद

* चरण की अंतिम लघु मात्रा दीर्घ मानी गई है.

संधि–विग्रह.

यत्र	एषः	जगदाभासः	दर्पणान्तः	पुरं	यथा
जहाँ	यह	जग का आभास	दर्पण का प्रतिबिंब स्वरूप	नगर	समान

तत्	ब्रह्म	अहं	इति	ज्ञात्वा	कृतकृत्यः	भविष्यसि
वह	ब्रह्म	मैं	यह	जान कर	कृतार्थ	तुम होगे

294. यत्सत्यभूतं निजरूपमाद्यं चिदद्वयानन्दमरूपमक्रियम् ।
तदेत्य मिथ्यावपुरुत्सृजेत शैलूषवद्वेषमुपात्तमात्मनः ।।

उपजाति : इंद्रवज्रा-वंशस्थ-इंद्रवज्रा-इंद्रवंशा छंद

यत्सत्य	भूतंनि	जरूप	माद्यं		
ऽ ऽ ।	ऽ ऽ ।	। ऽ ।	ऽ ऽ	त त ज ग ग	इंद्रवज्रा छंद
चिदद्व	यानन्द	मरूप	मक्रियम्		
। ऽ ।	ऽ ऽ ।	। ऽ ।	ऽ । ऽ	ज त ज र	वंशस्थ छंद
तदेत्य	मिथ्याव	पुरुत्सृ	जेत		
ऽ ऽ ।	ऽ ऽ ।	। ऽ ।	ऽ ऽ *	त त ज ग ग	इंद्रवज्रा छंद
शैलूष	वद्वेष	मुपात्त	मात्मनः		
ऽ ऽ ।	ऽ ऽ ।	। ऽ ।	ऽ । ऽ	त त ज र	इंद्रवंशा छंद

* चरण की अंतिम लघु मात्रा दीर्घ मानी गई है.

संधि-विग्रह.

यत्	सत्य-भूतं	निजरूपं	आद्यं
जो	त्रिकालसत्य हुआ	अपना रूप	सनातन

चिदद्वयानन्दं	अरूपं	अक्रियम्
द्वैत वर्जित चिदानंद	गुण वर्जित	अक्रिय

तत्	एत्य	मिथ्यावपुः	उत्सृजेत
वह	पा कर	कल्पित देह	त्यागना चाहिए

शैलूषवत्	वेषं	उपात्तं	आत्मनः
स्वांग की तरह	वेष	कलाकार उतारता है	अपना

295. सर्वात्मना दृश्यमिदं मृषैव नैवाहमर्थः क्षणिकत्वदर्शनात् ।
जानाम्यहं सर्वमिति प्रतीतिः कुतोऽहमादेः क्षणिकस्य सिध्येत् ।।

उपजाति : इंद्रवज्रा-इंद्रवंशा-इंद्रवज्रा-उपेंद्रवज्रा छंद

सर्वात्म	नादृश्य	मिदंमृ	षैव		
ऽ ऽ ।	ऽ ऽ ।	। ऽ ।	ऽ ऽ	त त ज ग ग	इंद्रवज्रा छंद

नैवाह	मर्थःक्ष	णिकत्व	दर्शनात्		
ऽ ऽ ।	ऽ ऽ ।	। ऽ ।	ऽ । ऽ	त त ज र	इंद्रवंशा छंद
जानाम्य	हंसर्व	मितिप्र	तीतिः		
ऽ ऽ ।	ऽ ऽ ।	। ऽ ।	ऽ ऽ	त त ज ग ग	इंद्रवज्रा छंद
कुतोऽ	हमादेः	क्षणिक	स्यसिध्येत्		
। ऽ ।	ऽ । ऽ	। ऽ ।	ऽ ऽ	ज त ज ग ग	उपेंद्रवज्रा छंद

संधि–विग्रह.

सर्वात्मना	दृश्यं	इदं	मृषा	एव
सब ओर से	दिखने वाला	यह विश्व	नश्वर	ही

न	एव	अहं	अर्थः	क्षणिकत्व-दर्शनात्
नहीं	ही	मैं	परमार्थ	क्षणिक होने से

जानामि	अहं	सर्वं	इति	प्रतीतिः
जानता हूँ	मैं	सर्व सत्य	ऐसा	अनुभव

कुतः	अहमादेः	क्षणिकस्य	सिध्येत्
कहाँ से	अहंभाव आदि को	नश्वर को	सिद्ध हो सके

296. अहंपदार्थस्त्वहमादिसाक्षी नित्यं सुषुप्तावपि भावदर्शनात् ।
ब्रूते ह्यजो नित्य इति श्रुतिः स्वयं तत्प्रत्यगात्मा सदसद्विलक्षणः ।।

उपजाति : उपेंद्रवज्रा-इंद्रवंशा-इंद्रवंशा-इंद्रवंशा छंद

अहंप	दार्थस्त्व	हमादि	साक्षी		
। ऽ ।	ऽ ऽ ।	। ऽ ।	ऽ ऽ	ज त ज ग ग	उपेंद्रवज्रा छंद
नित्यंसु	षुप्ताव	पिभाव	दर्शनात्		
ऽ ऽ ।	ऽ ऽ ।	। ऽ ।	ऽ । ऽ	त त ज र	इंद्रवंशा छंद
ब्रूतेह्य	जोनित्य	इतिश्रु	तिःस्वयं		
ऽ ऽ ।	ऽ ऽ ।	। ऽ ।	ऽ । ऽ	त त ज र	इंद्रवंशा छंद
तत्प्रत्य	गात्मास	दसद्वि	लक्षणः		
ऽ ऽ ।	ऽ ऽ ।	। ऽ ।	ऽ । ऽ	त त ज र	इंद्रवंशा छंद

संधि–विग्रह.

अहं-पदार्थः	तु	अहमादि-साक्षी
मै शब्द का अर्थ	तो	अहं साक्षी चिदात्मा

नित्यं		सुषुप्तौ		अपि	भाव-दर्शनात्	
नित्य		सुप्ति में		भी	सत्य भाव देखने से	
ब्रूते	हि	अजः	नित्यः	इति	श्रुतिः	स्वयं
कहता है	चूँकि	अजन्मा	शाश्वत	ऐसे	शास्त्र	स्वयं
तत्		प्रत्यगात्मा		सदसद्विलक्षणः		
वह		अंतरात्मा		शाश्वत–नश्वर से भिन्न		

297. विकारिणां सर्वविकारवेत्ता नित्याविकारो भवितुं समर्हति ।
मनोरथस्वप्नसुषुप्तिषु स्फुटं पुनः पुनर्दृष्टमसत्त्वमेतयोः ।।

उपजाति : उपेंद्रवज्रा-इंद्रवंशा-वंशस्थ-वंशस्थ छंद

विकारि	णांसर्व	विकार	वेत्ता		
। ऽ ।	ऽ ऽ ।	। ऽ ।	ऽ ऽ	ज त ज ग ग	उपेंद्रवज्रा छंद
नित्यावि	कारोभ	वितुंस	मर्हति		
ऽ ऽ ।	ऽ ऽ ।	। ऽ ।	ऽ । ऽ	त त ज र	इंद्रवंशा छंद
मनोर	थस्वप्न	सुषुप्ति	षुस्फुटं		
। ऽ ।	ऽ ऽ ।	। ऽ ।	ऽ । ऽ	ज त ज र	वंशस्थ छंद
पुनःपु	नर्दृष्ट	मसत्त्व	मेतयोः		
। ऽ ।	ऽ ऽ ।	। ऽ ।	ऽ । ऽ	ज त ज र	वंशस्थ छंद

संधि–विग्रह.

विकारिणां		सर्व-विकार-वेत्ता		
विकारयुक्त वस्तुओं के		सब विकार जानने वाला		
नित्याविकारः		भवितुं	समर्हति	
शाश्वत और अविकारी		होने के लिए	समर्थ होता है	
मनोरथ-स्वप्न-सुषुप्तिषु		स्फुटं		
मनोरथ, स्वप्न और सुप्ति में		स्पष्ट		
पुनः पुनः	दृष्टं		असत्त्वं	एतयोः
बारंबार	देखा गया		असत्त्व	इन दोनों का

298. अतोऽभिमानं त्यज मांसपिण्डे पिण्डाभिमानिन्यपि बुद्धिकल्पिते ।
कालत्रयाबाध्यमखण्डबोधं ज्ञात्वा स्वमात्मानमुपैहि शान्तिम् ।।

उपजाति : उपेंद्रवज्रा-इंद्रवंशा-इंद्रवज्रा-इंद्रवज्रा छंद

अतोभि	मानंत्य	जमांस	पिण्डे		
। ऽ ।	ऽ ऽ ।	। ऽ ।	ऽ ऽ	ज त ज ग ग	उपेंद्रवज्रा छंद
पिण्डाभि	मानिन्य	पिबुद्धि	कल्पिते		
ऽ ऽ ।	ऽ ऽ ।	। ऽ ।	ऽ । ऽ	त त ज र	इंद्रवंशा छंद
कालत्र	याबाध्य	मखण्ड	बोधं		
ऽ ऽ ।	ऽ ऽ ।	। ऽ ।	ऽ ऽ	त त ज ग ग	इंद्रवज्रा छंद
ज्ञात्वास्व	मात्मान	मुपैहि	शान्तिम्		
ऽ ऽ ।	ऽ ऽ ।	। ऽ ।	ऽ ऽ	त त ज ग ग	इंद्रवज्रा छंद

संधि–विग्रह.

अतः	अभिमानं	त्यज	मांस-पिण्डे
अतः	अहंभाव को	दूर करो	माँस के देह में बसे

पिण्डाभिमानिनि	अपि	बुद्धि-कल्पिते
देह में बसे अहंभाव का	भी	बुद्धि से कल्पित

काल-त्रयाबाध्यं	अमखण्ड-बोधं
त्रिकाल में जो शाश्वत है	निरंतर ज्ञानरूप

ज्ञात्वा	स्वं	आत्मानं	उपैहि	शान्तिम्
जान कर	अपने	आप	प्राप्त करो	शांति को

299. त्यजाभिमानं कुलगोत्रनाम रूपाश्रमेष्वार्द्रशवाश्रितेषु ।
लिङ्गस्य धर्मानपि कर्तृतादिंस्त्यक्त्वा भवाखण्डसुखस्वरूपः ।।

उपजाति : उपेंद्रवज्रा-इंद्रवज्रा-इंद्रवज्रा-उपेंद्रवज्रा छंद

त्यजाभि	मानंकु	लगोत्र	नाम		
। ऽ ।	ऽ ऽ ।	। ऽ ।	ऽ ऽ *	ज त ज ग ग	उपेंद्रवज्रा छंद
रूपाश्र	मेष्वार्द्र	शवाश्रि	तेषु		
ऽ ऽ ।	ऽ ऽ ।	। ऽ ।	ऽ ऽ *	त त ज ग ग	इंद्रवज्रा छंद
लिङ्गस्य	धर्मान	पिकर्तृ	तादिं		
ऽ ऽ ।	ऽ ऽ ।	। ऽ ।	ऽ ऽ	त त ज ग ग	इंद्रवज्रा छंद
त्यक्त्वाभ	वाखण्ड	सुखस्व	रूपः		
। ऽ ।	ऽ ऽ ।	। ऽ ।	ऽ ऽ	ज त ज ग ग	उपेंद्रवज्रा छंद

* चरण की अंतिम लघु मात्रा दीर्घ मानी गई है.

संधि-विग्रह.

त्यज	अभिमानं	कुल-गोत्र-नाम-
त्याग दो	अहंभाव हो	नाम, कुल, गोत्र,

रूप-आश्रमेषु	आर्द्र-शवाश्रितेषु
रूप, आश्रम	आर्द्र शव के आश्रय में स्थित

लिङ्गस्य	धर्मान्	अपि	कर्तृतादिन्
लिंग देह के	गुणधर्म	भी	कर्तृत्व आदि

त्यक्त्वा	भव	अखण्ड-सुख-स्वरूपः
छोड़ कर	हो जाओ	नित्यानंद ावरूप होजाओ

300. सन्त्यन्ये प्रतिबन्धाः पुंसः संसारहेतवो दृष्टाः ।
तेषामेवं मूलं प्रथमविकारो भवत्यहंकारः ॥

आर्या उद्गाथा छंद (मात्रा 12-18, 12-18)

सन्त्यन्ये	प्रतिब	न्धाः	
ऽ ऽ ऽ	। । ऽ	ऽ	12

पुंसःसं	सारहे	तवोदृ	ष्टाः	
ऽ ऽ ऽ	ऽ । ऽ	। ऽ ऽ	ऽ	18

तेषामे	वंमूलं	
ऽ ऽ ऽ	ऽ ऽ ऽ	12

प्रथम	विकारो	भवत्य	हंकारः	
। । ।	। ऽ ऽ	। ऽ ।	ऽ ऽ ऽ	18

संधि-विग्रह.

सन्ति	अन्ये	प्रतिबन्धाः	पुंसः	संसार-हेतवः	दृष्टाः
हैं	इतर	प्रतिबंध	मनुष्य को	संसार प्राप्ति के कारण	दिखे हैं

तेषां	एवं	मूलं	प्रथम-विकारः	भवति	अहंकारः
उनके	इस तरह	मूल	मुख्य विकार	होता है	अहंभाव

301. यावत्स्यात्स्वस्य संबन्धोऽहंकारेण दुरात्मना ।
तावन्न लेशमात्रापि मुक्तिवार्ता विलक्षणा ॥

अनुष्टुभ् श्लोक छंद

यावत्स्या	त्स्वस्यसं	बन्धो	
ऽ ऽ ऽ	ऽ । ऽ	ऽ ऽ	मरगग, मधुमालती छंद
हंकारे	णदुरा	त्मना	
ऽ ऽ ऽ	। । ऽ	। ऽ	मसलग, अपरिचित छंद
तावन्न	लेशमा	त्रापि	
ऽ ऽ ।	ऽ । ऽ	ऽ ।	तरगल, विभा छंद
मुक्तिवा	र्ताविल	क्षणा	
ऽ । ऽ	ऽ । ऽ	। ऽ	ररलग, हेमरूप छंद

संधि–विग्रह.

यावत्	स्यात्	स्वस्य	संबन्धः	अहंकारेण	दुरात्मना
जब तक	हो	अपना	संबंध	अहंभाव से	शत्रु–
तावत्	न	लेशमात्रा	अपि	मुक्तिवार्ता	विलक्षणा
तब तक	नहीं	किंचित्	भी	मोक्ष की	अलौकिक

302. अहंकारग्रहान्मुक्तः स्वरूपमुपपद्यते ।
चन्द्रवद्विमलः पूर्णः सदानन्दः स्वयंप्रभः ।।

अनुष्टुभ् श्लोक छंद

अहंका	रग्रहा	न्मुक्तः	
। ऽ ऽ	ऽ । ऽ	ऽ ऽ	यरगग, कुलाधारी छंद
स्वरूप	मुपप	द्यते	
। ऽ ।	। । ऽ	। ऽ	जसलग, अपरिचित छंद
चन्द्रव	द्विमलः	पूर्णः	
ऽ । ऽ	। । ऽ	ऽ ऽ	रसगग, गाथ छंद
सदान	न्दःस्वयं	प्रभः	
। ऽ ऽ	ऽ । ऽ	। ऽ	यरलग, भाषा छंद

संधि–विग्रह.

अहंकार-ग्रहात्	मुक्तः	स्वरूपं	उपपद्यते	
अहंभाव रूप ग्रह से	मुक्त	स्वरूप	प्राप्त होता	
चन्द्रवत्	विमलः	पूर्णः	सदानन्दः	स्वयं-प्रभः

चंद्र के समान	निर्मल	पूर्ण	सदानंद	स्वप्रकाशित

303. यो वा पुरे सोऽहमिति प्रतीतो बुद्ध्या प्रक्लृप्तस्तमसातिमूढया ।
तस्यैव निःशेषतया विनाशे ब्रह्मात्मभावः प्रतिबन्धशून्यः ।।

उपजाति : इंद्रवज्रा-इंद्रवंशा-इंद्रवज्रा-इंद्रवज्रा छंद

योवापु	रेसोह	मितिप्र	तीतो		
ऽ ऽ ।	ऽ ऽ ।	। ऽ ।	ऽ ऽ	त त ज ग ग	इंद्रवज्रा छंद
बुद्ध्याप्र	क्लृप्तस्त	मसाति	मूढया		
ऽ ऽ ।	ऽ ऽ ।	। ऽ ।	ऽ । ऽ	त त ज र	इंद्रवंशा छंद
तस्यैव	निःशेष	तयावि	नाशे		
ऽ ऽ ।	ऽ ऽ ।	। ऽ ।	ऽ ऽ	त त ज ग ग	इंद्रवज्रा छंद
ब्रह्मात्म	भावःप्र	तिबन्ध	शून्यः		
ऽ ऽ ।	ऽ ऽ ।	। ऽ ।	ऽ ऽ	त त ज ग ग	इंद्रवज्रा छंद

संधि-विग्रह.

यः	वा	पुरे	सः	अहं	इति	प्रतीतः
जो	अथवा	देह ग्राम में	वह	मैं	नाम से	प्रकट

बुद्ध्या	प्रक्लृप्तः	तमसा	अति-मूढया
अहंबुद्धि से	उत्पन्न	तमो गुण से	परिपूर्ण

तस्य	एव	निःशेषतया	विनाशे
उसके	ही	पूर्णतः	नाश में

ब्रह्मात्म-भावः	प्रतिबन्ध-शून्यः
ब्रह्मात्म भाव	बाधा के बिना

304. ब्रह्मानन्दनिधिर्महाबलवताहंकारघोराहिना
संवेष्ट्यात्मनि रक्ष्यते गुणमयैश्चण्डैस्त्रिभिर्मस्तकैः ।
विज्ञानाख्यमहासिना श्रुतिमता विच्छिद्य शीर्षत्रयं
निर्मूल्याहिमिमं निधिं सुखकरं धीरोऽनुभोक्तुंक्षमः ।।

शार्दूलविक्रीडित छंद : (म स ज स त त ग)

ब्रह्मान	न्दनिधि	र्महाब	लवता	हंकार	घोराहि	ना
ऽ ऽ ऽ	। । ऽ	। ऽ ।	। । ऽ	ऽ ऽ ।	ऽ ऽ ।	ऽ

संवेष्ट्या	त्मनिर	क्ष्यतेगु	णमयै	श्चण्डैस्त्रि	भिर्मस्त	कैः
ऽ ऽ ऽ	। । ऽ	। ऽ ।	। । ऽ	ऽ ऽ ।	ऽ ऽ ।	ऽ
विज्ञाना	ख्यमहा	सिनाश्रु	तिमता	विच्छिद्य	शीर्षत्र	यं
ऽ ऽ ऽ	। । ऽ	। ऽ ।	। । ऽ	ऽ ऽ ।	ऽ ऽ ।	ऽ
निर्मूल्या	हिमिमं	निधिंसु	खकरं	धीरोनु	भोक्तुंक्ष	मः
ऽ ऽ ऽ	। । ऽ	। ऽ ।	। । ऽ	ऽ ऽ ।	ऽ ऽ ।	ऽ

संधि–विग्रह.

ब्रह्मानन्द-निधिः	महाबलवता	अहंकार-घोर-अहिना
ब्रह्मभूत आनंद सागर	महा बलवान	अहंभावरूपी घोर सर्प ने

संवेष्ट्य	आत्मनि	रक्ष्यते	गुणमयैः	श्चण्डैः	त्रिभि	र्मस्तकैः
घेर कर	स्वतः में	रखता है	त्रिगुणमयी	प्रचंड	तीन	फनों से

विज्ञानाख्यमहासिना	श्रुतिमता	विच्छिद्य	शीर्षत्रयं
विज्ञान रूप तेज खड्ग से	शास्त्रमान्य	काट कर	तीनों फन

निर्मूल्य	अहिं	इमं	निधिं	सुखकरं	धीरः	अनुभोक्तुं	क्षमः
निर्मूलन किए	सर्प को	इस	धन का	सुखकर	धीर पुरुष	आनंद लेने	सक्षम

305. यावद्वा यत्किंचिद्विषदोषस्फूर्तिरस्ति चेद्देहे ।
कथमारोग्याय भवेत्तद्वदहन्तापि योगिनो मुक्त्यै ।।

आर्या उद्गाथा छंद (मात्रा 12-18, 12-18)

यावद्वा	यत्किंचित्	
ऽ ऽ ऽ	ऽ ऽ ऽ	12

विषदो	षस्फूर्ति	रस्तिचे	द्देहे	
। । ऽ	ऽ ऽ ।	ऽ । ऽ	ऽ ऽ	18

कथमा	रोग्याय	भवे	
। । ऽ	ऽ ऽ ।	। ऽ	12

त्तद्वद	हन्तापि	योगिनो	मुक्त्यै	
ऽ । ।	ऽ ऽ ।	ऽ । ऽ	ऽ ऽ	18

संधि–विग्रह.

यावत्	वा	यत्किंचित्	विषदोष-स्फूर्तिः	अस्ति	चेत्	देहे

जब तक	अथवा	लेशमात्र	विषदोष का प्रभाव	है	यदि	देह में	
कथं	आरोग्याय	भवेत्	तद्वत्	अहंता	अपि	योगिनः	मुक्त्यै
कैसे	स्वस्थ होने	होगा	वैसे	अहंभाव	भी	यागी की	मुक्ति के लिए

306. अहमोऽत्यन्तनिवृत्त्या तत्कृतनानाविकल्पसंहृत्या ।
प्रत्यक्तत्त्वविवेकादिदमहमस्मीति विन्दते तत्त्वम् ।।

आर्या उद्गाथा छंद (मात्रा 12-18, 12-18)

अहमोऽ	त्यन्तनि	वृत्या		
। । ऽ	ऽ । ।	ऽ ऽ	12	
तत्कृत	नानावि	कल्पसं	हृत्या	
ऽ । ।	ऽ ऽ ।	ऽ । ऽ	ऽ ऽ	18
प्रत्यक्त	त्त्वविवे	का		
ऽ ऽ ऽ	। । ऽ	ऽ	12	
दिदम	हमस्मी	तिविन्द	तेतत्त्वम्	
। । ।	। ऽ ऽ	। ऽ ।	ऽ ऽ ऽ	18

संधि–विग्रह.

अहमः	अत्यन्त-निवृत्या	तत्	कृत-नाना-विकल्प-संहृत्या
अहंभाव की	पूर्ण निवृत्ति से	वह	अहंकारोत्पन्न विविध संशय निवृत्त हो कर

प्रत्यक्तत्त्व-विवेकात्	इदं अहं अस्मि इति	विन्दते	तत्त्वम्
आत्मा–देह के भिन्नत्व के विवेक से	यह “ब्रह्म मैं हूँ” का	पाता है	तत्त्व

307. अहंकारे कर्तर्यहमिति मतिं मुञ्च सहसा
विकारात्मन्यात्मप्रतिफलजुषि स्वस्थितिमुषि ।
यदध्यासात्प्राप्ता जनिमृतिजरादुःखबहुला
प्रतीचश्चिन्मूर्तेस्तव सुखतनोः संसृतिरियम् ।।

शिखरिणी छंद : (य म न स भ ल ग)

अहंका	रेकर्त	र्यहमि	तिमतिं	मुञ्चस	हसा
। ऽ ऽ	ऽ ऽ ऽ	। । ।	। । ऽ	ऽ । ।	। ऽ
विकारा	त्मन्यात्म	प्रतिफ	लजुषि	स्वस्थिति	मुषि

। ऽ ऽ	ऽ ऽ ऽ	। । ।	। । ऽ	ऽ । ।	। ऽ *
यदध्या	सात्प्राप्ता	जनिमृ	तिजरा	दुःखब	हुला
। ऽ ऽ	ऽ ऽ ऽ	। । ।	। । ऽ	ऽ । ।	। ऽ
प्रतीच	श्चिन्मूर्ते	स्तवसु	खतनोः	संसृति	रियम्
। ऽ ऽ	ऽ ऽ ऽ	। । ।	। । ऽ	ऽ । ।	। ऽ

* चरण की अंतिम लघु मात्रा दीर्घ मानी गई है.

संधि-विग्रह.

अहंकारे	कर्तरि	अहं	इति	मतिं	मुञ्च	सहसा
अहंकार में	कर्ता	मैं हूँ	यह	मति	छोड़ कर	पूर्णतया

विकारात्मनि	आत्म-प्रतिफलजुषि	स्वस्थितिमुषि
विकारमय-	आत्मप्रति फल धारक	मूल स्वरूप को ढकने वाला

यदध्यासात्	प्राप्ता	जनि-मृति-जरा-दुःख-बहुला
आभास से जो	प्राप्त हुआ है	जन्म, मरण, जरा, दुःख से भरा हुए देह का

प्रतीचः	चिन्मूर्तेः	तव	सुखतनोः	संसृतिः	इयम्
साक्षी आत्मा	चैतन्यरूप	तुम्हारा	आनंदस्वरूप	संसार	यह

308. सदैकरूपस्य चिदात्मनो विभोरानन्दमूर्तेरनवद्यकीर्तेः ।
नैवान्यथा क्वाप्यविकारिणस्ते विनाहमध्यासममुष्य संसृतिः ॥

उपजाति : वंशस्थ-इंद्रवज्रा-इंद्रवज्रा-वंशस्थ छंद

सदैक	रूपस्य	चिदात्म	नोविभोर्		
। ऽ ।	ऽ ऽ ।	। ऽ ।	ऽ । ऽ	ज त ज र	वंशस्थ छंद
आनन्द	मूर्तेर	नवद्य	कीर्तेः		
ऽ ऽ ।	ऽ ऽ ।	। ऽ ।	ऽ ऽ	त त ज ग ग	इंद्रवज्रा छंद
नैवान्य	थाक्वाप्य	विकारि	णस्ते		
ऽ ऽ ।	ऽ ऽ ।	। ऽ ।	ऽ ऽ	त त ज ग ग	इंद्रवज्रा छंद
विनाह	मध्यास	ममुष्य	संसृतिः		
। ऽ ।	ऽ ऽ ।	। ऽ ।	ऽ । ऽ	ज त ज र	वंशस्थ छंद

संधि-विग्रह.

सदा	एक-रूपस्य	चिदात्मनः	विभोः
सर्वदा	एकरूप-	चिदात्म-	विभु का

आनन्दमूर्तेः				अनवद्यकीर्तेः		
आनंदमूर्ति–				निर्दोष की कीर्ति का		
न	एव	अन्यथा	क्व	अपि	अविकारिणः	ते
नहीं	ही	अन्यथा	कहीं	भी	बिना विकार का	तुम्हें

विना	अहमध्यासं	अमुष्य	संसृतिः
बिना	अहंभाव	प्रसिद्ध	संसार

309. तस्मादहंकारमिमं स्वशत्रुं भोक्तुर्गले कण्टकवत्प्रतीतम् ।
विच्छिद्य विज्ञानमहासिना स्फुटं भुङ्क्ष्वात्मसाम्राज्यसुखं यथेष्टम् ।।

उपजाति : इंद्रवज्रा- इंद्रवज्रा- इंद्रवंशा-इंद्रवज्रा छंद

तस्माद	हंकार	मिमंस्व	शत्रुं		
ऽ ऽ ।	ऽ ऽ ।	। ऽ ।	ऽ ऽ	त त ज ग ग	इंद्रवज्रा छंद
भोक्तुर्ग	लेकण्ट	कवत्प्र	तीतम्		
ऽ ऽ ।	ऽ ऽ ।	। ऽ ।	ऽ ऽ	त त ज ग ग	इंद्रवज्रा छंद
विच्छिद्य	विज्ञान	महासि	नास्फुटं		
ऽ ऽ ।	ऽ ऽ ।	। ऽ ।	ऽ । ऽ	त त ज र	इंद्रवंशा छंद
भुङ्क्ष्वात्म	साम्राज्य	सुखंय	थेष्टम्		
ऽ ऽ ।	ऽ ऽ ।	। ऽ ।	ऽ ऽ	त त ज ग ग	इंद्रवज्रा छंद

संधि–विग्रह.

तस्मात्	अहंकारं	इमं	स्व-शत्रुं
अतः	अहंकार को	इस–	अपने शत्रु को–

भोक्तुः	गले	लेकण्टकवत्	प्रतीतम्
भोक्ता के	गले में	काँटे की तरह	प्रतीत होने वाले को

विच्छिद्य	विज्ञान-महा-असिना	स्फुटं
निकाल कर	विज्ञान के महान खड्ग से	स्पष्ट

भुङ्क्ष्व	आत्म-साम्राज्य-सुखं	यथेष्टम्
उपभोग करो	आत्म साम्राज्य सुख क	यथेष्ट

310. ततोऽहमादेर्विनिवर्त्य वृत्तिं संत्यक्तरागः परमार्थलाभात् ।
तूष्णीं समास्स्वात्मसुखानुभूत्या पूर्णात्मना ब्रह्मणि निर्विकल्पः ।।

उपजाति : उपेंद्रवज्रा-इंद्रवज्रा-इंद्रवज्रा-इंद्रवज्रा छंद

ततोह्	मादेर्वि	निवर्त्य	वृत्तिं		
। ऽ ।	ऽ ऽ ।	। ऽ ।	ऽ ऽ	ज त ज ग ग	उपेंद्रवज्रा छंद
संत्यक्त	रागःप	रमार्थ	लाभात्		
ऽ ऽ ।	ऽ ऽ ।	। ऽ ।	ऽ ऽ	त त ज ग ग	इंद्रवज्रा छंद
तूष्णींस	मास्स्वात्म	सुखानु	भूत्या		
ऽ ऽ ।	ऽ ऽ ।	। ऽ ।	ऽ ऽ	त त ज ग ग	इंद्रवज्रा छंद
पूर्णात्म	नाब्रह्म	णिनिर्वि	कल्पः		
ऽ ऽ ।	ऽ ऽ ।	। ऽ ।	ऽ ऽ	त त ज ग ग	इंद्रवज्रा छंद

संधि-विग्रह.

ततः	अहमादेः	विनिवर्त्य	वृत्तिं
इसके बाद	मैं आदि से	निवृत्त हो कर	वृत्ति को
संत्यक्त-रागः		परमार्थ-लाभात्	
राग छोड़ कर		परमार्थ के लाभ से	
तूष्णीं	समास्स्व	आत्म-सुखानुभूत्या	
स्वस्थ	निष्ठा प्राप्त करो	आत्मसुख का अनुभव ले कर	
पूर्णात्मना	ब्रह्मणि	निर्विकल्पः	
पूर्ण तृप्ति से	ब्रह्म में	संकल्प-विकल्प छोड़ा-	

311. समूलकृत्तोऽपि महानहं पुनर्व्युल्लेखितः स्याद्यदि चेतसा क्षणम् ।
संजीव्य विक्षेपशतं करोति नभस्वता प्रावृषि वारिदो यथा ।।

उपजाति : इंद्रवंशा-इंद्रवंशा-इंद्रवज्रा-वंशस्थ छंद

समूल	कृत्तोपि	महान	हंपुनः		
। ऽ ।	ऽ ऽ ।	। ऽ ।	ऽ । ऽ	ज त ज ग ग	इंद्रवंशा छंद
व्युल्लेखि	तःस्याद्य	दिचेत	साक्षणम्		
ऽ ऽ ।	ऽ ऽ ।	। ऽ ।	ऽ । ऽ	त त ज र	इंद्रवंशा छंद
संजीव्य	विक्षेप	शतंक	रोति		
ऽ ऽ ।	ऽ ऽ ।	। ऽ ।	ऽ ऽ *	त त ज ग ग	इंद्रवज्रा छंद
नभस्व	ताप्रावृ	षिवारि	दोयथा		
। ऽ ।	ऽ ऽ ।	। ऽ ।	ऽ । ऽ	ज त ज र	वंशस्थ छंद

* चरण की अंतिम लघु मात्रा दीर्घ मानी गई है.

संधि-विग्रह.

समूलकृत्तः	अपि	महान्	अहं	पुनः
-जड़ के सहित काटा हुआ	भी	महान अहंकार-	मैं	पुनः

व्युल्लेखितः	स्यात्	यदि	चेतसा	क्षणम्
स्मृत हुआ	हो	यदि	चित्त से	क्षणमात्र

संजीव्य	विक्षेप-शतं	करोति
जीवित हो कर	शतशः विक्षेप	करता है

नभस्वता	प्रावृषि	वारिदः	यथा
नभ वायु से	वर्षा में	मेघ	जैसे

312. निगृह्य शत्रोरहमोऽवकाशः क्वचिन्न देयो विषयानुचिन्तया ।
स एव संजीवनहेतुरस्य प्रक्षीणजम्बीरतरोरिवाम्बु ।।

उपजाति : इंद्रवज्रा-वंशस्थ-उपेंद्रवज्रा-इंद्रवज्रा छंद

निगृह्य	शत्रोर	हमोव	काशः		
ऽ ऽ।	ऽ ऽ।	।ऽ।	ऽ ऽ	त त ज ग ग	इंद्रवज्रा छंद
क्वचिन्न	देयोवि	षयानु	चिन्तया		
।ऽ।	ऽ ऽ।	।ऽ।	ऽ।ऽ	ज त ज र	वंशस्थ छंद
सएव	संजीव	नहेतु	रस्य		
।ऽ।	ऽ ऽ।	।ऽ।	ऽ ऽ	ज त ज ग ग	उपेंद्रवज्रा छंद
प्रक्षीण	जम्बीर	तरोरि	वाम्बु		
ऽ ऽ।	ऽ ऽ।	।ऽ।	ऽ ऽ *	त त ज ग ग	इंद्रवज्रा छंद

* चरण की अंतिम लघु मात्रा दीर्घ मानी गई है.

संधि-विग्रह.

निगृह्य	शत्रोः	अहमः	अवकाशः
निग्रह करके	शत्रु का	अहंकाररूप	अवकाश

क्वचित्	न	देयः	विषयानुचिन्तया
बिलकुल	नहीं	देना चाहिए	विषय का चिंतन करने

सः	एव	संजीवन-हेतुः	अस्य
वह	ही	जीवरक्षा का साधन	इसका

प्रक्षीणजम्बीरतरोः	इव	अम्बु
शुष्क जंबीर वृक्ष को	समान	पानी

313. देहात्मना संस्थित एव कामी विलक्षणः कामयिता कथं स्यात् ।

अतोऽर्थसन्धानपरत्वमेव भेदप्रसक्त्या भवबन्धहेतुः ।।

उपजाति : इंद्रवज्रा- उपेंद्रवज्रा- उपेंद्रवज्रा- इंद्रवज्रा छंद

देहात्म	नासंस्थि	तएव	कामी		
ऽ ऽ ।	ऽ ऽ ।	। ऽ ।	ऽ ऽ	त त ज ग ग	इंद्रवज्रा छंद
विलक्ष	णःकाम	यिताक	थंस्यात्		
। ऽ ।	ऽ ऽ ।	। ऽ ।	ऽ ऽ	ज त ज ग ग	उपेंद्रवज्रा छंद
अतोर्थ	सन्धान	परत्व	मेव		
। ऽ ।	ऽ ऽ ।	। ऽ ।	ऽ ऽ *	ज त ज ग ग	उपेंद्रवज्रा छंद
भेदप्र	सक्त्याभ	वबन्ध	हेतुः		
ऽ ऽ ।	ऽ ऽ ।	। ऽ ।	ऽ ऽ	त त ज ग ग	इंद्रवज्रा छंद

* चरण की अंतिम लघु मात्रा दीर्घ मानी गई है.

संधि–विग्रह.

देहात्मना	संस्थितः	एव	कामी
देहात्मा से	तादात्म्य स्थित	ही	कामना करने वाला
विलक्षणः	कामयिता	कथं	स्यात्
विलक्षण मनुष्य	इच्छुक	कैसे	हो सकता है
अतः	अर्थ-सन्धान-परत्वं	एव	
अतः	वस्तु चिंतन तत्परता	ही	
भेदप्रसक्त्या	भव-बन्ध-हेतुः		
भेद की आसक्ति के द्वारा	भव बंधन का कारण है		

314. कार्यप्रवर्धनाद्बीजप्रवृद्धिः परिदृश्यते ।
कार्यनाशाद्बीजनाशस्तस्मात्कार्यं निरोधयेत् ।।

अनुष्टुभ् छंद

कार्यप्र	वर्धना	द्बीज	
ऽ ऽ ।	ऽ । ऽ	ऽ ऽ	तरगग, विभा छंद
प्रवृद्धिः	परिदृ	श्यते	
। ऽ ऽ	। । ऽ	। ऽ	यसलग, अपरिचित छंद
कार्यना	शाद्बीज	नाश	
ऽ । ऽ	ऽ ऽ ।	ऽ ऽ	रतगग, सखी छंद

स्तस्मात्का	यंनिरो	धयेत्	
ऽ ऽ ऽ	ऽ । ऽ	। ऽ	मरलग, क्षमा छंद

पाद टिप्पणी :

इस अनुष्टुभ् छंद के विषम चरण 3 में पहले चार अक्षरों के बाद य गण (। ऽ ऽ) के स्थान पर र (ऽ । ऽ) गण आने के कारण – विषम चरण 1 में प्रथम चार अक्षरों के पश्चात् य गण (। ऽ ऽ) गण और सम चरण 2 और 4 में प्रथम चार अक्षरों के पश्चात् ज (। ऽ ।) गण आ कर भी इस चार चरणों के पद्य में श्लोक छंद सिद्ध नहीं हुआ है.

संधि–विग्रह.

कार्य-प्रवर्धनात्	बीज-प्रवृद्धिः	परिदृश्यते
कामना की वृद्धि होने से	बीज प्रवृद्धि	दिखती है

कार्यनाशात्	बीज-नाशः	तस्मात्	कार्यं	निरोधयेत्
कामना के नाश से	बीजनाश	इस लिए	कामना को	निरुद्ध करें

315. वासनावृद्धितः कार्यं कार्यवृद्ध्या च वासना ।
वर्धते सर्वथा पुंसः संसारो न निवर्तते ।।

अनुष्टुभ् श्लोक छंद

वासना	वृद्धितः	कार्यं	
ऽ । ऽ	ऽ । ऽ	ऽ ऽ	ररगग, पद्ममाला छंद
कार्यवृ	द्ध्याचवा	सना	
ऽ । ऽ	ऽ । ऽ	। ऽ	ररलग, हेमरूप छंद
वर्धते	सर्वथा	पुंसः	
ऽ । ऽ	ऽ । ऽ	ऽ ऽ	ररगग, पद्ममाला छंद
संसारो	ननिव	र्तते	
ऽ ऽ ऽ	। । ऽ	। ऽ	मसलग, अपरिचित छंद

संधि–विग्रह.

वासना-वृद्धितः	कार्यं	कार्य-वृद्ध्या	च	वासना
वासना की वृद्धि से	कामना	कामना वृद्धि से	और	वासना

वर्धते	सर्वथा	पुंसः	संसारः	न	निवर्तते

बढ़ती है	सर्व प्रकार से	मनुष्य का	संसार	नहीं	निवृत्त होता

316. संसारबन्धविच्छित्त्यै तद्द्वयं प्रदहेद्यतिः ।
वासनावृद्धिरेताभ्यां चिन्तया क्रियया बहिः ।।

अनुष्टुभ् श्लोक छंद

संसार	बन्धवि	च्छित्त्यै	
ऽ ऽ ।	ऽ । ऽ	ऽ ऽ	तरगग, विभा छंद
तद्द्वयं	प्रदहे	द्यतिः	
ऽ । ऽ	। । ऽ	। ऽ	रसलग, पथ्यावक्त्र छंद
वासना	वृद्धिरे	ताभ्यां	
ऽ । ऽ	ऽ । ऽ	ऽ ऽ	ररगग, पद्ममाला छंद
चिन्तया	क्रियया	बहिः	
ऽ । ऽ	। । ऽ	। ऽ	रसलग, पथ्यावक्त्र छंद

संधि-विग्रह.

संसार-बन्ध-विच्छित्त्यै	तद्	द्वयं	प्रदहेत्	यतिः
भव बंधन के नाश के लिए	वह	काम-विषय युगल	जला दे	योगी

वासना-वृद्धिः	एताभ्यां	चिन्तया क्रियया	बहिः
वासना वृद्धि होती है	इन दो-	चिंतन क्रिया से	बाह्य

317. ताभ्यां प्रवर्धमाना सा सूते संसृतिमात्मनः ।
त्रयाणां च क्षयोपायः सर्वावस्थासु सर्वदा ।।

अनुष्टुभ् श्लोक छंद

ताभ्यांप्र	वर्धमा	नासा	
ऽ ऽ ।	ऽ । ऽ	ऽ ऽ	तरगग, विभा छंद
सूतेसं	सृतिमा	त्मनः	
ऽ ऽ ऽ	। । ऽ	। ऽ	मसलग, अपरिचित छंद
त्रयाणां	चक्षयो	पायः	
। ऽ ऽ	ऽ । ऽ	ऽ ऽ	यरगग, कुलाधारी छंद

सर्वाव	स्थासुस	र्वदा	
ऽ ऽ ऽ	ऽ । ऽ	। ऽ	मरलग, क्षमा छंद

संधि-विग्रह.

ताभ्यां	प्रवर्धमाना	सा	सूते	संसृतिं	आत्मनः
इन दो क्रिया से	वृद्धिंगत	वह	जन्म देती	संसार को	अपने

त्रयाणां	च	क्षयोपायः	सर्वावस्थासु	सर्वदा
तीनों के	और	नाश का उपाय	हर हालत में	सदा

318. सर्वत्र सर्वतः सर्वब्रह्ममात्रावलोकनैः ।
सद्भाववासनादार्ढ्यात्तत्त्रयं लयमश्नुते ।।

अनुष्टुभ् श्लोक छंद

सर्वत्र	सर्वतः	सर्व	
ऽ ऽ ।	ऽ । ऽ	ऽ ऽ	तरगग, विभा छंद
ब्रह्ममा	त्रावलो	कनैः	
ऽ । ऽ	ऽ । ऽ	। ऽ	ररलग, हेमरूप छंद
सद्भाव	वासना	दार्ढ्या	
ऽ ऽ ।	ऽ । ऽ	ऽ ऽ	तरगग, विभा छंद
त्तत्रयं	लयम	श्नुते	
ऽ । ऽ	। । ऽ	। ऽ	रसलग, पथ्यावक्त्र छंद

संधि-विग्रह.

सर्वत्र	सर्वतः	सर्व-ब्रह्म-मात्रावलोकनैः
सब ओर से	सब प्रकार से	सब को मात्रा ब्रह्म जान कर

सद्भाव-वासना-दार्ढ्यात्	तत् त्रयं	लयं	अश्नुते
सद्भाव की भावना दृढ़ हो कर	वह तीन का समूह	विनाश	पाता है

319. क्रियानाशे भवेच्चिन्तानाशोऽस्माद्वासनाक्षयः ।
वासनाप्रक्षयो मोक्षः सा जीवन्मुक्तिरिष्यते ।।

अनुष्टुभ् श्लोक छंद

क्रियाना	शेभवे	च्चिन्ता	

।ऽऽ	ऽ।ऽ	ऽऽ	यरगग, कुलाधारी छंद
नाशोस्मा	द्वासना	क्षयः	
ऽऽऽ	ऽ।ऽ	।ऽ	मरलग, क्षमा छंद
वासना	प्रक्षयो	मोक्षः	
ऽ।ऽ	ऽ।ऽ	ऽऽ	ररगग, पद्ममाला छंद
साजीव	न्मुक्तिरि	ष्यते	
ऽऽऽ	ऽ।ऽ	।ऽ	मरलग, क्षमा छंद

संधि-विग्रह.

क्रियानाशे	भवेत्	चिन्तानाशः	अस्मात्	वासना-क्षयः
क्रिया के अभाव से	हो	चिंतन का नाश	इस से	वासना नाश

वासना-प्रक्षयः	मोक्षः	सा	जीव-न्मुक्तिः	इष्यते
वासना का विनाश	मोक्ष	वह	जीव मुक्ति	जानी जाती है

320. सद्वासनास्फूर्तिविजृम्भणे सत्यसौ विलीनाप्यहमादिवासना।
अतिप्रकृष्टाप्यरुणप्रभायां विलीयते साधु यथा तमिस्रा ।।

उपजाति : इंद्रवज्रा-वंशस्थ-उपेंद्रवज्रा-उपेंद्रवज्रा छंद

सद्वास	नास्फूर्ति	विजृम्भ	णेस		
ऽऽ।	ऽऽ।	।ऽ।	ऽऽ	त त ज ग ग	इंद्रवज्रा छंद
त्यसौवि	लीनाप्य	हमादि	वासना		
।ऽ।	ऽऽ।	।ऽ।	ऽ।ऽ	ज त ज र	वंशस्थ छंद
अतिप्र	कृष्टाप्य	रुणप्र	भायां		
।ऽ।	ऽऽ।	।ऽ।	ऽऽ	ज त ज ग ग	उपेंद्रवज्रा छंद
विलीय	तेसाधु	यथात	मिस्रा		
।ऽ।	ऽऽ।	।ऽ।	ऽऽ	ज त ज ग ग	उपेंद्रवज्रा छंद

संधि-विग्रह.

सद्वासना-स्फूर्ति-विजृम्भणे	सति
सद्वासना की स्फूर्ति का उद्गम	हो कर

असौ	विलीना	अपि	अहमादि-वासना
यह	विलीन	भी	अहं आदि वासना

अति-प्रकृष्टा	अपि	अरुण-प्रभायां

अति स्पष्ट	भी	सूर्य प्रकाश में	
विलीयते	साधु	यथा	तमिस्रा
विलीन होता है	पूर्ण	जैसे	अंधकार

321. तमस्तमःकार्यमनर्थजालं न दृश्यते सत्युदिते दिनेशे।
तथाद्वयानन्दरसानुभूतौ न वास्ति बन्धो न च दुःखगन्धः ।।

उपजाति : उपेंद्रवज्रा-उपेंद्रवज्रा-उपेंद्रवज्रा-इंद्रवज्रा छंद

तमस्त	मःकार्य	मनर्थ	जालं		
। ऽ ।	ऽ ऽ ।	। ऽ ।	ऽ ऽ	ज त ज ग ग	उपेंद्रवज्रा छंद
नदृश्य	तेसत्यु	दितेदि	नेशे		
। ऽ ।	ऽ ऽ ।	। ऽ ।	ऽ ऽ	ज त ज ग ग	उपेंद्रवज्रा छंद
तथाद्व	यानन्द	रसानु	भूतौ		
। ऽ ।	ऽ ऽ ।	। ऽ ।	ऽ ऽ	त त ज ग ग	उपेंद्रवज्रा छंद
नवास्ति	बन्धोन	चदुःख	गन्धः		
ऽ ऽ ।	ऽ ऽ ।	। ऽ ।	ऽ ऽ	त त ज ग ग	इंद्रवज्रा छंद

संधि-विग्रह.

तमः	तमः-कार्यं	अनर्थजालं
अंधःकार	और तमो गुण का काम	अनर्थकारी जाल है

न	दृश्यते	सति	उदिते	दिनेशे
नहीं	दिखता है	होते हुए	उदय होने पर	सूरज के-

तथा	अद्वयानन्द-रसानुभूतौ
वैसे ही	अद्वैत का आनंद रस अनुभूत होने पर

न	एव	अस्ति	बन्धः	न	च	दुःख-गन्धः
नहीं	ही	होता है	अंधःकार	नहीं	और	दुःख का दुर्गंध

322. दृश्यं प्रतीतं प्रविलापयन्सन्सन्मात्रमानन्दघनं विभावयन्।
समाहितः सन्बहिरन्तरं वा कालं नयेथाः सति कर्मबन्धे ।।

उपजाति : इंद्रवज्रा-इंद्रवंशा-उपेंद्रवज्रा-इंद्रवज्रा छंद

दृश्यंप्र	तीतंप्र	विलाप	यन्सन्		
ऽ ऽ ।	ऽ ऽ ।	। ऽ ।	ऽ ऽ	त त ज ग ग	इंद्रवज्रा छंद

सन्मात्र	मानन्द	घनंवि	भावयन्		
ऽ ऽ ।	ऽ ऽ ।	। ऽ ।	ऽ । ऽ	त त ज र	इंद्रवंशा छंद
समाहि	तःसन्ब	हिरन्त	रंवा		
। ऽ ।	ऽ ऽ ।	। ऽ ।	ऽ ऽ	ज त ज ग ग	उपेंद्रवज्रा छंद
कालंन	येथाःस	तिकर्म	बन्धे		
ऽ ऽ ।	ऽ ऽ ।	। ऽ ।	ऽ ऽ	त त ज ग ग	इंद्रवज्रा छंद

संधि–विग्रह.

दृश्यं	प्रतीतं	प्रविलापयन्	सन्
दृश्य	प्रतीत होता है	अभाव का चिंतन	होते हुए

सन्मात्रं	आनन्दघनं	विभावयन्
सदानंद	आनंदघन	के चिंतन करते हुए

समाहितः	सन्	बहिः	अन्तरं	वा
स्वस्थ	होते हुए	बाह्य	भीतरी	अथवा

कालं	नयेथाः	सति	कर्म-बन्धे
समय	तू बिताए	–होते हुए	कर्मबद्ध–

323. प्रमादो ब्रह्मनिष्ठायां न कर्तव्यः कदाचन ।
प्रमादो मृत्युरित्याह भगवान्ब्रह्मणः सुतः ।।

अनुष्टुभ् श्लोक छंद

प्रमादो	ब्रह्मनि	ष्ठायां	
। ऽ ऽ	ऽ । ऽ	ऽ ऽ	यरगग, कुलाधारी छंद
नकर्त	व्यःकदा	चन	
। ऽ ऽ	ऽ । ऽ	। ऽ *	यरलग, भाषा छंद
प्रमादो	मृत्युरि	त्याह	
। ऽ ऽ	ऽ । ऽ	ऽ ।	यरगल, सुचंद्रभा छंद
भगवा	न्ब्रह्मणः	सुतः	
। । ऽ	ऽ । ऽ	। ऽ	सरलग, शलुकलुप्ता छंद

* चरण की अंतिम लघु मात्रा दीर्घ मानी गई है.

संधि–विग्रह.

प्रमादः	ब्रह्मनिष्ठायां	न	कर्तव्यः	कदाचन

अनवधानता	ब्रह्मनिष्ठा में	नहीं	करनी चाहिए	कभी भी	
प्रमादः	मृत्युः	इति आह	भगवान्	ब्रह्मणः	सुतः
उन्माद	मृत्यु	कहा गया है	भगवान	ब्रह्मा के	पुत्र सनत्सुजात द्वारा

324. न प्रमादादनर्थोऽन्यो ज्ञानिनः स्वस्वरूपतः ।
ततो मोहस्ततोऽहंधीस्ततो बन्धस्ततो व्यथा ।।

अनुष्टुभ् श्लोक छंद

नप्रमा	दादन	र्थोन्यो	
ऽ । ऽ	ऽ । ऽ	ऽ ऽ	ररगग, पद्ममाला छंद
ज्ञानिनः	स्वस्वरू	पतः	
ऽ । ऽ	ऽ । ऽ	। ऽ	ररलग, हेमरूप छंद
ततोमो	हस्ततो	हंधी	
। ऽ ऽ	ऽ । ऽ	ऽ ऽ	यरगग, कुलाधारी छंद
स्ततोब	न्धस्ततो	व्यथा	
। ऽ ऽ	ऽ । ऽ	। ऽ	यरलग, भाषा छंद

संधि-विग्रह.

न	प्रमादात्	अनर्थः	अन्यः	ज्ञानिनः	स्व-स्वरूपतः
नहीं	गफलत से	अनर्थ	दूसरा	ज्ञानी के लिए	आत्मचिंतन के बारे में

ततः	मोहः	ततः	अहं-धीः	ततः	बन्धः	ततः	व्यथा
उससे	मोह	फिर	अहंभाव	फिर	बंधन	फिर	व्यथा

325. विषयाभिमुखं दृष्ट्वा विद्वांसमपि विस्मृतिः ।
विक्षेपयति धीदोषैर्योषा जारमिव प्रियम् ।।

अनुष्टुभ् श्लोक छंद

विषया	भिमुखं	दृष्ट्वा	
। । ऽ	। । ऽ	ऽ ऽ	ससगग, पंचशिखा छंद
विद्वांस	मपिवि	स्मृतिः	
ऽ ऽ ।	। । ऽ	। ऽ	तसलग, अपरिचित छंद

विक्षेप	यतिधी	दोषै	
ऽ ऽ ।	। । ऽ	ऽ ऽ	तसगग, श्यामा छंद
योषाजा	रमिव	प्रियम्	
ऽ ऽ ऽ	। । ऽ	। ऽ	मसलग, अपरिचित छंद

संधि-विग्रह.

विषयाभिमुखं	दृष्ट्वा	विद्वांसं	अपि	विस्मृतिः	
विषय को आगे	देख कर	ज्ञानी की	भी	विस्मृति	
विक्षेपयति	धी-दोषैः	योषा	जारं	इव	प्रियम्
हिला देती है	बुद्धिदोष से	युवती	आशिक को	जैसे	प्रिय-

326. यथाप्रकृष्टं शैवालं क्षणमात्रं न तिष्ठति ।
आवृणोति तथा माया प्राज्ञं वापि पराङ्मुखम् ।।

अनुष्टुभ् छंद

यथाप्र	कृष्टंशै	वालं	
। ऽ ।	ऽ ऽ ऽ	ऽ ऽ	जमगग, हाकली छंद
क्षणमा	त्रंनति	ष्ठति	
। । ऽ	ऽ । ऽ	। ऽ *	सरलग, शलुकलुप्ता छंद
आवृणो	तितथा	माया	
ऽ । ऽ	। । ऽ	ऽ ऽ	रसगग, गाथ छंद
प्राज्ञंवा	पिपरा	ङ्मुखम्	
ऽ ऽ ऽ	। । ऽ	। ऽ	मसलग, अपरिचित छंद

* चरण की अंतिम लघु मात्रा दीर्घ मानी गई है.

पाद टिप्पणी :

इस अनुष्टुभ् छंद के विषम चरण 1 में पहले चार अक्षरों के बाद य गण (। ऽ ऽ) के स्थान पर म (ऽ ऽ ऽ) गण आने के कारण – विषम चरण 3 में प्रथम चार अक्षरों के पश्चात् य गण (। ऽ ऽ) गण और सम चरण 2 और 4 में प्रथम चार अक्षरों के पश्चात् ज (। ऽ ।) गण आ कर भी इस चार चरणों के पद्य में श्लोक छंद सिद्ध नहीं हुआ है.

संधि-विग्रह.

यथा	अप्रकृष्टं	शैवालं	क्षणमात्रं	न	तिष्ठति
जैसे	हटाया हुआ	सैवाल	क्षण मात्र	नहीं	रुकता

आवृणोति	तथा	माया	प्राज्ञं वा	अपि	पराङ्मुखम्
ढकती है	वैसे	माया	ज्ञानी के	भी	विमुख हुए-

327. लक्ष्यच्युतं चेद्यदि चित्तमीषद्बहिर्मुखं सन्निपतेत्ततस्ततः ।
प्रमादतः प्रच्युतकेलिकन्दुकः सोपानपङ्क्तौ पतितो यथा तथा ।।

उपजाति : इंद्रवज्रा-वंशस्थ-वंशस्थ-इंद्रवंशा छंद

लक्ष्यच्यु	तंचेद्य	दिचित्त	मीषद्		
ऽ ऽ ।	ऽ ऽ ।	। ऽ ।	ऽ ऽ	त त ज ग ग	इंद्रवज्रा छंद
बहिर्मु	खंसन्नि	पतेत्त	तस्ततः		
। ऽ ।	ऽ ऽ ।	। ऽ ।	ऽ । ऽ	ज त ज र	वंशस्थ छंद
प्रमाद	तःप्रच्यु	तकेलि	कन्दुकः		
। ऽ ।	ऽ ऽ ।	। ऽ ।	ऽ । ऽ	ज त ज र	वंशस्थ छंद
सोपान	पङ्क्तौप	तितोय	थातथा		
ऽ ऽ ।	ऽ ऽ ।	। ऽ ।	ऽ । ऽ	त त ज र	इंद्रवंशा छंद

संधि-विग्रह.

लक्ष्य-च्युतं	चेद् यदि	चित्तं	ईषत्
ध्येयच्युत	अगर हो	चित्त	जरा भी

बहिर्मुखं	सन्निपतेत्त	ततः ततः
विमुख हुए मनुष्य को	गिरा देता है	यहाँ-वहाँ से

प्रमादतः	प्रच्युत-केलि-कन्दुकः
प्रमाद के कारण	गेंद की तरह

सोपानपङ्क्तौ	पतितः	यथा	तथा
सोपान की सीढ़ी से	गिरा हुए	जैसे	वैसे

328. विषयेष्वाविशच्चेतः संकल्पयति तद्गुणान् ।
सम्यक्संकल्पनात्कामः कामात्पुंसः प्रवर्तनम् ।।

अनुष्टुभ् श्लोक छंद

विषये	ष्वाविश	च्चेतः	

। । ऽ	ऽ । ऽ	ऽ ऽ	सरगग, परिधारा छंद
संकल्प	यतित	द्गुणान्	
ऽ ऽ ।	। । ऽ	। ऽ	तसलग, अपरिचित छंद
सम्यक्सं	कल्पना	त्कामः	
ऽ ऽ ऽ	ऽ । ऽ	ऽ ऽ	मरगग, मधुमालती छंद
कामात्पुं	सःप्रव	र्तनम्	
ऽ ऽ ऽ	ऽ । ऽ	। ऽ	मरलग, क्षमा छंद

संधि–विग्रह.

विषयेषु	आविशत्	चेतः	संकल्पयति	तद्गुणान्	
विषयों में	प्रवेश किए	अंतःकरण	याद करता है	उनके गुणों को	
सम्यक्	संकल्पनात्	कामः	कामात्	पुंसः	प्रवर्तनम्
ठीक	संकल्प करने से	कामना	वासना से	मनुष्य का	परिवर्तन

329. अतः प्रमादान्न परोऽस्ति मृत्युर्विवेकिनो ब्रह्मविदः समाधौ ।
समाहितः सिद्धिमुपैति सम्यक्समाहितात्मा भव सावधानः ।।

उपेंद्रवज्रा छंद (ज त ज ग ग)

अतःप्र	मादान्न	परोऽस्ति	मृत्युः	
। ऽ ।	ऽ ऽ ।	। ऽ ।	ऽ ऽ	उपेंद्रवज्रा छंद
विवेकि	नोब्रह्म	विदःस	माधौ	
। ऽ ।	ऽ ऽ ।	। ऽ ।	ऽ ऽ	उपेंद्रवज्रा छंद
समाहि	तःसिद्धि	मुपैति	सम्यक्	
। ऽ ।	ऽ ऽ ।	। ऽ ।	ऽ ऽ	उपेंद्रवज्रा छंद
समाहि	तात्माभ	वसाव	धानः	
। ऽ ।	ऽ ऽ ।	। ऽ ।	ऽ ऽ	उपेंद्रवज्रा छंद

संधि–विग्रह.

अतः	प्रमादात्	न	परः	अस्ति	मृत्युः
अतः	प्रमाद से	नहीं	अन्य	है	मृत्यु
विवेकिनः		ब्रह्मविदः		समाधौ	
ज्ञानी के लिए		ब्रह्म जानने वाले		ब्रह्मसमाधि में	

समाहितः	सिद्धिं	उपैति	सम्यक्
एकचित्त	सिद्धि में	प्राप्त होता है	ठीक से

समाहितात्मा	भव	सावधानः
एकाग्र योगी	तुम होजाओ!	सजग हुए

330. ततः स्वरूपविभ्रंशो विभ्रष्टस्तु पतत्यधः।
पतितस्य विना नाशं पुनर्नारोह ईक्ष्यते ॥

अनुष्टुभ् श्लोक छंद

ततःस्व	रूपवि	भ्रंशो	
। ऽ ।	ऽ । ऽ	ऽ ऽ	जरगग, यशस्करी छंद
विभ्रष्ट	स्तुपत	त्यधः	
ऽ ऽ ऽ	। । ऽ	। ऽ	मसलग, अपरिचित छंद
पतित	स्यविना	नाशं	
। । ऽ	ऽ । ऽ	ऽ ऽ	सरगग, परिधारा छंद
पुनर्ना	रोहई	क्ष्यते	
। ऽ ऽ	ऽ । ऽ	। ऽ	यरलग, भाषा छंद

संधि-विग्रह.

ततः	स्वरूप-विभ्रंशः	विभ्रष्टः	तु	पतति अधः
उसके बाद	आत्म विचलन	भ्रष्ट हुआ	तो	अधःपतन पाता है

पतितस्य	विना	नाशं	पुनः	न	आरोहः	ईक्ष्यते
पतित की	बिना	नाश	फिर से	नहीं	ऊर्ध्वगति	देखी जाती

331. संकल्पं वर्जयेत्तस्मात्सर्वानर्थस्य कारणम्।
जीवतो यस्य कैवल्यं विदेहे स च केवलः।
यत्किंचित्पश्यतो भेदं भयं ब्रूते यजुःश्रुतिः ॥

अनुष्टुभ् श्लोक छंद

संकल्पं	वर्जये	त्तस्मा	
ऽ ऽ ऽ	ऽ । ऽ	ऽ ऽ	मरगग, मधुमालती छंद
त्सर्वान	र्थस्यका	रणम्	

ऽ ऽ ऽ	ऽ । ऽ	। ऽ	मरलग, क्षमा छंद
जीवतो	यस्यकै	वल्यं	
ऽ । ऽ	ऽ । ऽ	ऽ ऽ	ररगग, पद्ममाला छंद
विदेहे	सचके	वलः	
। ऽ ऽ	। । ऽ	। ऽ	यसलग, अपरिचित छंद
यत्किंचि	त्पश्यतो	भेदं	
ऽ ऽ ऽ	ऽ । ऽ	ऽ ऽ	मरगग, मधुमालती छंद
भयंब्रू	तेयजुः	श्रुतिः	
। ऽ ऽ	ऽ । ऽ	। ऽ	यरलग, भाषा छंद

संधि–विग्रह.

संकल्पं	वर्जयेत्	तस्मात्	सर्वानर्थस्य	कारणम्
संकल्प	वर्ज करना चाहिए	इस लिए	सब दुःखों का	कारण

जीवतः	यस्य	कैवल्यं	विदेहे	सः	च	केवलः
जीते हुए	जिसका	कैवल्य	देह त्याग में	वह	और	कैवल्य भागी

यत्किंचित्	पश्यतः	भेदं	भयं	ब्रूते	यजुः-श्रुतिः
जरा भी	देखने वाले को	जीव–ब्रह्म भेद	जन्म–मरण भय	कहता है	यजुर्वेद

332. यदा कदा वापि विपश्चिदेष ब्रह्मण्यनन्तेऽप्यणुमात्रभेदम् ।
पश्यत्यथामुष्य भयं तदैव यद्वीक्षितं भिन्नतया प्रमादात् ।।

उपजाति : उपेंद्रवज्रा-इंद्रवज्रा-इंद्रवज्रा-इंद्रवज्रा छंद

यदाक	दावापि	विपश्चि	देष		
। ऽ ।	ऽ ऽ ।	। ऽ ।	ऽ ऽ	ज त ज ग ग	उपेंद्रवज्रा छंद
ब्रह्मण्य	नन्तेप्य	णुमात्र	भेदम्		
ऽ ऽ ।	ऽ ऽ ।	। ऽ ।	ऽ ऽ	त त ज ग ग	इंद्रवज्रा छंद
पश्यत्य	थामुष्य	भयंत	दैव		
ऽ ऽ ।	ऽ ऽ ।	। ऽ ।	ऽ ऽ *	त त ज ग ग	इंद्रवज्रा छंद
यद्वीक्षि	तंभिन्न	तयाप्र	मादात्		
ऽ ऽ ।	ऽ ऽ ।	। ऽ ।	ऽ ऽ	त त ज ग ग	इंद्रवज्रा छंद

* चरण की अंतिम लघु मात्रा दीर्घ मानी गई है.

संधि–विग्रह.

यदा कदा	वा अपि	विपश्चित्	एषः
जब भी	कभी भी	ज्ञानी	यह

ब्रह्मणि	अनन्ते	अपि	अणुमात्र-भेदम्
ब्रह्म में	अनंत-	भी	अणुमात्र भेद

पश्यति	अथ	अमुष्य	भयं	तद्	एव
देखता है	तो	उसे	भय	वह	ही

यद्	वीक्षितं	भिन्नतया	प्रमादात्
जो	देखा हुआ	भिन्नता से	प्रमाद के कारण

333. श्रुतिस्मृतिन्यायशतैर्निषिद्धे दृश्येऽत्र यः स्वात्ममतिं करोति ।
उपैति दुःखोपरि दुःखजातं निषिद्धकर्ता स मलिम्लुचो यथा ॥

उपजाति : उपेंद्रवज्रा-इंद्रवज्रा-उपेंद्रवज्रा-वंशस्थ छंद

श्रुतिस्मृ	तिन्याय	शतैर्नि	षिद्धे		
। ऽ ।	ऽ ऽ ।	। ऽ ।	ऽ ऽ	ज त ज ग ग	उपेंद्रवज्रा छंद
दृश्येऽत्र	यःस्वात्म	मतिंक	रोति		
ऽ ऽ ।	ऽ ऽ ।	। ऽ ।	ऽ ऽ *	त त ज ग ग	इंद्रवज्रा छंद
उपैति	दुःखोप	रिदुःख	जातं		
। ऽ ।	ऽ ऽ ।	। ऽ ।	ऽ ऽ	। त ज ग ग	उपेंद्रवज्रा छंद
निषिद्ध	कर्तास	मलिम्लु	चोयथा		
। ऽ ।	ऽ ऽ ।	। ऽ ।	ऽ । ऽ	ज त ज र	वंशस्थ छंद

* चरण की अंतिम लघु मात्रा दीर्घ मानी गई है.

संधि-विग्रह.

श्रुति-स्मृति-न्याय-शतैः	निषिद्धे
श्रुति-स्मृति-न्याय के शत-शत प्रमाणों से	निषिद्ध किए गए

दृश्ये	अत्र	यः	स्वात्ममतिं	करोति
भौतिक जगत में	इस	जो	अपनी धारणा	करता है

उपैति	दुःखोपरि	दुःखजातं
प्राप्त करता है	दुःख के ऊपर	दुःखोत्पन्न फल

निषिद्धकर्ता	सः	मलिम्लुचः	यथा
निषिद्ध काम करने वाला	वह	घटिया चोर	जैसे

334. सत्याभिसंधानरतो विमुक्तो महत्त्वमात्मीयमुपैति नित्यम् ।

मिथ्याभिसन्धानरतस्तु नश्येद्दृष्टं तदेतद्यदचौरचौरयोः ।।

उपजाति : इंद्रवज्रा- उपेंद्रवज्रा- इंद्रवज्रा- इंद्रवंशा छंद

सत्याभि	संधान	रतोवि	मुक्तो		
ऽ ऽ ।	ऽ ऽ ।	। ऽ ।	ऽ ऽ	त त ज ग ग	इंद्रवज्रा छंद
महत्त्व	मात्मीय	मुपैति	नित्यम्		
। ऽ ।	ऽ ऽ ।	। ऽ ।	ऽ ऽ	ज त ज ग ग	उपेंद्रवज्रा छंद
मिथ्याभि	सन्धान	रतस्तु	नश्येद्		
ऽ ऽ ।	ऽ ऽ ।	। ऽ ।	ऽ ऽ	त त ज ग ग	इंद्रवज्रा छंद
दृष्टंत	देतद्य	दचौर	चौरयोः		
ऽ ऽ ।	ऽ ऽ ।	। ऽ ।	ऽ । ऽ	त त ज र	इंद्रवंशा छंद

संधि–विग्रह.

सत्याभिसंधान-रतः	विमुक्तः
अद्वैत भाव में एकनिष्ठता से लगा हुआ	विमुक्त पुरुष

महत्त्वं	आत्मीयं	उपैति	नित्यम्
महानता	आत्मीय	प्राप्त करता है	नित्य ब्रह्म को

मिथ्याभिसन्धान-रतः	तु	नश्येत्
मिथ्या भाव में रत वह	और	नष्ट होता है

दृष्टं	तत्	एतत्	यत्	अचौरचौरयोः
देखा है	वह	यह	जो	भद्र और अभद्र पुरुषों में भेद देखा जाता है

335. यतिरसदनुसन्धिं बन्धहेतुं विहाय
स्वयमयमहमस्मीत्यात्मदृष्ट्यैव तिष्ठेत् ।
सुखयति ननु निष्ठा ब्रह्मणि स्वानुभूत्या
हरति परमविद्याकार्यदुःखं प्रतीतम् ।।

मालिनी छंद : (न न म य य)

यतिर	सदनु	सन्धिब	न्धहेतुं	विहाय
। । ।	। । ।	ऽ ऽ ऽ	। ऽ ऽ	। ऽ ऽ
स्वयम	यमह	मस्मीत्या	त्मदृष्ट्यै	वतिष्ठेत्
। । ।	। । ।	ऽ ऽ ऽ	। ऽ ऽ	। ऽ ऽ

सुखय	तिननु	निष्ठाब्र	ह्मणिस्वा	नुभूत्या
। । ।	। । ।	ऽ ऽ ऽ	। ऽ ऽ	। ऽ ऽ
हरति	परम	विद्याका	र्यदुःखं	प्रतीतम्
। । ।	। । ।	ऽ ऽ ऽ	। ऽ ऽ	। ऽ ऽ

संधि-विग्रह.

यतिः	असत्	अनुसन्धिं	बन्ध-हेतुं	विहाय
योगी	असत्-	पर विश्वास	बंधन का कारण	त्याग कर

स्वयं	अयं	अहं	अस्मि	इति	आत्म-दृष्ट्या	एव	तिष्ठेत्
स्वयं	यह	मैं	हूँ	ऐसा	आत्मदृष्टि से	ही	स्थित रहे

सुखयति	ननु	निष्ठा	ब्रह्मणि	स्वानुभूत्या
हर्ष देति	सच मुच	निष्ठा	ब्रह्म में	निजी अनुभूति से

हरति	परं	अविद्या-कार्य-दुःखं	प्रतीतम्
हरण करती	सर्वतः	-अविद्याजनित दुःख	जाना माना-

336. बाह्यानुसन्धिः परिवर्धयेत्फलं दुर्वासनामेव ततस्ततोऽधिकाम् ।
ज्ञात्वा विवेकैः परिहृत्य बाह्यं स्वात्मानुसन्धिं विदधीत नित्यम् ।।

उपजाति : इंद्रवंशा-इंद्रवंशा-इंद्रवज्रा-इंद्रवज्रा छंद

बाह्यानु	सन्धिःप	रिवर्ध	येत्फलं		
ऽ ऽ ।	ऽ ऽ ।	। ऽ ।	ऽ । ऽ	त त ज र	इंद्रवंशा छंद
दुर्वास	नामेव	ततस्त	तोधिकाम्		
ऽ ऽ ।	ऽ ऽ ।	। ऽ ।	ऽ । ऽ	त त जर	इंद्रवंशा छंद
ज्ञात्वावि	वेकैःप	रिहृत्य	बाह्यं		
ऽ ऽ ।	ऽ ऽ ।	। ऽ ।	ऽ ऽ	त त ज ग ग	इंद्रवज्रा छंद
स्वात्मानु	सन्धिंवि	दधीत	नित्यम्		
ऽ ऽ ।	ऽ ऽ ।	। ऽ ।	ऽ ऽ	त त ज ग ग	इंद्रवज्रा छंद

संधि-विग्रह.

बाह्यानुसन्धिः	परिवर्धयेत्	फलं
बाह्य विषयों का संपर्क	बढ़ाता है	परिणाम

दुर्वासनां	एव	ततः	ततः	अधिकाम्
कुवासना को	ही	फिर	उससे भी	अधिकाधिक

ज्ञात्वा	विवेकैः	परिहृत्य	बाह्यं
जान कर	सुविवेक से	त्याग करके	बाह्य-

स्वात्मानुसन्धिं	विदधीत	नित्यम्
आत्मचिंतन	करें	नित्यरूप से

337. बाह्ये निरुद्धे मनसः प्रसन्नता मनःप्रसादे परमात्मदर्शनम् ।
तस्मिन्सुदृष्टे भवबन्धनाशो बहिर्निरोधः पदवी विमुक्तेः ।।

उपजाति : इंद्रवंशा-वंशस्थ-इंद्रवज्रा-उपेंद्रवज्रा छंद

बाह्येनि	रुद्धेम	नसःप्र	सन्नता		
ऽ ऽ ।	ऽ ऽ ।	। ऽ ।	ऽ । ऽ	त त ज र	इंद्रवंशा छंद
मनःप्र	सादेप	रमात्म	दर्शनम्		
। ऽ ।	ऽ ऽ ।	। ऽ ।	ऽ । ऽ	ज त ज र	वंशस्थ छंद
तस्मिन्सु	दृष्टेभ	वबन्ध	नाशो		
ऽ ऽ ।	ऽ ऽ ।	। ऽ ।	ऽ ऽ	त त ज ग ग	इंद्रवज्रा छंद
बहिर्नि	रोधःप	दवीवि	मुक्तेः		
। ऽ ।	ऽ ऽ ।	। ऽ ।	ऽ ऽ	ज त ज ग ग	उपेंद्रवज्रा छंद

संधि-विग्रह.

बाह्ये	निरुद्धे	मनसः	प्रसन्नता
-बाह्य विषयों में	निषिद्ध-	मन की	प्रसन्नता

मनःप्रसादे	परमात्म-दर्शनम्
मन शांत होते में	परमात्मा का दर्शन

तस्मिन्	सुदृष्टे	भव-बन्ध	नाशो
उस	साक्षात्कार में	भव बंधन का	विनाश

बहिर्निरोधः	पदवी	विमुक्तेः
बाह्य संकल्प का त्याग	मार्ग है	विमुक्ति का

338. कः पण्डितः सन्सदसद्विवेकी श्रुतिप्रमाणः परमार्थदर्शी ।
जानन्हि कुर्यादसतोऽवलम्बं स्वपातहेतोः शिशुवन्मुमुक्षुः ।।

उपजाति : इंद्रवज्रा- उपेंद्रवज्रा- इंद्रवज्रा- उपेंद्रवज्रा छंद

कःपण्डि	तःसन्स	दसद्वि	वेकी		

ऽ ऽ ।	ऽ ऽ ।	। ऽ ।	ऽ ऽ	त त ज ग ग	इंद्रवज्रा छंद
श्रुतिप्र	माणःप	रमार्थ	दर्शी		
। ऽ ।	ऽ ऽ ।	। ऽ ।	ऽ ऽ	ज त ज ग ग	उपेंद्रवज्रा छंद
जानन्हि	कुर्याद	सतोव	लम्बं		
ऽ ऽ ।	ऽ ऽ ।	। ऽ ।	ऽ ऽ	त त ज ग ग	इंद्रवज्रा छंद
स्वपात	हेतोःशि	शुवन्मु	मुक्षुः		
। ऽ ।	ऽ ऽ ।	। ऽ ।	ऽ ऽ	ज त ज ग ग	उपेंद्रवज्रा छंद

संधि-विग्रह.

कः	पण्डितः	सन्	सदसद्विवेकी
कौनसा	ज्ञानी	हो ते हुए	सत-असत् विवेकी

श्रुतिप्रमाणः	परमार्थदर्शी
शास्त्रपरायण	परमार्थ देखने वाला

जानन्	हि	कुर्यात्	असतः	अवलम्बं
जानते हुए	हि	करे!	असत् का	अवलंबन

स्व-पात-हेतोः	शिशुवत्	मुमुक्षुः
अपने पाप के कारण	शिशु समान बुद्धिमत्ता वाला	मुमुक्षु मनुष्य

339. देहादिसंसक्तिमतो न मुक्तिर्मुक्तस्य देहाद्यभिमत्यभावः।
सुप्तस्य नो जागरणं न जाग्रतः स्वप्नस्तयोर्भिन्नगुणाश्रयत्वात्॥

उपजाति : इंद्रवज्रा- इंद्रवज्रा- इंद्रवंशा-इंद्रवज्रा छंद

देहादि	संसक्ति	मतोन	मुक्तिः		
ऽ ऽ ।	ऽ ऽ ।	। ऽ ।	ऽ ऽ	त त ज ग ग	इंद्रवज्रा छंद
मुक्तस्य	देहाद्य	भिमत्य	भावः		
ऽ ऽ ।	ऽ ऽ ।	। ऽ ।	ऽ ऽ	त त ज ग ग	इंद्रवज्रा छंद
सुप्तस्य	नोजाग	रणंन	जाग्रतः		
ऽ ऽ ।	ऽ ऽ ।	। ऽ ।	ऽ । ऽ	त त ज र	इंद्रवंशा छंद
स्वप्नस्त	योर्भिन्न	गुणाश्र	यत्वात्		
ऽ ऽ ।	ऽ ऽ ।	। ऽ ।	ऽ ऽ	त त ज ग ग	इंद्रवज्रा छंद

संधि-विग्रह.

देहादि-संसक्ति-मतः	न	मुक्तिः

देहादि में आसक्त मन वाला		नहीं	मुक्ति
मुक्तस्य		देहाद्यभिमत्यभावः	
मुक्त मनुष्य का		देहादि पर अनासक्त मनुष्य	

सुप्तस्य	नो	जागरणं	न	जाग्रतः
निद्रस्थ की	नहीं	मन की जागृति	न ही	जागृत की

स्वप्नः	तयोः	भिन्न-गुणाश्रयत्वात्
मन की स्वप्नावस्था	उन दोनों के	भिन्न गुणों के आश्रय के कारण

340. अन्तर्बहिः स्वं स्थिरजङ्गमेषु ज्ञात्वात्मनाधारतया विलोक्य ।
त्यक्ताखिलोपाधिरखण्डरूपः पूर्णात्मना यः स्थित एष मुक्तः ।।

इंद्रवज्रा छंद : (त त ज ग ग)

अन्तर्ब	हिःस्वंस्थि	रजङ्ग	मेषु		
ऽ ऽ ।	ऽ ऽ ।	। ऽ ।	ऽ ऽ	त त ज ग ग	इंद्रवज्रा छंद
ज्ञात्वात्म	नाधार	तयावि	लोक्य		
ऽ ऽ ।	ऽ ऽ ।	। ऽ ।	ऽ ऽ	त त ज ग ग	इंद्रवज्रा छंद
त्यक्ताखि	लोपाधि	रखण्ड	रूपः		
ऽ ऽ ।	ऽ ऽ ।	। ऽ ।	ऽ ऽ	त त ज ग ग	इंद्रवज्रा छंद
पूर्णात्म	नायःस्थि	तएष	मुक्तः		
ऽ ऽ ।	ऽ ऽ ।	। ऽ ।	ऽ ऽ	त त ज ग ग	इंद्रवज्रा छंद

संधि-विग्रह.

अन्तः	बहिः	स्वं	स्थिर-जङ्गमेषु
अंतर्-	बाह्य	अपने आप को	स्थिर-अस्थिर में
ज्ञात्वा	आत्मना	धारतया	विलोक्य
जान कर	अंतःकरण से	आश्रयधारी	जान कर

त्यक्ता	अखिलोपाधिः	अखण्ड-रूपः
त्यागी हुई	सर्व आवरण की चादर	अखंडरूप मनुष्य

पूर्णात्मना	यः	स्थितः	एषः	मुक्तः
पूर्ण ध्यान से	जो	स्थिर मनुष्य	यह	मुक्त है

341. सर्वात्मना बन्धविमुक्तिहेतुः सर्वात्मभावान्न परोऽस्ति कश्चित् ।
दृश्याग्रहे सत्युपपद्यतेऽसौ सर्वात्मभावोऽस्य सदात्मनिष्ठया ।।

उपजाति : इंद्रवज्रा-इंद्रवज्रा-इंद्रवज्रा-इंद्रवंशा छंद

सर्वात्म	नाबन्ध	विमुक्ति	हेतुः		
ऽ ऽ ।	ऽ ऽ ।	। ऽ ।	ऽ ऽ	त त ज ग ग	इंद्रवज्रा छंद
सर्वात्म	भावान्न	परोस्ति	कश्चित्		
ऽ ऽ ।	ऽ ऽ ।	। ऽ ।	ऽ ऽ	त त ज ग ग	इंद्रवज्रा छंद
दृश्याग्र	हेसत्यु	पपद्य	तेसौ		
ऽ ऽ ।	ऽ ऽ ।	। ऽ ।	ऽ ऽ	त त ज ग ग	इंद्रवज्रा छंद
सर्वात्म	भावोस्य	सदात्म	निष्ठया		
ऽ ऽ ।	ऽ ऽ ।	। ऽ ।	ऽ । ऽ	त त ज र	इंद्रवंशा छंद

संधि–विग्रह.

सर्वात्मना	बन्ध-विमुक्ति-हेतुः
यह सब कुछ मेरा ही रूप है मानना	भव बंधन से विमक्ति का साधन

सर्वात्म-भावात्	न	परः	अस्ति	कश्चित्
यह सब मैं ही हूँ	नहीं	अन्य	है	कुछ भी

दृश्याग्रहे	सति	उपपद्यते	असौ
इस दृष्टि कै आग्रह में	हो कर	प्राप्त होता है	यह

सर्वात्म-भावः	अस्य	सदा	आत्म-निष्ठया
सर्वात्म भाव	इसका	सदा	आत्मविश्वास से

342. दृश्यस्याग्रहणं कथं नु घटते देहात्मना तिष्ठतो
बाह्यार्थानुभवप्रसक्तमनसस्तत्तत्क्रियां कुर्वतः ।
संन्यस्ताखिलधर्मकर्मविषयैर्नित्यात्मनिष्ठापरैः
तत्त्वज्ञैः करणीयमात्मनि सदानन्देच्छुभिर्यत्नतः ।।

शार्दूलविक्रीडित छंद : (म स ज स त त ग)

दृश्यस्या	ग्रहणं	कथंनु	घटते	देहात्म	नातिष्ठ	तो
ऽ ऽ ऽ	। । ऽ	। ऽ ।	। । ऽ	ऽ ऽ ।	ऽ ऽ ।	ऽ
बाह्यार्था	नुभव	प्रसक्त	मनस	स्तत्तत्क्रि	यांकुर्व	तः
ऽ ऽ ऽ	। । ऽ	। ऽ ।	। । ऽ	ऽ ऽ ।	ऽ ऽ ।	ऽ
संन्यस्ता	खिलध	र्मकर्म	विषयै	र्नित्यात्म	निष्ठाप	रैः
ऽ ऽ ऽ	। । ऽ	। ऽ ।	। । ऽ	ऽ ऽ ।	ऽ ऽ ।	ऽ

तत्त्वज्ञैः	करणी	यमात्म	निसदा	नन्देच्छु	भिर्यत्न	तः
ऽ ऽ ऽ	। । ऽ	। ऽ ।	। । ऽ	ऽ ऽ ।	ऽ ऽ ।	ऽ

संधि–विग्रह.

दृश्यस्य	अग्रहणं	कथं	नु	घटते	देहात्मना	तिष्ठतः
दृष्ट की	अनदेखी करना	कैसे	भला	हो सकता	देहधारी द्वारा	उपस्थित होते हुए

बाह्यार्थानुभव-प्रसक्तमनसः	तत्तत्क्रियां	कुर्वतः
बाह्य वस्तु के अनुभव में आसक्त मन के लिए	उन–उन क्रिया को	करते हुए

संन्यस्त-अखिल-धर्म-कर्म-विषयै	नित्यात्म-निष्ठा-परैः
त्याग किए हुए सब विहित और निषिद्ध कर्म	आत्मनिष्ठ मनुष्य के द्वारा

तत्त्वज्ञैः	करणीयं	आत्मनि	सदानन्देच्छुभिः	यत्नतः
सदसद्विवेकी द्वारा	करणीय है	स्वयं	सदानंद के इच्छुक द्वारा	प्रयत्न से

343. सर्वात्मसिद्धये भिक्षोः कृतश्रवणकर्मणः ।
समाधिं विदधात्येषा शान्तो दान्त इति श्रुतिः ।।

अनुष्टुभ् श्लोक छंद

सर्वात्म	सिद्धये	भिक्षोः	
ऽ ऽ ।	ऽ । ऽ	ऽ ऽ	तरगग, विभा छंद
कृतश्र	वणक	र्मणः	
। ऽ ।	। । ऽ	। ऽ	जसलग, अपरिचित छंद
समाधिं	विदधा	त्येषा	
। ऽ ऽ	। । ऽ	ऽ ऽ	यसगग, मनोला छंद
शान्तोदा	न्तइति	श्रुतिः	
ऽ ऽ ऽ	। । ऽ	। ऽ	मसलग, अपरिचित छंद

संधि–विग्रह.

सर्वात्म-सिद्धये	भिक्षोः	कृत-श्रवण-कर्मणः
सब ओर से आत्मसिद्धि के लिए	–संन्यासी को	श्रुति श्रवण किए हुए–

समाधिं	विदधाति	एषा	शान्तः	दान्तः	इति	श्रुतिः
समाधि लेने	बतलाती है	यह	शमन	दमन	इत्यादि	श्रुति

344. आरूढशक्तेरहमो विनाशः कर्तुन्न शक्य सहसापि पण्डितैः ।

ये निर्विकल्पाख्यसमाधिनिश्चलास्तानन्तरानन्तभवा हि वासनाः ।।

उपजाति : इंद्रवज्रा-इंद्रवंशा-इंद्रवंशा-इंद्रवंशा छंद

आरूढ	शक्तेर	हमोवि	नाशः		
ऽ ऽ ।	ऽ ऽ ।	। ऽ ।	ऽ ऽ	त त ज ग ग	इंद्रवज्रा छंद
कर्तुंन्न	शक्यस	हसापि	पण्डितैः		
ऽ ऽ ।	ऽ ऽ ।	। ऽ ।	ऽ । ऽ	त त ज र	इंद्रवंशा छंद
येनिर्वि	कल्पाख्य	समाधि	निश्चलाः		
ऽ ऽ ।	ऽ ऽ ।	। ऽ ।	ऽ । ऽ	त त ज र	इंद्रवंशा छंद
तानन्त	रानन्त	भवाहि	वासनाः		
ऽ ऽ ।	ऽ ऽ ।	। ऽ ।	ऽ । ऽ	त त ज र	इंद्रवंशा छंद

संधि-विग्रह.

आरूढ-शक्तेः		अहमः		विनाशः	
मन पर सवार हुए प्रबल		अहंभाव का		विनाश	
कर्तुं	न	शक्यः	सहसा	अपि	पण्डितैः
करने	नहीं	शक्य	सहसा	भी	ज्ञानियों के द्वारा
ये	निर्विकल्पाख्य-समाधि-निश्चलाः				
जो	निर्विकल्प नामक समाधि से संकल्प रहित हुए हैं				
तान्	अन्तरा	अनन्त-भवाः		हि	वासनाः
उनको	बिना	जो अनके जन्म ले कर संग्रहित हैं		क्यों कि	वासनाएँ

345. अहंबुद्ध्यैव मोहिन्या योजयित्वावृतेर्बलात् ।
विक्षेपशक्तिः पुरुषं विक्षेपयति तद्गुणैः ।।

अनुष्टुभ् छंद

अहंबु	द्ध्यैवमो	हिन्या	
। ऽ ऽ	ऽ । ऽ	ऽ ऽ	यरगग, कुलाधारी छंद
योजयि	त्वावृते	र्बलात्	
ऽ । ऽ	ऽ । ऽ	। ऽ	ररलग, हेमरूप छंद
विक्षेप	शक्तिःपु	रुषं	
ऽ ऽ ।	ऽ ऽ ।	। ऽ	ततलग, कराली छंद
विक्षेप	यतित	द्गुणैः	

ऽ ऽ ।	। । ऽ	। ऽ	तसलग, अपरिचित छंद

पाद टिप्पणी :

इस अनुष्टुभ् छंद के विषम चरण 3 में पहले चार अक्षरों के बाद य गण (। ऽ ऽ) के स्थान पर भ (ऽ । ।) गण आने के कारण – विषम चरण 1 में प्रथम चार अक्षरों के पश्चात् य गण (। ऽ ऽ) गण और सम चरण 2 और 4 में प्रथम चार अक्षरों के पश्चात् ज (। ऽ ।) गण आ कर भी इस चार चरणों के पद्य में श्लोक छंद सिद्ध नहीं हुआ है.

संधि–विग्रह.

अहंबुद्ध्या	एव	मोहिन्या	योजयित्वा	आवृतेः	बलात्
अहंभाव के साथ	ही	भ्रमित करने वाले	जोड़ कर	आवरण के	प्रभाव से

विक्षेप-शक्तिः	पुरुषं	विक्षेपयति	तद्गुणैः
यह आपदा शक्ति	पुरुष को	परेशान करती है	उन गुणों से

346. विक्षेपशक्तिविजयो विषमो विधातुं निःशेषमावरणशक्तिनिवृत्त्यभावे ।
दृग्दृश्ययोः स्फुटपयोजलवद्विभागे नश्येत्तदावरणमात्मनि च स्वभावात् ।
निःसंशयेन भवति प्रतिबन्धशून्यो विक्षेपणं नहि तदा यदि चेन्मृषार्थे ।।

वसंततिलका छंद : (त भ ज ज ग ग)

विक्षेप	शक्तिवि	जयोवि	षमोवि	धातुं
ऽ ऽ ।	ऽ । ।	। ऽ ।	। ऽ ।	ऽ ऽ
निःशेष	मावर	णशक्ति	निवृत्त्य	भावे
ऽ ऽ ।	ऽ । ।	। ऽ ।	। ऽ ।	ऽ ऽ
दृग्दृश्य	योःस्फुट	पयोज	लवद्वि	भागे
ऽ ऽ ।	ऽ । ।	। ऽ ।	। ऽ ।	ऽ ऽ
नश्येत्त	दावर	णमात्म	निचस्व	भावात्
ऽ ऽ ।	ऽ । ।	। ऽ ।	। ऽ ।	ऽ ऽ
निःसंश	येनभ	वतिप्र	तिबन्ध	शून्यो
ऽ ऽ ।	ऽ । ।	। ऽ ।	। ऽ ।	ऽ ऽ
विक्षेप	णंनहि	तदाय	दिचेन्मृ	षार्थे
ऽ ऽ ।	ऽ । ।	। ऽ ।	। ऽ ।	ऽ ऽ

संधि–विग्रह.

विक्षेप-शक्ति-विजयः	विषमः	विधातुं
विपदा शक्ति पर विजय	कठिन	प्राप्त करने

निःशेषं	आवरण-शक्ति-निवृत्त्य-भावे
पूर्णतया	आवरण शक्ति जब तक निवृत्त नहीं होती

दृग्दृश्ययोः	स्फुट-पयो-जलवत्	विभागे
आत्मा और अनात्मा का	दूध और पानी के स्पष्टिकरण समान	पृथक्करण में

नश्येत्	तद्	आवरणं	आत्मनि	च	स्वभावात्
नष्ट होता है	वह	आवरण	अंतःकरण में	और	स्वभाव के कारण

निःसंशयेन	भवति	प्रतिबन्ध-शून्यः
बिना संदेह के	होता है	बाधा रहित

विक्षेपणं	न	हि	तदा	यदि	चेत्	मृषार्थे
बाधा	नहीं	क्यों कि	तब	अगर	हो	अयोग्य कारण से

347. सम्यग्विवेकः स्फुटबोधजन्यो विभज्य दृग्दृश्यपदार्थतत्त्वम् ।
छिनत्ति मायाकृतमोहबन्धं यस्माद्विमुक्तस्तु पुनर्न संसृतिः ।।

उपजाति : इंद्रवज्रा- उपेंद्रवज्रा- उपेंद्रवज्रा- इंद्रवंशा छंद

सम्यग्वि	वेकःस्फु	टबोध	जन्यो		
ऽ ऽ ।	ऽ ऽ ।	। ऽ ।	ऽ ऽ	त त ज ग ग	इंद्रवज्रा छंद
विभज्य	दृग्दृश्य	पदार्थ	तत्त्वम्		
। ऽ ।	ऽ ऽ ।	। ऽ ।	ऽ ऽ	ज त ज ग ग	उपेंद्रवज्रा छंद
छिनत्ति	मायाकृ	तमोह	बन्धं		
। ऽ ।	ऽ ऽ ।	। ऽ ।	ऽ ऽ	ज त ज ग ग	उपेंद्रवज्रा छंद
यस्माद्वि	मुक्तस्तु	पुनर्न	संसृतिः		
ऽ ऽ ।	ऽ ऽ ।	। ऽ ।	ऽ । ऽ	त त ज र	इंद्रवंशा छंद

संधि–विग्रह.

सम्यक्	विवेकः	स्फुट-बोध-जन्यः
उत्तम	विवेक	स्पष्ट सुविचार से निर्मित

विभज्य	दृग्दृश्य-पदार्थ-तत्त्वम्
पृथक्करण करके	आत्म–अनात्म तत्त्वों के सत्य ज्ञान से

छिनत्ति	मायाकृत-मोह्-बन्धं
जो तोड़ता है	माया द्वारा बने हुए मोह बंधन को

यस्मात्	विमुक्तस्तु	पुनः	न	संसृतिः
जिस बंधन से	विमुक्त मनुष्य	पुनः	नहीं	संसार चक्र में फँसता

348. परावरैकत्वविवेकवन्हिर्दहत्यविद्यागहनं ह्यशेषम् ।
किं स्यात्पुनः संसरणस्य बीजमद्वैतभावं समुपेयुषोऽस्य ।।

उपजाति : उपेंद्रवज्रा-उपेंद्रवज्रा-इंद्रवज्रा-इंद्रवज्रा छंद

पराव	रैकत्व	विवेक	वन्हिः		
। ऽ ।	ऽ ऽ ।	। ऽ ।	ऽ ऽ	ज त ज ग ग	उपेंद्रवज्रा छंद
दहत्य	विद्याग	हनंह्य	शेषम्		
। ऽ ।	ऽ ऽ ।	। ऽ ।	ऽ ऽ	ज त ज ग ग	उपेंद्रवज्रा छंद
किंस्यात्पु	नःसंस	रणस्य	बीजं		
ऽ ऽ ।	ऽ ऽ ।	। ऽ ।	ऽ ऽ	त त ज ग ग	इंद्रवज्रा छंद
अद्वैत	भावंस	मुपेयु	षोस्य		
ऽ ऽ ।	ऽ ऽ ।	। ऽ ।	ऽ ऽ *	त त ज ग ग	इंद्रवज्रा छंद

* चरण की अंतिम लघु मात्रा दीर्घ मानी गई है.

संधि-विग्रह.

परावरैकत्व-विवेक-वन्हिः			
परमात्मा और जीव के अद्वैत का बोध कराने वाला सुविचार अग्नि प्रकाश			
दहति	अविद्या-गहनं	हि	अशेषम्
जलाता है	महा गहन अविद्या को	निश्चित्	समूल

किं	स्यात्	पुनः	संसरणस्य	बीजं
कौनसा	होगा	फिर	संसार बंधन का	बीज

अद्वैत-भावं	समुपेयुषः	अस्य
अद्वैत का सुविचार	प्राप्त हो!	इस मानव को

349. आवरणस्य निवृत्तिर्भवति हि सम्यक्पदार्थदर्शनतः ।
मिथ्याज्ञानविनाशस्तद्विक्षेपजनितदुःखनिवृत्तिः ।।

आर्या उद्गाथा छंद (मात्रा 12-18, 12-18)

आवर	णस्यनि	वृत्ति	
ऽ । ।	ऽ । ।	ऽ ऽ	12

र्भवति	हिसम्य	क्पदार्थ	दर्शन	तः	
। । ।	। ऽ ऽ	। ऽ ।	ऽ । ।	ऽ	18

मिथ्याज्ञा	नविना	श	
ऽ ऽ ऽ	। । ऽ	ऽ	12

स्तद्विक्षे	पजनि	तदुःख	निवृत्तिः	
ऽ ऽ ऽ	। । ।	। ऽ ।	। ऽ ऽ	18

संधि–विग्रह.

आवरणस्य	निवृत्तिः	भवति	हि	सम्यक्पदार्थ-दर्शनतः
आवरण की	निवृत्ति	होती है	निश्चित्	वस्तु को सही दृष्टि से देखने से

मिथ्या-ज्ञान-विनाशः	तद्विक्षेप-जनित-दुःख-निवृत्तिः
अज्ञान का विनाश	और उससे उत्पन्न हुए दुख की निवृत्ति होती है

350. एतत्त्रितयं दृष्टं सम्यग्रज्जुस्वरूपविज्ञानात् ।
तस्माद्वस्तुसतत्त्वं ज्ञातव्यं बन्धमुक्तये विदुषा ।।

आर्या उद्गाथा छंद (मात्रा 12-18, 12-18)

एतत्त्रि	तयंदृ	ष्टं	
ऽ ऽ ।	। ऽ ऽ	ऽ	12

सम्यग्र	ज्जुस्वरू	पविज्ञा	नात्	
ऽ ऽ ऽ	ऽ । ऽ	। ऽ ऽ	ऽ	18

तस्माद्व	स्तुसत	त्त्वं	
ऽ ऽ ऽ	। । ऽ	ऽ	12

ज्ञातव्यं	बन्धमु	क्तयेवि	दुषा	
ऽ ऽ ऽ	ऽ । ऽ	। ऽ ।	। ऽ	18

संधि–विग्रह.

एतत्	त्रितयं	दृष्टं	सम्यग्रज्जु-स्वरूप-विज्ञानात्
यह	तिगुना आवरण	दुष्ट	रज्जु स्वरूप का सही ज्ञान होने से

तस्मात्	वस्तु	सतत्त्वं	ज्ञातव्यं	बन्ध-मुक्तये	विदुषा
इस लिए	वस्तु	यथार्थ रूप	ज्ञात होना चाहिए	बंधन मुक्ति के लिए	ज्ञानी द्वारा

351. अयोऽग्नियोगादिव सत्समन्वयान्मात्रादिरूपेण विजृम्भते धीः ।
तत्कार्यमेतद्द्वितयं यतो मृषा दृष्टं भ्रमस्वप्नमनोरथेषु ।।

उपजाति : वंशस्थ-इंद्रवज्रा-इंद्रवंशा-इंद्रवज्रा छंद

अयोग्नि	योगादि	वसत्स	मन्वयान्		
।ऽ।	ऽऽ।	।ऽ।	ऽ।ऽ	ज त ज र	वंशस्थ छंद
मात्रादि	रूपेण	विजृम्भ	तेधीः		
ऽऽ।	ऽऽ।	।ऽ।	ऽऽ	त त ज ग ग	इंद्रवज्रा छंद
तत्कार्य	मेतद्वि	तयंय	तोमृषा		
ऽऽ।	ऽऽ।	।ऽ।	ऽ।ऽ	त त जर	इंद्रवंशा छंद
दृष्टंभ्र	मस्वप्न	मनोर	थेषु		
ऽऽ।	ऽऽ।	।ऽ।	ऽऽ *	त त ज ग ग	इंद्रवज्रा छंद

* चरण की अंतिम लघु मात्रा दीर्घ मानी गई है.

संधि-विग्रह.

अयः	अग्नि-योगात्	इव	सत्समन्वयान्
लोह	अग्नि के संपर्क से स्फुलिंग रूप	जैसे	अंतर्निहित सत् संपर्क से

मात्रादि-रूपेण	विजृम्भते	धीः
ज्ञेय, ज्ञान और ज्ञाता के रूप में	प्रकट होती है	बुद्धि

तत्कार्यं	एतद्	द्वितयं	यतः	मृषा
वह कार्य	यह	द्वैत अज्ञान का प्रपंच	जहाँ से	मिथ्या

दृष्टं	भ्रम-स्वप्न-मनोरथेषु
देखा गया	भ्रम, स्वप्न और मनोरथ में

352. ततो विकाराः प्रकृतेरहंमुखा देहावसाना विषयाश्च सर्वे ।
क्षणेऽन्यथाभावितया ह्यमीषामसत्त्वमात्मा तु कदापि नान्यथा ।।

उपजाति : वंशस्थ-इंद्रवज्रा-उपेंद्रवज्रा-वंशस्थ छंद

ततोवि	काराःप्र	कृतेर	हंमुखा		
।ऽ।	ऽऽ।	।ऽ।	ऽ।ऽ	ज त ज र	वंशस्थ छंद
देहाव	सानावि	षयाश्च	सर्वे		

ऽ ऽ ।	ऽ ऽ ।	। ऽ ।	ऽ ऽ	त त ज ग ग	इंद्रवज्रा छंद
क्षणेऽन्य	थाभावि	तयाह्य	मीषा		
। ऽ ।	ऽ ऽ ।	। ऽ ।	ऽ ऽ	ज त ज ग ग	उपेंद्रवज्रा छंद
मसत्त्व	मात्मातु	कदापि	नान्यथा		
। ऽ ।	ऽ ऽ ।	। ऽ ।	ऽ । ऽ	ज त ज र	वंशस्थ छंद

संधि-विग्रह.

ततः	विकाराः	प्रकृतेः	अहंमुखाः
उस कारण से	माया जनित विकार	प्रकृति के	अहंभाव से उत्पन्न

देहावसाना	विषयाः	च	सर्वे
देह-इंद्रियाँ समूह	उनके विषय	और	सब
क्षणे	अन्यथा-भावितया	हि	अमीषां
प्रति पल	बदलाव के अनुकूल	ही	वे

असत्त्वं	आत्मा	तु	कदा	अपि	न	अन्यथा
मिथ्या	आत्मा	मगर	कभी	भी	नहीं	बदलता

353. नित्याद्वयाखण्डचिदेकरूपो बुद्ध्यादिसाक्षी सदसद्विलक्षणः ।
अहंपदप्रत्ययलक्षितार्थः प्रत्यक्सदानन्दघनः परात्मा ॥

उपजाति : इंद्रवज्रा-इंद्रवंशा-उपेंद्रवज्रा-इंद्रवज्रा छंद

नित्याद्व	याखण्ड	चिदेक	रूपो		
ऽ ऽ ।	ऽ ऽ ।	। ऽ ।	ऽ ऽ	त त ज ग ग	इंद्रवज्रा छंद
बुद्ध्यादि	साक्षीस	दसद्वि	लक्षणः		
ऽ ऽ ।	ऽ ऽ ।	। ऽ ।	ऽ । ऽ	त त ज र	इंद्रवंशा छंद
अहंप	दप्रत्य	यलक्षि	तार्थः		
। ऽ ।	ऽ ऽ ।	। ऽ ।	ऽ ऽ	ज त ज ग ग	उपेंद्रवज्रा छंद
प्रत्यक्स	दानन्द	घनःप	रात्मा		
ऽ ऽ ।	ऽ ऽ ।	। ऽ ।	ऽ ऽ	त त ज ग ग	इंद्रवज्रा छंद

संधि-विग्रह.

नित्याद्वयाखण्ड	चिदेकरूपः
शाश्वत, अद्वैत, अखंड	चिदानंदरूप

बुद्ध्यादि-साक्षी	सदसद्विलक्षणः

बुद्धि आदि का साक्षी		सत–असते से निराला
अहं-पद-प्रत्यय-लक्षितार्थः		
मैं संज्ञा से जाना जाने वाला		
प्रत्यक्	सदानन्दघनः	परात्मा
सब में	सदानंदघन	परमात्मा

354. इत्थं विपश्चित्सदसद्विभज्य निश्चित्य तत्त्वं निजबोधदृष्ट्या।
ज्ञात्वा स्वमात्मानमखण्डबोधं तेभ्यो विमुक्तः स्वयमेव शाम्यति ।।

उपजाति : इंद्रवज्रा-इंद्रवज्रा-इंद्रवज्रा-इंद्रवंशा छंद

इत्थंवि	पश्चित्स	दसद्वि	भज्य		
ऽ ऽ ।	ऽ ऽ ।	। ऽ ।	ऽ ऽ *	त त ज ग ग	इंद्रवज्रा छंद
निश्चित्य	तत्त्वंनि	जबोध	दृष्ट्या		
ऽ ऽ ।	ऽ ऽ ।	। ऽ ।	ऽ ऽ	त त ज ग ग	इंद्रवज्रा छंद
ज्ञात्वास्व	मात्मान	मखण्ड	बोधं		
ऽ ऽ ।	ऽ ऽ ।	। ऽ ।	ऽ ऽ	त त ज ग ग	इंद्रवज्रा छंद
तेभ्योवि	मुक्तःस्व	यमेव	शाम्यति		
ऽ ऽ ।	ऽ ऽ ।	। ऽ ।	ऽ । ऽ *	त त ज र	इंद्रवंशा छंद

* चरण की अंतिम लघु मात्रा दीर्घ मानी गई है.

संधि–विग्रह.

इत्थं	विपश्चित्	सदसद्	विभज्य
इस तरह से	विद्वान	सत्–असत्	का निराकरण करके

निश्चित्य	तत्त्वं	निज-बोध-दृष्ट्या
निश्चित् करके	तत् का तत्त्व	आत्मज्ञान से देख कर

ज्ञात्वा	स्वं	आत्मानं	अमखण्ड-बोधं
और समझ कर	आपने आप को	आत्मा–	अखंड जान कर

तेभ्यः	विमुक्तः	स्वयं	एव	शाम्यति
पूर्वोक्त त्रिविध अज्ञान से	विमुक्त हुआ	स्वयं	ही	शांति पाता है

355. अज्ञानहृदयग्रन्थेर्निःशेषविलयस्तदा।
समाधिनाविकल्पेन यदाद्वैतात्मदर्शनम् ।।

अनुष्टुभ् श्लोक छंद

अज्ञान	हृदय	ग्रन्थे	
ऽ ऽ ।	। । ऽ	ऽ ऽ	तसगग, श्यामा छंद
र्निःशेष	विलय	स्तदा	
ऽ ऽ ।	। । ऽ	। ऽ	तसलग, अपरिचित छंद
समाधि	नाविक	ल्पेन	
। ऽ ।	ऽ । ऽ	ऽ ।	जरगल, सुचंद्रप्रभा छंद
यदाद्वै	तात्मद	र्शनम्	
। ऽ ऽ	ऽ । ऽ	। ऽ	यरलग, भाषा छंद

संधि-विग्रह.

अज्ञान-हृदय-ग्रन्थेः			निःशेष-विलयः	तदा
हृदय में अज्ञान पालने वाली ग्रंथी का			समूल विनाश	तब
समाधिना	विकल्पेन	यदा	अद्वैतात्म-दर्शनम्	
समाधि के द्वारा	बिना विकल्प	जब	अद्वैत भाव नजर आता है	

356. त्वमहमिदमितीयं कल्पना बुद्धिदोषात्-
प्रभवति परमात्मन्यद्वये निर्विशेषे ।
प्रविलसति समाधावस्य सर्वो विकल्पो
विलयनमुपगच्छेद्वस्तुतत्त्वावधृत्या ।।

मालिनी छंद : (न न म य य)

त्वमह	मिदमि	तीयंक	ल्पनाबु	द्धिदोषात्
। । ।	। । ।	ऽ ऽ ऽ	। ऽ ऽ	। ऽ ऽ
प्रभव	तिपर	मात्मन्य	द्वयेनि	र्विशेषे
। । ।	। । ।	ऽ ऽ ऽ	। ऽ ऽ	। ऽ ऽ
प्रविल	सतिस	माधाव	स्यसर्वो	विकल्पो
। । ।	। । ।	ऽ ऽ ऽ	। ऽ ऽ	। ऽ ऽ
विलय	नमुप	गच्छेद्व	स्तुतत्त्वा	वधृत्या
। । ।	। । ।	ऽ ऽ ऽ	। ऽ ऽ	। ऽ ऽ

संधि-विग्रह.

त्वं	अहं	इदं	इति	इयं	कल्पना	बुद्धि-दोषात्
तुम	मैं	यह	नामक	यह	भ्रांत कल्पना	अविवेक के दोष से

प्रभवति	परमात्मनि	अद्वये	निर्विशेषे
उत्पन्न होती है	परमात्मा में	अद्वैत-	निर्विषेष-

प्रविलसति	समाधौ	अस्य	सर्वः	विकल्पः
वृद्धिंगत होती है	समाधि से	इस भ्रांत कल्पना का	सब	विकल्प

विलयनं	उपगच्छेत्	वस्तुतत्त्वावधृत्या
विनाश	होता है	ब्रह्म के सत्य तत्त्व ज्ञान से

357. शान्तो दान्तः परमुपरतः क्षान्तियुक्तः समाधिं
कुर्वन्नित्यं कलयति यतिः स्वस्य सर्वात्मभावम् ।
तेनाविद्यातिमिरजनितान्साधु दग्ध्वा विकल्पान्
ब्रह्माकृत्या निवसति सुखं निष्क्रियो निर्विकल्पः ।।

मंदाक्रांता छंद : (म भ न त त ग ग)

शान्तोदा	न्तःपर	मुपर	तःक्षान्ति	युक्तःस	माधिम्
ऽ ऽ ऽ	ऽ । ।	। । ।	ऽ ऽ ।	ऽ ऽ ।	ऽ ऽ
कुर्वन्नि	त्यंकल	यतिय	तिःस्वस्य	सर्वात्म	भावम्
ऽ ऽ ऽ	ऽ । ।	। । ।	ऽ ऽ ।	ऽ ऽ ।	ऽ ऽ
तेनावि	द्यातिमि	रजनि	तान्साधु	दग्ध्वावि	कल्पान्
ऽ ऽ ऽ	ऽ । ।	। । ।	ऽ ऽ ।	ऽ ऽ ।	ऽ ऽ
ब्रह्माकृ	त्यानिव	सतिसु	खंनिष्क्रि	योनिर्वि	कल्पः
ऽ ऽ ऽ	ऽ । ।	। । ।	ऽ ऽ ।	ऽ ऽ ।	ऽ ऽ

संधि-विग्रह.

शान्तः	दान्तः	परमुपरतः	क्षान्तियुक्तः	समाधिं
शमन	दमन	दोनों नष्ट होकर	धैर्यवान	समाधि में

कुर्वन्	नित्यं	कलयति	यतिः	स्वस्य	सर्वात्म-भावम्
करते हुए	निरंतर	चिंतन करता है	योगी	अपने	सर्व एकात्म भाव

तेन	अविद्या-तिमिर-जनितान्	साधु	दग्ध्वा	विकल्पान्
उससे	अविद्यारूप अंधँकार से उत्पन्न	ठीक तरह से	दग्ध करके	विकल्पों को

ब्रह्माकृत्या	निवसति	सुखं	निष्क्रियः	निर्विकल्पः

ब्रह्मरूप	रहता है	सुख से	निष्क्रिय	निर्विकल्प

358. समाहिता ये प्रविलाप्य बाह्यं श्रोत्रादि चेतः स्वमहं चिदात्मनि ।
त एव मुक्ता भवपाशबन्धैर्नान्ये तु पारोक्ष्यकथाभिधायिनः ।।

उपजाति : उपेंद्रवज्रा-इंद्रवंशा-उपेंद्रवज्रा-इंद्रवंशा छंद

समाहि	तायेप्र	विलाप्य	बाह्यं		
। ऽ ।	ऽ ऽ ।	। ऽ ।	ऽ ऽ	ज त ज ग ग	उपेंद्रवज्रा छंद
श्रोत्रादि	चेतःस्व	महंचि	दात्मनि		
ऽ ऽ ।	ऽ ऽ ।	। ऽ ।	ऽ । ऽ *	त त ज र	इंद्रवंशा छंद
तएव	मुक्ताभ	वपाश	बन्धैः		
। ऽ ।	ऽ ऽ ।	। ऽ ।	ऽ ऽ	ज त ज ग ग	उपेंद्रवज्रा छंद
नान्येतु	पारोक्ष्य	कथाभि	धायिनः		
ऽ ऽ ।	ऽ ऽ ।	। ऽ ।	ऽ । ऽ	त त ज र	इंद्रवंशा छंद

* चरण की अंतिम लघु मात्रा दीर्घ मानी गई है.

संधि-विग्रह.

समाहिताः	ये	प्रविलाप्य	बाह्यं
शांतचित्त हुए	ये	मुक्त होकर	बाह्य-

श्रोत्रादि	चेतः	स्वं	अहं	चिदात्मनि
श्रोत्रादि	चित्त को	अपने	अहंभाव	चिदात्मा में

ते	एव	मुक्ताः	भव-पाश-बन्धैः
वे	ही	मुक्त	भवपाश बंधनों से

न	अन्ये	तु	पारोक्ष्य-कथाभिधायिनः
नहीं	अन्य	मगर	दूसरों से सुनी हुई बातों का उपदेश आपको देने वाले लोग

359. उपाधिभेदात्स्वयमेव भिद्यते चोपाध्यपोहे स्वयमेव केवलः ।
तस्मादुपाधेर्विलयाय विद्वान्वसेत्सदाकल्पसमाधिनिष्ठया ।।

उपजाति : वंशस्थ-इंद्रवंशा-इंद्रवज्रा-वंशस्थ छंद

उपाधि	भेदात्स्व	यमेव	भिद्यते		
। ऽ ।	ऽ ऽ ।	। ऽ ।	ऽ । ऽ	ज त ज र	वंशस्थ छंद
चोपाध्य	पोहेस्व	यमेव	केवलः		
ऽ ऽ ।	ऽ ऽ ।	। ऽ ।	ऽ । ऽ	त त ज र	इंद्रवंशा छंद

तस्मादु	पाधेर्वि	लयाय	विद्वान्		
ऽ ऽ ।	ऽ ऽ ।	। ऽ ।	ऽ ऽ	त त ज ग ग	इंद्रवज्रा छंद
वसेत्स	दाकल्प	समाधि	निष्ठया		
। ऽ ।	ऽ ऽ ।	। ऽ ।	ऽ । ऽ	ज त ज र	वंशस्थ छंद

संधि–विग्रह.

उपाधिभेदात्	स्वयं	एव	भिद्यते
मैं आदि उपधियों का भेद जानने वाला	अपने को	ही	भिन्न समझता है

च	उपाध्यपोहे	स्वयं	एव	केवलः
और	उपाधि के अभाव से	स्वयं	ही	अद्वैत

तस्मात्	उपाधे	र्विलयाय	विद्वान्
इस लिए	उपाधि के	नाश के लिए	ज्ञानी

वसेत्	सदा	अकल्प-समाधि-निष्ठया
रहे	सदा	निर्विकल्प समाधि की निष्ठा के साथ

360. सति सक्तो नरो याति सद्भावं ह्येकनिष्ठया ।
कीटको भ्रमरं ध्यायन् भ्रमरत्वाय कल्पते ।।

अनुष्टुभ् श्लोक छंद

सतिस	क्तोनरो	याति	
। । ऽ	ऽ । ऽ	ऽ ।	सरगल, सुविलासा छंद
सद्भावं	ह्येकनि	ष्ठया	
ऽ ऽ ऽ	ऽ । ऽ	। ऽ	मरलग, क्षमा छंद
कीटको	भ्रमरं	ध्याय	
ऽ । ऽ	। । ऽ	ऽ ऽ	रसगग, गाथ छंद
न्भ्रमर	त्वायक	ल्पते	
। । ऽ	ऽ । ऽ	। ऽ	सरलग, शलुकलुप्ता छंद

संधि–विग्रह.

सति	सक्तः	नरः	याति	सद्भावं	हि	एक-निष्ठया
होकर	अनासक्त	मनुष्य	पाता है	सद्भाव	ही	एकनिष्ठा से

कीटकः	भ्रमरं	ध्यायन्	भ्रमरत्वाय	कल्पते
कीड़ा	भ्रमर को	ध्यान में रखत हुआ	भ्रमरत्व प्राप्ति के लिए	योग्य होता है

361. क्रियान्तरासक्तिमपास्य कीटको ध्यायन्नलित्वं ह्यलिभावमृच्छति ।
तथैव योगी परमात्मतत्त्वं ध्यात्वा समायाति तदेकनिष्ठया ॥

उपजाति : वंशस्थ-इंद्रवंशा-उपेंद्रवज्रा-इंद्रवंशा छंद

क्रियान्त	रासक्ति	मपास्य	कीटको		
। ऽ ।	ऽ ऽ ।	। ऽ ।	ऽ । ऽ	ज त ज र	वंशस्थ छंद
ध्यायन्न	लित्वंह्य	लिभाव	मृच्छति		
ऽ ऽ ।	ऽ ऽ ।	। ऽ ।	ऽ । ऽ *	त त ज र	इंद्रवंशा छंद
तथैव	योगीप	रमात्म	तत्त्वं		
। ऽ ।	ऽ ऽ ।	। ऽ ।	ऽ ऽ	ज त ज ग ग	उपेंद्रवज्रा छंद
ध्यात्वास	मायाति	तदेक	निष्ठया		
ऽ ऽ ।	ऽ ऽ ।	। ऽ ।	ऽ । ऽ	त त ज र	इंद्रवंशा छंद

* चरण की अंतिम लघु मात्रा दीर्घ मानी गई है.

संधि–विग्रह.

क्रियान्तरासक्तिं	अपास्य	कीटकः
अन्य आसक्त क्रियाएँ	छोड़ कर	कीड़ा

ध्यायन्	अलित्वं	हि	अलिभावम्	ऋच्छति
ध्यान करता हुआ	भ्रमरत्व	ही	भ्रमर भाव	प्राप्त करता है

तथा	एव	योगी	परमात्म-तत्त्वं
वैसे	ही	योगी	परम तत्त्व को

ध्यात्वा	समायाति	तद्	एक-निष्ठया
अंत:करण मे रख कर	प्राप्त करता है	वह	एकनिष्ठा से

362. अतीव सूक्ष्मं परमात्मतत्त्वं न स्थूलदृष्ट्या प्रतिपत्तुमर्हति ।
समाधिनात्यन्तसुसूक्ष्मवृत्या ज्ञातव्यमार्यैरतिशुद्धबुद्धिभिः ॥

उपजाति : उपेंद्रवज्रा-इंद्रवंशा-उपेंद्रवज्रा-इंद्रवंशा छंद

अतीव	सूक्ष्मंप	रमात्म	तत्त्वं		
। ऽ ।	ऽ ऽ ।	। ऽ ।	ऽ ऽ	ज त ज ग ग	उपेंद्रवज्रा छंद
नस्थूल	दृष्ट्याप्र	तिपत्तु	मर्हति		
ऽ ऽ ।	ऽ ऽ ।	। ऽ ।	ऽ । ऽ	त त ज र	इंद्रवंशा छंद
समाधि	नात्यन्त	सुसूक्ष्म	वृत्या		

।ऽ।	ऽऽ।	।ऽ।	ऽऽ	ज त ज ग ग	उपेंद्रवज्रा छंद
ज्ञातव्य	मार्यैर	तिशुद्ध	बुद्धिभिः		
ऽऽ।	ऽऽ।	।ऽ।	ऽ।ऽ	त त ज र	इंद्रवंशा छंद

संधि–विग्रह.

अतीव	सूक्ष्मं	परमात्मतत्त्वं
बहुत	सूक्ष्म	परमात्मतत्त्व

न	स्थूलदृष्ट्या	प्रतिपत्तुं	अर्हति
नहीं	स्थूल दृष्टि से	साक्षात्कार करने	सक्षम होती है

समाधिना	अत्यन्त-सु-सूक्ष्मवृत्या
समाधि के साथ	बहुत सूक्ष्म दृष्टि से

ज्ञातव्य	मार्यैः	अति-शुद्ध-बुद्धिभिः
साक्षात्कार करना चाहिए	ज्ञानियों द्वारा	अति शुद्ध बुद्धि वाले-

363. यथा सुवर्णं पटुपाकशोधितं त्यक्त्वा मलं स्वात्मगुणं समृच्छति ।
तथा मनः सत्त्वरजस्तमोमलं ध्यानेन सन्त्यज्य समेति तत्त्वम् ।।

उपजाति : वंशस्थ-इंद्रवंशा-वंशस्थ-इंद्रवज्रा छंद

यथासु	वर्णंपु	टपाक	शोधितं		
।ऽ।	ऽऽ।	।ऽ।	ऽ।ऽ	ज त ज र	वंशस्थ छंद
त्यक्त्वाम	लंस्वात्म	गुणंस	मृच्छति		
ऽऽ।	ऽऽ।	।ऽ।	ऽ।ऽ *	त त ज र	इंद्रवंशा छंद
तथाम	नःसत्त्व	रजस्त	मोमलं		
।ऽ।	ऽऽ।	।ऽ।	ऽ।ऽ	ज त ज र	वंशस्थ छंद
ध्यानेन	सन्त्यज्य	समेति	तत्त्वम्		
ऽऽ।	ऽऽ।	।ऽ।	ऽऽ	त त ज ग ग	इंद्रवज्रा छंद

* चरण की अंतिम लघु मात्रा दीर्घ मानी गई है.

संधि–विग्रह.

यथा	सुवर्णं	पटु-पाक-शोधितं
जैसे	सोना	क्षार के साथ तपा हुआ

त्यक्त्वा	मलं	स्वात्मगुणं	समृच्छति
तज कर	मल को	अपने मूल शद्ध रूप को	पाता है

तथा	मनः	सत्त्व-रजः-तमः-मलं

वैसे ही	मन	सत् रज तम मल को	
ध्यानेन	सन्त्यज्य	समेति	तत्त्वम्
ध्यान से	छोड़ कर	प्राप्त होता है	ब्रह्मतत्त्व को

364. निरन्तराभ्यासवशात्तदित्थं पक्कं मनो ब्रह्मणि लीयते यदा ।
तदा समाधिः सविकल्पवर्जितः स्वतोऽद्वयानन्दरसानुभावकः ॥

उपजाति : उपेंद्रवज्रा-इंद्रवंशा-वंशस्थ-वंशस्थ छंद

निरन्त	राभ्यास	वशात्त	दित्थं		
। ऽ ।	ऽ ऽ ।	। ऽ ।	ऽ ऽ	ज त ज ग ग	उपेंद्रवज्रा छंद
पक्कंम	नोब्रह्म	णिलीय	तेयदा		
ऽ ऽ ।	ऽ ऽ ।	। ऽ ।	ऽ । ऽ	त त ज र	इंद्रवंशा छंद
तदास	माधिःस	विकल्प	वर्जितः		
। ऽ ।	ऽ ऽ ।	। ऽ ।	ऽ । ऽ	ज त ज र	वंशस्थ छंद
स्वतोद्व	यानन्द	रसानु	भावकः		
। ऽ ।	ऽ ऽ ।	। ऽ ।	ऽ । ऽ	ज त ज र	वंशस्थ छंद

संधि–विग्रह.

निरन्तराभ्यास-वशात्	तद्	इत्थं		
निरंतर अभ्यास के प्रभाव से	वह	इस प्रकार से		
पक्कं	मनः	ब्रह्मणि	लीयते	यदा
परिपक्व	मन से	ब्रह्म में	लीन होता है	जब
तदा	समाधिः	सविकल्प-वर्जितः		
तब	समाधि	विकल्प विरहित		
स्वतः	अद्वयानन्द-रसानुभावकः			
स्वतः	अद्वैत आनंद रस का अनुभव करके			

365. समाधिनानेन समस्तवासनाग्रन्थेर्विनाशोऽखिलकर्मनाशः ।
अन्तर्बहिः सर्वत एव सर्वदा स्वरूपविस्फूर्तिरयत्नतः स्यात् ॥

उपजाति : वंशस्थ-इंद्रवज्रा-इंद्रवंशा-उपेंद्रवज्रा छंद

समाधि	नानेन	समस्त	वासना		
। ऽ ।	ऽ ऽ ।	। ऽ ।	ऽ । ऽ	ज त ज र	वंशस्थ छंद
ग्रन्थेर्वि	नाशोखि	लकर्म	नाशः		

ऽ ऽ ।	ऽ ऽ ।	। ऽ ।	ऽ ऽ	त त ज ग ग	इंद्रवज्रा छंद
अन्तर्ब	हि:सर्व	तएव	सर्वदा		
ऽ ऽ ।	ऽ ऽ ।	। ऽ ।	ऽ । ऽ	त त ज र	इंद्रवंशा छंद
स्वरूप	विस्फूर्ति	रयत्न	तःस्यात्		
। ऽ ।	ऽ ऽ ।	। ऽ ।	ऽ ऽ	ज त ज ग ग	उपेंद्रवज्रा छंद

संधि–विग्रह.

समाधिनां	अनेन	समस्त-वासना-
समाधि से	इस	सर्व वासना
ग्रन्थेः	विनाशः	अखिल-कर्मनाशः
हृदय की ग्रंथी का	विनाश	सब कर्मनाश

अन्तः	र्बहिः	सर्वतः	एव	सर्वदा
भीतर	बाहर	सब ओर	ही	सर्वदा

स्वरूप-विस्फूर्तिः	अयत्नतः	स्यात्
आत्म रूप साक्षात्कार	सुलभ रीति से	हो

366. श्रुतेः शतगुणं विद्यान्मननं मननादपि ।
निदिंध्यासं लक्षगुणमनन्तं निर्विकल्पकम् ।।

अनुष्टुभ् छंद

श्रुतेःश	तगुणं	विद्या	
ऽ ऽ ।	। । ऽ	ऽ ऽ	तसगग, श्यामा छंद
न्मननं	मनना	दपि	
। । ऽ	ऽ । ऽ	। ऽ *	सरलग, शलुकलुप्ता छंद
निदिंध्या	संलक्ष	गुण	
। ऽ ऽ	ऽ ऽ ।	। ।	यतलल, अपरिचित छंद
मनन्तं	निर्विक	ल्पकम्	
। ऽ ऽ	ऽ । ऽ	। ऽ	यरलग, भाषा छंद

* चरण की अंतिम लघु मात्रा दीर्घ मानी गई है.

पाद टिप्पणी :

इस अनुष्टुभ् छंद के विषम चरण 3 में पहले चार अक्षरों के बाद य गण (। ऽ ऽ) के स्थान पर भ (ऽ । ।) गण आने के कारण – विषम चरण 1 में प्रथम चार अक्षरों

के पश्चात् य गण (। ऽ ऽ) गण और सम चरण 2 और 4 में प्रथम चार अक्षरों के पश्चात् ज (। ऽ ।) गण आ कर भी इस चार चरणों के पद्य में श्लोक छंद सिद्ध नहीं हुआ है.

संधि-विग्रह.

श्रुतेः	शतगुणं	विद्यात्	मननं	मननात्	अपि
शास्त्र का	सौ गुना	जानना चाहिए	मनन	मनन से	भी

निदिंध्यासं	लक्षगुणं	अनन्तं	निर्विकल्पकम्
आत्मानुसंधान	शत गुना	अनंत	निर्विकल्प समाधि

367. निर्विकल्पकसमाधिना स्फुटं ब्रह्मतत्त्वमवगम्यते ध्रुवम् ।
नान्यथा चलतया मनोगतेः प्रत्ययान्तरविमिश्रितं भवेत् ।।

रथोद्धता छंद (र न र ल ग)

निर्विक	ल्पकस	माधिना	स्फुटं
ऽ । ऽ	। । ।	ऽ । ऽ	। ऽ
ब्रह्मत	त्त्वमव	गम्यते	ध्रुवम्
ऽ । ऽ	। । ।	ऽ । ऽ	। ऽ
नान्यथा	चलत	यामनो	गतेः
ऽ । ऽ	। । ।	ऽ । ऽ	। ऽ
प्रत्यया	न्तरवि	मिश्रितं	भवेत्
ऽ । ऽ	। । ।	ऽ । ऽ	। ऽ

संधि-विग्रह.

निर्विकल्पक-समाधिना	स्फुटं
निर्विकल्प समाधि से	स्पष्ट

ब्रह्मतत्त्वं	अवगम्यते	ध्रुवम्
ब्रह्मतत्त्व	साध्य होता है	निश्चित्

न	अन्यथा	चलतया	मनोगतेः
नहीं	अन्यथा	-चंचलता के कारण	मन की गति की-

प्रत्ययान्तर-विमिश्रितं	भवेत्
अनात्म प्रत्यय से मिश्र	होगा

368. अतः समाधत्स्व यतेन्द्रियः सन्निरन्तरं शान्तमनाः प्रतीचि ।
विध्वंसय ध्वान्तमनाद्यविद्यया कृतं सदेकत्वविलोकनेन ।।

उपजाति : उपेंद्रवज्रा-उपेंद्रवज्रा-इंद्रवंशा-उपेंद्रवज्रा छंद

अत:स	माधत्स्व	यतेन्द्रि	य:सन्		
। ऽ ।	ऽ ऽ ।	। ऽ ।	ऽ ऽ	ज त ज ग ग	उपेंद्रवज्रा छंद
निरन्त	रंशान्त	मना:प्र	तीचि		
। ऽ ।	ऽ ऽ ।	। ऽ ।	ऽ ऽ *	ज त ज ग ग	उपेंद्रवज्रा छंद
विध्वंस	यध्वान्त	मनाद्य	विद्यया		
ऽ ऽ ।	ऽ ऽ ।	। ऽ ।	ऽ । ऽ	त त ज र	इंद्रवंशा छंद
कृतंस	देकत्व	विलोक	नेन		
। ऽ ।	ऽ ऽ ।	। ऽ ।	ऽ ऽ *	ज त ज ग ग	उपेंद्रवज्रा छंद

* चरण की अंतिम लघु मात्रा दीर्घ मानी गई है.

संधि–विग्रह.

अतः	समाधत्स्व	यतेन्द्रियः	सन्
अतः	समाधिनिष्ठ	जीतेंद्रिय	होकर

निरन्तरं	शान्त-मनाः	प्रतीचि
निरंतर	शांत मन वाला	अंतरात्मा में

विध्वंसय	ध्वान्तं	अनाद्य-विद्यया
नष्ट करो	ध्वांत को	अनादि अविद्याके द्वारा

कृतं	सदेकत्व-विलोकनेन
किया गया	अद्वैत ब्रह्म के साक्षात्कार से

369. योगस्य प्रथमद्वारं वाङ्निरोधोऽपरिग्रहः ।
निराशा च निरीहा च नित्यमेकान्तशीलता ।।

अनुष्टुभ् श्लोक छंद

योगस्य	प्रथम	द्वारं	
ऽ ऽ ऽ	। । ऽ	ऽ ऽ	मसगग, वक्त्र छंद
वाङ्निरो	धोऽपरि	ग्रहः	
ऽ । ऽ	ऽ । ऽ	। ऽ	ररलग, हेमरूप छंद
निराशा	चनिरी	हाच	

।ऽऽ	।।ऽ	ऽ।	यसगल, मनोला छंद
नित्यमे	कान्तशी	लता	
ऽ।ऽ	ऽ।ऽ	।ऽ	ररलग, हेमरूप छंद

संधि–विग्रह.

योगस्य	प्रथमं	द्वारं	वाङ्निरोधो	ऽपरिग्रहः
योग का	पहिला	द्वार	वाणी का निरोध	निर्लोभ

निराशा	च	निरीहा	च	नित्यं	एकान्त-शीलता
तटस्थता	और	निरिच्छा	और	नित्य	एकांतशीलता

370. एकान्तस्थितिरिन्द्रियोपरमणे हेतुर्दमश्चेतसः
संरोधे करणं शमेन विलयं यायादहंवासना ।
तेनानन्दरसानुभूतिरचला ब्राह्मी सदा योगिनः
तस्माच्चित्तनिरोध एव सततं कार्यः प्रयत्नान्मुनेः ॥

शार्दूलविक्रीडित छंद : (म स ज स त त ग)

एकान्त	स्थितिरि	न्द्रियोप	रमणे	हेतुर्द	मश्चेत	सः
ऽऽऽ	।।ऽ	।ऽ।	।।ऽ	ऽऽ।	ऽऽ।	ऽ
संरोधे	करणं	शमेन	विलयं	यायाद	हंवास	ना
ऽऽऽ	।।ऽ	।ऽ।	।।ऽ	ऽऽ।	ऽऽ।	ऽ
तेनान	न्दरसा	नुभूति	रचला	ब्राह्मीस	दायोगि	नः
ऽऽऽ	।।ऽ	।ऽ।	।।ऽ	ऽऽ।	ऽऽ।	ऽ
तस्माच्चि	त्तनिरो	धएव	सततं	कार्यःप्र	यत्नान्मु	नेः
ऽऽऽ	।।ऽ	।ऽ।	।।ऽ	ऽऽ।	ऽऽ।	ऽ

संधि–विग्रह.

एकान्त-स्थितिः	इन्द्रियोपरमणे	हेतुः	दमः	चेतसः
एकांतशीलता	इंद्रियों का विषय त्याग	कारण	दमन	चित्त का

संरोधे	करणं	शमेन	विलयं यायात्	अहं-वासना
निरोध करने में	कारण	शम से	नाश होता है	अहं भाव

तेन	आनन्द-रसानुभूतिः	अचला	ब्राह्मी	सदा	योगिनः
उससे	आनंदरस की अनुभूति	स्थिर	ब्राह्मी स्थिति	सर्वदा	योगी की

तस्मात्	चित्त-निरोधः	एव	सततं	कार्यः	प्रयत्नात् मुनेः

इस लिए	चित्त का संयम	ही	निरंतर	करे	मुनि प्रयत्न से

371. वाचं नियच्छात्मनि तं नियच्छ बुद्धौ धियं यच्छ च बुद्धिसाक्षिणि।
तं चापि पूर्णात्मनि निर्विकल्पे विलाप्य शान्तिं परमां भजस्व ।।

उपजाति : इंद्रवज्रा-इंद्रवंशा-इंद्रवज्रा-उपेंद्रवज्रा छंद

वाचंनि	यच्छात्म	नितंनि	यच्छ		
ऽ ऽ ।	ऽ ऽ ।	। ऽ ।	ऽ ऽ *	त त ज ग ग	इंद्रवज्रा छंद
बुद्धौधि	यंयच्छ	चबुद्धि	साक्षिणि		
ऽ ऽ ।	ऽ ऽ ।	। ऽ ।	ऽ । ऽ *	त त ज र	इंद्रवंशा छंद
तंचापि	पूर्णात्म	निनिर्वि	कल्पे		
ऽ ऽ ।	ऽ ऽ ।	। ऽ ।	ऽ ऽ	त त ज ग ग	इंद्रवज्रा छंद
विलाप्य	शान्तिंप	रमांभ	जस्व		
। ऽ ।	ऽ ऽ ।	। ऽ ।	ऽ ऽ *	ज त ज ग ग	उपेंद्रवज्रा छंद

* चरण की अंतिम लघु मात्रा दीर्घ मानी गई है.

संधि-विग्रह.

वाचं	नियच्छ	आत्मनि	तं	नियच्छ
वाणी को	नियंत्रित करके	मन में	उस मनको	निग्रहित कर

बुद्धौ	धियं	यच्छ	च	बुद्धि-साक्षिणि
बुद्धि में	विचार शक्ति को	छोड़ दो	और	बुद्धि की साक्ष में

तं	च	अपि	पूर्णात्मनि	निर्विकल्पे
उस साक्षी को	और	भी	पूर्णब्रह्म में	निर्विकल्प-

विलाप्य	शान्तिं	परमां	भजस्व
विलीन करके	शांति को	परम	प्राप्त होजाओ

372. देहप्राणेन्द्रियमनोबुद्ध्यादिभिरुपाधिभिः।
यैर्यैर्वृत्तेःसमायोगस्तत्तद्भावोऽस्य योगिनः ।।

अनुष्टुभ् छंद

देहप्रा	णेन्द्रिय	मनो	
ऽ ऽ ऽ	ऽ । ।	। ऽ	मभलग, अतिजनी छंद
बुद्ध्यादि	भिरुपा	धिभिः	
ऽ ऽ ।	। । ऽ	। ऽ	तसलग, अपरिचित छंद

यैर्यैर्वृ	त्तेःसमा	योग	
ऽ ऽ ऽ	ऽ । ऽ	ऽ ऽ	मरगग, मधुमालती छंद
स्ततद्भा	वोऽस्ययो	गिनः	
। ऽ ऽ	ऽ । ऽ	। ऽ	यरलग, भाषा छंद

पाद टिप्पणी :

इस अनुष्टुभ् छंद के विषम चरण 1 में पहले चार अक्षरों के बाद य गण (। ऽ ऽ) के स्थान पर न (। । ।) गण आने के कारण – विषम चरण 3 में प्रथम चार अक्षरों के पश्चात् य गण (। ऽ ऽ) गण और सम चरण 2 और 4 में प्रथम चार अक्षरों के पश्चात् ज (। ऽ ।) गण आ कर भी इस चार चरणों के पद्य में श्लोक छंद सिद्ध नहीं हुआ है.

संधि–विग्रह.

देह्-प्राणेन्द्रिय-मनः-बुद्ध्यादिभिः				उपाधिभिः		
देह, प्राण, इंद्रिय, मन, बुद्धि–				की उपाधियों से		
यैः	यैः	वृत्तेः	समायोगः	तत्-तद्भावः	अस्य	योगिनः
जिस	जिस	वृत्ति का	संबंध	वह वह भाव	इस	योगी का

373. तन्निवृत्त्या मुनेः सम्यक्सर्वोपरमणं सुखम् ।
संदृश्यते सदानन्दरसानुभवविप्लवः ।।

अनुष्टुभ् श्लोक छंद

तन्निवृ	त्त्यामुनेः	सम्य	
ऽ । ऽ	ऽ । ऽ	ऽ ऽ	ररगग, पद्ममाला छंद
क्सर्वोप	रमणं	सुखम्	
ऽ ऽ ।	। । ऽ	। ऽ	तसलग, अपरिचित छंद
संदृश्य	तेसदा	नन्द	
ऽ ऽ ।	ऽ । ऽ	ऽ ।	तरगल, विभा छंद
रसानु	भववि	प्लवः	
। ऽ ।	। । ऽ	। ऽ	जसलग, अपरिचित छंद

संधि–विग्रह.

तन्निवृत्त्या	मुनेः	सम्यक्	सर्वोपरमणं	सुखम्

–उस निवृत्ति से	मुनि के–	सर्वथा	सर्व प्रकार से शांति	सुगम

संदृश्यते	सदा	आनन्द-रसानुभव-विप्लवः
अनुभूत होती है	सब समय	आत्मा में आनंद के अनुभव की प्राप्ति

374. अन्तस्त्यागो बहिस्त्यागो विरक्तस्यैव युज्यते ।
त्यजत्यन्तर्बहिःसङ्गं विरक्तस्तु मुमुक्षया ।।

अनुष्टुभ् श्लोक छंद

अन्तस्त्या	गोबहि	स्त्यागो	
ऽ ऽ ऽ	ऽ । ऽ	ऽ ऽ	मरगग, मधुमालती छंद
विरक्त	स्यैवयु	ज्यते	
। ऽ ऽ	ऽ । ऽ	। ऽ	यरलग, भाषा छंद
त्यजत्य	न्तर्बहिः	सङ्गं	
। ऽ ऽ	ऽ । ऽ	ऽ ऽ	यरगग, कुलाधारी छंद
विरक्त	स्तुमुमु	क्षया	
। ऽ ऽ	। । ऽ	। ऽ	यसलग, अपरिचित छंद

संधि–विग्रह.

अन्तस्त्यागः	बहिस्त्यागः	विरक्तस्य	एव	युज्यते
अंतस्थ निवृत्ति	बाह्य विषयों का त्याग	वैरागी का	ही	होता है

त्यजति	अन्तः	बहिः	सङ्गं	विरक्तः	तु	मुमुक्षया
त्याग करता है	अंतर्	बाह्य	आसक्ति	वैरागी	क्यों कि	मोक्ष की इच्छा से

375. बहिस्तु विषयैः सङ्गं तथान्तरहमादिभिः ।
विरक्त एव शक्नोति त्यक्तुं ब्रह्मणि निष्ठितः ।।

अनुष्टुभ् श्लोक छंद

बहिस्तु	विषयैः	सङ्गं	
। ऽ ।	। । ऽ	ऽ ऽ	जसगग, भांर्गी छंद
तथान्त	रहमा	दिभिः	
। ऽ ।	। । ऽ	। ऽ	जसलग, अपरिचित छंद

विरक्त	एवश	क्नोति	
। ऽ ।	ऽ । ऽ	ऽ ऽ	जरगग, यशस्करी छंद
त्यक्तुंब्र	ह्मणिनि	ष्ठितः	
ऽ ऽ ऽ	ऽ । ऽ	। ऽ	मरलग, क्षमा छंद

संधि-विग्रह.

बहिः	तु	विषयैः	सङ्गं	तथा	अन्तः	अहमादिभिः
बाह्य	तथा ही	विषयों से	आसक्ति	तथा	भीतरी	अहं आदि से

विरक्तः	एव	शक्नोति	त्यक्तुं	ब्रह्मणि	निष्ठितः
विरक्त	ही	समर्थ है	त्याग करने	ब्रह्म में	स्थित मनुष्य

376. वैराग्यबोधौ पुरुषस्य पक्षिवत्पक्षौ विजानीहि विचक्षण त्वम् ।
विमुक्तिसौधाग्रलताधिरोहणं ताभ्यां विना नान्यतरेण सिध्यति ।।

उपजाति : इंद्रवंशा-इंद्रवज्रा-वंशस्थ-इंद्रवंशा छंद

वैराग्य	बोधौपु	रुषस्य	पक्षिवत्		
ऽ ऽ ।	ऽ ऽ ।	। ऽ ।	ऽ । ऽ	त त ज र	इंद्रवंशा छंद
पक्षौवि	जानीहि	विचक्ष	णत्वम्		
ऽ ऽ ।	ऽ ऽ ।	। ऽ ।	ऽ ऽ	त त ज ग ग	इंद्रवज्रा छंद
विमुक्ति	सौधाग्र	लताधि	रोहणं		
। ऽ ।	ऽ ऽ ।	। ऽ ।	ऽ । ऽ	ज त ज र	वंशस्थ छंद
ताभ्यांवि	नानान्य	तरेण	सिध्यति		
ऽ ऽ ।	ऽ ऽ ।	। ऽ ।	ऽ । ऽ *	त त ज र	इंद्रवंशा छंद

* चरण की अंतिम लघु मात्रा दीर्घ मानी गई है.

संधि-विग्रह.

वैराग्य-बोधौ	पुरुषस्य	पक्षिवत्
वैराग्य अंतर्बाह्य त्याग बुद्धि को	पुरुष के	पक्षी समान

पक्षौ	विजानीहि	विचक्षण!	त्वम्
पंखों के-	जान लो	है निपुण शिष्य!	तुम

विमुक्तिसौधाग्र-लता-अधिरोहणं
उच्च शिखर पर चढ़ी हुई लता पर उडँ कर चढ़ना

ताभ्यां	विना	न	अन्यतरेण	सिध्यति

उन पंखों के	बिना	नहीं	अन्य साधन से	सिद्ध होता है

377. अत्यन्तवैराग्यवतः समाधिः समाहितस्यैव दृढप्रबोधः।
प्रबुद्धतत्त्वस्य हि बन्धमुक्तिर्मुक्तात्मनो नित्यसुखानुभूतिः ।।

उपजाति : इंद्रवज्रा- उपेंद्रवज्रा- उपेंद्रवज्रा- उपेंद्रवज्रा छंद

अत्यन्त	वैराग्य	वतःस	माधिः		
ऽ ऽ ।	ऽ ऽ ।	। ऽ ।	ऽ ऽ	त त ज ग ग	इंद्रवज्रा छंद
समाहि	तस्यैव	दृढप्र	बोधः		
। ऽ ।	ऽ ऽ ।	। ऽ ।	ऽ ऽ	ज त ज ग ग	उपेंद्रवज्रा छंद
प्रबुद्ध	तत्त्वस्य	हिबन्ध	मुक्तिः		
। ऽ ।	ऽ ऽ ।	। ऽ ।	ऽ ऽ	ज त ज ग ग	उपेंद्रवज्रा छंद
मुक्तात्म	नोनित्य	सुखानु	भूतिः		
। ऽ ।	ऽ ऽ ।	। ऽ ।	ऽ ऽ	ज त ज ग ग	उपेंद्रवज्रा छंद

संधि–विग्रह.

अत्यन्त-वैराग्यवतः	समाधिः
कठोर वैराग्यवान पुरुष की	समाधि

समाहितस्य	एव	दृढ-प्रबोधः
शांत चित्त के	ही	दृढ़ आत्मसाक्षात्कार
प्रबुद्ध-तत्त्वस्य	हि	बन्ध-मुक्तिः
साक्षात्कारवान की	ही	बंधन से मुक्ति

मुक्तात्मनः	नित्य-सुखानुभूतिः
मुक्त अत्मा की	नित्य आत्मसुख की अनुभूति

378. वैराग्यान्न परं सुखस्य जनकं पश्यामि वश्यात्मनः
तच्चेच्छुद्धतरात्मबोधसहितं स्वाराज्यसाम्राज्यधुक्।
एतद्द्वारमजस्रमुक्तियुवतेर्यस्मात्त्वमस्मात्परं
सर्वत्रास्पृहया सदात्मनि सदा प्रज्ञां कुरु श्रेयसे ।।

शार्दूलविक्रीडित छंद : (म स ज स त त ग)

वैराग्या	न्नपरं	सुखस्य	जनकं	पश्यामि	वश्यात्म	नः
ऽ ऽ ऽ	। । ऽ	। ऽ ।	। । ऽ	ऽ ऽ ।	ऽ ऽ ।	ऽ

तच्चेच्छु	द्धतरा	त्मबोध	सहितं	स्वाराज्य	साम्राज्य	धुक्
ऽ ऽ ऽ	। । ऽ	। ऽ ।	। । ऽ	ऽ ऽ ।	ऽ ऽ ।	ऽ
एतद्द्वा	रमज	स्रमुक्ति	युवते	र्यस्मात्त्व	मस्मात्प	रं
ऽ ऽ ऽ	। । ऽ	। ऽ ।	। । ऽ	ऽ ऽ ।	ऽ ऽ ।	ऽ
सर्वत्रा	स्पृहया	सदात्म	निसदा	प्रज्ञांकु	रुश्रेय	से
ऽ ऽ ऽ	। । ऽ	। ऽ ।	। । ऽ	ऽ ऽ ।	ऽ ऽ ।	ऽ

संधि–विग्रह.

वैराग्यात्	न	परं	सुखस्य	जनकं	पश्यामि	वश्यात्मनः
वैराग्य से	नहीं	अन्य	सुख का	जनक	देखता हूँ	आत्मसंयत का

तत्	चेत्	शुद्धतरात्म-बोध-सहितं	स्वाराज्य-साम्राज्यधुक्
वह वैराग्य	अगर हो	अति निर्मल आत्मज्ञान स्वरूप युक्त	सार्वभौमत्व दाता (है)

एतद्	द्वारं	अजस्र-मुक्ति-युवतेः	यस्मात्	त्वं	अस्मात्	परं
यह	द्वार	पूर्ण मुक्ति रूप युवती का	जहाँ से	तुम	इस से	श्रेष्ठ

सर्वत्र	अस्पृहया	सदात्मनि	सदा	प्रज्ञां	कुरु	श्रेयसे
सर्वत्र	निरिच्छा से	सदात्मा में	सदा	बद्धि को	करो	भले के लिए

379. आशां छिन्द्धि विषोपमेषु विषयेष्वेषैव मृत्योः कृतिस्
त्यक्त्वा जातिकुलाश्रमेष्वभिमतिं मुञ्चातिदूरात्क्रियाः ।
देहादावसति त्यजात्मधिषणां प्रज्ञां कुरुष्वात्मनि
त्वं द्रष्टास्यमनोऽसि निर्द्वयपरं ब्रह्मासि यद्वस्तुतः ।।

शार्दूलविक्रीडित छंद : (म स ज स त त ग)

आशांछि	न्द्धिविषो	पमेषु	विषये	ष्वेषैव	मृत्योःकृ	तिस्
ऽ ऽ ऽ	। । ऽ	। ऽ ।	। । ऽ	ऽ ऽ ।	ऽ ऽ ।	ऽ
त्यक्त्वाजा	तिकुला	श्रमेष्व	भिमतिं	मुञ्चाति	दूरात्क्रि	याः
ऽ ऽ ऽ	। । ऽ	। ऽ ।	। । ऽ	ऽ ऽ ।	ऽ ऽ ।	ऽ
देहादा	वसति	त्यजात्म	धिषणां	प्रज्ञांकु	रुष्वात्म	नि
ऽ ऽ ऽ	। । ऽ	। ऽ ।	। । ऽ	ऽ ऽ ।	ऽ ऽ ।	ऽ *
त्वंद्रष्टा	स्यमनो	सिनिर्द्व	यपरं	ब्रह्मासि	यद्वस्तु	तः
ऽ ऽ ऽ	। । ऽ	। ऽ ।	। । ऽ	ऽ ऽ ।	ऽ ऽ ।	ऽ

* चरण की अंतिम लघु मात्रा दीर्घ मानी गई है.

संधि–विग्रह.

आशां	छिन्द्धि	विषोपमेषु	विषयेषु	एषा	एव	मृत्योः	कृतिः
आशा को	छोड़ दो	विष के समान	विषयों में	यह	ही	मृत्यु की	आकृति

त्यक्त्वा	जाति-कुलाश्रमेषु	अभिमतिं	मुञ्च	अति-दूरात्	क्रियाः
तज कर	जाति कुल गृह आदि में	अभिमान	छोड़ दो	दूर से ही	इन क्रियाओं को

देहादौ	असति	त्यज	आत्म-धिषणां	प्रज्ञां	कुरुष्व	आत्मनि
देह आदि में	मिथ्या	छोड़ दो	आत्मबुद्धि को	ज्ञान को	करो	आत्मा में

त्वं	द्रष्टा	असि	अमनः	असि	निर्द्वयपरं	ब्रह्म	असि	यद्	वस्तुतः
तुम	साक्षी	हो	निर्विकार	हो	अद्वैत पर	ब्रह्म	हो	जो	वस्तुतः

380. लक्ष्ये ब्रह्मणि मानसं दृढतरं संस्थाप्य बाह्येन्द्रियं
स्वस्थाने विनिवेश्य निश्चलतनुश्चोपेक्ष्य देहस्थितिम् ।
ब्रह्मात्मैक्यमुपेत्य तन्मायातया चाखण्डवृत्त्यानिशं
ब्रह्मानन्दरसं पिबात्मनि मुदा शून्यैः किमन्यैर्भृशम् ।।

शार्दूलविक्रीडित छंद : (म स ज स त त ग)

लक्ष्येब्र	ह्मणिमा	नसंदृ	ढतरं	संस्थाप्य	बाह्येन्द्रि	यं
ऽ ऽ ऽ	। । ऽ	। ऽ ।	। । ऽ	ऽ ऽ ।	ऽ ऽ ।	ऽ
स्वस्थाने	विनिवे	श्यनिश्च	लतनु	श्चोपेक्ष्य	देहस्थि	तिम्
ऽ ऽ ऽ	। । ऽ	। ऽ ।	। । ऽ	ऽ ऽ ।	ऽ ऽ ।	ऽ
ब्रह्मात्मै	क्यमुपे	त्यतन्मा	यातया	चाखण्ड	वृत्त्यानि	शं
ऽ ऽ ऽ	। । ऽ	। ऽ ।	। । ऽ	ऽ ऽ ।	ऽ ऽ ।	ऽ
ब्रह्मान	न्दरसं	पिबात्म	निमुदा	शून्यैःकि	मन्यैर्भृ	शम्
ऽ ऽ ऽ	। । ऽ	। ऽ ।	। । ऽ	ऽ ऽ ।	ऽ ऽ ।	ऽ

संधि–विग्रह.

लक्ष्ये	ब्रह्मणि	मानसं	दृढतरं	संस्थाप्य	बाह्येन्द्रियं
लक्ष्य पर	ब्रह्म में	मन को	निश्चल	स्थापन करके	बाह्य इंद्रिय को

स्वस्थाने	विनिवेश्य	निश्चल-तनुः च	उपेक्ष्य	देह-स्थितिम्
अपने स्थान में	रख कर	निश्चल देह और	बिना चिंता किए	देह स्थिति की

ब्रह्मात्मैक्यं	उपेत्य	तन्मायातया	च	अखण्ड-वृत्त्या	अनिशं
ब्रह्म आत्मा का ऐक्य	प्राप्त किए	तन्मयता से	और	अखंड वृत्ति से	सर्वदा

ब्रह्मानन्दरसं	पिब	आत्मनि	मुदा	शून्यैः	किं	अन्यैः	भृशम्
ब्रह्मानंद रस	पी लो	आत्म में	मोद से	व्यर्थ	क्या	अन्य से	बढ़ कर

381. अनात्मचिन्तनं त्यक्त्वा कश्मलं दुःखकारणम् ।
चिन्तयात्मानमानन्दरूपं यन्मुक्तिकारणम् ।।

अनुष्टुभ् श्लोक छंद

अनात्म	चिन्तनं	त्यक्त्वा	
। ऽ ।	ऽ । ऽ	ऽ ऽ	जरगग, यशस्करी छंद
कश्मलं	दुःखका	रणम्	
ऽ । ऽ	ऽ । ऽ	। ऽ	ररलग, हेमरूप छंद
चिन्तया	त्मानमा	नन्द	
ऽ । ऽ	ऽ । ऽ	ऽ ।	ररगल, लक्ष्मी छंद
रूपंय	न्मुक्तिका	रणम्	
ऽ ऽ ऽ	ऽ । ऽ	। ऽ	मरलग, क्षमा छंद

संधि–विग्रह.

अनात्म-चिन्तनं	त्यक्त्वा	कश्मलं	दुःख-कारणम्
अनात्म का चिंतन	छोड़ कर	पाप रूप	दुख का कारण

चिन्तय	आत्मानं	आनन्दरूपं	यद्	मुक्ति-कारणम्
चिंतन करो	आत्मा का	आनंदरूप	जो	मुक्ति का कारण

382. एष स्वयंज्योतिरशेषसाक्षी विज्ञानकोशे विलसत्यजस्रम् ।
लक्ष्यं विधायैनमसद्विलक्षणमखण्डवृत्त्यात्मतयानुभावय ।।

उपजाति : इंद्रवज्रा- इंद्रवज्रा- इंद्रवंशा-वंशस्थ छंद

एषस्व	यंज्योति	रशेष	साक्षी		
ऽ ऽ ।	ऽ ऽ ।	। ऽ ।	ऽ ऽ	त त ज ग ग	इंद्रवज्रा छंद
विज्ञान	कोशेवि	लसत्य	जस्रम्		
ऽ ऽ ।	ऽ ऽ ।	। ऽ ।	ऽ ऽ	त त ज ग ग	इंद्रवज्रा छंद
लक्ष्यंवि	धायैन	मसद्वि	लक्षणम्		
ऽ ऽ ।	ऽ ऽ ।	। ऽ ।	ऽ । ऽ	त त ज र	इंद्रवंशा छंद
अखण्ड	वृत्त्यात्म	तयानु	भावय		
। ऽ ।	ऽ ऽ ।	। ऽ ।	ऽ । ऽ	ज त ज र	वंशस्थ छंद

संधि-विग्रह.

एषः	स्वयंज्योतिः	अशेष-साक्षी
यह	आत्मज्योति	सभी का साक्षी

विज्ञान-कोशे	विलसति	अजस्रम्
विज्ञान कोश में	प्रकाशमान होता है	बहुत

लक्ष्यं	विधाय	एनं	असद्विलक्षणम्
लक्ष्य को	चित्त में धर कर	इस-	असत् से भिन्न को

अखण्ड-वृत्त्या	आत्मतया	अनुभावय
अखंड वृत्ति द्वारा	अंतरात्मा से	अनुभव करने के लिए

383. एतमच्छीन्नया वृत्त्या प्रत्ययान्तरशून्यया ।
उल्लेखयन्विजानीयात्स्वस्वरूपतया स्फुटम् ।।

अनुष्टुभ् श्लोक छंद

एतम	च्छीन्नया	वृत्त्या	
ऽ । ऽ	ऽ । ऽ	ऽ ऽ	ररगग, पद्ममाला छंद
प्रत्यया	न्तरशू	न्यया	
ऽ । ऽ	। । ऽ	। ऽ	रसलग, पथ्यावक्त्र छंद
उल्लेख	यन्विजा	नीया	
ऽ ऽ ।	ऽ । ऽ	ऽ ऽ	तरगग, विभा छंद
त्स्वस्वरू	पतया	स्फुटम्	
ऽ । ऽ	। । ऽ	। ऽ	रसलग, पथ्यावक्त्र छंद

संधि-विग्रह.

एतं	अमच्छीन्नया	वृत्त्या	प्रत्ययान्तर-शून्यया
इसको	अखंड रूप-	-वृत्ति से	प्रत्यों के विरहित-
उल्लेखयन्	विजानीयात्	स्व-स्वरूपतया	स्फुटम्
उल्लेख करते हुए	जानिए	-अपने आत्मस्वरूप से	स्पष्ट-

384. अत्रात्मत्वं दृढीकुर्वन्नहमादिषु संत्यजन् ।
उदासीनतया तेषु तिष्ठेत्स्फुटघटादिवत् ।।

अनुष्टुभ् श्लोक छंद

अत्रात्म	त्वंदृढी	कुर्वन्	
ऽ ऽ ऽ	ऽ । ऽ	ऽ ऽ	मरगग, मधुमालती छंद
अहमा	दिषुसं	त्यजन्	
। । ऽ	। । ऽ	। ऽ	ससलग, मही छंद
उदासी	नतया	तेषु	
। ऽ ऽ	। । ऽ	ऽ ।	यसगल, मनोला छंद
तिष्ठेत्स्फु	टघटा	दिवत्	
ऽ ऽ ।	। । ऽ	। ऽ	तसलग, अपरिचित छंद

संधि-विग्रह.

अत्र	आत्मत्वं	दृढी-कुर्वन्	अहमादिषु	संत्यजन्
यहाँ मन में	आत्मचिंतन को	दृढ़ करते हुए	मैं आदि में	पूर्ण विश्वास त्याग कर

उदासीनतया	तेषु	तिष्ठेत्	स्फुट-घटादिवत्
तटस्थता से	उनमें	स्थित रहें	स्फुट घट की तरह

385. विशुद्धमन्तःकरणं स्वरूपे निवेश्य साक्षिण्यवबोधमात्रे ।
शनैः शनैर्निश्चलतामुपानयन्पूर्णं स्वमेवानुविलोकयेत्ततः ।।

उपजाति : उपेंद्रवज्रा-उपेंद्रवज्रा-वंशस्थ-इंद्रवंशा छंद

विशुद्ध	मन्तःक	रणंस्व	रूपे		
। ऽ ।	ऽ ऽ ।	। ऽ ।	ऽ ऽ	ज त ज ग ग	उपेंद्रवज्रा छंद
निवेश्य	साक्षिण्य	वबोध	मात्रे		
। ऽ ।	ऽ ऽ ।	। ऽ ।	ऽ ऽ	ज त ज ग ग	उपेंद्रवज्रा छंद
शनैःश	नैर्निश्च	लतामु	पानयन्		
। ऽ ।	ऽ ऽ ।	। ऽ ।	ऽ । ऽ	ज त ज र	वंशस्थ छंद
पूर्णंस्व	मेवानु	विलोक	येत्ततः		
ऽ ऽ ।	ऽ ऽ ।	। ऽ ।	ऽ । ऽ	त त ज र	इंद्रवंशा छंद

संधि-विग्रह.

विशुद्धं	अन्तःकरणं	स्वरूपे
विशद्ध-	अंतःकरण को	आत्मस्वरूप में

निवेश्य	साक्षिणि	अवबोधमात्रे

लगा कर	साक्षिणी	मात्र बुद्धि में

शनैः	शनैः	निश्चलतां	उपानयन्
धीरे	धीरे	निश्चलता में	स्थिर करते हुए

पूर्णं	स्वं	एव	अनुविलोकयेत्	ततः
पूर्ण	अपने आपको	ही	निहारें	फिर

386. देहेन्द्रियप्राणमनोऽहमादिभिः स्वाज्ञानकॢप्तैरखिलैरुपाधिभिः ।
विमुक्तमात्मानमखण्डरूपं पूर्णं महाकाशमिवावलोकयेत् ।।

उपजाति : इंद्रवंशा-इंद्रवंशा-उपेंद्रवज्रा-इंद्रवंशा छंद

देहेन्द्रि	यप्राण	मनोह	मादिभिः		
ऽ ऽ ।	ऽ ऽ ।	। ऽ ।	ऽ । ऽ	त त ज र	इंद्रवंशा छंद
स्वाज्ञान	कॢप्तैर	खिलैरु	पाधिभिः		
ऽ ऽ ।	ऽ ऽ ।	। ऽ ।	ऽ । ऽ	त त ज र	इंद्रवंशा छंद
विमुक्त	मात्मान	मखण्ड	रूपं		
। ऽ ।	ऽ ऽ ।	। ऽ ।	ऽ ऽ	ज त ज ग ग	उपेंद्रवज्रा छंद
पूर्णंम	हाकाश	मिवाव	लोकयेत्		
ऽ ऽ ।	ऽ ऽ ।	। ऽ ।	ऽ । ऽ	त त ज र	इंद्रवंशा छंद

संधि-विग्रह

देहेन्द्रिय-प्राण-मनः-अहमादिभिः
देह प्राण मन अहंभाव अदि द्वारा

स्वाज्ञानकॢप्तैः	अखिलैः	उपाधिभिः
अपने अज्ञान से की हुई-	सर्व	-उपाधियों द्वारा

विमुक्तं	आमत्मानं	अमखण्ड-रूपं
मुक्त	-आत्मस्वरूप को	अखंड रूप-

पूर्णं	महाकाशं	इव	अवलोकयेत्
पूर्ण	आकाश मंडल	समान	निहारें

387. घटकलशकुसूलसूचिमुख्यैर्गगनमुपाधिशतैर्विमुक्तमेकम् ।
भवति न विविधं तथैव शुद्धं परमहमादिविमुक्तमेकमेव ।।

पुष्पिताग्रा छंद : (न न र य – न ज ज र ग) कामदत्ता + अचला छंद

घटक	लशकु	सूलसू	चिमुख्यैः	
।।।	।।।	ऽ।ऽ	।ऽऽ	कामदत्ता छंद

गगन	मुपाधि	शतैर्वि	मुक्तमे	कम्	
।।।	।ऽ।	।ऽ।	ऽ।ऽ	ऽ	अचला छंद

भवति	नविवि	धंतथै	वशुद्धं	
।।।	।।।	ऽ।ऽ	।ऽऽ	कामदत्ता छंद

परम	हमादि	विमुक्त	मेकमे	व	
।।।	।ऽ।	।ऽ।	ऽ।ऽ	ऽ *	अचला छंद

* अंतिम 13–वीं लघु मात्रा गुरु गिनी गई है

संधि–विग्रह.

घट-कलश-कुसूल-सूचिमुख्यैः
घट, कलश, धान्य भँडार, हीरा

गगनं	उपाधिशतैः	विमुक्तं	एकम्
आकाश	शत शत उपाधियों से	विमुक्त	एक

भवति	न	विविधं	तथैव	शुद्धं
होता हूँ	नहीं	विविध	तथा ही	शुद्ध

परं	अहमादि-विमुक्तं	एकं	एव
परम	अहं आदि उपाधियों से विमुक्त	एक	ही

388. ब्रह्मादिस्तम्बपर्यन्ता मृषामात्रा उपाधयः ।
ततः पूर्णं स्वमात्मानं पश्येदेकात्मना स्थितम् ।।

अनुष्टुभ् श्लोक छंद

ब्रह्मादि	स्तम्बप	र्यन्ता	
ऽऽऽ	ऽ।ऽ	ऽऽ	मरगग, मधुमालती छंद
मृषामा	त्राउपा	धयः	
।ऽऽ	ऽ।ऽ	।ऽ	यरलग, भाषा छंद
ततःपू	र्णंस्वमा	त्मानं	
।ऽऽ	ऽ।ऽ	ऽऽ	यरगग, कुलाधारी छंद
पश्येदे	कात्मना	स्थितम्	
ऽऽऽ	ऽ।ऽ	।ऽ	मरलग, क्षमा छंद

संधि-विग्रह.

ब्रह्मादि-स्तम्ब-पर्यन्ताः				मृषामात्राः	उपाधयः	
ब्रह्मादि से घास के तिनकों तक				व्यर्थ कही गई	उपाधियाँ	
ततः	पूर्णं	स्वमं	आत्मानं	पश्येत्	एकात्मना	स्थितम्
अतः	पूर्ण	अपनी-	आत्मा को	देखें	अद्वैत रूप से	स्थित

389. यत्र भ्रान्त्या कल्पितं तद्विवेके तत्तन्मात्रं नैव तस्माद्विभिन्नम् ।
भ्रान्तेर्नाशे भाति दृष्टाहितत्त्वं रज्जुस्तद्वद्विश्वमात्मस्वरूपम् ।।

शालिनी छंद : (म त त ग ग)

यत्रभ्रा	न्त्याकल्पि	तंतद्वि	वेके
ऽ ऽ ऽ	ऽ ऽ ।	ऽ ऽ ।	ऽ ऽ
तत्तन्मा	त्रंनैव	तस्माद्वि	भिन्नम्
ऽ ऽ ऽ	ऽ ऽ ।	ऽ ऽ ।	ऽ ऽ
भ्रान्तेर्ना	शेभाति	दृष्टाहि	तत्त्वं
ऽ ऽ ऽ	ऽ ऽ ।	ऽ ऽ ।	ऽ ऽ
रज्जुस्त	द्वद्विश्व	मात्मस्व	रूपम्
ऽ ऽ ऽ	ऽ ऽ ।	ऽ ऽ ।	ऽ ऽ

संधि-विग्रह.

यत्र	भ्रान्त्या	कल्पितं	तद्विवेके
जहाँ	भ्रम के द्वारा	कल्पित	उस विवेक पर

तत्	तन्मात्रं	न	एव	तस्मात्	विभिन्नम्
वह	तन्मात्र	नहीं	ही	उससे	विभिन्न

भ्रान्तेः	नाशे	भाति	दृष्टाहितत्त्वं
भ्रम के	नाश पर	नजर आता है	विद्यमान तत्त्व-
रज्जुः	तद्वत्	विश्वं	आत्म-स्वरूपम्
रज्जु का स्वरूप	वैसा ही	विश्व	आत्मस्वरूप

390. स्वयं ब्रह्मा स्वयं विष्णुः स्वयमिन्द्रः स्वयं शिवः ।
स्वयं विश्वमिदं सर्वं स्वस्मादन्यन्न किञ्चन ।।

अनुष्टुभ् श्लोक छंद

स्वयंब्र	ह्मास्वयं	विष्णुः	
। ऽ ऽ	ऽ । ऽ	ऽ ऽ	यरगग, कुलाधारी छंद
स्वयमि	न्द्रःस्वयं	शिवः	
। । ऽ	ऽ । ऽ	। ऽ	सरलग, शलुकलुप्ता छंद
स्वयंवि	श्वमिदं	सर्वं	
। ऽ ऽ	। । ऽ	ऽ ऽ	यसगग, मनोला छंद
स्वस्माद	न्यन्नकिं	चन	
ऽ ऽ ऽ	ऽ । ऽ	। ऽ *	मरलग, क्षमा छंद

* चरण की अंतिम लघु मात्रा दीर्घ मानी गई है.

संधि-विग्रह.

स्वयं	ब्रह्मा	स्वयं	विष्णुः	स्वयं	इन्द्रः	स्वयं	शिवः
आप ही	ब्रह्म	आप हूँ	विष्णु	आप ही	इंद्र	आप ही	शिव
स्वयं	विश्वं	इदं	सर्वं	स्वस्मात्	अन्यत्	न	किञ्चन
आप ही	विश्व	यह	संपूर्ण	आपमें	अन्य	नहीं	और कुछ

391. अन्तः स्वयं चापि बहिः स्वयं च स्वयं पुरस्तात्स्वयमेव पश्चात् ।
स्वयं ह्यावाच्यां स्वयमप्युदीच्यां तथोपरिष्टात्स्वयमप्यधस्तात् ।।

उपजाति : इंद्रवज्रा- उपेंद्रवज्रा- उपेंद्रवज्रा- उपेंद्रवज्रा छंद

अन्तःस्व	यंचापि	बहिःस्व	यंच		
ऽ ऽ ।	ऽ ऽ ।	। ऽ ।	ऽ ऽ *	त त ज ग ग	इंद्रवज्रा छंद
स्वयंपु	रस्तात्स्व	यमेव	पश्चात्		
। ऽ ।	ऽ ऽ ।	। ऽ ।	ऽ ऽ	ज त ज ग ग	उपेंद्रवज्रा छंद
स्वयंह्या	वाच्यांस्व	यमप्यु	दीच्यां		
। ऽ ।	ऽ ऽ ।	। ऽ ।	ऽ ऽ	ज त ज ग ग	उपेंद्रवज्रा छंद
तथोप	रिष्टात्स्व	यमप्य	धस्तात्		
। ऽ ।	ऽ ऽ ।	। ऽ ।	ऽ ऽ	ज त ज ग ग	उपेंद्रवज्रा छंद

* चरण की अंतिम लघु मात्रा दीर्घ मानी गई है.

संधि-विग्रह.

अन्तः	स्वयं	च	अपि	बहिः	स्वयं	च

भीतर	आप ही	और	भी	बाहर	आप ही	और

स्वयं	पुरस्तात्	स्वयं	एव	पश्चात्
आप ही	आगे	आप	ही	पीछे

स्वयं	हि	अवाच्यां	स्वयं	अपि	उदीच्यां
आप	ही	दक्षिण में	आप	भी	उत्तर दिशा में

तथा	उपरिष्टात्	स्वयं	अपि	अधस्तात्
और	गगन से	आप ही	भी	भूमि तक

392. तरङ्गफेनभ्रमबुद्बुदादि सर्वं स्वरूपेण जलं यथा तथा ।
चिदेव देहाद्यहमन्तमेतत्सर्वं चिदेवैकरसं विशुद्धम् ॥

उपजाति : उपेंद्रवज्रा-इंद्रवंशा-उपेंद्रवज्रा-इंद्रवज्रा छंद

तरङ्ग	फेनभ्र	मबुद्बु	दादि		
। ऽ ।	ऽ ऽ ।	। ऽ ।	ऽ ऽ *	ज त ज ग ग	उपेंद्रवज्रा छंद
सर्वंस्व	रूपेण	जलंय	थातथा		
ऽ ऽ ।	ऽ ऽ ।	। ऽ ।	ऽ । ऽ	त त ज र	इंद्रवंशा छंद
चिदेव	देहाद्य	हमन्त	मेतत्		
। ऽ ।	ऽ ऽ ।	। ऽ ।	ऽ ऽ	ज त ज ग ग	उपेंद्रवज्रा छंद
सर्वंचि	देवैक	रसंवि	शुद्धम्		
ऽ ऽ ।	ऽ ऽ ।	। ऽ ।	ऽ ऽ	त त ज ग ग	इंद्रवज्रा छंद

* चरण की अंतिम लघु मात्रा दीर्घ मानी गई है.

संधि-विग्रह.

तरङ्ग-फेन-भ्रम-बुद्बुदादि
तरंग, झाग, बुदबुदे आदि का भ्रम

सर्वं	स्वरूपेण	जलं	यथा	तथा
सब	स्वरूप से	पानी	जैसे	वैसे

चित्	एव	देहादि-अहमन्तं	एतत्
चित्त	भी	देह से अहंभाव तक	यह

सर्वं	चित्	एव	एकरसं	विशुद्धम्
सब	चैतन्य	ही	एकरूप	विशुद्ध

393. सदेवेदं सर्वं जगदवगतं वाङ्मनसयोः
सतोऽन्यन्नास्त्येव प्रकृतिपरसीम्नि स्थितवतः ।

पृथक्किं मृत्स्नायाः कलशघटकुम्भाद्यवगतं
वदत्येष भ्रान्तस्त्वमहमिति मायामदिरया ॥

शिखरिणी छंद : (य म न स भ ल ग)

सदेवे	दंसर्वं	जगद	वगतं	वाङ्मन	सयोः
। ऽ ऽ	ऽ ऽ ऽ	। । ।	। । ऽ	ऽ । ।	। ऽ
सतोन्य	न्नास्त्येव	प्रकृति	परसी	म्निस्थित	वतः
। ऽ ऽ	ऽ ऽ ऽ	। । ।	। । ऽ	ऽ । ।	। ऽ
पृथक्किं	मृत्स्नायाः	कलश	घटकु	म्भाद्यव	गतं
। ऽ ऽ	ऽ ऽ ऽ	। । ।	। । ऽ	ऽ । ।	। ऽ
वदत्ये	षभ्रान्त	स्त्वमह	मितिमा	यामदि	रया
। ऽ ऽ	ऽ ऽ ऽ	। । ।	। । ऽ	ऽ । ।	। ऽ

संधि–विग्रह.

सत्	एव	इदं	सर्वं	जगत्	अवगतं	वाङ्मनसयोः
सत्	भी	यह	सर्व	जगत	जाना गया	वाणी और मन से

सतः	अन्यत्	न	अस्ति	एव	प्रकृतिपरसीम्नि	स्थितवतः
ब्रह्म से	अन्य	नहीं	है	ही	प्रकृति की सीमा से परे	स्थित ब्रह्म से

पृथक्	किं	मृत्स्नायाः	कलश-घट-कुम्भादि	अवगतं
अलग	क्या	मिट्टी से	कलश घट कुम्भ आदि	जाना गया

वदति	एषः	भ्रान्तः	त्वं	अहं	इति	माया-मदिरया
कहता है	यह	विमूढ़	तू	मैं	कह कर	माया के नशे के कारण

394. क्रियासमभिहारेण यत्र नान्यदिति श्रुतिः ।
ब्रवीति द्वैतराहित्यं मिथ्याध्यासनिवृत्तये ॥

अनुष्टुभ् श्लोक छंद

क्रियास	मभिहा	रेण	
। ऽ ।	। । ऽ	ऽ ।	जसगल, भांर्गी छंद
यत्रना	न्यदिति	श्रुतिः	
ऽ । ऽ	। । ऽ	। ऽ	रसलग, पथ्यावक्त्र छंद

ब्रवीति	द्वैतरा	हित्यं	
। ऽ ऽ	ऽ । ऽ	ऽ ऽ	यरगग, कुलाधारी छंद
मिथ्याध्या	सनिवृ	त्तये	
ऽ ऽ ऽ	ऽ । ऽ	। ऽ	मरलग, क्षमा छंद

संधि–विग्रह.

क्रियासमभिहारेण	यत्र	न	अन्यत्	इति	श्रुतिः
बारंबार वचनों द्वारा	जहाँ	नहीं	दूसरा कोई	कह कर	शास्त्र

ब्रवीति	द्वैतराहित्यं	मिथ्या-ध्यास-निवृत्तये
बतलाता है	अद्वैत को	गलत धारणा की निवृत्ति के लिए

395. आकाशवन्निर्मलनिर्विकल्पं निःसीमनिःस्पन्दननिर्विकारम् ।
अन्तर्बहिःशून्यमनन्यमद्वयं स्वयं परं ब्रह्म किमस्ति बोध्यम् ।।

उपजाति : इंद्रवज्रा- इंद्रवज्रा- इंद्रवंशा-उपेंद्रवज्रा छंद

आकाश	वन्निर्म	लनिर्वि	कल्पं		
ऽ ऽ ।	ऽ ऽ ।	। ऽ ।	ऽ ऽ	त त ज ग ग	इंद्रवज्रा छंद
निःसीम	निःस्पन्द	ननिर्वि	कारम्		
ऽ ऽ ।	ऽ ऽ ।	। ऽ ।	ऽ ऽ	त त ज ग ग	इंद्रवज्रा छंद
अन्तर्ब	हिःशून्य	मनन्य	मद्वयं		
ऽ ऽ ।	ऽ ऽ ।	। ऽ ।	ऽ । ऽ	त त ज र	इंद्रवंशा छंद
स्वयंप	रंब्रह्म	किमस्ति	बोध्यम्		
। ऽ ।	ऽ ऽ ।	। ऽ ।	ऽ ऽ	ज त ज ग ग	उपेंद्रवज्रा छंद

संधि–विग्रह.

आकाशवत्	निर्मल-निर्विकल्पं
आकाश के समान	निर्मल और निर्विकल्प

निःसीम-निःस्पन्दन-निर्विकारम्
निःसीम, निष्क्रिय, निर्विकार,

अन्तर्बहिः-शून्यं	अनन्यं	अद्वयं
भीतर-बाहरी शून्य	एकमात्र	अद्वैत है

स्वयं	परं	ब्रह्म	किं	अस्ति	बोध्यम्
आप ही	परम	ब्रह्म	क्या	है	और ज्ञापनीय

396. वक्तव्यं किमु विद्यतेऽत्र बहुधा ब्रह्मैव जीवः स्वयं
ब्रह्मैतज्जगदाततं नु सकलं ब्रह्माद्वितीयं श्रुतिः ।
ब्रह्मैवाहमिति प्रबुद्धमतयः संत्यक्तबाह्याः स्फुटं
ब्रह्मीभूय वसन्ति सन्ततचिदानन्दात्मनैतद्ध्रुवम् ।

शार्दूलविक्रीडित छंद : (म स ज स त त ग)

वक्तव्यं	किमुवि	द्यतेत्र	बहुधा	ब्रह्मैव	जीवःस्व	यं
ऽ ऽ ऽ	। । ऽ	। ऽ ।	। । ऽ	ऽ ऽ ।	ऽ ऽ ।	ऽ
ब्रह्मैत	ज्जगदा	ततंनु	सकलं	ब्रह्माद्वि	तीयंश्रु	तिः
ऽ ऽ ऽ	। । ऽ	। ऽ ।	। । ऽ	ऽ ऽ ।	ऽ ऽ ।	ऽ
ब्रह्मैवा	हमिति	प्रबुद्ध	मतयः	संत्यक्त	बाह्याःस्फु	टं
ऽ ऽ ऽ	। । ऽ	। ऽ ।	। । ऽ	ऽ ऽ ।	ऽ ऽ ।	ऽ
ब्रह्मीभू	यवस	न्तिसन्त	तचिदा	नन्दात्म	नैतद्ध्रु	वम्
ऽ ऽ ऽ	। । ऽ	। ऽ ।	। । ऽ	ऽ ऽ ।	ऽ ऽ ।	ऽ

संधि–विग्रह.

वक्तव्यं	किमु	विद्यते	अत्र	बहुधा	ब्रह्म	एव	जीवः	स्वयं
कथनीय	क्या	है	यहाँ	अधिक	ब्रह्म	ही	जीव	स्वतः
ब्रह्म	एतत्	जगत्	आततं	नु	सकलं	ब्रह्म	अद्वितीयं	श्रुतिः
ब्रह्म	यह	जग	विशाल	ही	सब	ब्रह्म	अद्वैत	शास्त्र कहे

ब्रह्म	एव	अहं	इति	प्रबुद्ध-मतयः	संत्यक्त-बाह्याः	स्फुटं
ब्रह्म	ही	मैं	यह	ज्ञानी लोग	बाह्य विषयों का त्याग किए हुए	स्पष्ट

ब्रह्मीभूय	वसन्ति	सन्ततचिदानन्दात्मना	एतत्	ध्रुवम्
ब्रह्म से तादात्म्य होकर	रहते हैं	सच्चिदानंदस्वरूप से	यह	दृढ़ सत्य है

397. जहि मलमयकोशेऽहंधियोत्थापिताशां
प्रसभमनिलकल्पे लिङ्गदेहेऽपि पश्चात् ।
निगमगदितकीर्तिं नित्यमानन्दमूर्तिं
स्वयमिति परिचीय ब्रह्मरूपेण तिष्ठ ।।

मालिनी छंद : (न न म य य)

जहिम	लमय	कोशेहं	धियोत्था	पिताशां
। । ।	। । ।	ऽ ऽ ऽ	। ऽ ऽ	। ऽ ऽ

प्रसभ	मनिल	कल्पेलि	ङ्गदेहे	पिपश्चात्
। । ।	। । ।	ऽ ऽ ऽ	। ऽ ऽ	। ऽ ऽ
निगम	गदित	कीर्तिंनि	त्यमान	न्दमूर्तिं
। । ।	। । ।	ऽ ऽ ऽ	। ऽ ऽ	। ऽ ऽ
स्वयमि	तिपरि	चीयब्र	ह्मरूपे	णतिष्ठ
। । ।	। । ।	ऽ ऽ ऽ	। ऽ ऽ	। ऽ ऽ *

* चरण की अंतिम लघु मात्रा दीर्घ मानी गई है.

संधि-विग्रह.

जहि	मल-मय-कोशे	अहं-धिया	उत्थापिताशां	
नष्ट कर दो	मल मय देह में बसे	अहंकार बुद्धि से	उप्तन्न आशा को	
प्रसभं	अनिलकल्पे	लिङ्गदेहे	अपि	पश्चात्
बल के साथ	वायु समान	लिंग-देह पर	भी	और फिर
निगम-गदित-कीर्तिं	नित्यं	आमनन्द-मूर्तिं		
शास्त्र ने कही स्तुति-	शाश्वत-	आनंदमूर्ति को		
स्वयं	इति	परिचीय	ब्रह्म-रूपेण	तिष्ठ
मैं हूँ	ऐसा	निश्चय करके	ब्रह्मरूप से	तुम रहो!

398. शवाकारं यावद्भजति मनुजस्तावदशुचिः
परेभ्यः स्यात्क्लेशो जननमरणव्याधिनिलयः।
यदात्मानं शुद्धं कलयति शिवाकारमचलम्
तदा तेभ्यो मुक्तो भवति हि तदाह श्रुतिरपि ॥

शिखरिणी छंद : (य म न स भ ल ग)

शवाका	रंयाव	द्भजति	मनुज	स्तावद	शुचिः
। ऽ ऽ	ऽ ऽ ऽ	। । ।	। । ऽ	ऽ । ।	। ऽ
परेभ्यः	स्यात्क्लेशो	जनन	मरण	व्याधिनि	लयः
। ऽ ऽ	ऽ ऽ ऽ	। । ।	। । ऽ	ऽ । ।	। ऽ
यदात्मा	नंशुद्धं	कलय	तिशिवा	कारम	चलम्
। ऽ ऽ	ऽ ऽ ऽ	। । ।	। । ऽ	ऽ । ।	। ऽ
तदाते	भ्योमुक्तो	भवति	हितदा	हश्रुति	रपि
। ऽ ऽ	ऽ ऽ ऽ	। । ।	। । ऽ	ऽ । ।	। ऽ *

* चरण की अंतिम लघु मात्रा दीर्घ मानी गई है.

संधि-विग्रह.

शवाकारं	यावत्	भजति	मनुजः	तावत्	अशुचिः
प्रेतरूप देह को	जब तक	अहंभाव रखता है	मनुष्य	तब तक	अपवित्र

परेभ्यः	स्यात्	क्लेशः	जनन-मरण-व्याधि-निलयः
अन्य वस्तुओं से	होगा	क्लेश	जन्म मरण व्याधि गृह आदि

यदा	आत्मानं	शुद्धं	कलयति	शिवाकारं	अचलम्
जब	अपने आपको	शुद्ध	मानता है	शिव स्वरूप	निराकार

तदा	तेभ्यः	मुक्तः	भवति	हि	तत्	आह	श्रुतिः	अपि
तब	उन क्लेशों से	मुक्त	होता है	ही	वह	कहता है	शास्त्र	भी

399. स्वात्मन्यारोपिताशेषाभासवस्तुनिरासतः ।
स्वयमेव परं ब्रह्म पूर्णमद्वयमक्रियम् ।।

अनुष्टुभ् श्लोक छंद

स्वात्मन्या	रोपिता	शेषा	
ऽ ऽ ऽ	ऽ । ऽ	ऽ ऽ	मरगग, मधुमालती छंद
भासव	स्तुनिरा	सतः	
ऽ । ऽ	। । ऽ	। ऽ	रसलग, पथ्यावक्त्र छंद
स्वयमे	वपरं	ब्रह्म	
। । ऽ	। । ऽ	ऽ ।	ससगल, पंचशिखा छंद
पूर्णम	द्वयम	क्रियम्	
ऽ । ऽ	। । ऽ	। ऽ	रसलग, पथ्यावक्त्र छंद

संधि-विग्रह.

स्वात्मनि	आरोपिता-शेषाभास-वस्तु-निरासतः
अंत:करण में	काल्पनिक वस्तुओंका आच्छादन हटाया हुआ

स्वयं	एव	परं	ब्रह्म	पूर्णं	अद्वयं	अक्रियम्
आप	ही	परम	ब्रह्म	पूर्ण	अद्वैत	अक्रिय

400. समाहितायां सति चित्तवृत्तौ परात्मनि ब्रह्मणि निर्विकल्पे ।
न दृश्यते कश्चिदयं विकल्पः प्रजल्पमात्रः परिशिष्यते ततः ।।

उपजाति : उपेंद्रवज्रा-इंद्रवज्रा-उपेंद्रवज्रा-वंशस्थ छंद

समाहि	तायांस	तिचित्त	वृत्तौ		
।ऽ।	ऽऽ।	।ऽ।	ऽऽ	ज त ज ग ग	उपेंद्रवज्रा छंद
परात्म	निब्रह्म	णिनिर्वि	कल्पे		
ऽऽ।	ऽऽ।	।ऽ।	ऽऽ	त त ज ग ग	इंद्रवज्रा छंद
नदृश्य	तेकश्चि	दयंवि	कल्पः		
।ऽ।	ऽऽ।	।ऽ।	ऽऽ	ज त ज ग ग	उपेंद्रवज्रा छंद
प्रजल्प	मात्रःप	रिशिष्य	तेततः		
।ऽ।	ऽऽ।	।ऽ।	ऽ।ऽ	ज त ज र	वंशस्थ छंद

संधि-विग्रह.

समाहितायां	सति	चित्त-वृत्तौ
सिद्ध हुई समाधि में	सत्	चित्तवृत्ति में

परात्मनि	ब्रह्मणि	निर्विकल्पे
परमात्म-	ब्रह्म में	निविकल्प-

न	दृश्यते	कश्चित्	अयं	विकल्पः
नहीं	नजर आती	कोई	यह	विकल्प

प्रजल्प-मात्रः	परिशिष्यते	ततः
मात्र वाचालता	रहती है	फिर

401. असत्कल्पो विकल्पोऽयं विश्वमित्येकवस्तुनि ।
निर्विकारे निराकारे निर्विशेषे भिदा कुतः ।।

अनुष्टुभ् श्लोक छंद

असत्क	ल्पोविक	ल्पोयं	
।ऽऽ	ऽ।ऽ	ऽऽ	यरगग, कुलाधारी छंद
विश्वमि	त्येकव	स्तुनि	
ऽ।ऽ	ऽ।ऽ	।ऽ *	ररलग, हेमरूप छंद
निर्विका	रेनिरा	कारे	
ऽ।ऽ	ऽ।ऽ	ऽऽ	ररगग, पद्ममाला छंद
निर्विशे	षेभिदा	कुतः	
ऽ।ऽ	ऽ।ऽ	।ऽ	ररलग, हेमरूप छंद

* चरण की अंतिम लघु मात्रा दीर्घ मानी गई है.

संधि-विग्रह.

असत्कल्पः	विकल्पः	अयं	विश्वं	इति	एकवस्तुनि
मिथ्या कल्पित-	विकल्प	यह	विश्व	ऐसी	अद्वैत वस्तु में

निर्विकारे	निराकारे	निर्विशेषे	भिदा	कुतः
निर्विकार-	निराकार-	निर्विशेष में	भेद	कहाँ से?

402. द्रष्टुदर्शनदृश्यादिभावशून्यैकवस्तुनि ।
निर्विकारे निराकारे निर्विशेषे भिदा कुतः ।।

अनुष्टुभ् श्लोक छंद

द्रष्टुद	र्शनदृ	श्यादि	
ऽ । ऽ	ऽ । ऽ	ऽ ।	रगगल, लक्ष्मी छंद
भावशू	न्यैकव	स्तुनि	
ऽ । ऽ	ऽ । ऽ	। ऽ *	ररलग, हेमरूप छंद
निर्विका	रेनिरा	कारे	
ऽ । ऽ	ऽ । ऽ	ऽ ऽ	ररगग, पद्ममाला छंद
निर्विशे	षेभिदा	कुतः	
ऽ । ऽ	ऽ । ऽ	। ऽ	ररलग, हेमरूप छंद

* चरण की अंतिम लघु मात्रा दीर्घ मानी गई है.

संधि-विग्रह.

द्रष्टुदर्शन-दृश्यादि-भाव-शून्यः	एकवस्तुनि
दृष्टा, दर्शन, दृश्य आदि भाव विरहित	अद्वितीच वस्तुरूप ब्रह्म

निर्विकारे	निराकारे	निर्विशेषे	भिदा	कुतः
निर्विकार-	निराकार-	निर्विशेष में	भेद	कहाँ से?

403. कल्पार्णव इवात्यन्तपरिपूर्णैकवस्तुनि ।
निर्विकारे निराकारे निर्विशेषे भिदा कुतः ।।

अनुष्टुभ् श्लोक छंद

कल्पार्ण	वइवा	त्यन्त	
ऽ ऽ ।	। । ऽ	ऽ ।	तसगल, श्यामा छंद

परिपू	र्णैकव	स्तुनि	
। । ऽ	ऽ । ऽ	। ऽ *	सरलग, सुविलासा छंद
निर्विका	रेनिरा	कारे	
ऽ । ऽ	ऽ । ऽ	ऽ ऽ	ररगग, पद्ममाला छंद
निर्विशे	षेभिदा	कुतः	
ऽ । ऽ	ऽ । ऽ	। ऽ	ररलग, हेमरूप छंद

* चरण की अंतिम लघु मात्रा दीर्घ मानी गई है.

संधि-विग्रह.

कल्पार्णवे	इव	अत्यन्त-परिपूर्ण-एकवस्तुनि
प्रलय काल के सागर में	जैसे	अत्यंत परिपूर्ण अद्वैत वस्तु में

निर्विकारे	निराकारे	निर्विशेषे	भिदा	कुतः
निर्विकार-	निराकार-	निर्विशेष में	भेद	कहाँ से?

404. तेजसीव तमो यत्र प्रलीनं भ्रान्तिकारणम् ।
अद्वितीये परे तत्त्वे निर्विशेषे भिदा कुतः ॥

अनुष्टुभ् श्लोक छंद

तेजसी	वतमो	यत्र	
ऽ । ऽ	। । ऽ	ऽ ऽ	रसगग, गाथ छंद
प्रलीनं	भ्रान्तिका	रणम्	
। ऽ ऽ	ऽ । ऽ	। ऽ	यरलग, भाषा छंद
अद्विती	येपरे	तत्त्वे	
ऽ । ऽ	ऽ । ऽ	ऽ ऽ	ररगग, पद्ममाला छंद
निर्विशे	षेभिदा	कुतः	
ऽ । ऽ	ऽ । ऽ	। ऽ	ररलग, हेमरूप छंद

संधि-विग्रह.

तेजसि	इव	तमः	यत्र	प्रलीनं	भ्रान्ति-कारणम्
प्रकाश में	जैसे	अंध:कार	जहाँ	विनष्ट	भ्रम का कारण

अद्वितीये	परेतत्त्वे	निर्विशेषे	भिदा	कुतः
अद्वैत-	परमतत्त्व-	निर्विशेष में	भेद	कहाँ से?

405. एकात्मके परे तत्त्वे भेदवार्ता कथं वसेत् ।
सुषुप्तौ सुखमात्रायां भेदः केनावलोकितः ।।

अनुष्टुभ् श्लोक छंद

एकात्म	केपरे	तत्त्वे	
ऽ ऽ ।	ऽ । ऽ	ऽ ऽ	तरगग, विभा छंद
भेदवा	र्ताकथं	वसेत्	
ऽ । ऽ	ऽ । ऽ	। ऽ	ररलग, हेमरूप छंद
सुषुप्तौ	सुखमा	त्रायां	
। ऽ ऽ	। । ऽ	ऽ ऽ	यसगग, मनोला छंद
भेदःके	नावलो	कितः	
ऽ ऽ ऽ	ऽ । ऽ	। ऽ	मरलग, क्षमा छंद

संधि–विग्रह.

एकात्मके परे	तत्त्वे	भेद-वार्ता	कथं	वसेत्
परम अद्वैत–	तत्त्वपर	भेद की बात	कैसे	संभव हो
सुषुप्तौ	सुखमात्रायां	भेदः	केन	अवलोकितः
सुप्ति में	सुख की–	भिन्नता	किसने	देखी

406. न ह्यस्ति विश्वं परतत्त्वबोधात्सदात्मनि ब्रह्मणि निर्विकल्पे ।
कालत्रये नाप्यहिरीक्षितो गुणे न ह्यम्बुबिन्दुर्मृगतृष्णिकायाम् ।।

उपजाति : इंद्रवज्रा-उपेंद्रवज्रा-इंद्रवंशा-इंद्रवज्रा छंद

नह्यस्ति	विश्वंप	रतत्त्व	बोधात्		
ऽ ऽ ।	ऽ ऽ ।	। ऽ ।	ऽ ऽ	त त ज ग ग	इंद्रवज्रा छंद
सदात्म	निब्रह्म	णिनिर्वि	कल्पे		
। ऽ ।	ऽ ऽ ।	। ऽ ।	ऽ ऽ	ज त ज ग ग	उपेंद्रवज्रा छंद
कालत्र	येनाप्य	हिरीक्षि	तोगुणे		
ऽ ऽ ।	ऽ ऽ ।	। ऽ ।	ऽ । ऽ	त त ज र	इंद्रवंशा छंद
नह्यम्बु	बिन्दुर्मृ	गतृष्णि	कायाम्		
ऽ ऽ ।	ऽ ऽ ।	। ऽ ।	ऽ ऽ	त त ज ग ग	इंद्रवज्रा छंद

संधि–विग्रह.

न	हि	अस्ति	विश्वं	परतत्त्व-बोधात्
नहीं	ही	है	विश्व	परमतत्त्व जानने से

सदात्मनि	ब्रह्मणि	निर्विकल्पे-
सदानंद–	–ब्रह्म में	निविकल्प–

कालत्रये	न	अपि	अहिः	ईक्षितः	गुणे
त्रिकाल में	नहीं	भी	साँप	देखा	रज्जु पर

न	हि	अम्बुबिन्दुः	मृग-तृष्णिकायाम्
नहीं	क्यों कि	पानी की बूँद	मृगजल में

407. मायामात्रमिदं द्वैतमद्वैतं परमार्थतः ।
इति ब्रूते श्रुतिः साक्षात्सुषुप्तावनुभूयते ।।

अनुष्टुभ् श्लोक छंद

मायामा	त्रमिदं	द्वैत	
ऽ ऽ ऽ	। । ऽ	ऽ ।	मसगल, वक्त्र छंद
मद्वैतं	परमा	र्थतः	
ऽ ऽ ऽ	। । ऽ	। ऽ	मसलग, अपरिचित छंद
इतिब्रू	तेश्रुतिः	साक्षात्	
। ऽ ऽ	ऽ । ऽ	ऽ ऽ	यरगग, कुलाधारी छंद
सुषुप्ता	वनुभू	यते	
। ऽ ऽ	। । ऽ	। ऽ	यसलग, अपरिचित छंद

संधि–विग्रह.

मायामात्रं	इदं	द्वैतं	अद्वैतं	परमार्थतः
केवल माया ही	यह	द्वैत है	अद्वैत	परमार्थ से है

इति	ब्रूते	श्रुतिः	साक्षात्	सुषुप्तौ	अनुभूयते
ऐसा	कहता है	शास्त्र	प्रत्यक्ष	सुप्ति में	अनुभव आता है

408. अनन्यत्वमधिष्ठानादारोप्यस्य निरीक्षितम् ।
पण्डितैर्रज्जुसर्पादौ विकल्पो भ्रान्तिजीवनः ।।

अनुष्टुभ् श्लोक छंद

अनन्य	त्वमधि	ष्ठाना	
। ऽ ऽ	ऽ । ऽ	ऽ ऽ	यरगग, कुलाधारी छंद
दारोप्य	स्यनिरी	क्षितम्	
ऽ ऽ ऽ	ऽ । ऽ	। ऽ	मरलग, क्षमा छंद
पण्डितै	र्रज्जुस	र्पादौ	
ऽ । ऽ	ऽ । ऽ	ऽ ऽ	ररगग, पद्ममाला छंद
विकल्पो	भ्रान्तिजी	वनः	
। ऽ ऽ	ऽ । ऽ	। ऽ	यरलग, भाषा छंद

संधि-विग्रह.

अनन्यत्वं	अधिष्ठानात्	आरोप्यस्य	निरीक्षितम्
अभिन्नत्व	अधिष्ठान से	कल्पित वस्तु का	देखा गया है
पण्डितैः	रज्जुसर्पादौ	विकल्पः	भ्रान्ति-जीवनः
ज्ञानियों द्वारा	रज्जु-सर्प आदि में	भेद	भ्रम से प्रतीत

409. चित्तमूलो विकल्पोऽयं चित्ताभावे न कश्चन ।
अतश्चित्तं समाधेहि प्रत्यग्रूपे परात्मनि ।।

अनुष्टुभ् श्लोक छंद

चित्तमू	लोविक	ल्पोयं	
ऽ । ऽ	ऽ । ऽ	ऽ ऽ	ररगग, पद्ममाला छंद
चित्ताभा	वेनक	श्चन	
ऽ ऽ ऽ	ऽ । ऽ	। ऽ *	मरलग, क्षमा छंद
अतश्चि	त्तंसमा	धेहि	
। ऽ ऽ	ऽ । ऽ	ऽ ऽ	यरगग, कुलाधारी छंद
प्रत्यग्रू	पेपरा	त्मनि	
ऽ ऽ ऽ	ऽ । ऽ	। ऽ *	मरलग, क्षमा छंद

* चरण की अंतिम लघु मात्रा दीर्घ मानी गई है.

संधि-विग्रह.

चित्तमूलः	विकल्पः	अयं	चित्ताभावे	न	कश्चन
चित्त मूल कारण है	भ्रम भेद का विकल्प	यह	बिना चित्त	नहीं	कुछ भी

अतः	चित्तं	समाधेहि	प्रत्यग्रूपे	परात्मनि
अतः	चित्त को	केन्द्रित करो	साक्षी स्वरूप	परमात्मा पर

410. किमपि सततबोधं केवलानन्दरूपं
निरुपममतिवेलं नित्यमुक्तं निरीहम् ।
निरवधिगगनाभं निष्कलं निर्विकल्पं
हृदि कलयति विद्वान् ब्रह्म पूर्णं समाधौ ।।

मालिनी छंद : (न न म य य)

किमपि	सतत	बोधंके	वलान	न्दरूपं
। । ।	। । ।	ऽ ऽ ऽ	। ऽ ऽ	। ऽ ऽ
निरुप	ममति	वेलंनि	त्यमुक्तं	निरीहम्
। । ।	। । ।	ऽ ऽ ऽ	। ऽ ऽ	। ऽ ऽ
निरव	धिगग	नाभंनि	ष्कलंनि	र्विकल्पं
। । ।	। । ।	ऽ ऽ ऽ	। ऽ ऽ	। ऽ ऽ
हृदिक	लयति	विद्वान्ब्र	ह्मपूर्णं	समाधौ
। । ।	। । ।	ऽ ऽ ऽ	। ऽ ऽ	। ऽ ऽ

संधि-विग्रह.

किं	अपि	सततबोधं	केवलानन्दरूपं
कुछ	भी	सर्व काल	केवल आनंद स्वरूप

निरुपमं	अतिवेलं	नित्यमुक्तं	निरीहम्
निरुपम-	अनंत-	त्रिकालमुक्त-	निष्क्रिय को

निरवधि	गगनाभं	निष्कलं	निर्विकल्पं
असीम-	आकाश समान-	निरवयव-	निर्विकल्प को

हृदि	कलयति	विद्वान्	ब्रह्म पूर्णं	समाधौ
हृदय में	अनुभूत करता है	ज्ञानी	पूर्ण ब्रह्म को	समाधि में

411. प्रकृतिविकृतिशून्यं भावनातीतभावं
समरसमसमानं मानसं बन्धदूरम् ।
निगमवचनसिद्धं नित्यमस्मत्प्रसिद्धं
हृदि कलयति विद्वान् ब्रह्म पूर्णं समाधौ ।।

मालिनी छंद : (न न म य य)

प्रकृति	विकृति	शून्यंभा	वनाती	तभावं
। । ।	। । ।	ऽ ऽ ऽ	। ऽ ऽ	। ऽ ऽ
समर	समस	मानंमा	नसंब	न्धदूरम्
। । ।	। । ।	ऽ ऽ ऽ	। ऽ ऽ	। ऽ ऽ
निगम	वचन	सिद्धंनि	त्यमस्म	त्प्रसिद्धं
। । ।	। । ।	ऽ ऽ ऽ	। ऽ ऽ	। ऽ ऽ
हृदिक	लयति	विद्वान्ब्र	ह्मपूर्णं	समाधौ
। । ।	। । ।	ऽ ऽ ऽ	। ऽ ऽ	। ऽ ऽ

संधि-विग्रह.

प्रकृति-विकृति-शून्यं	भावनातीत-भावं
प्रकृति के कार्य और विकृति के परिणाम के विरहित	कल्पना के भाव के परे

समरसं	असमानं	मानसंबन्ध-दूरम्
एकरस-	असीम-	विषयों से अतीत को

निगम-वचन-सिद्धं	नित्यं	अस्मत्प्रसिद्धं
शास्त्र वचन से सिद्ध-	शाश्वत-	अहं-ब्रह्मास्मि वचन से सर्वज्ञात तत्त्व को

हृदि	कलयति	विद्वान्	ब्रह्म पूर्णं	समाधौ
हृदय में	पाता है	ज्ञानी	पूर्णब्रह्म को	समाधि में

412. अजरममरमस्ताभाववस्तुस्वरूपं
स्तिमितसलिलराशिप्रख्यमाख्याविहीनम् ।
शमितगुणविकारं शाश्वतं शान्तमेकं
हृदि कलयति विद्वान् ब्रह्म पूर्णं समाधौ ।।

मालिनी छंद : (न न म य य)

अजर	ममर	मस्ताभा	ववस्तु	स्वरूपं
। । ।	। । ।	ऽ ऽ ऽ	। ऽ ऽ	। ऽ ऽ
स्तिमित	सलिल	राशिप्र	ख्यमाख्या	विहीनम्
। । ।	। । ।	ऽ ऽ ऽ	। ऽ ऽ	। ऽ ऽ

शमित	गुणवि	कारंशा	श्वतंशा	न्तमेकं
। । ।	। । ।	ऽ ऽ ऽ	। ऽ ऽ	। ऽ ऽ
हृदिक	लयति	विद्वान्ब्र	ह्मपूर्णं	समाधौ
। । ।	। । ।	ऽ ऽ ऽ	। ऽ ऽ	। ऽ ऽ

संधि-विग्रह.

अजरं	अमरं	अस्ताभाव-वस्तु-स्वरूपं
अक्षर-	अमर-	अमिट भाव से युक्त वस्तु स्वरूप को

स्तिमित-सलिल-राशि-प्रख्यं	आख्याविहीनम्
स्थिर महासागर के स्तब्ध जल के समान	वर्णनातीत को

शमित-गुण-विकारं	शाश्वतं	शान्तं	एकं
गुण विकार से अतीत-	शाश्वत-	शांत	अद्वैत को

हृदि	कलयति	विद्वान्	ब्रह्म पूर्णं	समाधौ
हृदय में	पाता है	ज्ञानी	पूर्णब्रह्म को	समाधि में

413. समाहितान्तःकरणः स्वरूपे विलोकयात्मानमखण्डवैभवम् ।
विच्छिन्द्धि बन्धं भवगन्धगन्धितं यत्नेन पुंस्त्वं सफलीकुरुष्व ॥

उपजाति : उपेंद्रवज्रा-वंशस्थ-इंद्रवंशा-इंद्रवज्रा छंद

समाहि	तान्तःक	रणःस्व	रूपे		
। ऽ ।	ऽ ऽ ।	। ऽ ।	ऽ ऽ	ज त ज ग ग	उपेंद्रवज्रा छंद
विलोक	यात्मान	मखण्ड	वैभवम्		
। ऽ ।	ऽ ऽ ।	। ऽ ।	ऽ । ऽ	ज त ज र	वंशस्थ छंद
विच्छिन्द्धि	बन्धंभ	वगन्ध	गन्धितं		
ऽ ऽ ।	ऽ ऽ ।	। ऽ ।	ऽ । ऽ	त त ज र	इंद्रवंशा छंद
यत्नेन	पुंस्त्वंस	फलीकु	रुष्व		
ऽ ऽ ।	ऽ ऽ ।	। ऽ ।	ऽ ऽ *	त त ज ग ग	इंद्रवज्रा छंद

* चरण की अंतिम लघु मात्रा दीर्घ मानी गई है.

संधि-विग्रह.

समाहितान्तःकरणः	स्वरूपे
-चित्त को एकाग्र किया हुआ	ब्रह्मस्वरूप पर-

विलोकय	आत्मानं	अखण्ड-वैभवम्
तू चिंतन में धर ले	आत्मा को	अखंड वैभव वाले-

विच्छिन्द्धि	बन्धं	भवगन्ध-गन्धितं
तोड़ दे	भव बंधन को	पूर्वजन्म के पुण्य से सुगंधित

यत्नेन	पुंस्त्वं	सफली	कुरुष्व
प्रयत्न से	मनुष्य जन्म	सफल	कर ले

414. सर्वोपाधिविनिर्मुक्तं सच्चिदानन्दमद्वयम् ।
भावयात्मानमात्मस्थं न भूयः कल्पसेऽध्वने ।।

अनुष्टुभ् श्लोक छंद

सर्वोपा	धिविनि	र्मुक्तं	
ऽ ऽ ऽ	। । ऽ	ऽ ऽ	मसगग, वक्त्र छंद
सच्चिदा	नन्दम	द्वयम्	
ऽ । ऽ	ऽ । ऽ	। ऽ	ररलग, हेमरूप छंद
भावया	त्मानमा	त्मस्थं	
ऽ । ऽ	ऽ । ऽ	ऽ ऽ	ररगग, पद्ममाला छंद
नभूयः	कल्पसे	ध्वने	
। ऽ ऽ	ऽ । ऽ	। ऽ	यरलग, भाषा छंद

संधि–विग्रह.

सर्वोपाधि-विनिर्मुक्तं	सच्चिदानन्दं	अद्वयम्
सब उपाधियों से मुक्त–	सच्चिदानंद–	अद्वैत को

भावय	आत्मानं	आत्मस्थं	न	भूयः	कल्पसे	अध्वने
याद करले	अपने	अंत:ररण में स्थित	नहीं	पुनः	तू पड़ेगा	भवचक्र में

415. छायेव पुंसः परिदृश्यमानमाभासरूपेण फलानुभूत्या ।
शरीरमाराच्छववन्निरस्तं पुनर्न संधत्त इदं महात्मा ।।

उपजाति : इंद्रवज्रा- इंद्रवज्रा- उपेंद्रवज्रा- उपेंद्रवज्रा छंद

छायेव	पुंसःप	रिदृश्य	मान		
ऽ ऽ ।	ऽ ऽ ।	। ऽ ।	ऽ ऽ *	त त ज ग ग	इंद्रवज्रा छंद
माभास	रूपेण	फलानु	भूत्या		
ऽ ऽ ।	ऽ ऽ ।	। ऽ ।	ऽ ऽ	त त ज ग ग	इंद्रवज्रा छंद

शरीर	माराच्छ	ववन्नि	रस्तं		
। ऽ ।	ऽ ऽ ।	। ऽ ।	ऽ ऽ	ज त ज ग ग	उपेंद्रवज्रा छंद
पुनर्न	संधत्त	इदंम	हात्मा		
। ऽ ।	ऽ ऽ ।	। ऽ ।	ऽ ऽ	ज त ज ग ग	उपेंद्रवज्रा छंद

* चरण की अंतिम लघु मात्रा दीर्घ मानी गई है.

संधि-विग्रह.

छाया	इव	पुंसः	परिदृश्यमानं
छाया	के समान	मनुष्य का	गोचर होने वाला-

आभास-रूपेण	फलानुभूत्या
आभास के रूप में	फल के अनुभव से

शरीरं	आरात्	शववत्	निरस्तं
शरीर	दूर	शव की तरह	त्यागा हुआ

पुनः	न	संधत्ते	इदं	महात्मा
फिर से	नहीं	संलग्न होता	इस शव से	ज्ञानी मनुष्य

416. सततविमलबोधानन्दरूपं समेत्य
त्यज जडमलरूपोपाधिमेतं सुदूरे ।
अथ पुनरपि नैष स्मर्यतां वान्तवस्तु
स्मरणविषयभूतं कल्पते कुत्सनाय ।।

मालिनी छंद : (न न म य य)

सतत	विमल	बोधान	न्दरूपं	समेत्य
। । ।	। । ।	ऽ ऽ ऽ	। ऽ ऽ	। ऽ ऽ
त्यजज	डमल	रूपोपा	धिमेतं	सुदूरे
। । ।	। । ।	ऽ ऽ ऽ	। ऽ ऽ	। ऽ ऽ
अथपु	नरपि	नैषस्म	र्यतांवा	न्तवस्तु
। । ।	। । ।	ऽ ऽ ऽ	। ऽ ऽ	। ऽ ऽ
स्मरण	विषय	भूतंक	ल्पतेकु	त्सनाय
। । ।	। । ।	ऽ ऽ ऽ	। ऽ ऽ	। ऽ ऽ *

* चरण की अंतिम लघु मात्रा दीर्घ मानी गई है.

संधि-विग्रह.

सतत-विमल-बोधानन्द-रूपं	समेत्य

निरंतर निर्मल आनंद ज्ञान स्वरूप को	प्राप्त करके			
त्यज	जड-मल-रूपः	उपाधिं	एतं	सुदूरे
छोड़ दे	जड़ मल रूप	उपाधि को	इस-	दूर

अथ	पुनः	अपि	न	एषः	स्मर्यतां	वान्तवस्तु
फिर	पुनः	भी	नहीं	इस	याद कर	छोड़ी हुई वस्तु को

स्मरण-विषय-भूतं	कल्पते	कुत्सनाय
स्मरण वह आया हुआ विषय	विषय बनता है	निंदा कराने के लिए

417. समूलमेतत्परिदह्य वन्हौ सदात्मनि ब्रह्मणि निर्विकल्पे ।
ततः स्वयं नित्यविशुद्धबोधा नन्दात्मना तिष्ठति विद्वरिष्ठः ।।

उपजाति : उपेंद्रवज्रा-उपेंद्रवज्रा-उपेंद्रवज्रा-इंद्रवज्रा छंद

समूल	मेतत्प	रिदह्य	वन्हौ		
। ऽ ।	ऽ ऽ ।	। ऽ ।	ऽ ऽ	ज त ज ग ग	उपेंद्रवज्रा छंद
सदात्म	निब्रह्म	णिनिर्वि	कल्पे		
। ऽ ।	ऽ ऽ ।	। ऽ ।	ऽ ऽ	ज त ज ग ग	उपेंद्रवज्रा छंद
ततःस्व	यंनित्य	विशुद्ध	बोधा		
। ऽ ।	ऽ ऽ ।	। ऽ ।	ऽ ऽ	ज त ज ग ग	उपेंद्रवज्रा छंद
नन्दात्म	नातिष्ठ	तिविद्व	रिष्ठः		
ऽ ऽ ।	ऽ ऽ ।	। ऽ ।	ऽ ऽ	त त ज ग ग	इंद्रवज्रा छंद

संधि-विग्रह.

समूलं	एतत्	परिदह्य	वन्हौ
मूल कारण समेत	यह	दहन करके	आग में

सदात्मनि ब्रह्मणि	निर्विकल्पे
-सदात्म ब्रह्म में	निर्विकल्प-

ततः	स्वयं	नित्य-विशुद्ध-बोधा-
उसके बाद	स्वयं	नित्यशुद्धबोध स्वरूप-
नन्दात्मना	तिष्ठति	विद्वरिष्ठः
सदानंद आत्मा के द्वारा	स्थित होता है	ज्ञानी पुरुष

418. प्रारब्धसूत्रग्रथितं शरीरं प्रयातु वा तिष्ठतु गोरिव स्रक् ।
न तत्पुनः पश्यति तत्त्ववेत्ताऽनन्दात्मनि ब्रह्मणि लीनवृत्तिः ।।

उपजाति : इंद्रवज्रा- उपेंद्रवज्रा- उपेंद्रवज्रा- इंद्रवज्रा छंद

प्रारब्ध	सूत्रग्र	थितंश	रीरं		
ऽ ऽ ।	ऽ ऽ ।	। ऽ ।	ऽ ऽ	त त ज ग ग	इंद्रवज्रा छंद
प्रयातु	वातिष्ठ	तुगोरि	वस्रक्		
। ऽ ।	ऽ ऽ ।	। ऽ ।	ऽ ऽ	ज त ज ग ग	उपेंद्रवज्रा छंद
नतत्पु	नःपश्य	तितत्त्व	वेत्ताऽ		
। ऽ ।	ऽ ऽ ।	। ऽ ।	ऽ ऽ	ज त ज ग ग	उपेंद्रवज्रा छंद
नन्दात्म	निब्रह्म	णिलीन	वृत्तिः		
ऽ ऽ ।	ऽ ऽ ।	। ऽ ।	ऽ ऽ	त त ज ग ग	इंद्रवज्रा छंद

संधि-विग्रह.

प्रारब्ध-सूत्र-ग्रथितं	शरीरं
प्रारब्ध सूत्र में गूँथा हुआ	शरीर

प्रयातु	वा	तिष्ठतु	गोः	इव	स्रक्
जाए	या	रहे	गाय के	जैसे	हार

न	तत्	पुनः	पश्यति	तत्त्ववेत्ता
नहीं	वह	पुनः	देखता	ज्ञानी पुरूा

आनन्दात्मनि	ब्रह्मणि	लीनवृत्तिः
आनंदस्वरूप–	ब्रह्म में	लीन वृत्ति मनुष्य

419. अखण्डानन्दमात्मानं विज्ञाय स्वस्वरूपतः ।
किमिच्छन् कस्य वा हेतोर्देहं पुष्णाति तत्त्ववित् ।।

अनुष्टुभ् श्लोक छंद

अखण्डा	नन्दमा	त्मानं	
। ऽ ऽ	ऽ । ऽ	ऽ ऽ	यरगग, कुलाधारी छंद
विज्ञाय	स्वस्वरू	पतः	
ऽ ऽ ऽ	ऽ । ऽ	। ऽ	मरलग, क्षमा छंद
किमिच्छ	न्कस्यवा	हेतो	
। ऽ ऽ	ऽ । ऽ	ऽ ऽ	यरगग, कुलाधारी छंद
र्देहंपु	ष्णातित	त्त्ववित्	
ऽ ऽ ऽ	ऽ । ऽ	। ऽ	मरलग, क्षमा छंद

संधि-विग्रह.

अखण्डानन्दं		आत्मानं		विज्ञाय		स्व-स्वरूपतः	
अखंडानंद		आत्माको		समझने के लिए		अपने मूल स्वरूप से	
किं	इच्छन्	कस्य	वा	हेतोः	देहं	पुष्णाति	तत्त्ववित्
किसकी	इच्छा करते हुए	किस	या	हेतु से	देह	पोषण करता है	ज्ञानी

420. संसिद्धस्य फलं त्वेतज्जीवन्मुक्तस्य योगिनः ।
बहिरन्तः सदानन्दरसास्वादनमात्मनि ।।

अनुष्टुभ् श्लोक छंद

संसिद्ध	स्यफलं	त्वेत	
ऽ ऽ ऽ	ऽ । ऽ	ऽ ऽ	मरगग, मधुमालती छंद
ज्जीवन्मु	क्तस्ययो	गिनः	
ऽ ऽ ऽ	ऽ । ऽ	। ऽ	मरलग, क्षमा छंद
बहिर	न्तःसदा	नन्द	
। । ऽ	ऽ । ऽ	ऽ ।	सरगल, सुविलासा छंद
रसास्वा	दनमा	त्मनि	
। ऽ ऽ	। । ऽ	। ऽ *	यसलग, अपरिचित छंद

* चरण की अंतिम लघु मात्रा दीर्घ मानी गई है.

संधि-विग्रह.

संसिद्धस्य	फलं	तु	एतत्	जीवन्मुक्तस्य	योगिनः
पूर्ण सिद्ध-	फल	ही	यह	जीवनमुक्त-	योगी का
बहिः अन्तः	सदा	आनन्द-रसास्वादनं		आत्मनि	
अंतर्बाह्य	सदा	आनंद का रसस्वाद		आप में	

421. वैराग्यस्य फलं बोधो बोधस्योपरतिः फलम् ।
स्वानन्दानुभवाच्छान्तिरेषैवोपरतेः फलम् ।।

अनुष्टुभ् श्लोक छंद

वैराग्य	स्यफलं	बोधो	
ऽ ऽ ऽ	। । ऽ	ऽ ऽ	मसगग, वक्त्र छंद

बोधस्यो	परतिः	फलम्	
ऽ ऽ ऽ	। । ऽ	। ऽ	मसलग, अपरिचित छंद
स्वानन्दा	नुभवा	च्छान्ति	
ऽ ऽ ऽ	। । ऽ	ऽ ।	मसगल, वक्त्र छंद
रेषैवो	परतेः	फलम्	
ऽ ऽ ऽ	ऽ । ऽ	। ऽ	मरलग, क्षमा छंद

संधि-विग्रह.

वैराग्यस्य	फलं	बोधः	बोधस्य	उपरतिः	फलम्
वैराग्य का	फल	ज्ञान	बोध का	उदासीनता	फल
स्वानन्दानुभवात्		शान्तिः	एषा एव	उपरतेः	फलम्
आत्मानंद के अनुभव से		शांति	यही	उदासीनता	फल

422. यद्युत्तरोत्तराभावः पूर्वपूर्वन्तु निष्फलम् ।
निवृत्तिः परमा तृप्तिरानन्दोऽनुपमः स्वतः ।
दृष्टदुःखेष्वनुद्वेगो विद्यायाः प्रस्तुतं फलम् ।।

अनुष्टुभ् श्लोक छंद

यद्युत्त	रोत्तरा	भावः	
ऽ ऽ ।	ऽ । ऽ	ऽ ऽ	तरगग, विभा छंद
पूर्वपू	र्वन्तुनि	ष्फलम्	
ऽ । ऽ	ऽ । ऽ	। ऽ	ररलग, हेमरूप छंद
निवृत्तिः	परमा	तृप्ति	
। ऽ ऽ	। । ऽ	ऽ ।	यसगल, मनोला छंद
रानन्दो	नुपमः	स्वतः	
ऽ ऽ ऽ	। । ऽ	। ऽ	मसलग, अपरिचित छंद
दृष्टदुः	खेष्वनु	द्वेगो	
ऽ । ऽ	ऽ । ऽ	ऽ ऽ	ररगग, पद्ममाला छंद
विद्यायाः	प्रस्तुतं	फलम्	
ऽ ऽ ऽ	ऽ । ऽ	। ऽ	मरलग, क्षमा छंद

संधि-विग्रह.

यदि	उत्तरोत्तराभावः	पूर्वपूर्वं	तु	निष्फलम्
यदि	आगेवाले कार्य का फल न मिले	पहले वाला	तो	निष्फल

निवृत्तिः	परमा तृप्तिः	आनन्दः	अनुपमः	स्वतः
वैराग्य	परम तृप्ति	आनंद	अप्रतिम	स्वतः

दृष्ट-दुःखेषु	अनुद्वेगः	विद्यायाः	प्रस्तुतं	फलम्
सामने आए हुए दुखों के बारे में	निश्चिंतता	ज्ञान का	प्रस्तुत	फल

423. यत्कृतं भ्रान्तिवेलायां नाना कर्म जुगुप्सितम्
पश्चान्नरो विवेकेन तत्कथं कर्तुमर्हति ॥

अनुष्टुभ् श्लोक छंद

यत्कृतं	भ्रान्तिवे	लायां	
ऽ । ऽ	ऽ । ऽ	ऽ ऽ	ररगग, पद्ममाला छंद
नानाक	र्मजुगु	प्सिम्	
ऽ ऽ ऽ	। । ऽ	। ऽ	मसलग, अपरिचित छंद
पश्चान्न	रोविवे	केन	
ऽ ऽ ।	ऽ । ऽ	ऽ ।	तरगल, विभा छंद
तत्कथं	कर्तुम	र्हति	
ऽ । ऽ	ऽ । ऽ	। ऽ *	ररलग, हेमरूप छंद

* चरण की अंतिम लघु मात्रा दीर्घ मानी गई है.

संधि-विग्रह.

यत्	कृतं	भ्रान्ति-वेलायां	नाना	कर्म	जुगुप्सितम्
जो	किया हुआ	भ्रम के प्रभाव में	विविध	कर्म	घृणित

पश्चात्	नरः	विवेकेन	तत्	कथं	कर्तुं अर्हति
बाद में	मनुष्य	सुविवेक से	वह कर्म	कैसे	कर सकता है

424. विद्याफलं स्यादसतो निवृत्तिः प्रवृत्तिरज्ञानफलं तदीक्षितम् ।
तज्ज्ञाज्ञयोर्यन्मृगतृष्णिकादौ नोचेद्विदां दृष्टफलं किमस्मात् ॥

उपजाति : इंद्रवज्रा-वंशस्थ-इंद्रवज्रा-इंद्रवज्रा छंद

विद्याफ	लंस्याद	सतोनि	वृत्तिः		
ऽ ऽ ।	ऽ ऽ ।	। ऽ ।	ऽ ऽ	त त ज ग ग	इंद्रवज्रा छंद
प्रवृत्ति	रज्ञान	फलंत	दीक्षितम्		

। ऽ ।	ऽ ऽ ।	। ऽ ।	ऽ । ऽ	ज त ज र	वंशस्थ छंद
तज्ज्ञाज्ञ	योर्यन्मृ	गतृष्णि	कादौ		
ऽ ऽ ।	ऽ ऽ ।	। ऽ ।	ऽ ऽ	त त ज ग ग	इंद्रवज्रा छंद
नोचेद्वि	दांदृष्ट	फलंकि	मस्मात्		
ऽ ऽ ।	ऽ ऽ ।	। ऽ ।	ऽ ऽ	त त ज ग ग	इंद्रवज्रा छंद

संधि-विग्रह.

विद्याफलं	स्यात्	असतः	निवृत्तिः
ज्ञान फल	होगा	असत् से	निवृत्ति
प्रवृत्तिः	अज्ञान-फलं	तत्	ईक्षितम्
असत् की ओर प्रवृत्ति	अज्ञान का फल	वह	देखा गया है

तज्ज्ञाज्ञयोः	यत्	मृग-तृष्णिकादौ
इन दो के ज्ञान से	जो	मृगजल के अनुभव

नो	चेत्	विदां	दृष्ट-फलं	किं	अस्मात्
नहीं	अगर	ज्ञानियों का	अनुभूत लाभ	क्या	इस ज्ञान से

425. अज्ञानहृदयग्रन्थेर्विनाशो यद्यशेषतः ।
अनिच्छोर्विषयः किं नु प्रवृत्तेः कारणं स्वतः ।।

अनुष्टुभ् श्लोक छंद

अज्ञान	हृदय	ग्रन्थे	
ऽ ऽ ।	। । ऽ	ऽ ऽ	तसगग, श्यामा छंद
र्विनाशो	यद्यशे	षतः	
। ऽ ऽ	ऽ । ऽ	। ऽ	यरलग, भाषा छंद
अनिच्छो	र्विषयः	किंनु	
। ऽ ऽ	। । ऽ	ऽ ऽ	यसगग, मनोला छंद
प्रवृत्तेः	कारणं	स्वतः	
। ऽ ऽ	ऽ । ऽ	। ऽ	यरलग, भाषा छंद

संधि-विग्रह.

अज्ञान-हृदय-ग्रन्थेः	विनाशः	यदि	अशेषतः
हृदय ग्रंथि से अज्ञान का	विनाश	अगर	पूर्णतया

अनिच्छो	र्विषयः	किं नु	प्रवृत्तेः	कारणं	स्वतः

निरिच्छ मनुष्य का	विषय–	क्या भला?	–प्रवृत्ति का	कारण	स्वतः

426. वासनानुदयो भोग्ये वैरागस्य तदावधिः ।
अहंभावोदयाभावो बोधस्य परमावधिः ।
लीनवृत्तेरनुत्पत्तिर्मर्यादोपरतेस्तु सा ।।

अनुष्टुभ् श्लोक छंद

वासना	नुदयो	भोग्ये	
ऽ । ऽ	। । ऽ	ऽ ऽ	रसगग, गाथ छंद
वैराग	स्यतदा	वधिः	
ऽ ऽ ऽ	। । ऽ	। ऽ	मसलग, अपरिचित छंद
अहंभा	वोदया	भावो	
। ऽ ऽ	ऽ । ऽ	ऽ ऽ	यरगग, कुलाधारी छंद
बोधस्य	परमा	वधिः	
ऽ ऽ ।	। । ऽ	। ऽ	तसलग, अपरिचित छंद
लीनवृ	त्तेरनु	त्पत्तिः	
ऽ । ऽ	ऽ । ऽ	ऽ ऽ	ररगग, पद्ममाला छंद
मर्यादो	परते	स्तुसा	
ऽ ऽ ऽ	। । ऽ	। ऽ	मसलग, अपरिचित छंद

संधि–विग्रह.

वासनानुदयः	भोग्ये	वैरागस्य	तदा	अवधिः
वासना का उद्गम	भोग्य वस्तु में	वैराग्य का	तब	उच्च सीमा

अहं-भावोदयाभावः	बोधस्य	परमावधिः
अहंभाव के उदय का अभाव	ज्ञान की	परम सीमा

लीनवृत्तेः	अनुत्पत्तिः	मर्यादा	उपरतेः	तु	सा
लीन चित्तवृत्ति का	अभाव	सीमा	वैराग्य की	ही है	वह

427. ब्रह्माकारतया सदा स्थिततया निर्मुक्तबाह्यार्थधीर्
अन्यावेदितभोग्यभोगकलनो निद्रालुवद्बालवत् ।
स्वप्नालोकितलोकवज्जगदिदं पश्यन् क्वचिल्लब्धधीर्

आस्ते कश्चिदनन्तपुण्यफलभुग्धन्यः स मान्यो भुवि ।।

शार्दूलविक्रीडित छंद : (म स ज स त त ग)

ब्रह्माका	रतया	सदास्थि	ततया	निर्मुक्त	बाह्यार्थ	धीर्
ऽ ऽ ऽ	। । ऽ	। ऽ ।	। । ऽ	ऽ ऽ ।	ऽ ऽ ।	ऽ
अन्यावे	दितभो	ग्यभोग	कलनो	निद्रालु	वद्बाल	वत्
ऽ ऽ ऽ	। । ऽ	। ऽ ।	। । ऽ	ऽ ऽ ।	ऽ ऽ ।	ऽ
स्वप्नालो	कितलो	कवज्ज	गदिदं	पश्यन्क्व	चिल्लब्ध	धीः
ऽ ऽ ऽ	। । ऽ	। ऽ ।	। । ऽ	ऽ ऽ ।	ऽ ऽ ।	ऽ
आस्तेक	श्चिदन	न्तपुण्य	फलभु	ग्धन्यःस	मान्योभु	वि
ऽ ऽ ऽ	। । ऽ	। ऽ ।	। । ऽ	ऽ ऽ ।	ऽ ऽ ।	ऽ *

* चरण की अंतिम लघु मात्रा दीर्घ मानी गई है.

संधि-विग्रह.

ब्रह्माकारतया	सदा	स्थिततया	निर्मुक्त-बाह्यार्थ-धीः
ब्रह्मरूप से	सदा	स्थित रह कर	बाह्य अर्थ से विमुक्त मति

अन्यावेदित-भोग्य-भोग-कलनः	निद्रालुवत्	बालवत्
अन्य किसी के भोग पर जिसकी वृत्ति है वह	निद्रालु	या शिशु समान

स्वप्नालोकित-लोकवत्	जगद्	इदं	पश्यन्	क्वचित्	लब्धधीः
स्वप्न में दृष्ट वस्तु समान	जगत	यह	देखते हुए	कदाचित्	प्राप्त बुद्धि

आस्ते	कश्चित्	अनन्त-पुण्य-फल-भुक्	धन्यः	सः	मान्यः	भुवि
वह रहता है	कदाचित्	अत्यंत पुण्यमय फल का भोक्ता	धन्य	वह	माना है	जग में

428. स्थितप्रज्ञो यतिरयं यः सदानन्दमश्नुते ।
ब्रह्मण्येव विलीनात्मा निर्विकारो विनिष्क्रियः

अनुष्टुभ् छंद

स्थितप्र	ज्ञोयति	रयं	
। ऽ ऽ	ऽ । ।	। ऽ	यभलग, नीत छंद
यःसदा	नन्दम	श्नुते	
ऽ । ऽ	ऽ । ऽ	। ऽ	ररलग, हेमरूप छंद
ब्रह्मण्ये	वविली	नात्मा	
ऽ ऽ ऽ	। । ऽ	ऽ ऽ	मसगग, वक्त्र छंद

निर्विका	रोविनि	ष्क्रियः	
ऽ ।ऽ	ऽ ।ऽ	।ऽ	ररलग, हेमरूप छंद

पाद टिप्पणी :

इस अनुष्टुभ् छंद के विषम चरण 1 में पहले चार अक्षरों के बाद य गण (। ऽ ऽ) के स्थान पर न (। । ।) गण आने के कारण – विषम चरण 3 में प्रथम चार अक्षरों के पश्चात् य गण (। ऽ ऽ) गण और सम चरण 2 और 4 में प्रथम चार अक्षरों के पश्चात् ज (। ऽ ।) गण आ कर भी इस चार चरणों के पद्य में श्लोक छंद सिद्ध नहीं हुआ है.

संधि-विग्रह.

स्थितप्रज्ञः	यतिः	अयं	यः	सदा	आनन्दं	अश्नुते
थितप्रज्ञ	योगी	यह	जो	सदा	आनंद	चखता है

ब्रह्मणि	एव	विलीनात्मा	निर्विकारः	विनिष्क्रियः
ब्रह्म में	ही	वीलिनात्मा	निर्विकार	निष्क्रिय

429. ब्रह्मात्मनोः शोधितयोरेकभावावगाहिनी ।
निर्विकल्पा च चिन्मात्रा वृत्तिः प्रज्ञेति कथ्यते ।
सुस्थितासौ भवेद्यस्य स्थितप्रज्ञः स उच्यते ।।

अनुष्टुभ् छंद

ब्रह्मात्म	नोःशोधि	तयो	
ऽ ऽ ।	ऽ ऽ ।	।ऽ	ततलग, कराली छंद
रेकभा	वावगा	हिनी	
ऽ ।ऽ	ऽ ।ऽ	।ऽ	ररलग, हेमरूप छंद
निर्विक	ल्पाचचि	न्मात्रा	
ऽ ।ऽ	ऽ ।ऽ	ऽ ऽ	ररगग, पद्ममाला छंद
वृत्तिःप्र	ज्ञेतिक	थ्यते	
ऽ ऽ ऽ	ऽ ।ऽ	।ऽ	मरलग, क्षमा छंद
सुस्थिता	सौभवे	द्यस्य	
ऽ ।ऽ	ऽ ।ऽ	ऽ ऽ	ररगग, पद्ममाला छंद
स्थितप्र	ज्ञःसउ	च्यते	

।ऽऽ	ऽ।ऽ	।ऽ	यरलग, भाषा छंद

पाद टिप्पणी :

इस अनुष्टुभ् छंद के विषम चरण 1 में पहले चार अक्षरों के बाद य गण (।ऽऽ) के स्थान पर म (ऽऽऽ) गण आने के कारण – विषम चरण 3 और 5 में प्रथम चार अक्षरों के पश्चात् य गण (।ऽऽ) गण और सम चरण 2, 4 और 6 में प्रथम चार अक्षरों के पश्चात् ज (।ऽ।) गण आ कर भी इस छह चरणों के पद्य में श्लोक छंद सिद्ध नहीं हुआ है.

संधि–विग्रह.

ब्रह्मात्मनोः	शोधितयोः	एक-भावावगाहिनी
ब्रह्म और आत्मा पदों के	शोध से	अद्वैत भाव ग्रहण करने वाली

निर्विकल्पा	च	चिन्मात्रा	वृत्तिः	प्रज्ञा	इति	कथ्यते
निःसंशय	और	चिन्मात्र	वृत्ति	प्रज्ञा	नाम	कहलाती है

सुस्थिता	असौ	भवेत्	यस्य	स्थितप्रज्ञः	सः	उच्यते
जिसकी ध्रुव है	वह वृत्ति	हो	जिसकी	स्थितप्रज्ञ	वह	कहलाता है

430. यस्य स्थिता भवेत्प्रज्ञा यस्यानन्दो निरन्तरः ।
प्रपञ्चो विस्मृतप्रायः स जीवन्मुक्त इष्यते ।।

अनुष्टुभ् श्लोक छंद

यस्यस्थि	ताभवे	त्प्रज्ञा	
ऽऽ।	ऽ।ऽ	ऽऽ	तरगग, विभा छंद
यस्यान	न्दोनिर	न्तरः	
ऽऽऽ	ऽ।ऽ	।ऽ	मरलग, क्षमा छंद
प्रपञ्चो	विस्मृत	प्रायः	
।ऽऽ	ऽ।ऽ	ऽऽ	यरगग, कुलाधारी छंद
सजीव	न्मुक्तइ	ष्यते	
।ऽऽ	ऽ।ऽ	।ऽ	यरलग, भाषा छंद

संधि–विग्रह.

यस्य	स्थिता	भवेत्	प्रज्ञा	यस्य	आनन्दः	निरन्तरः
जिसकी	स्थिर	हो	प्रज्ञा	जिसका	आनंद	निरंतर

प्रपञ्चः	विस्मृतप्रायः	सः	जीवन्मुक्तः	इष्यते

संसार	नहीं के बराबर	वह	जीवन्मुक्त	कहलाता है

431. लीनधीरपि जागर्ति जाग्रद्धर्मविवर्जितः ।
बोधो निर्वासनो यस्य स जीवन्मुक्त इष्यते ॥

अनुष्टुभ् श्लोक छंद

लीनधी	रपिजा	गर्ति	
ऽ । ऽ	। । ऽ	ऽ ।	रसगल, गाथ छंद
जाग्रद्ध	र्मविव	र्जितः	
ऽ ऽ ऽ	। । ऽ	। ऽ	मसलग, अपरिचित छंद
बोधोनि	र्वासनो	यस्य	
ऽ ऽ ऽ	ऽ । ऽ	ऽ ।	मरगल, मधुमालती छंद
सजीव	न्मुक्तइ	ष्यते	
। ऽ ऽ	ऽ । ऽ	। ऽ	यरलग, भाषा छंद

संधि–विग्रह.

लीनधीः	अपि	जागर्ति	जाग्रद्धर्म-विवर्जितः
मति लीन है	भी	सजग	जागृत उत्तेजना रहित

बोधः	निर्वासनः	यस्य	सः	जीवन्मुक्तः	इष्यते
धारण	वासना रहित	जिसकी	वह	जीवन्मुक्त	कहलाता है

432. शान्तसंसारकलनः कलावानपि निष्कलः ।
यस्य चित्तं विनिश्चिन्तं स जीवन्मुक्त इष्यते ॥

अनुष्टुभ् छंद

शान्तसं	सारक	लनः	
ऽ । ऽ	ऽ । ।	। ऽ	रभलग, कुरुचरी छंद
कलावा	नपिनि	ष्कलः	
। ऽ ऽ	। । ऽ	। ऽ	यसलग, अपरिचित छंद
यस्यचि	त्तंविनि	श्चिन्तं	
ऽ । ऽ	ऽ । ऽ	ऽ ऽ	ररगग, पद्ममाला छंद
सजीव	न्मुक्तइ	ष्यते	

। ऽ ऽ	ऽ । ऽ	। ऽ	यरलग, भाषा छंद

पाद टिप्पणी :

इस अनुष्टुभ् छंद के विषम चरण 1 में पहले चार अक्षरों के बाद य गण (। ऽ ऽ) के स्थान पर न (। । ।) गण आने के कारण – विषम चरण 3 में प्रथम चार अक्षरों के पश्चात् य गण (। ऽ ऽ) गण और सम चरण 2 और 4 में प्रथम चार अक्षरों के पश्चात् ज (। ऽ ।) गण आ कर भी इस चार चरणों के पद्य में श्लोक छंद सिद्ध नहीं हुआ है.

संधि–विग्रह.

शान्त-संसार-कलनः	कलावान्	अपि	निष्कलः
सुखी संसार की इच्छा जिसकी मिटी है वह	सुदृढ़ पुरुष	भी	अपंग

यस्य	चित्तं	विनिश्चिन्तं	सः	जीवन्मुक्तः	इष्यते
जिसका	चित्त	निश्चिंत	वह	जीवन्मुक्त	कहलाता है

433. वर्तमानेऽपि देहेऽस्मिञ्छायावदनुवर्तिनि ।
अहन्ताममताभावो जीवन्मुक्तस्य लक्षणम् ।।

अनुष्टुभ् श्लोक छंद

वर्तमा	नेपिदे	हेस्मि	
ऽ । ऽ	ऽ । ऽ	ऽ ऽ	ररगग, पद्ममाला छंद
ञ्छायाव	दनुव	र्तिनि	
ऽ ऽ ।	। । ऽ	। ऽ *	तसलग, अपरिचित छंद
अहन्ता	ममता	भावो	
। ऽ ऽ	। । ऽ	ऽ ऽ	यसगग, मनोला छंद
जीवन्मु	क्तस्यल	क्षणम्	
ऽ ऽ ऽ	ऽ । ऽ	। ऽ	मरलग, क्षमा छंद

* चरण की अंतिम लघु मात्रा दीर्घ मानी गई है.

संधि–विग्रह.

वर्तमाने	अपि	देहे	अस्मिन्	छायावत्	अनुवर्तिनि
वर्तमान में	भी	शरीर में	इसमें	छाया की तरह	अनुगामी

अहन्ता-ममता-अभावः	जीवन्मुक्तस्य	लक्षणम्
मैं–मेरा भाव का अभाव	जीवनमुक्त का	लक्षण

434. अतीताननुसन्धानं भविष्यदविचारणम् ।
अउदासीन्यमपि प्राप्तं जीवन्मुक्तस्य लक्षणम् ।।

अनुष्टुभ् श्लोक छंद

अतीता	ननुस	न्धानं	
। ऽ ऽ	। । ऽ	ऽ ऽ	यसगग, मनोला छंद
भविष्य	दविचा	रणम्	
। ऽ ।	। । ऽ	। ऽ	जसलग, अपरिचित छंद
उदासी	न्यमपि	प्राप्तं	
। ऽ ऽ	। । ऽ	ऽ ऽ	यसगग, मनोला छंद
जीवन्मु	क्तस्यल	क्षणम्	
ऽ ऽ ऽ	ऽ । ऽ	। ऽ	मरलग, क्षमा छंद

संधि-विग्रह.

अतीताननुसन्धानं		भविष्यदविचारणम्		
अतीत अनुचित बातों को भूल जाना		भविष्य पर मनोरथ के पुल नहीं बाँधना		
औदासीन्यं	अपि	प्राप्तं	जीवन्मुक्तस्य	लक्षणम्
उदासीनता	भी	प्राप्त होना	जीवनमुक्त का	लक्षण

435. गुणदोषविशिष्टेऽस्मिन्स्वभावेन विलक्षणे ।
सर्वत्र समदर्शित्वं जीवन्मुक्तस्य लक्षणम् ।।

अनुष्टुभ् श्लोक छंद

गुणदो	षविशि	ष्टेस्मिन्	
। । ऽ	। । ऽ	ऽ ऽ	ससगग, पंचशिखा छंद
स्वभावे	नविल	क्षणे	
। ऽ ऽ	। । ऽ	। ऽ	यसलग, अपरिचित छंद
सर्वत्र	समद	र्शित्वं	
ऽ ऽ ।	। । ऽ	ऽ ऽ	यसगग, मनोला छंद
जीवन्मु	क्तस्यल	क्षणम्	
ऽ ऽ ऽ	ऽ । ऽ	। ऽ	मरलग, क्षमा छंद

संधि-विग्रह.

गुण-दोष-विशिष्टे	अस्मिन्	स्वभावेन	विलक्षणे
रज-तम गुणों के विशिष्ट दोष	इस-	स्वभाव से	भिन्न-भिन्न

सर्वत्र	समदर्शित्वं	जीवन्मुक्तस्य	लक्षणम्
सब ओर	समदृष्टि	जीवनमुक्त का	लक्षण

436. इष्टानिष्टार्थसम्प्राप्तौ समदर्शितयात्मनि ।
उभयत्राविकारित्वं जीवन्मुक्तस्य लक्षणम् ।।

अनुष्टुभ् श्लोक छंद

इष्टानि	ष्टार्थस	म्प्राप्तौ	
ऽ ऽ ऽ	ऽ । ऽ	ऽ ऽ	मरगग, मधुमालती छंद
समद	र्शितया	त्मनि	
। । ऽ	। । ऽ	। ऽ *	ससलग, मही छंद
उभय	त्राविका	रित्वं	
। । ऽ	ऽ । ऽ	ऽ ऽ	सरगग, परिधारा छंद
जीवन्मु	क्तस्यल	क्षणम्	
ऽ ऽ ऽ	ऽ । ऽ	। ऽ	मरलग, क्षमा छंद

* चरण की अंतिम लघु मात्रा दीर्घ मानी गई है.

संधि-विग्रह.

इष्टानिष्टार्थ-सम्प्राप्तौ	समदर्शितया	आत्मनि
इच्छित और अनिच्छित की प्राप्ति में	समभाव	मन में

उभयत्र	अविकारित्वं	जीवन्मुक्तस्य	लक्षणम्
दोनों के बारे में	मन में विकार का अभाव	जीवनमुक्त का	लक्षण

437. ब्रह्मानन्दरसास्वादासक्तचित्ततया यतेः ।
अन्तर्बहिरविज्ञानं जीवन्मुक्तस्य लक्षणम् ।।

अनुष्टुभ् श्लोक छंद

ब्रह्मान	न्दरसा	स्वादा	
ऽ ऽ ऽ	ऽ । ऽ	ऽ ऽ	मरगग, मधुमालती छंद
सक्तचि	त्ततया	यतेः	
ऽ । ऽ	ऽ । ऽ	। ऽ	ररलग, हेमरूप छंद

अन्तर्ब	हिरवि	ज्ञानं	
ऽ ऽ ।	। । ऽ	ऽ ऽ	तसगग, श्यामा छंद
जीवन्मु	क्तस्यल	क्षणम्	
ऽ ऽ ऽ	ऽ । ऽ	। ऽ	मरलग, क्षमा छंद

संधि-विग्रह.

ब्रह्मानन्द-रसास्वादा-सक्तचित्ततया		यतेः	
ब्रह्मानंद रूप रस के स्वाद में रममाण		योगी की	
अन्तः बहिः	अविज्ञानं	जीवन्मुक्तस्य	लक्षणम्
अंतर्बाह्य	तटस्थता	जीवनमुक्त का	लक्षण

438. देहेन्द्रियादौ कर्तव्ये ममाहंभाववर्जितः ।
औदासीन्येन यस्तिष्ठेत्स जीवन्मुक्तलक्षणः ।।

अनुष्टुभ् छंद

देहेन्द्रि	यादौक	र्तव्ये	
ऽ ऽ ।	ऽ ऽ ऽ	ऽ ऽ	तमगग, मृत्युंजय छंद
ममाहं	भावव	र्जितः	
। ऽ ऽ	ऽ । ऽ	। ऽ	यरलग, भाषा छंद
औदासी	न्येनय	स्तिष्ठे	
ऽ ऽ ऽ	ऽ । ऽ	ऽ ऽ	मरगग, मधुमालती छंद
त्सजीव	न्मुक्तल	क्षणः	
। ऽ ऽ	ऽ । ऽ	। ऽ	यरलग, भाषा छंद

पाद टिप्पणी :

इस अनुष्टुभ् छंद के विषम चरण 1 में पहले चार अक्षरों के बाद य गण (। ऽ ऽ) के स्थान पर म (ऽ ऽ ऽ) गण आने के कारण - विषम चरण 3 में प्रथम चार अक्षरों के पश्चात् य गण (। ऽ ऽ) गण और सम चरण 2 और 4 में प्रथम चार अक्षरों के पश्चात् ज (। ऽ ।) गण आ कर भी इस चार चरणों के पद्य में श्लोक छंद सिद्ध नहीं हुआ है.

संधि-विग्रह.

देहेन्द्रियादौ	कर्तव्ये	ममाहंभाव-वर्जितः

देह, इंद्रियाँ आदि के		कार्य में		"मैं-मेरा" भाव विरहित
औदासीन्येन	यः	तिष्ठेत्	सः	जीवन्मुक्त-लक्षणः
तटस्थता से	जो	रहता है	वह	जीवन्मुक्त लक्षण वाला है

439. विज्ञात आत्मनो यस्य ब्रह्मभावः श्रुतेर्बलात् ।
भवबन्धविनिर्मुक्तः स जीवन्मुक्तलक्षणः ।।

अनुष्टुभ् श्लोक छंद

विज्ञात	आत्मनो	यस्य	
ऽ ऽ ।	ऽ । ऽ	ऽ ऽ	तरगग, विभा छंद
ब्रह्मभा	वःश्रुते	र्बलात्	
ऽ । ऽ	ऽ । ऽ	। ऽ	ररलग, हेमरूप छंद
भवब	न्धविनि	र्मुक्तः	
। । ऽ	। । ऽ	ऽ ऽ	ससगग, पंचशिखा छंद
सजीव	न्मुक्तल	क्षणः	
। ऽ ऽ	ऽ । ऽ	। ऽ	यरलग, भाषा छंद

संधि-विग्रह.

विज्ञातः	आत्मनः	यस्य	ब्रह्मभावः	श्रुतेः	बलात्
ज्ञाता का	आत्मा के	जिसकी	ब्रह्मनिष्ठा	शास्त्र के	बल से
भव-बन्ध-विनिर्मुक्तः			सः	जीवन्मुक्त-लक्षणः	
भव बंधन से विमुक्त			वह	जीवन मुक्त लक्षण का मनुष्य है	

440. देहेन्द्रियेष्वहंभाव इदंभावस्तदन्यके ।
यस्य नो भवतः क्वापि स जीवन्मुक्त इष्यते ।।

अनुष्टुभ् श्लोक छंद

देहेन्द्रि	येष्वहं	भाव	
ऽ ऽ ।	ऽ । ऽ	ऽ ।	तरगल, विभा छंद
इदंभा	वस्तद	न्यके	
। ऽ ऽ	ऽ । ऽ	। ऽ	यरलग, भाषा छंद
यस्यनो	भवतः	क्वापि	
ऽ । ऽ	। । ऽ	ऽ ।	रसलग, पथ्यावक्त्र छंद

सजीव	न्मुक्तइ	ष्यते	
। ऽ ऽ	ऽ । ऽ	। ऽ	यरलग, भाषा छंद

संधि-विग्रह.

देहेन्द्रियेषु			अहंभावः		इदंभावः	तदन्यके	
देह की इंद्रियों में			अहं भाव		-और इदं भाव	उससे अन्य-	
यस्य	नो	भवतः		क्व	अपि	सः	जीवन्मुक्तः	इष्यते
जिसके	नहीं होते	दोनों भाव		कहीं	भी	वह	जीवन्मुक्त	कहलाता

441. न प्रत्यग्ब्रह्मणोर्भेदं कदापि ब्रह्मसर्गयोः ।
प्रज्ञया यो विजानाति स जीवन्मुक्तलक्षणः ।।

अनुष्टुभ् श्लोक छंद

नप्रत्य	ग्ब्रह्मणो	र्भेदं	
ऽ ऽ ऽ	ऽ । ऽ	ऽ ऽ	मरगग, मधुमालती छंद
कदापि	ब्रह्मस	र्गयोः	
। ऽ ऽ	ऽ । ऽ	। ऽ	यरलग, भाषा छंद
प्रज्ञया	योविजा	नाति	
ऽ । ऽ	ऽ । ऽ	ऽ ।	ररगल, लक्ष्मी छंद
सजीव	न्मुक्तल	क्षणः	
। ऽ ऽ	ऽ । ऽ	। ऽ	यरलग, भाषा छंद

संधि-विग्रह.

न	प्रत्यग्ब्रह्मणोः		र्भेदं	कदापि	ब्रह्म-सर्गयोः
नहीं	विश्व और ब्रह्म में		भेद	कदापि	ब्रह्म और सृष्टि का
प्रज्ञया	यः	विजानाति	सः		जीवन्मुक्त-लक्षणः
बुद्धि से	जो	जानता है	वह		जीवनमुक्त लक्षण वाला

442. साधुभिः पूज्यमानेऽस्मिन् पीड्यमानेऽपि दुर्जनैः ।
समभावो भवेद्यस्य स जीवन्मुक्तलक्षणः ।।

अनुष्टुभ् श्लोक छंद

साधुभिः	पूज्यमा	नेस्मिन्	

ऽ । ऽ	ऽ । ऽ	ऽ ऽ	ररगग, पद्ममाला छंद
पीड्यमा	नेपिदु	र्जनैः	
ऽ । ऽ	ऽ । ऽ	। ऽ	ररलग, हेमरूप छंद
समभा	वोभवे	द्यस्य	
। । ऽ	ऽ । ऽ	ऽ ।	सरगल, सुविलासा छंद
सजीव	न्मुक्तल	क्षणः	
। ऽ ऽ	ऽ । ऽ	। ऽ	यरलग, भाषा छंद

संधि–विग्रह.

साधुभिः	पूज्यमाने	अस्मिन्	पीड्यमाने	अपि	दुर्जनैः
सज्जनों द्वारा	पूजा हो	इस देह में जिसकी	पीड़ा दी जाए	भी	दुर्जनों द्वारा

सम-भावः	भवेत्	यस्य	सः	जीवन्मुक्त-लक्षणः
समदृष्टि	हो	जिसकी	वह	जीवनमुक्त लक्षण वाला

443. यत्र प्रविष्टा विषयाः परेरिता नदीप्रवाहा इव वारिराशौ ।
लीयन्ति सन्मात्रतया न विक्रियां उत्पादयन्त्येष यतिर्विमुक्तः ।।

उपजाति : इंद्रवंशा-उपेंद्रवज्रा-इंद्रवंशा-इंद्रवज्रा छंद

यत्रप्र	विष्टावि	षयाःप	रेरिता	
ऽ ऽ ।	ऽ ऽ ।	। ऽ ।	ऽ । ऽ	इंद्रवंशा छंद
नदीप्र	वाहाइ	ववारि	राशौ	
। ऽ ।	ऽ ऽ ।	। ऽ ।	ऽ ऽ	उपेंद्रवज्रा छंद
लीयन्ति	सन्मात्र	तयान	विक्रियां	
ऽ ऽ ।	ऽ ऽ ।	। ऽ ।	ऽ । ऽ	इंद्रवंशा छंद
उत्पाद	यन्त्येष	यतिर्वि	मुक्तः	
ऽ ऽ ।	ऽ ऽ ।	। ऽ ।	ऽ ऽ	इंद्रवज्रा छंद

संधि–विग्रह.

यत्र	प्रविष्टाः	विषयाः	परेरिताः
जिस पुरुष में	–प्रवेश किए हुए	विषय	दूसरों के संसर्ग से–

नदी-प्रवाहाः	इव	वारि-राशौ
नदी के प्रवाह	के समान	सागर में

लीयन्ति	सन्मात्रतया	न	विक्रियां

विलीन होते हैं	ब्रह्मनिष्ठा से	नहीं	विकारों को
उत्पादयन्ति	एषः	यतिः	विमुक्तः
उत्पन्न करती	यह ऐसा	योगी	जीवनमुक्त

444. विज्ञातब्रह्मतत्त्वस्य यथापूर्वं न संसृतिः ।
अस्ति चेन्न स विज्ञातब्रह्मभावो बहिर्मुखः ॥

अनुष्टुभ् श्लोक छंद

विज्ञात	ब्रह्मत	त्त्वस्य	
ऽ ऽ ऽ	ऽ । ऽ	ऽ ।	मरगल, मधुमालती छंद
यथापू	र्वंनसं	सृतिः	
। ऽ ऽ	ऽ । ऽ	। ऽ	यरलग, भाषा छंद
अस्तिचे	न्नसवि	ज्ञात	
ऽ । ऽ	। । ऽ	ऽ ऽ	रसगग, गाथ छंद
ब्रह्मभा	वोबहि	र्मुखः	
ऽ । ऽ	ऽ । ऽ	। ऽ	ररलग, हेमरूप छंद

विज्ञातब्रह्म-तत्त्वस्य	यथा पूर्वं	न	संसृतिः		
अद्वैत भाव के तत्त्वज्ञ की	पूर्ववत्	नहीं	प्रवृत्ति		
अस्ति	चेत्	न	सः	विज्ञात-ब्रह्म-भावः	बहिः मुखः
है	अगर	नहीं	वह	ब्रह्मज्ञानी पुरुष	जिसे बाह्यदृष्टि है

445. प्राचीनवासनावेगादसौ संसरतीति चेत् ।
न सदेकत्वविज्ञानान्मन्दी भवति वासना ॥

अनुष्टुभ् श्लोक छंद

प्राचीन	वासना	वेगा	
ऽ ऽ ।	ऽ । ऽ	ऽ ऽ	तरगग, विभा छंद
दसौसं	सरती	तिचेत्	
। ऽ ऽ	। । ऽ	। ऽ	यसलग, अपरिचित छंद
नसदे	कत्ववि	ज्ञानात्	
। । ऽ	ऽ । ऽ	ऽ ऽ	सरगग, परिधारा छंद

मन्दीभ	वतिवा	सना	
ऽ ऽ ।	। । ऽ	। ऽ	तसलग, अपरिचित छंद

संधि–विग्रह.

प्राचीन-वासना-वेगात्	असौ	संसरति	इति	चेत्
पूर्व वासनाऔं के प्रभाव से	वह	वासना करता है	यह	यदि हो

न	सदेकत्व-विज्ञानात्	मन्दीभवति	वासना
नहीं	अद्वैत तत्त्व के ज्ञान से	मंद होती है	वासना

446. अत्यन्तकामुकस्यापि वृत्तिः कुण्ठति मातरि ।
तथैव ब्रह्मणि ज्ञाते पूर्णानन्दे मनीषिणः ।।

अनुष्टुभ् श्लोक छंद

अत्यन्त	कामुक	स्यापि	
ऽ ऽ ।	ऽ । ऽ	ऽ ।	तरगल, विभा छंद
वृत्तिःकु	ण्ठतिमा	तरि	
ऽ ऽ ऽ	। । ऽ	। ऽ *	मसलग, अपरिचित छंद
तथैव	ब्रह्मणि	ज्ञाते	
। ऽ ऽ	ऽ । ऽ	ऽ ऽ	यरगग, कुलाधारी छंद
पूर्णान	न्देमनी	षिणः	
ऽ ऽ ऽ	ऽ । ऽ	। ऽ	मरलग, क्षमा छंद

* चरण की अंतिम लघु मात्रा दीर्घ मानी गई है.

संधि–विग्रह.

अत्यन्त-कामुकस्य	अपि	वृत्तिः	कुण्ठति	मातरि
अत्यंत कामुक पुरुष की	भी	वृत्ति	रुक जाती है	माता के प्रति

तथा	एव	ब्रह्मणि ज्ञाते	पूर्णानन्दे	मनीषिणः
वैसे	ही	ब्रह्मसाक्षात्कार पर	पूर्णानंद में	ज्ञानी पुरुष

447. निदिध्यासनशीलस्य बाह्यप्रत्यय ईक्ष्यते ।
ब्रवीति श्रुतिरेतस्य प्रारब्धं फलदर्शनात् ।।

अनुष्टुभ् श्लोक छंद

निदिध्या	सनशी	लस्य	

। ऽ ऽ	। । ऽ	ऽ ।	यसगल, मनोला छंद
बाह्यप्र	त्ययई	क्ष्यते	
ऽ ऽ ऽ	। । ऽ	। ऽ	मसलग, अपरिचित छंद
ब्रवीति	श्रुतिरे	तस्य	
। ऽ ऽ	। । ऽ	ऽ ऽ	यसगग, मनोला छंद
प्रारब्धं	फलद	र्शनात्	
ऽ ऽ ऽ	। । ऽ	। ऽ	मसलग, अपरिचित छंद

संधि–विग्रह.

निदिध्यासन-शीलस्य	बाह्य-प्रत्ययः	ईक्ष्यते
समाधि का जिसे अभ्यास है उसका	बाह्य जगत से व्यवहार	देखा जाता है

ब्रवीति	श्रुतिः	एतस्य	प्रारब्धं	फल-दर्शनात्
कहता है	शास्त्र	इसका	–प्रारब्ध	ऊसके व्यवहार के फल दरसाता है–

448. सुखाद्यनुभवो यावत्तावत्प्रारब्धमिष्यते ।
फलोदयः क्रियापूर्वो निष्क्रियो न हि कुत्रचित् ॥

अनुष्टुभ् श्लोक छंद

सुखाद्य	नुभवो	याव	
। ऽ ।	। । ऽ	ऽ ऽ	जसगग, भांर्गी छंद
त्तावत्प्रा	रब्धमि	ष्यते	
ऽ ऽ ऽ	ऽ । ऽ	। ऽ	मरलग, क्षमा छंद
फलोद	यःक्रिया	पूर्वो	
। ऽ ।	ऽ । ऽ	ऽ ऽ	जरगग, यशस्करी छंद
निष्क्रियो	नहिकु	त्रचित्	
ऽ । ऽ	। । ऽ	। ऽ	जसलग, अपरिचित छंद

संधि–विग्रह.

सुखादि-अनुभवः	यावत्	तावत्	प्रारब्धं	इष्यते
सुख आदि अनुभव	जब तक	तब तक	प्रारब्ध	जाना जाता है

फलोदयः	क्रियापूर्वः	निष्क्रियः	न हि	कुत्रचित्
–फल का उदय	पूर्व क्रिया से–	बिना कर्म के	नहीं	कहीं भी

449. अहं ब्रह्मेति विज्ञानात्कल्पकोटिशतार्जितम् ।
सञ्चितं विलयं याति प्रबोधात्स्वप्नकर्मवत् ।।

अनुष्टुभ् श्लोक छंद

अहंब्र	ह्मेतिवि	ज्ञाना	
।ऽऽ	ऽ।ऽ	ऽऽ	यरगग, कुलाधारी छंद
त्कल्पको	टिशता	र्जितम्	
ऽ।ऽ	।।ऽ	।ऽ	रसलग, पथ्यावक्त्र छंद
सञ्चितं	विलयं	याति	
ऽ।ऽ	।।ऽ	ऽऽ	रसगग, गाथ छंद
प्रबोधा	त्स्वप्नक	र्मवत्	
।ऽऽ	ऽ।ऽ	।ऽ	यरलग, भाषा छंद

संधि–विग्रह.

अहं	ब्रह्म	इति	विज्ञानात्	कल्प-कोटि-शतार्जितम्
मैं	ब्रह्म	हूँ यह	ज्ञात होने से	कोटिशः कल्पों में अर्जित

सञ्चितं	विलयं	याति	प्रबोधात्	स्वप्नकर्मवत्
संचित	लय	पाता है,	जागृति पर	जैसे स्वप्न में किए हुए कर्म

450. यत्कृतं स्वप्नवेलायां पुण्यं वा पापमुल्बणम् ।
सुप्तोत्थितस्य किं तत्स्यात्स्वर्गाय नरकाय वा ।।

अनुष्टुभ् श्लोक छंद

यत्कृतं	स्वप्नवे	लायां	
ऽ।ऽ	ऽ।ऽ	ऽऽ	ररगग, पद्ममाला छंद
पुण्यंवा	पापमु	ल्बणम्	
ऽऽऽ	ऽ।ऽ	।ऽ	मरलग, क्षमा छंद
सुप्तोत्थि	तस्यकिं	तत्स्या	
ऽऽ।	ऽ।ऽ	ऽऽ	तरगग, विभा छंद
त्स्वर्गाय	नरका	यवा	
ऽऽ।	।।ऽ	।ऽ	तसलग, अपरिचित छंद

संधि–विग्रह.

यत्	कृतं	स्वप्न-वेलायां	पुण्यं	वा	पापं	उल्बणम्
जो	किया	स्वप्न समय में	पुण्य	या	पाप	भयंकर

सुप्तोत्थितस्य	किं	तत्	स्यात्	स्वर्गाय	नरकाय	वा
निद्रा से जागृत मनुष्य का	क्या	वह	होगा	स्वर्ग के लिए	नरक के लिए	अथवा

451. स्वमसङ्गमुदासीनं परिज्ञाय नभो यथा ।
न श्लिष्यति च यत्किंचित्कदाचिद्भाविकर्मभिः ।।

अनुष्टुभ् श्लोक छंद

स्वमस	ङ्गमुदा	सीनं	
। । ऽ	। । ऽ	ऽ ऽ	ससगग, पंचशिखा छंद
परिज्ञा	यनभो	यथा	
। ऽ ऽ	। । ऽ	। ऽ	यसलग, अपरिचित छंद
नश्लिष्य	तिचय	त्किंचित्	
ऽ ऽ ।	। । ऽ	ऽ ऽ	तसगग, श्यामा छंद
कदाचि	द्भाविक	र्मभिः	
। ऽ ऽ	ऽ । ऽ	। ऽ	यरलग, भाषा छंद

संधि–विग्रह.

स्वं	असङ्गं	उदासीनं	परिज्ञाय	नभः	यथा
अपने आप को	अनासक्त	निष्पक्ष	जान कर	गगन	जैसा

न	श्लिष्यति	च	यत्	किञ्चित्	कदाचित्	भाविकर्मभिः
नहीं	लिप्त होता है	और	जो	किंचित्	कदाचित्	भविष्य कर्मों से

452. न नभो घटयोगेन सुरागन्धेन लिप्यते ।
तथात्मोपाधियोगेन तद्धर्मैर्नैव लिप्यते ।।

अनुष्टुभ् श्लोक छंद

ननभो	घटयो	गेन	
। । ऽ	। । ऽ	ऽ ।	ससगल, पंचशिखा छंद
सुराग	न्धेनलि	प्यते	
। ऽ ऽ	ऽ । ऽ	। ऽ	यरलग, भाषा छंद

तथात्मो	पाधियो	गेन	
। ऽ ऽ	ऽ । ऽ	ऽ ।	यरगल, सुचंद्रभा छंद
तद्धर्मै	नैवलि	प्यते	
ऽ ऽ ऽ	ऽ । ऽ	। ऽ	मरलग, क्षमा छंद

संधि–विग्रह.

न	नभः	घट-योगेन	सुरा-गन्धेन	लिप्यते
नहीं	आकाश	मद्य के घट के संबंध से	मद्य की गंध से	लिप्त होता है

तथा	आत्मा	उपाधि-योगेन	तद्धर्मैः	न एव	लिप्यते
वैसे ही	आत्मा	उपाधि पाने से	उस उपाधि के गुणों से	नहीं	तर होता

453. ज्ञानोदयात्पुरारब्धं कर्मज्ञानान्न नश्यति ।
अदत्वा स्वफलं लक्ष्यमुद्दिश्योत्सृष्टबाणवत् ।।

अनुष्टुभ् श्लोक छंद

ज्ञानोद	यात्पुरा	रब्धं	
ऽ ऽ ।	ऽ । ऽ	ऽ ऽ	तरगग, विभा छंद
कर्मज्ञा	नान्नन	श्यति	
ऽ ऽ ऽ	ऽ । ऽ	। ऽ *	मरलग, क्षमा छंद
अदत्वा	स्वफलं	लक्ष्य	
। ऽ ऽ	। । ऽ	ऽ ।	यसगल, मनोला छंद
मुद्दिश्यो	त्सृष्टबा	णवत्	
ऽ ऽ ऽ	ऽ । ऽ	। ऽ	मरलग, क्षमा छंद

* चरण की अंतिम लघु मात्रा दीर्घ मानी गई है.

संधि–विग्रह.

ज्ञानोदयात् पुरा	आरब्धं	कर्म	ज्ञानात्	न	नश्यति
ज्ञान प्राप्ति के पहले	आरंभ किया हुआ	काम	ज्ञान पाने से	नहीं	नष्ट होता

अदत्वा	स्वफलं	लक्ष्यं उद्दिश्य	उत्सृष्ट-बाणवत्
बिना दिए	अपना फल	लक्ष्य के उद्देश्य से	छोड़े हुए बाण के समान

454. व्याघ्रबुद्ध्या विनिर्मुक्तो बाणः पश्चात्तु गोमतौ ।
न तिष्ठति छिनत्येव लक्ष्यं वेगेन निर्भरम् ।।

अनुष्टुभ् श्लोक छंद

व्याघ्रबु	द्ध्याविनि	र्मुक्तो	
ऽ । ऽ	ऽ । ऽ	ऽ ऽ	ररगग, पद्ममाला छंद
बाणःप	श्चात्तुगो	मतौ	
ऽ ऽ ऽ	ऽ । ऽ	। ऽ	मरलग, क्षमा छंद
नतिष्ठ	तिछ्छिन	त्येव	
। ऽ ।	। । ऽ	ऽ ।	जसगल, भांर्गी छंद
लक्ष्यंवे	गेननि	र्भरम्	
ऽ ऽ ऽ	ऽ । ऽ	। ऽ	मरलग, क्षमा छंद

संधि-विग्रह.

व्याघ्र-बुद्ध्या	विनिर्मुक्तः	बाणः	पश्चात्	तु	गोमतौ
शेर समझ कर	छोड़ा हुआ	बाण	फिर	तो	धेनु जान कर

न	तिष्ठति	छिनत्ति	एव	लक्ष्यं	वेगेन	निर्भरम्
नहीं	रुकता,	भेदता	ही है	लक्ष्य को	वेग पर	निर्भर

455. प्रारब्धं बलवत्तरं खलु विदां भोगेन तस्य क्षयः
सम्यग्ज्ञानहुताशनेन विलयः प्राक्षंचितागामिनाम् ।
ब्रह्मात्मैक्यमवेक्ष्य तन्मायातया ये सर्वदा संस्थिताः
तेषां तत्त्रितयं नहि क्वचिदपि ब्रह्मैव ते निर्गुणम् ।।

शार्दूलविक्रीडित छंद : (म स ज स त त ग)

प्रारब्धं	बलव	त्तरंख	लुविदां	भोगेन	तस्यक्ष	यः
ऽ ऽ ऽ	। । ऽ	। ऽ ।	। । ऽ	ऽ ऽ ।	ऽ ऽ ।	ऽ
सम्यग्ज्ञा	नहुता	शनेन	विलयः	प्राक्षंचि	तागामि	नाम्
ऽ ऽ ऽ	। । ऽ	। ऽ ।	। । ऽ	ऽ ऽ ।	ऽ ऽ ।	ऽ
ब्रह्मात्मै	क्यमवे	क्ष्यतन्मा	यातया	येसर्व	दासंस्थि	ताः
ऽ ऽ ऽ	। । ऽ	। ऽ ।	। । ऽ	ऽ ऽ ।	ऽ ऽ ।	ऽ
तेषांत	त्रितयं	नहिक्व	चिदपि	ब्रह्मैव	तेनिर्गु	णम्
ऽ ऽ ऽ	। । ऽ	। ऽ ।	। । ऽ	ऽ ऽ ।	ऽ ऽ ।	ऽ

संधि-विग्रह.

प्रारब्धं	बलवत्तरं	खलु	विदां	भोगेन	तस्य	क्षयः
प्रारब्ध	बलवान	भी	ज्ञानी का	उपभोग से	उसके	नष्ट

सम्यग्ज्ञान-हुताशनेन	विलयः	प्राक्संचितागामिनाम्
ब्रह्म के उचित ज्ञानाग्नि से	विलय	पूर्व संचित और भविष्य घटित कर्म का

ब्रह्मात्मैक्यं	अवेक्ष्य	तन्मायातया	ये	सर्वदा	संस्थिताः
अद्वैत ब्रह्म को	समझ कर	उसकी माया से	जो	सदा	स्थापित हैं

तेषां	तत्	त्रितयं	न हि क्वचित् अपि	ब्रह्म	एव	ते	निर्गुणम्
उनका	वह	कर्म त्रिभुज	कभी भी नहीं	-ब्रह्म	ही हैं	वे	निर्गुण-

456. उपाधितादात्म्यविहीनकेवल ब्रह्मात्मनैवात्मनि तिष्ठतो मुनेः ।
प्रारब्धसद्भावकथा न युक्ता स्वप्नार्थसंबन्धकथेव जाग्रतः ।।

उपजाति : वंशस्थ-इंद्रवंशा-इंद्रवज्रा-इंद्रवंशा छंद

उपाधि	तादात्म्य	विहीन	केवल		
। ऽ ।	ऽ ऽ ।	। ऽ ।	ऽ । ऽ	ज त ज र	वंशस्थ छंद
ब्रह्मात्म	नैवात्म	नितिष्ठ	तोमुनेः		
ऽ ऽ ।	ऽ ऽ ।	। ऽ ।	ऽ । ऽ	त त ज र	इंद्रवंशा छंद
प्रारब्ध	सद्भाव	कथान	युक्ता		
ऽ ऽ ।	ऽ ऽ ।	। ऽ ।	ऽ ऽ	त त ज ग ग	इंद्रवज्रा छंद
स्वप्नार्थ	संबन्ध	कथेव	जाग्रतः		
ऽ ऽ ।	ऽ ऽ ।	। ऽ ।	ऽ । ऽ	त त ज र	इंद्रवंशा छंद

संधि-विग्रह.

उपाधि-तादात्म्य-विहीन-केवल-
उपाधि के तादात्म्य के बिना केवल-

ब्रह्मात्मना	एवं	आत्मनि	तिष्ठतः	मुनेः
ब्रह्म से तादात्म्य	ही	अंतरंग में	रममाण	योगी का

प्रारब्ध-सद्भाव-कथा	न	युक्ता
प्रारब्ध पर निष्ठा रखना	नहीं	उपयुक्त

स्वप्नार्थ-संबन्ध-कथा	इव	जाग्रतः
स्वप्न में देखी हुई बातों से संबंध	जैसे	जागृत मनुष्य का

457. न हि प्रबुद्धः प्रतिभासदेहे देहोपयोगिन्यपि च प्रपञ्चे ।

करोत्यहन्तां ममतानिदन्तां किन्तु स्वयं तिष्ठति जागरेण ॥

उपजाति : उपेंद्रवज्रा-इंद्रवज्रा-उपेंद्रवज्रा-इंद्रवज्रा छंद

नहिप्र	बुद्धःप्र	तिभास	देहे		
। ऽ ।	ऽ ऽ ।	। ऽ ।	ऽ ऽ	ज त ज ग ग	उपेंद्रवज्रा छंद
देहोप	योगिन्य	पिचप्र	पञ्चे		
ऽ ऽ ।	ऽ ऽ ।	। ऽ ।	ऽ ऽ	त त ज ग ग	इंद्रवज्रा छंद
करोत्य	हन्तांम	मतानि	दन्तां		
। ऽ ।	ऽ ऽ ।	। ऽ ।	ऽ ऽ	ज त ज ग ग	उपेंद्रवज्रा छंद
किन्तुस्व	यंतिष्ठ	तिजाग	रेण		
ऽ ऽ ।	ऽ ऽ ।	। ऽ ।	ऽ ऽ *	त त ज ग ग	इंद्रवज्रा छंद

* चरण की अंतिम लघु मात्रा दीर्घ मानी गई है.

संधि–विग्रह.

न	हि	प्रबुद्धः	प्रतिभासदेहे
नहीं	क्यों कि	निद्रा से जागा हुआ मनुष्य	स्वप्न वाले देह के आभास पर

देहोपयोगिनि	अपि	च	प्रपञ्चे
उस देह सुख साधन	भी	और	प्रपंच पर

करोति	अहन्तां	ममता	इदं ताम्
करता है	"मैं" के भाव का आभास	ममता	यह–वह भाव

किन्तु	स्वयं	तिष्ठति	जागरेण
मगर	स्वयं आप	वहीं रहता है	जागृति के कारण से

458. न तस्य मिथ्यार्थसमर्थनेच्छा न संग्रहस्तज्जगतोऽपि दृष्टः ।
तत्रानुवृत्तिर्यदि चेन्मृषार्थे न निद्रया मुक्त इतीष्यते ध्रुवम् ॥

उपजाति : उपेंद्रवज्रा-उपेंद्रवज्रा-इंद्रवज्रा-वंशस्थ छंद

नतस्य	मिथ्यार्थ	समर्थ	नेच्छा		
। ऽ ।	ऽ ऽ ।	। ऽ ।	ऽ ऽ	ज त ज ग ग	उपेंद्रवज्रा छंद
नसंग्र	हस्तज्ज	गतोपि	दृष्टः		
। ऽ ।	ऽ ऽ ।	। ऽ ।	ऽ ऽ	ज त ज ग ग	उपेंद्रवज्रा छंद
तत्रानु	वृत्तिर्य	दिचेन्मृ	षार्थे		
ऽ ऽ ।	ऽ ऽ ।	। ऽ ।	ऽ ऽ	त त ज ग ग	इंद्रवज्रा छंद
ननिद्र	यामुक्त	इतीष्य	तेध्रुवम्		

।ऽ।	ऽऽ।	।ऽ।	ऽ।ऽ	ज त ज र	वंशस्थ छंद

संधि-विग्रह.

न	तस्य	मिथ्यार्थ-समर्थनेच्छा
नहीं होती	उस जागृत मनुष्य की	स्वप्न के आभास वस्तु को पाने की इच्छा

न	संग्रहः	तज्जगतः	अपि	दृष्टः
नहीं होती	उनके संग्रह	उस स्वप्न जगत की	भी	स्वप्न में देखे हुए

तत्र	अनुवृत्तिः	यदि	चेत्	मृषार्थे
उस आभास से	बाहर नहीं आता	अगर	हो	मिथ्या भाव में

न	निद्रया	मुक्तः	इति	इष्यते	ध्रुवम्
नही वह	निद्रा से	बाहर आया	ऐसा	जानिए	निश्चित्

459. तद्वत्परे ब्रह्मणि वर्तमानः सदात्मना तिष्ठति नान्यदीक्षते ।
स्मृतिर्यथा स्वप्नविलोकितार्थे तथा विदः प्राशनमोचनादौ ।।

उपजाति : इंद्रवज्रा-वंशस्थ-उपेंद्रवज्रा-उपेंद्रवज्रा छंद

तद्वत्प	रेब्रह्म	णिवर्त	मानः		
ऽऽ।	ऽऽ।	।ऽ।	ऽऽ	त त ज ग ग	इंद्रवज्रा छंद
सदात्म	नातिष्ठ	तिनान्य	दीक्षते		
।ऽ।	ऽऽ।	।ऽ।	ऽ।ऽ	ज त ज र	वंशस्थ छंद
स्मृतिर्य	थास्वप्न	विलोकि	तार्थे		
।ऽ।	ऽऽ।	।ऽ।	ऽऽ	ज त ज ग ग	उपेंद्रवज्रा छंद
तथावि	दःप्राश	नमोच	नादौ		
।ऽ।	ऽऽ।	।ऽ।	ऽऽ	ज त ज ग ग	उपेंद्रवज्रा छंद

संधि-विग्रह.

तद्वत्	परे ब्रह्मणि	वर्तमानः
उसी तरह से	परब्रह्म में	विद्यनाम

सदात्मना	तिष्ठति	न	अन्यत्	ईक्षते
तद्रूप वृत्ति से	रहता है	नहीं	अन्य कुछ	चाहता

स्मृतिः	यथा	स्वप्न-विलोकितार्थे
याद	जिस तरह से	स्वप्न में देखी हुई वस्तुओं की
तथा	विदः	प्राशन-मोचनादौ

वैसे ही	ज्ञानी पुरुष का	खाना–पीना आदि

460. कर्मणा निर्मितो देहः प्रारब्धं तस्य कल्प्यताम् ।
नानादेरात्मनो युक्तं नैवात्मा कर्मनिर्मितः ।।

अनुष्टुभ् श्लोक छंद

कर्मणा	निर्मितो	देहः	
ऽ । ऽ	ऽ । ऽ	ऽ ऽ	ररगग, पद्ममाला छंद
प्रारब्धं	तस्यक	ल्प्यताम्	
ऽ ऽ ऽ	ऽ । ऽ	। ऽ	मरलग, क्षमा छंद
नानादे	रात्मनो	युक्तं	
ऽ ऽ ऽ	ऽ । ऽ	ऽ ऽ	मरगग, मधुमालती छंद
नैवात्मा	कर्मनि	र्मितः	
ऽ ऽ ऽ	ऽ । ऽ	। ऽ	मरलग, क्षमा छंद

संधि–विग्रह.

कर्मणा	निर्मितः	देहः	प्रारब्धं	तस्य	कल्प्यताम्		
कर्म के द्वारा	उत्पन्न हुआ	देह	प्रारब्ध	उसका	सोचिए		
न	अनादेः	आत्मनः	युक्तं	न	एव	आत्मा	कर्म-निर्मितः
नहीं	शाश्वत–	आत्मा का	योजित	नहीं	ही	आत्मा	कर्म निर्मित

461. अजो नित्यः शाश्वतश्च ब्रूते श्रुतिरमोघवाक् ।
तदात्मना तिष्ठतोऽस्य कुतः प्रारब्धकल्पना ।।

अनुष्टुभ् छंद

अजोनि	त्यःशाश्व	तश्च	
। ऽ ऽ	ऽ ऽ ।	ऽ ऽ	यतगग, पारांतचारी छंद
ब्रूतेश्रु	तिरमो	घवाक्	
ऽ ऽ ।	। । ऽ	। ऽ	तसलग, अपरिचित छंद
तदात्म	नातिष्ठ	तोऽस्य	
। ऽ ।	ऽ ऽ ऽ	ऽ ।	जमगल, विजात छंद
कुतःप्रा	रब्धक	ल्पना	

। ऽ ऽ	ऽ । ऽ	। ऽ	यरलग, भाषा छंद

पाद टिप्पणी :

इस अनुष्टुभ् छंद के विषम चरण 1 में पहले चार अक्षरों के बाद य गण (। ऽ ऽ) के स्थान पर म (ऽ ऽ ऽ) गण आने के कारण – विषम चरण 3 में प्रथम चार अक्षरों के पश्चात् य गण (। ऽ ऽ) गण और सम चरण 2 और 4 में प्रथम चार अक्षरों के पश्चात् ज (। ऽ ।) गण आ कर भी इस चार चरणों के पद्य में श्लोक छंद सिद्ध नहीं हुआ है.

संधि–विग्रह.

अजः	नित्यः	शाश्वतः	इति	ब्रूते	श्रुतिः	अमोघ-वाक्
अजन्मा	अखंड	शाश्वत	ऐसा	कहता है	शास्त्र	सत्य वचनी

तदात्मना	तिष्ठतः	अस्य	कुतः	प्रारब्ध-कल्पना
उस आत्म रूप से	रहने वाले	इस मनुष्य की	कहाँ से	प्रारब्ध कल्पमा

462. प्रारब्धं सिध्यति तदा यदा देहात्मना स्थितिः ।
देहात्मभावो नैवेष्टः प्रारब्धं त्यज्यतामतः ।।

अनुष्टुभ् छंद

प्रारब्धं	सिध्यति	तदा	
ऽ ऽ ऽ	ऽ । ।	। ऽ	मभलग, अतिजनी छंद
यदादे	हात्मना	स्थितिः	
। ऽ ऽ	ऽ । ऽ	। ऽ	यरलग, भाषा छंद
देहात्म	भावोनै	वेष्टः	
ऽ ऽ ।	ऽ ऽ ऽ	ऽ ऽ	तमगग, मृत्यंजय छंद
प्रारब्धं	त्यज्यता	मतः	
ऽ ऽ ऽ	ऽ । ऽ	। ऽ	मरलग, क्षमा छंद

पाद टिप्पणी :

इस अनुष्टुभ् छंद के विषम चरण 1 में पहले चार अक्षरों के बाद य गण (। ऽ ऽ) के स्थान पर न (। । ।) गण आने से और विषम चरण 3 में प्रथम चार अक्षरों के पश्चात् म गण (ऽ ऽ ऽ) गण आने के कारण – सम चरण 2 और 4 में प्रथम चार अक्षरों के पश्चात् ज (। ऽ ।) गण आ कर भी इस चार चरणों के पद्य में श्लोक छंद सिद्ध नहीं हुआ है.

संधि–विग्रह.

प्रारब्धं	सिध्यति	तदा	यदा	देहात्मना	स्थितिः
प्रारब्ध	सिद्ध होता है	तब	जब	देह की तादात्म्य	स्थिति हो

देहात्मभावः	न	एव	इष्टः	प्रारब्धं	त्यज्यतां	अतः
देह में आत्मबुद्धि	नहीं	ही	मान्य	प्रारब्ध	छोड़िये	अतः

463. शरीरस्यापि प्रारब्धकल्पना भ्रान्तिरेव हि।
अध्यस्तस्य कुतः सत्त्वमसत्यस्य कुतो जनिः।
अजातस्य कुतो नाशः प्रारब्धमसतः कुतः॥

अनुष्टुभ् छंद

शरीर	स्यापिप्रा	रब्ध	
। ऽ ऽ	ऽ ऽ ऽ	ऽ ।	यमगल, अनिर्भार छंद
कल्पना	भ्रान्तिरे	वहि	
ऽ । ऽ	ऽ । ऽ	। ऽ *	ररलग, हेमरूप छंद
अध्यस्त	स्यकुतः	सत्त्वम्	
ऽ ऽ ऽ	ऽ । ऽ	ऽ ।	मरगल, मधुमालती छंद
असत्य	स्यकुतो	जनिः	
। ऽ ऽ	। । ऽ	। ऽ	यसलग, अपरिचित छंद
अजात	स्यकुतो	नाशः	
। ऽ ऽ	। । ऽ	ऽ ऽ	यसगग, मनोला छंद
प्रारब्ध	मसतः	कुतः	
ऽ ऽ ।	। । ऽ	। ऽ	तसलग, अपरिचित छंद

* चरण की अंतिम लघु मात्रा दीर्घ मानी गई है.

पाद टिप्पणी :

इस अनुष्टुभ् छंद के विषम चरण 1 में पहले चार अक्षरों के बाद य गण (। ऽ ऽ) के स्थान पर म (ऽ ऽ ऽ) गण आने के कारण – विषम चरण 3 और 5 में प्रथम चार अक्षरों के पश्चात् य गण (। ऽ ऽ) गण और सम चरण 2, 4 और 6 में प्रथम चार अक्षरों के पश्चात् ज (। ऽ ।) गण आ कर भी इस छह चरणों के पद्य में श्लोक छंद सिद्ध नहीं हुआ है.

संधि–विग्रह.

शरीरस्य	अपि	प्रारब्ध-कल्पना	भ्रान्तिः	एव	हि
देह के	भी	प्रारब्ध की कल्पना	भ्रम	ही	है
अध्यस्तस्य	कुतः	सत्त्वं	असत्यस्य	कुतः	जनिः
मिथ्याग्रह की	कहाँ से	सत्यता	असत्य का	कहाँ से	जन्म
अजातस्य	कुतः	नाशः	प्रारब्धं	असतः	कुतः
अजन्मा का	कहाँ से	विनाश	प्रारब्ध	अविद्यमान का	कहाँ से

464. ज्ञानेनाज्ञानकार्यस्य समूलस्य लयो यदि ।
तिष्ठत्ययं कथं देह इति शङ्कावतो जडान् ।।

अनुष्टुभ् श्लोक छंद

ज्ञानेना	ज्ञानका	र्यस्य	
ऽ ऽ ऽ	ऽ । ऽ	ऽ ।	मरगल, मधुमालती छंद
समूल	स्यलयो	यदि	
। ऽ ऽ	। । ऽ	। ऽ *	यसलग, अपरिचित छंद
तिष्ठत्य	यंकथं	देह	
ऽ ऽ ।	ऽ । ऽ	ऽ ।	तरगल, विभा छंद
इतिश	ङ्कावतो	जडान्	
। । ऽ	ऽ । ऽ	। ऽ	सरलग, शलुकलुप्ता छंद

* चरण की अंतिम लघु मात्रा दीर्घ मानी गई है.

संधि–विग्रह.

ज्ञानेन	अज्ञान-कार्यस्य	समूलस्य	लयः	यदि
ज्ञान के द्वारा	अज्ञानजन्य कार्य का	समूल-	लय	यदि

तिष्ठति	अयं	कथं	देहः	इति	शङ्कावतः	जडान्
रहता है	यह	कैसे	देह	ऐसी	शंकाग्रस्त	मूढ़ों को-;

465. समाधातुं बाह्यदृष्ट्या प्रारब्धं वदति श्रुतिः ।
न तु देहादिसत्यत्वबोधनाय विपश्चिताम् ।।

अनुष्टुभ् छंद

समाधा	तुंबाह्य	दृष्ट्या	

। ऽ ऽ	ऽ ऽ ।	ऽ ऽ	यतगग, पारांतचारी छंद
प्रारब्धं	वदति	श्रुतिः	
ऽ ऽ ऽ	। । ऽ	। ऽ	मसलग, अपरिचित छंद
नतुदे	हादिस	त्यत्व	
। । ऽ	ऽ । ऽ	ऽ ।	सरगल, शलुकलुप्ता छंद
बोधना	यविप	श्चिताम्	
ऽ । ऽ	। । ऽ	। ऽ	रसलग, पथ्यावक्त्र छंद

पाद टिप्पणी :

इस अनुष्टुभ् छंद के विषम चरण 1 में पहले चार अक्षरों के बाद य गण (। ऽ ऽ) के स्थान पर र (ऽ । ऽ) गण आने के कारण – विषम चरण 3 में प्रथम चार अक्षरों के पश्चात् य गण (। ऽ ऽ) गण और सम चरण 2 और 4 में प्रथम चार अक्षरों के पश्चात् ज (। ऽ ।) गण आ कर भी इस चार चरणों के पद्य में श्लोक छंद सिद्ध नहीं हुआ है.

संधि-विग्रह.

समाधातुं	बाह्य-दृष्ट्या	प्रारब्धं	वदति	श्रुतिः
-समझाने के लिए	अज्ञानी की दृष्टि से	प्रारब्ध	कहता है	शास्त्र

न	तु	देहादि-सत्यत्व-बोधनाय	विपश्चिताम्
नहीं	मगर	देहादि को शाश्वत कहने	ज्ञानियों को

466. परिपूर्णमनाद्यन्तमप्रमेयमविक्रियम् ।
एकमेवाद्वयं ब्रह्म नेह नानास्ति किञ्चन ।।

अनुष्टुभ् श्लोक छंद

परिपू	र्णमना	द्यन्त	
। । ऽ	ऽ । ऽ	ऽ ।	सरगल, सुविलासा छंद
मप्रमे	यमवि	क्रियम्	
ऽ । ऽ	। । ऽ	। ऽ	रसलग, पथ्यावक्त्र छंद
एकमे	वाद्वयं	ब्रह्म	
ऽ । ऽ	ऽ । ऽ	ऽ ।	ररगल, लक्ष्मी छंद
नेहना	नास्तिकिं	चन	
ऽ । ऽ	ऽ । ऽ	। ऽ *	ररलग, हेमरूप छंद

* चरण की अंतिम लघु मात्रा दीर्घ मानी गई है.

संधि-विग्रह.

परिपूर्णं			अनाद्यन्तं		अप्रमेयमं		अविक्रियम्	
परिपूर्ण-			सनातन-		अप्रमेय-		निष्क्रिय को	
एकं	एव	अद्वयं	ब्रह्म	न	इह	नाना	अस्ति	किञ्चन
एक	ही	अद्वैत	ब्रह्म	नहीं	इस ब्रह्म में	अनेकत्व	है	कुछ भी

467. सद्घनं चिद्घनं नित्यमानन्दघनमक्रियम् ।
एकमेवाद्वयं ब्रह्म नेह नानास्ति किंचन ।।

अनुष्टुभ् श्लोक छंद

सद्घनं	चिद्घनं	नित्य	
ऽ । ऽ	ऽ । ऽ	ऽ ।	ररगल, लक्ष्मी छंद
मानन्द	घनम	क्रियम्	
ऽ ऽ ।	। । ऽ	। ऽ	तसलग, अपरिचित छंद
एकमे	वाद्वयं	ब्रह्म	
ऽ । ऽ	ऽ । ऽ	ऽ ।	ररगल, लक्ष्मी छंद
नेहना	नास्तिकिं	चन	
ऽ । ऽ	ऽ । ऽ	। ऽ *	ररलग, हेमरूप छंद

* चरण की अंतिम लघु मात्रा दीर्घ मानी गई है.

संधि-विग्रह.

सद्घनं		चिद्घनं		नित्यं		आनन्दघनं		अक्रियम्
सदानंद-		चिदानंद-		शाश्वत-		आनंदघन-		विकारशून्य-
एकं एव	अद्वयं	ब्रह्म	न	इह		नाना	अस्ति	किञ्चन
एक मात्र	अद्वैत	ब्रह्म	नहीं	इस ब्रह्म में		अनेकत्व	है	कुछ भी

468. प्रत्यगेकरसं पूर्णमनन्तं सर्वतोमुखम् ।
एकमेवाद्वयं ब्रह्म नेह नानास्ति किंचन ।।

अनुष्टुभ् श्लोक छंद

प्रत्यगे	करसं	पूर्ण	
ऽ । ऽ	। । ऽ	ऽ ।	रसगल, गाथ छंद

मनन्तं	सर्वतो	मुखम्	
। ऽ ऽ	ऽ । ऽ	। ऽ	यरलग, भाषा छंद
एकमे	वाद्वयं	ब्रह्म	
ऽ । ऽ	ऽ । ऽ	ऽ ।	ररगल, पद्ममाला छंद
नेहना	नास्तिकिं	चन	
ऽ । ऽ	ऽ । ऽ	। ऽ *	ररलग, हेमरूप छंद

* चरण की अंतिम लघु मात्रा दीर्घ मानी गई है.

प्रत्यक्	एकरसं	पूर्णं	अनन्तं	सर्वतो-मुखम्
सनातन	अद्वितीय	पूर्ण	अनंत	सर्वव्यापक

एकं एव	अद्वयं	ब्रह्म	न	इह	नाना	अस्ति	किञ्चन
एक मात्र	अद्वैत	ब्रह्म	नहीं	इस ब्रह्म में	अनेकत्व	है	कुछ भी

469. अहेयमनुपादेयमनादेयमनाश्रयम् ।
एकमेवाद्वयं ब्रह्म नेह नानास्ति किंचन ।।

अनुष्टुभ् श्लोक छंद

अहेय	मनुपा	देय	
। ऽ ।	। । ऽ	ऽ ।	जसगल, भांर्गी छंद
मनादे	यमना	श्रयम्	
। ऽ ऽ	। । ऽ	। ऽ	यसलग, अपरिचित छंद
एकमे	वाद्वयं	ब्रह्म	
ऽ । ऽ	ऽ । ऽ	ऽ ।	ररगल, लक्ष्मी छंद
नेहना	नास्तिकिं	चन	
ऽ । ऽ	ऽ । ऽ	। ऽ *	ररलग, हेमरूप छंद

* चरण की अंतिम लघु मात्रा दीर्घ मानी गई है.

संधि-विग्रह.

अहेयं	अनुपादेयं	अनादेयं	अनाश्रयम्
अत्याज्य	अग्राह्य	लेने-देने अयोग्य	अनिकेत

एकं एव	अद्वयं	ब्रह्म	न	इह	नाना	अस्ति	किञ्चन
एक मात्र	अद्वैत	ब्रह्म	नहीं	इस ब्रह्म में	अनेकत्व	है	कुछ भी

470. निर्गुणं निष्कलं सूक्ष्मं निर्विकल्पं निरञ्जनम् ।
एकमेवाद्वयं ब्रह्म नेह नानास्ति किंचन ।।

अनुष्टुभ् श्लोक छंद

निर्गुणं	निष्कलं	सूक्ष्मं	
ऽ । ऽ	ऽ । ऽ	ऽ ऽ	रगग, पद्ममाला छंद
निर्विक	ल्पंनिर	ञ्जनम्	
ऽ । ऽ	ऽ । ऽ	। ऽ	ररलग, हेमरूप छंद
एकमे	वाद्वयं	ब्रह्म	
ऽ । ऽ	ऽ । ऽ	ऽ ।	ररगल, लक्ष्मी छंद
नेहना	नास्तिकिं	चन	
ऽ । ऽ	ऽ । ऽ	। ऽ *	ररलग, हेमरूप छंद

* चरण की अंतिम लघु मात्रा दीर्घ मानी गई है.

संधि-विग्रह.

निर्गुणं	निष्कलं	सूक्ष्मं	निर्विकल्पं	निरञ्जनम्
निर्गुण	निरवयव	सुक्ष्म	निर्विकल्प	निरंजन

एकं एव	अद्वयं	ब्रह्म	न	इह	नाना	अस्ति	किञ्चन
एक मात्र	अद्वैत	ब्रह्म	नहीं	इस ब्रह्म में	अनेकत्व	है	कुछ भी

471. अनिरूप्य स्वरूपं यन्मनोवाचामगोचरम् ।
एकमेवाद्वयं ब्रह्म नेह नानास्ति किंचन ।।

अनुष्टुभ् श्लोक छंद

अनिरू	प्यस्वरू	पंयत्	
। । ऽ	ऽ । ऽ	ऽ ऽ	सरगग, परिधारा छंद
मनोवा	चामगो	चरम्	
। ऽ ऽ	ऽ । ऽ	। ऽ	यरलग, सुचंद्रभा छंद
एकमे	वाद्वयं	ब्रह्म	
ऽ । ऽ	ऽ । ऽ	ऽ ।	ररगल, लक्ष्मी छंद
नेहना	नास्तिकिं	चन	
ऽ । ऽ	ऽ । ऽ	। ऽ *	ररलग, हेमरूप छंद

* चरण की अंतिम लघु मात्रा दीर्घ मानी गई है.

संधि-विग्रह.

अनिरूप्य-स्वरूपं		यत्		मनोवाचां		अगोचरम्	
वर्णनातीत स्वरूप		जो		मन और वाणी को		अगोचर	
एकं एव	अद्वयं	ब्रह्म	न	इह	नाना	अस्ति	किञ्चन
एक मात्र	अद्वैत	ब्रह्म	नहीं	इस ब्रह्म में	अनेकत्व	है	कुछ भी

472. सत्समृद्धं स्वतःसिद्धं शुद्धं बुद्धमनीदृशम् ।
एकमेवाद्वयं ब्रह्म नेह नानास्ति किंचन ।।

अनुष्टुभ् श्लोक छंद

सत्समृ	द्धंस्वतः	सिद्धं	
ऽ । ऽ	ऽ । ऽ	ऽ ऽ	ररगग, पद्ममाला छंद
शुद्धंबु	द्धमनी	दृशम्	
ऽ ऽ ऽ	। । ऽ	। ऽ	मसलग, अपरिचित छंद
एकमे	वाद्वयं	ब्रह्म	
ऽ । ऽ	ऽ । ऽ	ऽ ।	ररगल, लक्ष्मी छंद
नेहना	नास्तिकिं	चन	
ऽ । ऽ	ऽ । ऽ	। ऽ *	ररलग, हेमरूप छंद

* चरण की अंतिम लघु मात्रा दीर्घ मानी गई है.

संधि-विग्रह.

सत्		समृद्धं		स्वतः-सिद्धं		शुद्धं	बुद्धं		अनीदृशम्	
सत् स्वरूप		समृद्ध		स्वयं सिद्ध		शुद्ध	चिंतनीय		निरुपम	
एकं एव	अद्वयं		ब्रह्म	न	इह		नाना	अस्ति		किञ्चन
एक मात्र	अद्वैत		ब्रह्म	नहीं	इस ब्रह्म में		अनेकत्व	है		कुछ भी

473. निरस्तरागा विनिरस्तभोगाः शान्ताः सुदान्ता यतयो महान्तः ।
विज्ञाय तत्त्वं परमेतदन्ते प्राप्ताः परां निर्वृतिमात्मयोगात् ।।

उपजाति : उपेंद्रवज्रा-इंद्रवज्रा-इंद्रवज्रा-इंद्रवज्रा छंद

निरस्त	रागावि	निरस्त	भोगाः		
। ऽ ।	ऽ ऽ ।	। ऽ ।	ऽ ऽ	ज त ज ग ग	उपेंद्रवज्रा छंद
शान्ताःसु	दान्ताय	तयोम	हान्तः		
ऽ ऽ ।	ऽ ऽ ।	। ऽ ।	ऽ ऽ	त त ज ग ग	इंद्रवज्रा छंद

विज्ञाय	तत्त्वंप	रमेत	दन्ते		
ऽ ऽ ।	ऽ ऽ ।	। ऽ ।	ऽ ऽ	त त ज ग ग	इंद्रवज्रा छंद
प्राप्ताःप	रांनिर्वृ	तिमात्म	योगात्		
ऽ ऽ ।	ऽ ऽ ।	। ऽ ।	ऽ ऽ	त त ज ग ग	इंद्रवज्रा छंद

संधि–विग्रह.

निरस्तरागाः	विनिरस्तभोगाः
जिसकी मोहमाया निवृत्त हुई है	जिसकी उपभोग इच्छा निवृत्त है

शान्ताः	सुदान्ताः	यतयः	महान्तः
जो शांत हुए हैं	जो जीतेंद्रिय हैं	यति लोग	महंत लोग

विज्ञाय	तत्त्वं	परं	एतद्	अन्ते
जानने के लिए	तत्त्व	परम	यह	अंत में

प्राप्ताः	परां	निर्वृतिं	आत्मयोगात्
सिद्धि प्राप्त हुए हैं	परम	निवृत्ति को	आत्मयोग से

474. भवानपीदं परतत्त्वमात्मनः स्वरूपमानन्दघनं विचार्य ।
विधूय मोहं स्वमनःप्रकल्पितं मुक्तः कृतार्थो भवतु प्रबुद्धः ।।

उपजाति : वंशस्थ-इंद्रवज्रा-वंशस्थ-इंद्रवज्रा छंद

भवान	पीदंप	रतत्त्व	मात्मनः		
। ऽ ।	ऽ ऽ ।	। ऽ ।	ऽ । ऽ	ज त ज र	वंशस्थ छंद
स्वरूप	मानन्द	घनंवि	चार्य		
ऽ ऽ ।	ऽ ऽ ।	। ऽ ।	ऽ ऽ	त त ज ग ग	इंद्रवज्रा छंद
विधूय	मोहंस्व	मनःप्र	कल्पितं		
। ऽ ।	ऽ ऽ ।	। ऽ ।	ऽ । ऽ	ज त ज र	वंशस्थ छंद
मुक्तःकृ	तार्थोभ	वतुप्र	बुद्धः		
ऽ ऽ ।	ऽ ऽ ।	। ऽ ।	ऽ ऽ	त त ज ग ग	इंद्रवज्रा छंद

संधि–विग्रह.

भवान्	अपि	इदं	परतत्त्वं	आत्मनः
हे शिष्य, तुम!	भी	यह	परम तत्त्व	आत्मा के

स्वरूपं	आनन्दघनं	विचार्य
स्वरूप–	आनंदघन को	चिंतन करके

विधूय	मोहं	स्वमनःप्रकल्पितं	
धो ड़ाल कर	मोह को	अपने मन में कल्पित	
मुक्तः	कृतार्थः	भवतु	प्रबुद्धः
मुक्त	कृतकृत्य	होजाओ!	ज्ञानी

475. समाधिना साधुविनिश्चलात्मना पश्यात्मतत्त्वं स्फुटबोधचक्षुषा ।
निःसंशयं सम्यगवेक्षितश्चेच्छ्रुतः पदार्थो न पुनर्विकल्प्यते ।।

उपजाति : वंशस्थ-इंद्रवंशा-इंद्रवज्रा-इंद्रवंशा छंद

समाधि	नासाधु	विनिश्च	लात्मना		
। ऽ ।	ऽ ऽ ।	। ऽ ।	ऽ । ऽ	ज त ज र	वंशस्थ छंद
पश्यात्म	तत्त्वंस्फु	टबोध	चक्षुषा		
ऽ ऽ ।	ऽ ऽ ।	। ऽ ।	ऽ । ऽ	त त ज र	इंद्रवंशा छंद
निःसंश	यंसम्य	गवेक्षि	तश्चेच्		
ऽ ऽ ।	ऽ ऽ ।	। ऽ ।	ऽ ऽ	त त ज ग ग	इंद्रवज्रा छंद
छ्रुतःप	दार्थोन	पुनर्वि	कल्प्यते		
ऽ ऽ ।	ऽ ऽ ।	। ऽ ।	ऽ । ऽ	त त ज र	इंद्रवंशा छंद

संधि-विग्रह.

समाधिना	साधु-विनिश्चलात्मना
समाधि द्वारा	ठीक और निश्चल मन से

पश्य	आत्म-तत्त्वं	स्फुट-बोध-चक्षुषा
तुम देखो	आत्मतत्त्व को	स्पष्ट ज्ञानचक्षु से

निःसंशयं	सम्यक्	अवेक्षितः	चेत्
निःसंदेह	ठीक से	निरीक्षित	यदि

श्रुतः	पदार्थः	न	पुनः	विकल्प्यते
सुना है	पदों का अर्थ	नहीं	फिर	विपर्यय होता है

476. स्वस्याविद्याबन्धसंबन्धमोक्षात्सत्यज्ञानानन्दरूपात्मलब्धौ ।
शास्त्रं युक्तिर्देशिकोक्तिः प्रमाणं चान्तःसिद्धा स्वानुभूतिः प्रमाणम् ।।

शालिनी छंद : (म त त ग ग)

स्वस्यावि	द्याबन्ध	संबन्ध	मोक्षात्

ऽ ऽ ऽ	ऽ ऽ ।	ऽ ऽ ।	ऽ ऽ
सत्यज्ञा	नानन्द	रूपात्म	लब्धौ
ऽ ऽ ऽ	ऽ ऽ ।	ऽ ऽ ।	ऽ ऽ
शास्त्रंयु	क्तिर्देशि	कोक्तिःप्र	माणं
ऽ ऽ ऽ	ऽ ऽ ।	ऽ ऽ ।	ऽ ऽ
चान्तःसि	द्धास्वानु	भूतिःप्र	माणम्
ऽ ऽ ऽ	ऽ ऽ ।	ऽ ऽ ।	ऽ ऽ

संधि–विग्रह.

स्वस्य				अविद्या-बन्ध-संबन्ध-मोक्षात्
स्वयं के				अज्ञान संबंध के बंधन मुक्ति से
सत्य-ज्ञानानन्द-रूपात्मलब्धौ				
सत्य ज्ञान के आनंद की प्राप्ति में				
शास्त्रं	युक्तिः		देशिकोक्तिः	प्रमाणं
शास्त्र	शास्त्र का तर्क		गुरु वचन	प्रमाण
च	अन्तः	सिद्धा	स्वानुभूतिः	प्रमाणम्
और	अंतरात्मा की	सिद्ध हुई	अपनी अनुभूति	प्रमाण

477. बन्धो मोक्षश्च तृप्तिश्च चिन्तारोग्यक्षुदादयः ।
स्वेनैव वेद्या यज्ज्ञानं परेषामानुमानिकम् ।।

अनुष्टुभ् श्लोक छंद

बन्धोमो	क्षश्चतृ	प्तिश्च	
ऽ ऽ ऽ	ऽ । ऽ	ऽ ।	मरगल, मधुमालती छंद
चिन्तारो	ग्यक्षुदा	दयः	
ऽ ऽ ऽ	ऽ । ऽ	। ऽ	मरलग, क्षमा छंद
स्वेनैव	वेद्याय	ज्ज्ञानं	
ऽ ऽ ।	ऽ ऽ ऽ	ऽ ऽ	तमगग, मृतुंजय छंद
परेषा	मानुमा	निकम्	
। ऽ ऽ	ऽ । ऽ	। ऽ	यरलग, भाषा छंद

संधि–विग्रह.

बन्धः	मोक्षः	च	तृप्तिः	च	चिन्तारोग्य-क्षुदादयः
भव बंधन	मोक्ष	और	तृप्ति	और	चिंता, व्याधि, भूख आदि

स्वेन	एव	वेद्याः	यत्	ज्ञानं	परेषां	आनुमानिकम्
स्वतः से	ही	ज्ञातव्य हैं	जो	ज्ञान	दूसरों का	अनुमान से आया

478. तटस्थिता बोधयन्ति गुरवः श्रुतयो यथा ।
प्रज्ञयैव तरेद्विद्वानीश्वरानुगृहीतया ।।

अनुष्टुभ् छंद

तटस्थि	ताबोध	यन्ति	
। ऽ ।	ऽ ऽ ।	ऽ ।	जतगल, वारिशाला छंद
गुरवः	श्रुतयो	यथा	
। । ऽ	। । ऽ	। ऽ	ससलग, मही छंद
प्रज्ञयै	वतरे	द्विद्वा	
ऽ । ऽ	। । ऽ	ऽ ऽ	रसगग, गाथ छंद
नीश्वरा	नुगृही	तया	
ऽ । ऽ	। । ऽ	। ऽ	रसलग, पथ्यावक्त्र छंद

पाद टिप्पणी :

इस अनुष्टुभ् छंद के विषम चरण 1 में पहले चार अक्षरों के बाद य गण (। ऽ ऽ) के स्थान पर र (ऽ । ऽ) गण आने के कारण - विषम चरण 3 में प्रथम चार अक्षरों के पश्चात् य गण (। ऽ ऽ) गण और सम चरण 2 और 4 में प्रथम चार अक्षरों के पश्चात् ज (। ऽ ।) गण आ कर भी इस चार चरणों के पद्य में श्लोक छंद सिद्ध नहीं हुआ है.

संधि-विग्रह.

तटस्थिताः	बोधयन्ति	गुरवः	श्रुतयः	यथा
निष्पक्ष हुए	बताते है	गुरुजन	शास्त्र	जैसे

प्रज्ञया	एव	तरेत्	विद्वान्	ईश्वरानुगृहीतया
-ज्ञान से	ही	तर जाए	ज्ञानी	ईश्वरकृपा से प्राप्त-

479. स्वानुभूत्या स्वयं ज्ञात्वा स्वमात्मानमखण्डितम् ।
संसिद्धः सम्मुखं तिष्ठेन्निर्विकल्पात्मनात्मनि ।।

अनुष्टुभ् श्लोक छंद

स्वानुभू	त्यास्वयं	ज्ञात्वा	
ऽ । ऽ	ऽ । ऽ	ऽ ऽ	ररगग, पद्ममाला छंद
स्वमात्मा	नमख	ण्डितम्	
। ऽ ऽ	। । ऽ	। ऽ	यसलग, अपरिचित छंद
संसिद्धः	सम्मुखं	तिष्ठे	
ऽ ऽ ऽ	ऽ । ऽ	ऽ ऽ	मरगग, मधुमालती छंद
न्निर्विक	ल्पात्मना	त्मनि	
ऽ । ऽ	ऽ । ऽ	। ऽ *	ररलग, हेमरूप छंद

* चरण की अंतिम लघु मात्रा दीर्घ मानी गई है.

संधि–विग्रह.

स्वानुभूत्या	स्वयं	ज्ञात्वा	स्वं	आत्मानं	अखण्डितम्
अपने अनुभव से	स्वयं	जान कर	अपनी	आत्मा को	अखंड–
संसिद्धः	सम्मुखं	तिष्ठेत्	निर्विकल्पात्मना	आत्मनि	
सिद्धि प्राप्त मनुष्य	प्रत्यक्ष	बैठे	निर्विकल्प मन से	आत्मनिष्ठा में	

480. वेदान्तसिद्धान्तनिरुक्तिरेषा ब्रह्मैव जीवः सकलं जगच्च ।
अखण्डरूपस्थितिरेव मोक्षो ब्रह्माद्वितीये श्रुतयः प्रमाणम् ॥

उपजाति : इंद्रवज्रा-इंद्रवज्रा-उपेंद्रवज्रा-इंद्रवज्रा छंद

वेदान्त	सिद्धान्त	निरुक्ति	रेषा		
ऽ ऽ ।	ऽ ऽ ।	। ऽ ।	ऽ ऽ	त त ज ग ग	इंद्रवज्रा छंद
ब्रह्मैव	जीवःस	कलंज	गच्च		
ऽ ऽ ।	ऽ ऽ ।	। ऽ ।	ऽ ऽ *	त त ज ग ग	इंद्रवज्रा छंद
अखण्ड	रूपस्थि	तिरेव	मोक्षो		
। ऽ ।	ऽ ऽ ।	। ऽ ।	ऽ ऽ	ज त ज ग ग	उपेंद्रवज्रा छंद
ब्रह्माद्वि	तीयेश्रु	तयःप्र	माणम्		
ऽ ऽ ।	ऽ ऽ ।	। ऽ ।	ऽ ऽ	त त ज ग ग	इंद्रवज्रा छंद

* चरण की अंतिम लघु मात्रा दीर्घ मानी गई है.

संधि–विग्रह.

वेदान्त-सिद्धान्त-निरुक्तिः एषा
वेद शास्त्र के सिद्धांतों का आशय यह है कि –

ब्रह्म	एव	जीवः	सकलं	जगत्	च
ब्रह्म	ही	जीव	सर्व	जगत	और

अखण्ड-रूप-स्थितिः	एव	मोक्षः
अद्वैत रूप पर दृढ़ निष्ठा होना	ही	मोक्ष

ब्रह्म	अद्वितीये	श्रुतयः	प्रमाणम्
ब्रह्म	अद्वैत के लिए	शास्त्र	प्रमाण

481. इति गुरुवचनाच्छ्रुतिप्रमाणात्परमवगम्य सतत्त्वमात्मयुक्त्या ।
प्रशमितकरणः समाहितात्मा क्वचिदचलाकृतिरात्मनिष्ठतोऽभूत् ।।

पुष्पिताग्रा छंद : (न न र य – न ज ज र ग) कामदत्ता + अचला छंद

इतिगु	रुवच	नाच्छ्रुति	प्रमाणात्	
। । ।	। । ।	ऽ । ऽ	। ऽ ऽ	कामदत्ता छंद

परम	वगम्य	सतत्त्व	मात्मयु	क्त्या	
। । ।	। ऽ ।	। ऽ ।	ऽ । ऽ	ऽ	अचला छंद

प्रशमि	तकर	णःसमा	हितात्मा	
। । ।	। । ।	ऽ । ऽ	। ऽ ऽ	कामदत्ता छंद

क्वचिद	चलाकृ	तिरात्म	निष्ठतोऽ	भूत्	
। । ।	। ऽ ।	। ऽ ।	ऽ । ऽ	ऽ	अचला छंद

संधि–विग्रह.

इति	गुरुवचनात्	श्रुति-प्रमाणात्
ऐसे	गुरु वचन से	और शास्त्र के प्रमाण से

परं	अवगम्य	सतत्त्वं	आत्मयुक्त्या
परब्रह्म को	समझ कर	उसका याथार्थ स्वरूप	अपने मन से

प्रशमित-करणः	समाहितात्मा
यतेंद्रिय वाला	एकाग्र चित्त का ज्ञानी पुरुष

क्वचित्	अचलाकृतिः	आत्म-निष्ठतः	अभूत्
क्वचित् ही	अविचलित हो कर	आत्मनिष्ठ	हुआ है

482. किंचित्कालं समाधाय परे ब्रह्मणि मानसम् ।
उत्थाय परमानन्दादिदं वचनमब्रवीत् ।।

अनुष्टुभ् श्लोक छंद

किंचित्का	लंसमा	धाय	
ऽ ऽ ऽ	ऽ । ऽ	ऽ ।	मरगल, मधुमालती छंद
परेब्र	ह्मणिमा	नसम्	
। ऽ ऽ	। । ऽ	। ऽ	यसलग, अपरिचित छंद
उत्थाय	परमा	नन्दा	
ऽ ऽ ।	। । ऽ	ऽ ऽ	तसगग, श्यामा छंद
दिदंव	चनम	ब्रवीत्	
। ऽ ।	। । ऽ	। ऽ	जसलग, अपरिचित छंद

संधि-विग्रह.

किञ्चित्	कालं	समाधाय	परे ब्रह्मणि	मानसम्
कुछ	समय तक	समाधान करने के लिए	परब्रह्म पर	चित्त को

उत्थाय	परमानन्दात्	इदं	वचनं	अब्रवीत्
फिर उठ कर	परमानंद से	यह	वचन	शिष्य बोला-

483. बुद्धिर्विनष्टा गलिता प्रवृत्तिः ब्रह्मात्मनोरेकतयाधिगत्या ।
इदं न जानेऽप्यनिदं न जाने किं वा कियद्वा सुखमस्त्यपारम् ।।

उपजाति : इंद्रवज्रा- इंद्रवज्रा- उपेंद्रवज्रा- इंद्रवज्रा छंद

बुद्धिर्वि	नष्टाग	लिताप्र	वृत्तिः		
ऽ ऽ ।	ऽ ऽ ।	। ऽ ।	ऽ ऽ	त त ज ग ग	इंद्रवज्रा छंद
ब्रह्मात्म	नोरेक	तयाधि	गत्या		
ऽ ऽ ।	ऽ ऽ ।	। ऽ ।	ऽ ऽ	त त ज ग ग	इंद्रवज्रा छंद
इदंन	जानेप्य	निदंन	जाने		
। ऽ ।	ऽ ऽ ।	। ऽ ।	ऽ ऽ	ज त ज ग ग	उपेंद्रवज्रा छंद
किंवाकि	यद्वासु	खमस्त्य	पारम्		
ऽ ऽ ।	ऽ ऽ ।	। ऽ ।	ऽ ऽ	त त ज ग ग	इंद्रवज्रा छंद

संधि-विग्रह.

बुद्धिः	विनष्टा	गलिता	प्रवृत्तिः
बुद्धि	विनष्ट हुई	लीन हुई	प्रवृत्ति

ब्रह्मात्मनः	एकतया	अधिगत्या

ब्रह्म और आत्मा के		अद्वैत का			ज्ञान होने से	
इदं	न	जाने	अपि	अनिदं	न	जाने
यह	नहीं	मैं नहीं जानता	भी	यह नहीं	नहीं	मैं जानता
किं	वा	कियत्	वा	सुखं	अस्ति	अपारम्
क्या	अथवा	कितना	अथवा	सुख	है	अपार

484. वाचा वक्तुमशक्यमेव मनसा मन्तुं न वा शक्यते
स्वानन्दामृतपूरपूरितपरब्रह्माम्बुधेर्वैभवम् ।
अम्भोराशिविशीर्णवार्षिकशिलाभावं भजन्मे मनो
यस्यांशांशलवे विलीनमधुनानन्दात्मना निर्वृतम् ।।

शार्दूलविक्रीडित छंद : (म स ज स त त ग)

वाचाव	क्तुमश	क्यमेव	मनसा	मन्तुंन	वाशक्य	ते
ऽ ऽ ऽ	। । ऽ	। ऽ ।	। । ऽ	ऽ ऽ ।	ऽ ऽ ।	ऽ
स्वानन्दा	मृतपू	रपूरि	तपर	ब्रह्माम्बु	धेर्वैभ	वम्
ऽ ऽ ऽ	। । ऽ	। ऽ ।	। । ऽ	ऽ ऽ ।	ऽ ऽ ।	ऽ
अम्भोरा	शिविशी	र्णवार्षि	कशिला	भावंभ	जन्मेम	नो
ऽ ऽ ऽ	। । ऽ	। ऽ ।	। । ऽ	ऽ ऽ ।	ऽ ऽ ।	ऽ
यस्यांशां	शलवे	विलीन	मधुना	नन्दात्म	नानिर्वृ	तम्
ऽ ऽ ऽ	। । ऽ	। ऽ ।	। । ऽ	ऽ ऽ ।	ऽ ऽ ।	ऽ

संधि-विग्रह.

वाचा	वक्तुं	अशक्यं	एव	मनसा	मन्तुं	न	वा	शक्यते
वाणी से	बोलने	अशक्य	ही	मन से	मनन करने	नहीं	या	शक्य

स्वानन्दामृत-पूरपूरित-परब्रह्माम्बुधेः	वैभवम्
आत्मानंद अमृत प्रवाह से भरे परब्रह्मा सागर का	वैभव

अम्भोराशि-विशीर्णवार्षिकशिला-भावं	भजत्	मे	मनः
गगन से गिरे हुए ओलों की वर्षा के समान भाव को	आत्मसात करते हुए	मेरा	मन

यस्य	अंशांशलवे	विलीनं	अधुना	आनन्दात्मना	निर्वृतम्
जिसका	अंश मात्र	विलीन	अब	आत्मानंद से	तृप्त है

485. क्व गतं केन वा नीतं कुत्र लीनमिदं जगत् ।
अधुनैव मया दृष्टं नास्ति किं महदद्भुतम् ।।

अनुष्टुभ् श्लोक छंद

क्वगतं	केनवा	नीतं	
। । ऽ	ऽ । ऽ	ऽ ऽ	सरगग, परिधारा छंद
कुत्रली	नमिदं	जगत्	
ऽ । ऽ	। । ऽ	। ऽ	रसलग, पथ्यावक्त्र छंद
अधुनै	वमया	दृष्टं	
। । ऽ	। । ऽ	ऽ ऽ	ससगग, पंचशिखा छंद
नास्तिकिं	महद	द्भुतम्	
ऽ । ऽ	। । ऽ	। ऽ	रसलग, पथ्यावक्त्र छंद

संधि–विग्रह.

क्व	गतं	केन	वा	नीतं	कुत्र	लीनं	इदं	जगत्
कहाँ	गया	किसने	या	ले लिया	कहाँ	लीन	यह	जग

अधुना	एव	मया	दृष्टं	नास्ति	किं	महत्	अद्भुतम्
अब	ही	मैने	देखा	नहीं	क्या	महान्	अद्भुत

486. किं हेयं किमुपादेयं किमन्यत्किं विलक्षणम् ।
अखण्डानन्दपीयूषपूर्णे ब्रह्ममहार्णवे ।।

अनुष्टुभ् श्लोक छंद

किंहेयं	किमुपा	देयं	
ऽ ऽ ऽ	। । ऽ	ऽ ऽ	मसगग, वक्त्र छंद
किमन्य	त्किंविल	क्षणम्	
। ऽ ऽ	ऽ । ऽ	। ऽ	यरलग, भाषा छंद
अखण्डा	नन्दपी	यूष	
। ऽ ऽ	ऽ । ऽ	ऽ ।	यरगल, सुचंद्रभा छंद
पूर्णेब्र	ह्ममहा	र्णवे	
ऽ ऽ ऽ	। । ऽ	। ऽ	मसलग, अपरिचित छंद

किं	हेयं	किं	उपादेयं	किं	अन्यत्	किं	विलक्षणम्
क्या	त्याज्य	क्या	ग्राह्य	क्या	इतर	क्या	असामान्य

अखण्डानन्द-पीयूष-पूर्णे	ब्रह्म-महार्णवे

अखंडानंद अमृत से परिपूर्ण	ब्रह्मसागर में

487. न किंचिदत्र पश्यामि न शृणोमि न वेद्म्यहम् ।
स्वात्मनैव सदानन्दरूपेणास्मि विलक्षणः ।।

अनुष्टुभ् श्लोक छंद

नकिंचि	दत्रप	श्यामि	
।ऽ।	ऽ।ऽ	ऽ।	जरगल, सुचंद्रप्रभा छंद
नशृणो	मिनवे	द्म्यहम्	
।।ऽ	।।ऽ	।ऽ	ससलग, मही छंद
स्वात्मनै	वसदा	नन्द	
ऽ।ऽ	।।ऽ	ऽ।	जसगल, भांर्गी छंद
रूपेणा	स्मिविल	क्षणः	
ऽऽऽ	।।ऽ	।ऽ	मसलग, अपरिचित छंद

संधि-विग्रह.

न	किंचित्	अत्र	पश्यामि	न	शृणोमि	न	वेद्मि	अहम्
नहीं	कुछ	इस जग में	देखता	नहीं	सुनता	नहीं	जानता हूँ	मैं

स्वात्मना	एव	सदानन्द-रूपेण	अस्मि	विलक्षणः
अपने चित्त से	ही	सत्यानंद रूप से	मैं हूँ	असामान्य

488. नमो नमस्ते गुरवे महात्मने विमुक्तसङ्गाय सदुत्तमाय ।
नित्याद्वयानन्दरसस्वरूपिणे भूम्ने सदापारदयाम्बुधाम्ने ।।

उपजाति : वंशस्थ-उपेंद्रवज्रा-इंद्रवंशा-इंद्रवज्रा छंद

नमोन	मस्तेगु	रवेम	हात्मने		
।ऽ।	ऽऽ।	।ऽ।	ऽ।ऽ	ज त ज र	वंशस्थ छंद
विमुक्त	सङ्गाय	सदुत्त	माय		
।ऽ।	ऽऽ।	।ऽ।	ऽऽ*	ज त ज ग ग	उपेंद्रवज्रा छंद
नित्याद्व	यानन्द	रसस्व	रूपिणे		
ऽऽ।	ऽऽ।	।ऽ।	ऽ।ऽ	त त ज र	इंद्रवंशा छंद
भूम्नेस	दापार	दयाम्बु	धाम्ने		
ऽऽ।	ऽऽ।	।ऽ।	ऽऽ	त त ज ग ग	इंद्रवज्रा छंद

* चरण की अंतिम लघु मात्रा दीर्घ मानी गई है.

संधि-विग्रह.

नमोनमस्ते	गुरवे	महात्मने
नमस्ते बारंबार	गुरु के लिए	महात्मा-

विमुक्त-सङ्गाय	सदुत्तमाय
संग से विमुक्त-	सर्वोत्तम-

नित्याद्वयानन्द-रस-स्वरूपिणे
शाश्वत आनंद स्वरूप-

भूम्ने	सदा	अपारदयाम्बु-धाम्ने
सर्वज्ञ-	सदा	निरवधि करुणासिंधु के लिए

489. यत्कटाक्षशशिसान्द्रचन्द्रिका पातधूतभवतापजश्रमः ।
प्राप्तवानहमखण्डवैभवा नन्दमात्मपदमक्षयं क्षणात् ।।

रथोद्धता छंद : (र न र ल ग)

यत्कटा	क्षशशि	सान्द्रच	न्द्रिका
ऽ । ऽ	। । ।	ऽ । ऽ	। ऽ
पातधू	तभव	तापज	श्रमः
ऽ । ऽ	। । ।	ऽ । ऽ	। ऽ
प्राप्तवा	नहम	खण्डवै	भवा
ऽ । ऽ	। । ।	ऽ । ऽ	। ऽ
नन्दमा	त्मपद	मक्षयं	क्षणात्
ऽ । ऽ	। । ।	ऽ । ऽ	। ऽ

संधि-विग्रह.

यत्कटाक्ष-शशि-सान्द्रचन्द्रिका
जिसके दृष्टिरूप आर्द्र चंद्रकिरण से
पातधूत-भवतापजश्रमः
पाप धुल कर भवताप निवृत्त हुआ है

प्राप्तवान्	अहं	अखण्ड-वैभवा-
पा गया हूँ	मैं	अखंड वैभव का

नन्दं	आत्मपदं	अक्षयं	क्षणात्

आनंद	आत्मपद	अक्षय	क्षण में

490. धन्योऽहं कृतकृत्योऽहं विमुक्तोऽहं भवग्रहात् ।
नित्यानन्दस्वरूपोऽहं पूर्णोऽहं त्वदनुग्रहात् ।।

अनुष्टुभ् श्लोक छंद

धन्योहं	कृतकृ	त्योहं	
ऽ ऽ ऽ	। । ऽ	ऽ ऽ	मसगग, वक्त्र छंद
विमुक्तो	हंभव	ग्रहात्	
। ऽ ऽ	ऽ । ऽ	। ऽ	यरलग, भाषा छंद
नित्यान	न्दस्वरू	पोहं	
ऽ ऽ ऽ	ऽ । ऽ	ऽ ऽ	मरगग, मधुमालती छंद
पूर्णोहं	त्वदनु	ग्रहात्	
ऽ ऽ ऽ	। । ऽ	। ऽ	मसलग, अपरिचित छंद

संधि-विग्रह.

धन्यः	अहं	कृतकृत्यः	अहं	विमुक्तः	अहं	भवग्रहात्
धन्य	मैं	कृत कृतार्थ	मैं	विमुक्त	में	भवग्रह से

नित्यानन्दस्वरूपः	अहं	पूर्णः	अहं	त्वदनुग्रहात्
नित्यानंद स्वरूप	मैं	पूर्ण	मैं	आपकी कृपा से

491. असङ्गोऽहमनङ्गोऽहमलिङ्गोऽहमभङ्गुरः ।
प्रशान्तोऽहमनन्तोऽहममलोऽहं चिरन्तनः ।।

अनुष्टुभ् श्लोक छंद

असङ्गो	हमन	ङ्गोह	
। ऽ ऽ	। । ऽ	ऽ ।	यसगल, मनोला छंद
मलिङ्गो	हमभ	ङ्गुरः	
। ऽ ऽ	। । ऽ	। ऽ	यसलग, अपरिचित छंद
प्रशान्तो	हमन	न्तोह	
। ऽ ऽ	। । ऽ	ऽ ।	यसगल, मनोला छंद
ममलो	हंचिर	न्तनः	

। । ऽ	ऽ । ऽ	। ऽ	यरलग, भाषा छंद

संधि–विग्रह.

असङ्गः	अहं	अनङ्गः	अहं	अलिङ्गः	अहं	अभङ्गुरः
अनासक्त	मैं	निरवयव	मैं	अलिंग	मैं	शाश्वत
प्रशान्तः	अहं	अनन्तः	अहं	अमलः	अहं	चिरन्तनः
प्रशांत	मैं	अनंत	मैं	निर्मल	मैं	सनातन

492. अकर्ताहमभोक्ताहमविकारोऽहमक्रियः ।
शुद्धबोधस्वरूपोऽहं केवलोऽहं सदाशिवः ॥

अनुष्टुभ् श्लोक छंद

अकर्ता	हमभो	क्ताह	
। ऽ ऽ	। । ऽ	ऽ ।	यसगल, मनोला छंद
मविका	रोहम	क्रियः	
। । ऽ	ऽ । ऽ	। ऽ	सरलग, शलुकलुप्ता छंद
शुद्धबो	धस्वरू	पोहं	
ऽ । ऽ	ऽ । ऽ	ऽ ऽ	ररगग, पद्ममाला छंद
केवलो	हंसदा	शिवः	
ऽ । ऽ	ऽ । ऽ	। ऽ	ररलग, हेमरूप छंद

संधि–विग्रह.

अकर्ता	अहं	अभोक्ता	अहं	अविकारः	अहं	अक्रियः
अकर्ता	मैं	अभोक्ता	मैं	निर्विकार	मैं	अक्रिय

शुद्ध-बोध-स्वरूपः	अहं	केवलः	अहं	सदाशिवः
शुद्ध ज्ञान स्वरूप	मैं	केवल	मैं	सदाशिव

493. द्रष्टुः श्रोतुर्वक्तुः कर्तुर्भोक्तुर्विभिन्न एवाहम् ।
नित्यनिरन्तरनिष्क्रियनिःसीमासङ्गपूर्णबोधात्मा ॥

आर्या उद्गाथा छंद (मात्रा 12-18, 12-18)

द्रष्टुःश्रो	तुर्वक्तुः	
ऽ ऽ ऽ	ऽ ऽ ऽ	12

कर्तुर्भो	क्तुर्विभि	न्नएवा	हम्	
ऽ ऽ ऽ	ऽ । ऽ	। ऽ ऽ	ऽ	18

नित्यनि	रन्तर	निष्क्रिय	
ऽ । ।	ऽ । ।	ऽ । ।	12

निःसीमा	सङ्गपू	र्णबोधा	त्मा	
ऽ ऽ ऽ	ऽ । ऽ	। ऽ ऽ	ऽ	18

संधि–विग्रह.

द्रष्टुः	श्रोतुः	वक्तुः	कर्तुः	भोक्तुः	विभिन्नः	एव	अहम्
साक्षी	श्रोता	वक्ता	कर्ता	भोक्ता	भिन्न	ही	मैं
नित्य-निरन्तर-निष्क्रिय-निःसीमासङ्ग-पूर्ण-बोधात्मा							
शाश्वत सतातन अक्रिय अपार अनासक्त पूर्ण आत्मज्ञान							

494. नाहमिदं नाहमदोऽप्युभयोरवभासकं परं शुद्धम् ।
बाह्याभ्यन्तरशून्यं पूर्णं ब्रह्माद्वितीयमेवाहम् ।।

आर्या उद्गाथा छंद (मात्रा 12-18, 12-18)

नाहमि	दंनाह	मदोऽ	
ऽ । ।	ऽ ऽ ।	। ऽ	12

प्युभयो	रवभा	सकंप	रंशुद्धम्	
। । ऽ	। । ऽ	। ऽ ।	ऽ ऽ ऽ	18

बाह्याभ्य	न्तरशू	न्यं	
ऽ ऽ ऽ	। । ऽ	ऽ	12

पूर्णंब्र	ह्माद्विती	यमेवा	हम्	
ऽ ऽ ऽ	ऽ । ऽ	। ऽ ऽ	ऽ	18

संधि–विग्रह.

न	अहं	इदं	न	अहं	अदः	अपि	उभयोः	अवभासकं	परं	शुद्धम्
नहीं	मैं	यह	नहीं	मैं	वह	भी	दोनों का	सूचक	परम	शुद्ध

बाह्याभ्यन्तर-शून्यं	पूर्णं	ब्रह्म	अद्वितीयं	एव	अहम्
अंतर्बाह्य शून्य	पूर्ण	ब्रह्म	अद्वैत	ही	मैं

495. निरुपम मनादितत्त्वं त्वमहमिदमद इति कल्पनादूरम् ।
नित्यानन्दैकरसं सत्यं ब्रह्माद्वितीयमेवाहम् ।।

आर्या उद्गाथा छंद (मात्रा 12-18, 12-18)

निरुप	ममना	दितत्त्वं	
।।।	।।ऽ	।ऽऽ	12

त्वमह	मिदम	दइति	कल्पना	दूरम्	
।।।	।।।	।।।	ऽ।ऽ	ऽऽ	18

नित्यान	न्दैकर	सं	
ऽऽऽ	ऽ।।	ऽ	12

सत्यंब्र	ह्माद्विती	यमेवा	हम्	
ऽऽऽ	ऽ।ऽ	।ऽऽ	ऽ	18

संधि–विग्रह.

निरुपमं	अनादितत्त्वं	त्वं	अहं	इदं	अदः	इति	कल्पना-दूरम्
अनुपम	सनातन स्वरूप	तुम	मैं	यह	वह	ऐसा	कल्पनातीत

नित्यानन्दैकरसं	सत्यं	ब्रह्म	अद्वितीयं	एव	अहम्
सदानंद अद्वैत	सत्य	ब्रह्म	अद्वितीय	ही	मैं

496. नारायणोऽहं नरकान्तकोऽहं पुरान्तकोऽहं पुरुषोऽहमीशः ।
अखण्डबोधोऽहमशेषसाक्षी निरीश्वरोऽहं निरहं च निर्ममः ।।

उपजाति : इंद्रवज्रा- उपेंद्रवज्रा- उपेंद्रवज्रा- वंशस्थ छंद

नाराय	णोहंन	रकान्त	कोहं		
ऽऽ।	ऽऽ।	।ऽ।	ऽऽ	त त ज ग ग	इंद्रवज्रा छंद
पुरान्त	कोहंपु	रुषोह	मीशः		
।ऽ।	ऽऽ।	।ऽ।	ऽऽ	ज त ज ग ग	उपेंद्रवज्रा छंद
अखण्ड	बोधोह	मशेष	साक्षी		
।ऽ।	ऽऽ।	।ऽ।	ऽऽ	ज त ज ग ग	उपेंद्रवज्रा छंद
निरीश्व	रोहंनि	रहंच	निर्ममः		
।ऽ।	ऽऽ।	।ऽ।	ऽ।ऽ	ज त ज र	वंशस्थ छंद

संधि–विग्रह.

नारायणः	अहं	नरकान्तकः	अहं
नारायण	मैं	नरकासुर निकन्दन	मैं

पुरान्तकः	अहं	पुरुषः	अहं	ईशः
त्रिपुरासुर हंता	मैं	पुरुष	मैं	ईश

अखण्ड-बोधः	अहं	अशेष-साक्षी
शाश्वत ज्ञान	मैं	सर्वसाक्षी

निरीश्वरः	अहं	निरहं	च	निर्ममः
महेश्वर	मैं	निरहंकारी	और	ममताहीन

497. सर्वेषु भूतेष्वहमेव संस्थितो ज्ञानात्मनान्तर्बहिराश्रयः सन् ।
भोक्ता च भोग्यं स्वयमेव सर्वं यद्यत्पृथग्दृष्टमिदन्तया पुरा ।।

उपजाति : इंद्रवंशा-इंद्रवज्रा-इंद्रवज्रा-इंद्रवंशा छंद

सर्वेषु	भूतेष्व	हमेव	संस्थितो		
ऽ ऽ ।	ऽ ऽ ।	। ऽ ।	ऽ । ऽ	त त ज र	इंद्रवंशा छंद
ज्ञानात्म	नान्तर्ब	हिराश्र	यःसन्		
ऽ ऽ ।	ऽ ऽ ।	। ऽ ।	ऽ ऽ	त त ज ग ग	इंद्रवज्रा छंद
भोक्ताच	भोग्यंस्व	यमेव	सर्वं		
ऽ ऽ ।	ऽ ऽ ।	। ऽ ।	ऽ ऽ	त त ज ग ग	इंद्रवज्रा छंद
यद्यत्पृ	थग्दृष्ट	मिदन्त	यापुरा		
ऽ ऽ ।	ऽ ऽ ।	। ऽ ।	ऽ । ऽ	त त ज र	इंद्रवंशा छंद

संधि–विग्रह.

सर्वेषु	भूतेषु	अहं	एव	संस्थितो
सब–	भूत्तों में	मैं	ही	विद्यमान
ज्ञानात्मना	अन्तः	बहिः	आश्रयः	सन्
ज्ञान सरूप से	भीतर	बाहर	आश्रय	होकर

भोक्ता	च	भोग्यं	स्वयं	एव	सर्वं
भोक्ता	और	भोग्य	स्वयं	ही	सर्व
यत्	यत्	पृथक्	दृष्टं	इदन्तया	पुरा
जो	जो	पृथक्	देखा गया	तुझ द्वारा	पहले

498. मय्यखण्डसुखाम्भोधौ बहुधा विश्ववीचयः ।
उत्पद्यन्ते विलीयन्ते मायामारुतविभ्रमात् ।।

अनुष्टुभ् श्लोक छंद

मय्यख	ण्डसुखा	म्भोधौ	
ऽ । ऽ	ऽ । ऽ	ऽ ऽ	ररगग, पद्ममाला छंद
बहुधा	विश्ववी	चयः	
। । ऽ	ऽ । ऽ	। ऽ	सरलग, शलुकलुप्ता छंद
उत्पद्य	न्तेविली	यन्ते	
ऽ ऽ ऽ	ऽ । ऽ	ऽ ऽ	मरगग, मधुमालती छंद
मायामा	रुतवि	भ्रमात्	
ऽ ऽ ऽ	। । ऽ	। ऽ	मसलग, अपरिचित छंद

संधि–विग्रह.

मयि	अखण्ड-सुखाम्भोधौ	बहुधा	विश्ववीचयः
मुझ–	अखंड सुख सागे में	विविधता से	संसार लहरें

उत्पद्यन्ते	विलीयन्ते	मायामारुत-विभ्रमात्
उमड़ती हैं	विलीन होती हैं	माया स्वरूप वायु के विलास से

499. स्थूलादिभावा मयि कल्पिता भ्रमादारोपितानुस्फुरणेन लोकैः ।
काले यथा कल्पकवत्सरायणर्त्वादयो निष्कलनिर्विकल्पे ।।

उपजाति : इंद्रवंशा-इंद्रवज्रा-इंद्रवज्रा-इंद्रवज्रा छंद

स्थूलादि	भावाम	यिकल्पि	ताभ्रमाद्		
ऽ ऽ ।	ऽ ऽ ।	। ऽ ।	ऽ । ऽ	त त ज र	इंद्रवंशा छंद
आरोपि	तानुस्फु	रणेन	लोकैः		
ऽ ऽ ।	ऽ ऽ ।	। ऽ ।	ऽ ऽ	त त ज ग ग	इंद्रवज्रा छंद
कालेय	थाकल्प	कवत्स	राय		
ऽ ऽ ।	ऽ ऽ ।	। ऽ ।	ऽ ऽ *	त त ज ग ग	इंद्रवज्रा छंद
णर्त्वाद	योनिष्क	लनिर्वि	कल्पे		
ऽ ऽ ।	ऽ ऽ ।	। ऽ ।	ऽ ऽ	त त ज ग ग	इंद्रवज्रा छंद

* चरण की अंतिम लघु मात्रा दीर्घ मानी गई है.

संधि–विग्रह.

स्थूलादि-भावाः		मयि	कल्पिताः	भ्रमात्
स्थूल-सूक्ष्म आदि भाव		मुझमें	कल्पित हैं	अज्ञान के कारण
आरोपिताः	नु		स्फुरणेन	लोकैः
आवरण रूप से	मगर		भान खो कर	लोगों द्वारा
काले		यथा		कल्पक-वत्सराय
कालचक्र में		जैसे		कल्प, संवत्सर, वर्ष
नर्त्वादयः			निष्कल-निर्विकल्पे	
अयन, ऋतु आदि			अस्पष्ट कल्पना पर निर्भर	

500. आरोपितं नाश्रयदूषकं भवेत्कदापि मूढैरतिदोषदूषितैः ।
नार्द्रिकरोत्यूषरभूमिभागं मरीचिकावारि महाप्रवाहः ।।

उपजाति : इंद्रवंशा-वंशस्थ-इंद्रवज्रा-उपेंद्रवज्रा छंद

आरोपि	तंनाश्र	यदूष	कंभवेत्		
ऽ ऽ ।	ऽ ऽ ।	। ऽ ।	ऽ । ऽ	त त ज र	इंद्रवंशा छंद
कदापि	मूढैर	तिदोष	दूषितैः		
। ऽ ।	ऽ ऽ ।	। ऽ ।	ऽ । ऽ	ज त ज र	वंशस्थ छंद
नार्द्रिक	रोत्यूष	रभूमि	भागं		
ऽ ऽ ।	ऽ ऽ ।	। ऽ ।	ऽ ऽ	त त ज ग ग	इंद्रवज्रा छंद
मरीचि	कावारि	महाप्र	वाहः		
। ऽ ।	ऽ ऽ ।	। ऽ ।	ऽ ऽ	ज त ज ग ग	उपेंद्रवज्रा छंद

संधि-विग्रह.

आरोपितं	न		आश्रय-दूषकं		भवेत्
अज्ञान से ढका हुआ	नहीं		ज्ञान प्रदूषक		हो सकता
कदापि		मूढैः		अतिदोष-दूषितैः	
कभी भी		-मूर्खों द्वारा		दोष से दूषित-	
न	आर्द्रि-करोति			ऊषर-भूमि-भागं	
नहीं	सीक्त करता			मरुभूमि को मृगजल	
मरीचिकावारि-महाप्रवाहः					
कितना भी वह प्रखर तेज मृगजल प्रवाह क्यों न हो					

501. आकाशवल्लेपविदूरगोऽहं आदित्यवद्भास्यविलक्षणोऽहम् ।

अहार्यवन्नित्यविनिश्चलोऽहं अम्भोधिवत्पारविवर्जितोऽहम् ।।

इंद्रवज्रा छंद : (त त ज ग ग)

आकाश	वल्लेप	विदूर	गोहं		
ऽ ऽ ।	ऽ ऽ ।	। ऽ ।	ऽ ऽ	त त ज ग ग	इंद्रवज्रा छंद
आदित्य	वद्भास्य	विलक्ष	णोहम्		
ऽ ऽ ।	ऽ ऽ ।	। ऽ ।	ऽ ऽ	त त ज ग ग	इंद्रवज्रा छंद
अहार्य	वन्नित्य	विनिश्च	लोहं		
ऽ ऽ ।	ऽ ऽ ।	। ऽ ।	ऽ ऽ	त त ज ग ग	इंद्रवज्रा छंद
अम्भोधि	वत्पार	विवर्जि	तोहम्		
ऽ ऽ ।	ऽ ऽ ।	। ऽ ।	ऽ ऽ	त त ज ग ग	इंद्रवज्रा छंद

संधि–विग्रह.

आकाशवत्	लेपविदूरगः	अहं
आकाश जैसा	निर्लेप	मैं
आदित्यवत्	भास्यविलक्षणः	अहम्
सूरज समान	असामान्य तेजस्वी	मैं
अहार्यवत्	नित्यविनिश्चलः	अहम्
पर्वत के समान	सर्वदा निश्चल	मैं
अम्भोधिवत्	पार-विवर्जितःअहम्	
समुद्र समान	अपार मैं	

502. न मे देहेन संबन्धो मेघेनेव विहायसः ।
अतः कुतो मे तद्धर्मा जाक्रत्स्वप्नसुषुप्तयः ।।

अनुष्टुभ् छंद

नमेदे	हेनसं	बन्धो	
। ऽ ऽ	ऽ । ऽ	ऽ ऽ	यरगग, कुलाधारी छंद
मेघेने	वविहा	यसः	
ऽ ऽ ऽ	। । ऽ	। ऽ	मसलग, अपरिचित छंद
अतःकु	तोमेत	द्धर्मा	
। ऽ ।	ऽ ऽ ऽ	ऽ ऽ	जरगग, यशस्करी छंद

जाक्रत्स्व	प्रसुषु	प्तयः	
ऽ ऽ ऽ	ऽ । ऽ	। ऽ	मरलग, क्षमा छंद

पाद टिप्पणी :

इस अनुष्टुभ् छंद के विषम चरण 3 में पहले चार अक्षरों के बाद य गण (। ऽ ऽ) के स्थान पर म (ऽ ऽ ऽ) गण आने के कारण – विषम चरण 1 में प्रथम चार अक्षरों के पश्चात् य गण (। ऽ ऽ) गण और सम चरण 2 और 4 में प्रथम चार अक्षरों के पश्चात् ज (। ऽ ।) गण आ कर भी इस चार चरणों के पद्य में श्लोक छंद सिद्ध नहीं हुआ है.

संधि–विग्रह.

न	मे	देहेन	संबन्धः	मेघेन	इव	विहायसः
नहीं	मेरा	शारीरिक	संबंध	मेघ से	जैसा	आकाश का

अतः	कुतः	मे	तद्धर्माः	जाक्रत्स्वप्र-सुषुप्तयः
अतः	कहाँ से	मेरे	वे गुणधर्म	जागृति, स्वप्न, निद्रा आदि

503. उपाधिरायाति स एव गच्छति स एव कर्माणि करोति भुङ्क्ते ।
स एव जीर्यन्म्रियते सदाहं कुलाद्रिवन्निश्चल एव संस्थितः ।।

उपजाति : वंशस्थ-उपेंद्रवज्रा-उपेंद्रवज्रा-वंशस्थ छंद

उपाधि	रायाति	सएव	गच्छति		
। ऽ ।	ऽ ऽ ।	। ऽ ।	ऽ । ऽ *	ज त ज र	वंशस्थ छंद
सएव	कर्माणि	करोति	भुङ्क्ते		
। ऽ ।	ऽ ऽ ।	। ऽ ।	ऽ ऽ	ज त ज ग ग	उपेंद्रवज्रा छंद
सएव	जीर्यन्म्रि	यतेस	दाहं		
। ऽ ।	ऽ ऽ ।	। ऽ ।	ऽ ऽ	ज त ज ग ग	उपेंद्रवज्रा छंद
कुलाद्रि	वन्निश्च	लएव	संस्थितः		
। ऽ ।	ऽ ऽ ।	। ऽ ।	ऽ । ऽ	ज त ज र	वंशस्थ छंद

* चरण की अंतिम लघु मात्रा दीर्घ मानी गई है.

संधि–विग्रह.

उपाधिः	आयाति	सः एव	गच्छति
संज्ञा नाम	आति है	वही	जाता है

सः एव	कर्माणि	करोति	भुङ्क्ते

वही	कर्म	करता है	उपभोग लेता है

सः एव	जीर्यन्	म्रियते	सदा	अहं
वही	जीर्ण हो कर	मरता है	सदा	मैं

कुलाद्रिवत्	निश्चलः	एव	संस्थितः
कुल-पर्वत की तरह	अटल	ही	स्थिर रहता हूँ

504. न मे प्रवृत्तिर्न च मे निवृत्तिः सदैकरूपस्य निरंशकस्य ।
एकात्मको यो निविडो निरन्तरो व्योमेव पूर्णः स कथं नु चेष्टते ।।

उपजाति : उपेंद्रवज्रा-उपेंद्रवज्रा-इंद्रवंशा-इंद्रवंशा छंद

नमेप्र	वृत्तिर्न	चमेनि	वृत्तिः		
। ऽ ।	ऽ ऽ ।	। ऽ ।	ऽ ऽ	ज त ज ग ग	उपेंद्रवज्रा छंद
सदैक	रूपस्य	निरंश	कस्य		
। ऽ ।	ऽ ऽ ।	। ऽ ।	ऽ ऽ *	ज त ज ग ग	उपेंद्रवज्रा छंद
एकात्म	कोयोनि	विडोनि	रन्तरो		
ऽ ऽ ।	ऽ ऽ ।	। ऽ ।	ऽ । ऽ	त त ज र	इंद्रवंशा छंद
व्योमेव	पूर्णःस	कथंनु	चेष्टते		
ऽ ऽ ।	ऽ ऽ ।	। ऽ ।	ऽ । ऽ	त त ज र	इंद्रवंशा छंद

* चरण की अंतिम लघु मात्रा दीर्घ मानी गई है.

संधि-विग्रह.

न	मे	प्रवृत्तिः	न	च	मे	निवृत्तिः
नहीं	मेरी	कार्य वृत्ति	नहीं	और	मेरी	अकार्य वृत्ति

सदा	एकरूपस्य	निरंशकस्य
सदा	एकरूप-	अविभाजित का

एकात्मकः	यः	निविडः	निरन्तरः
एकात्म	जो	अनवरत	अखंड

व्योम	इव	पूर्णः	सः	कथं	नु	चेष्टते
व्योम	समान	पूर्ण	वह	कैसे	भला	संघर्ष करे

505. पुण्यानि पापानि निरिन्द्रियस्य निश्चेतसो निर्विकृतेर्निराकृतेः ।
कुतो ममाखण्डसुखानुभूतेर्ब्रूते ह्यनन्वागतमित्यपि श्रुतिः ।।

उपजाति : इंद्रवज्रा-इंद्रवंशा-उपेंद्रवज्रा-इंद्रवंशा छंद

पुण्यानि	पापानि	निरिन्द्रि	यस्य		
ऽ ऽ ।	ऽ ऽ ।	। ऽ ।	ऽ ऽ *	त त ज ग ग	इंद्रवज्रा छंद
निश्चेत	सोनिर्वि	कृतेर्नि	राकृतेः		
ऽ ऽ ।	ऽ ऽ ।	। ऽ ।	ऽ । ऽ	त त ज र	इंद्रवंशा छंद
कुतोम	माखण्ड	सुखानु	भूतेः		
। ऽ ।	ऽ ऽ ।	। ऽ ।	ऽ ऽ	ज त ज ग ग	उपेंद्रवज्रा छंद
ब्रूतेह्य	नन्वाग	तमित्य	पिश्रुतिः		
ऽ ऽ ।	ऽ ऽ ।	। ऽ ।	ऽ । ऽ	त त ज र	इंद्रवंशा छंद

* चरण की अंतिम लघु मात्रा दीर्घ मानी गई है.

संधि-विग्रह.

पुण्यानि	पापानि	निरिन्द्रियस्य
पुण्य	पाप	इंद्रियातीत के
निश्चेतसः	निर्विकृतेः	निराकृतेः
चित्त रहित-	निर्विकार-	निराकार का
कुतः	मम	अखण्ड-सुखानुभूतेः
कहाँ से	मेरा	अखंड नित्यानंद का

ब्रूते	हि	अनन्वागतं	इति	अपि	श्रुतिः
कहता है	क्यों कि	अस्पष्ट	ऐसा	भी	शास्त्र

506. छायया स्पृष्टमुष्णं वा शीतं वा सुष्ठु दुष्ठु वा ।
न स्पृशत्येव यत्किंचित्पुरुषं तद्विलक्षणम् ।।

अनुष्टुभ् श्लोक छंद

छायया	स्पृष्टमु	ष्णंवा	
ऽ । ऽ	ऽ । ऽ	ऽ ऽ	ररगग, पद्ममाला छंद
शीतंवा	सुष्ठुदु	ष्ठुवा	
ऽ ऽ ऽ	ऽ । ऽ	। ऽ	मरलग, क्षमा छंद
नस्पृश	त्येवय	त्किंचित्	
ऽ । ऽ	ऽ । ऽ	ऽ ऽ	ररगग, पद्ममाला छंद
पुरुषं	तद्विल	क्षणम्	
। । ऽ	ऽ । ऽ	। ऽ	सरलग, शलुकलुप्ता छंद

संधि-विग्रह.

छायया	स्पृष्टं	उष्णं	वा	शीतं	वा	सुष्ठु	दुष्ठु	वा
छाया से	संबंधित	उष्ण	या	शीत	या	अनुकूल	या	प्रतिकूल

न	स्पृशति एव	यत्	किञ्चित्	पुरुषं	तत्	विलक्षणम्
नहीं	स्पर्श करता कभी	जो	किंचित्	पुरुष को	उस	छाया से भिन्न

507. न साक्षिणं साक्ष्यधर्माः संस्पृशन्ति विलक्षणम् ।
अविकारमुदासीनं गृहधर्माः प्रदीपवत् ।।

अनुष्टुभ् छंद

नसाक्षि	णंसाक्ष्य	धर्माः	
। ऽ ।	ऽ ऽ ।	ऽ ऽ	जतगग, वारिशाला छंद
संस्पृश	न्तिविल	क्षणम्	
ऽ । ऽ	। । ऽ	। ऽ	रसलग, पथ्यावक्त्र छंद
अविका	रमुदा	सीनं	
। । ऽ	। । ऽ	ऽ ऽ	ससगग, पंचशिखा छंद
गृहध	र्माःप्रदी	पवत्	
। । ऽ	ऽ । ऽ	। ऽ	सरलग, शलुकलुप्ता छंद

पाद टिप्पणी :

इस अनुष्टुभ् छंद के विषम चरण 1 में पहले चार अक्षरों के बाद य गण (। ऽ ऽ) के स्थान पर र (ऽ । ऽ) गण आने के कारण – विषम चरण 3 में प्रथम चार अक्षरों के पश्चात् य गण (। ऽ ऽ) गण और सम चरण 2 और 4 में प्रथम चार अक्षरों के पश्चात् ज (। ऽ ।) गण आ कर भी इस चार चरणों के पद्य में श्लोक छंद सिद्ध नहीं हुआ है.

संधि–विग्रह.

न	साक्षिणं	साक्ष्यधर्माः	संस्पृशन्ति	विलक्षणम्
नहीं	–साक्षी को	दृष्ट वस्तु के गुणधर्म	स्पर्श करते	असामान्य–

अविकारं	उदासीनं	गृहधर्माः	प्रदीपवत्
निर्विकार–	तटस्थ–	कर्म के गुणधर्म	दीप को जिस तरह

508. रवेर्यथा कर्मणि साक्षिभावो वन्हेर्यथा दाहनियामकत्वम् ।
रज्जोर्यथारोपितवस्तुसङ्गस्तथैव कूटस्थचिदात्मनो मे ।।

उपजाति : उपेंद्रवज्रा-इंद्रवज्रा-उपेंद्रवज्रा-उपेंद्रवज्रा छंद

रवेर्य	थाकर्म	णिसाक्षि	भावो		
। ऽ ।	ऽ ऽ ।	। ऽ ।	ऽ ऽ	ज त ज ग ग	उपेंद्रवज्रा छंद
वन्हेर्य	थादाह	नियाम	कत्वम्		
ऽ ऽ ।	ऽ ऽ ।	। ऽ ।	ऽ ऽ	त त ज ग ग	इंद्रवज्रा छंद
रज्जोर्य	थारोपि	तवस्तु	सङ्गः		
। ऽ ।	ऽ ऽ ।	। ऽ ।	ऽ ऽ	ज त ज ग ग	उपेंद्रवज्रा छंद
तथैव	कूटस्थ	चिदात्म	नोमे		
। ऽ ।	ऽ ऽ ।	। ऽ ।	ऽ ऽ	ज त ज ग ग	उपेंद्रवज्रा छंद

संधि–विग्रह.

रवेः	यथा	कर्मणि	साक्षि-भावः
सूर्य का	जिस तरह	हमारे कर्म में	साक्षी की भूमिका

वन्हेः	यथा	दाह-नियामकत्वम्
अग्नि की	उस तरह	दाह की हानि से

रज्जोः	यथा	रोपित-वस्तु-सङ्गः
रज्जु का	जिस तरह	गूँथी हुई वस्तु से संबंध

तथैव	कूटस्थ-चिदात्मनः	मे
वैसे ही है	कूटस्थ चिदात्म–	–मेरा साक्षी संबंध

509. कर्तापि वा कारयितापि नाहं भोक्तापि वा भोजयितापि नाहम् ।
द्रष्टापि वा दर्शयितापि नाहं सोऽहं स्वयंज्योतिरनीदृगात्मा ।।

इंद्रवज्रा छंद : (त त ज ग ग)

कर्तापि	वाकार	यितापि	नाहं		
ऽ ऽ ।	ऽ ऽ ।	। ऽ ।	ऽ ऽ	त त ज ग ग	इंद्रवज्रा छंद
भोक्तापि	वाभोज	यितापि	नाहम्		
ऽ ऽ ।	ऽ ऽ ।	। ऽ ।	ऽ ऽ	त त ज ग ग	इंद्रवज्रा छंद
द्रष्टापि	वादर्श	यितापि	नाहं		
ऽ ऽ ।	ऽ ऽ ।	। ऽ ।	ऽ ऽ	त त ज ग ग	इंद्रवज्रा छंद
सोऽहंस्व	यंज्योति	रनीदृ	गात्मा		
ऽ ऽ ।	ऽ ऽ ।	। ऽ ।	ऽ ऽ	त त ज ग ग	इंद्रवज्रा छंद

संधि-विग्रह.

कर्ता	अपि	वा	कारयिता	अपि	न	अहं
करने वाला	भी	अथवा	कराने वाला	भी	नहीं	मैं

भोक्ता	अपि	वा	भोजयिता	अपि	नाहं
उपभोग लेने वाला	भी	या	उपभोग देने वाला	भी	नहीं मैं

द्रष्टा	अपि	वा	दर्शयिता	अपि	नाहं
साक्षी	भी	अथवा	दिखाने वाला	भी	नहीं मैं

सः	अहं	स्वयं-ज्योतिः	अनीदृक्	आत्मा
वह	मैं	स्वयं प्रकाशित	अनुभवातीत	आत्मा

510. चलत्युपाधौ प्रतिबिम्बलौल्यमौपाधिकं मूढधियो नयन्ति ।
स्वबिम्बभूतं रविवद्विनिष्क्रियं कर्तास्मि भोक्तास्मि हतोऽस्मि हेति ।।

उपजाति : उपेंद्रवज्रा-इंद्रवज्रा-वंशस्थ-इंद्रवज्रा छंद

चलत्यु	पाधौप्र	तिबिम्ब	लौल्यम्		
। ऽ ।	ऽ ऽ ।	। ऽ ।	ऽ ऽ	ज त ज ग ग	उपेंद्रवज्रा छंद
औपाधि	कंमूढ	धियोन	यन्ति *		
ऽ ऽ ।	ऽ ऽ ।	। ऽ ।	ऽ ऽ	त त ज ग ग	इंद्रवज्रा छंद
स्वबिम्ब	भूतंर	विवद्वि	निष्क्रियं		
। ऽ ।	ऽ ऽ ।	। ऽ ।	ऽ । ऽ	ज त ज र	वंशस्थ छंद
कर्तास्मि	भोक्तास्मि	हतोस्मि	हेति *		
ऽ ऽ ।	ऽ ऽ ।	। ऽ ।	ऽ ऽ	त त ज ग ग	इंद्रवज्रा छंद

* चरण की अंतिम लघु मात्रा दीर्घ मानी गई है.

संधि-विग्रह.

चलति	उपाधौ	प्रतिबिम्ब-लौल्यम्
विवेकहीन	उपाधि के प्रभाव में	मति को मिली हुई चंचलता को

औपाधिकं	मूढधियः	नयन्ति
उपाधि से प्राप्त	विवेकहीन लोग	ढोते हैं

स्वबिम्बभूतं	रविवत्	विनिष्क्रियं
उस आभास का बिंबरूप साक्षी	सूर्य समान	निष्क्रिय

कर्तास्मि	भोक्तास्मि	हतः अस्मि हा	इति
मैं कर्ता हूँ	मैं भेक्ता हूँ	हाय! मैं आहत हूँ	इत्यादि

511. जले वापि स्थले वापि लुठत्वेष जडात्मकः ।
नाहं विलिप्ये तद्धर्मैर्घटधर्मैर्नभो यथा ।।

अनुष्टुभ् छंद

जलेवा	पिस्थले	वापि	
। ऽ ऽ	ऽ । ऽ	ऽ ।	यरगल, सुचंद्रभा छंद
लुठत्वे	षजडा	त्मकः	
। ऽ ऽ	। । ऽ	। ऽ	यसलग, अपरिचित छंद
नाहंवि	लिप्येत	द्धर्मैः	
ऽ ऽ ।	ऽ ऽ ऽ	ऽ ऽ	तमगग, मृत्युंजय छंद
घटध	मैर्नभो	यथा	
। । ऽ	ऽ । ऽ	। ऽ	सरलग, शलुकलुप्ता छंद

पाद टिप्पणी :

इस अनुष्टुभ् छंद के विषम चरण 3 में पहले चार अक्षरों के बाद य गण (। ऽ ऽ) के स्थान पर म (ऽ ऽ ऽ) गण आने के कारण – विषम चरण 1 में प्रथम चार अक्षरों के पश्चात् य गण (। ऽ ऽ) गण और सम चरण 2 और 4 में प्रथम चार अक्षरों के पश्चात् ज (। ऽ ।) गण आ कर भी इस चार चरणों के पद्य में श्लोक छंद सिद्ध नहीं हुआ है.

संधि–विग्रह.

जले	वा	अपि	स्थले	वा	अपि	लुठतु	एषः	जडात्मकः
पानी नें	या	भी	भूमि पर	या	भी	गिरे	यह	जड़ देह

नाहं	विलिप्ये	तद्धर्मैः	घटधर्मैः	नभः	यथा
मैं नहीं	लिप्त होता	उन गुणों से,	घट के गुणधर्मों से	आकाश	जैसे

512. कर्तृत्वभोक्तृत्वखलत्वमत्तता जडत्वबद्धत्वविमुक्ततादयः ।
बुद्धेर्विकल्पा न तु सन्ति वस्तुतः स्वस्मिन् परे ब्रह्मणि केवलेऽद्वये ।।

उपजाति : इंद्रवंशा-वंशस्थ-इंद्रवंशा-इंद्रवंशा छंद

कर्तृत्व	भोक्तृत्व	खलत्व	मत्तता		
ऽ ऽ ।	ऽ ऽ ।	। ऽ ।	ऽ । ऽ	त त ज र	इंद्रवंशा छंद
जडत्व	बद्धत्व	विमुक्त	तादयः		

।ऽ।	ऽऽ।	।ऽ।	ऽ।ऽ	ज त ज र	वंशस्थ छंद
बुद्धेर्वि	कल्पान	तुसन्ति	वस्तुतः		
ऽऽ।	ऽऽ।	।ऽ।	ऽ।ऽ	त त ज र	इंद्रवंशा छंद
स्वस्मिन्प	रेब्रह्म	णिकेव	लेद्वये		
ऽऽ।	ऽऽ।	।ऽ।	ऽ।ऽ	त त ज र	इंद्रवंशा छंद

संधि–विग्रह.

कर्तृत्व	भोक्तृत्व	खलत्व	मत्तता
कर्तापन	भोक्तापन	दुष्टता	उन्मत्तता

जडत्व	बद्धत्व	विमुक्ततादयः
जड़त्व	बद्धता	मुक्ति आदि

बुद्धेः	विकल्पाः	न	तु	सन्ति	वस्तुतः
बुद्धि के	विकल्प	नहीं	मगर	हैं	यथार्थ से

स्वस्मिन्	परे ब्रह्मणि	केवले	अद्वये
मुझ–	परब्रह्म में	केवल	अद्वैत––

513. सन्तु विकाराः प्रकृतेर्दशधा शतधा सहस्रधा वापि ।
किं मेऽसङ्गचितस्तैर्न घनः क्वचिदम्बरं स्पृशति ॥

आर्या गाथा छंद (मात्रा 12-18, 12-15)

सन्तुवि	काराःप्र	कृते	
ऽ।।	ऽऽ।	।ऽ	12

र्दशधा	शतधा	सहस्र	धावापि	
।।ऽ	।।ऽ	।ऽ।	ऽऽऽ *	18

किंमेऽस	ङ्गचित	स्तै	
ऽऽऽ	।।ऽ	ऽ	12

र्नघनः	क्वचिद	म्बरंस्पृ	शति	
।।ऽ	।।ऽ	।ऽ।	।ऽ *	15

* चरण की अंतिम लघु मात्रा दीर्घ मानी गई है.

संधि–विग्रह.

सन्तु	विकाराः	प्रकृतेः	दशधा	शतधा	सहस्रधा	वापि
हों	विकार	प्रकृति के	दसगुना	सौ गुना	सहस्रगुना	अथवा

किं	मे	असङ्गचितः	तैः	न	घनः	क्वचित्	अम्बरं	स्पृशति
क्या	मेरा	अलिप्त चित्त	उनसे	नहीं	मेघ	कहीं	गगन को	स्पर्श करता

* चरण की अंतिम लघु मात्रा दीर्घ मानी गई है.

514. अव्यक्तादिस्थूलपर्यन्तमेतद्विश्वं यत्राभासमात्रं प्रतीतम् ।
व्योमप्रख्यं सूक्ष्ममाद्यन्तहीनं ब्रह्माद्वैतं यत्तदेवाहमस्मि ।।

शालिनी छंद : (म त त ग ग)

अव्यक्ता	दिस्थूल	पर्यन्त	मेतत्
ऽ ऽ ऽ	ऽ ऽ ।	ऽ ऽ ।	ऽ ऽ
विश्वंय	त्राभास	मात्रंप्र	तीतम्
ऽ ऽ ऽ	ऽ ऽ ।	ऽ ऽ ।	ऽ ऽ
व्योमप्र	ख्यंसूक्ष्म	माद्यन्त	हीनं
ऽ ऽ ऽ	ऽ ऽ ।	ऽ ऽ ।	ऽ ऽ
ब्रह्माद्वै	तंयत्त	देवाह	मस्मि
ऽ ऽ ऽ	ऽ ऽ ।	ऽ ऽ ।	ऽ ऽ *

* चरण की अंतिम लघु मात्रा दीर्घ मानी गई है.

संधि-विग्रह.

अव्यक्तादिस्थूलपर्यन्तं	एतत्
अव्यक्त ब्रह्म से स्थूल देह पर्यंत	यह

विश्वं	यत्र	आभासमात्रं	प्रतीतम्
विश्व	जहाँ	आभास मात्र	प्रतीत है

व्योमप्रख्यं	सूक्ष्मं	आद्यन्तहीनं
आकाश समान	सूक्ष्म	सनातन

ब्रह्म	अद्वैतं	यत्	तत्	एव	अहं	अस्मि
ब्रह्म	अद्वैत	जो	वह	ही	मैं	हूँ

515. सर्वाधारं सर्ववस्तुप्रकाशं सर्वाकारं सर्वगं सर्वशून्यम् ।
नित्यं शुद्धं निश्चलं निर्विकल्पं ब्रह्माद्वैतं यत्तदेवाहमस्मि ।।

शालिनी छंद : (म त त ग ग)

सर्वाधा	रंसर्व	वस्तुप्र	काशं

ऽ ऽ ऽ	ऽ ऽ ।	ऽ ऽ ।	ऽ ऽ
सर्वाका	रंसर्व	गंसर्व	शून्यम्
ऽ ऽ ऽ	ऽ ऽ ।	ऽ ऽ ।	ऽ ऽ
नित्यंशु	द्धंनिश्च	लंनिर्वि	कल्पं
ऽ ऽ ऽ	ऽ ऽ ।	ऽ ऽ ।	ऽ ऽ
ब्रह्माद्वै	तंयत्त	देवाह	मस्मि
ऽ ऽ ऽ	ऽ ऽ ।	ऽ ऽ ।	ऽ ऽ *

* चरण की अंतिम लघु मात्रा दीर्घ मानी गई है.

सर्वाधारं	सर्ववस्तुप्रकाशं
सब का आधार	सर्व वस्तु प्रकाशक

सर्वाकारं	सर्वगं	सर्व-शून्यम्
आकारहीन	सर्वगामी	सर्व वर्जित

नित्यं	शुद्धं	निश्चलं	निर्विकल्पं
शाश्वत	शुद्ध	निश्चल	निर्विकल्प

ब्रह्म	अद्वैतं	यत्	तत्	एव	अहं	अस्मि
ब्रह्म	अद्वैत	जो	वह	ही	मैं	हूँ

516. यत्प्रत्यस्ताशेषमायाविशेषं प्रत्यग्रूपं प्रत्ययागम्यमानम् ।
सत्यज्ञानानन्तमानन्दरूपं ब्रह्माद्वैतं यत्तदेवाहमस्मि ।।

शालिनी छंद : (म त त ग ग)

यत्प्रत्य	स्ताशेष	मायावि	शेषं
ऽ ऽ ऽ	ऽ ऽ ।	ऽ ऽ ।	ऽ ऽ
प्रत्यग्रू	पंप्रत्य	यागम्य	मानम्
ऽ ऽ ऽ	ऽ ऽ ।	ऽ ऽ ।	ऽ ऽ
सत्यज्ञा	नानन्त	मानन्द	रूपं
ऽ ऽ ऽ	ऽ ऽ ।	ऽ ऽ ।	ऽ ऽ
ब्रह्माद्वै	तंयत्त	देवाह	मस्मि
ऽ ऽ ऽ	ऽ ऽ ।	ऽ ऽ ।	ऽ ऽ *

* चरण की अंतिम लघु मात्रा दीर्घ मानी गई है.

संधि–विग्रह.

यत्	प्रत्यस्ताशेष-माया-विशेषं
जो	संपूर्ण माया और माया का विशेष कार्य रूप

प्रत्यग्रूपं	प्रत्ययागम्यमानम्
प्राचीन	सनातन अगम्य विषय

सत्य-ज्ञानानन्तं	आनन्दरूपं
सत्य अनंत ज्ञान	आनंद स्वरूप

ब्रह्म	अद्वैतं	यत्	तत्	एव	अहं	अस्मि
ब्रह्म	अद्वैत	जो	वह	ही	मैं	हूँ

* चरण की अंतिम लघु मात्रा दीर्घ मानी गई है.

517. निष्क्रियोऽस्म्यविकारोऽस्मि निष्कलोऽस्मि निराकृतिः ।
निर्विकल्पोऽस्मि नित्योऽस्मि निरालम्बोऽस्मि निर्द्वयः ।।

अनुष्टुभ् श्लोक छंद

निष्क्रियोऽ	स्म्यविका	रोस्मि	
ऽ । ऽ	। । ऽ	ऽ ।	सरगल, सुविलासा छंद
निष्कलो	स्मिनिरा	कृतिः	
ऽ । ऽ	। । ऽ	। ऽ	रसलग, पथ्यावक्त्र छंद
निर्विक	ल्पोस्मिनि	त्योस्मि	
ऽ । ऽ	ऽ । ऽ	ऽ ऽ	ररगग, पद्ममाला छंद
निराल	म्बोस्मिनि	द्वयः	
। ऽ ऽ	ऽ । ऽ	। ऽ	यरलग, भाषा छंद

संधि–विग्रह.

निष्क्रियः	अस्मि	अविकारः	अस्मि
निष्क्रिय	मैं हूँ	निर्विकार	मैं हूँ

निष्कलः	अस्मि	निराकृतिः
निरवयव	मैं हूँ	निराकार

निर्विकल्पः	अस्मि	नित्योः	अस्मि
निर्विकल्प	मैं हूँ	शाश्वत	मैं हूँ

निरालम्बः	अस्मि	निर्द्वयः
निराश्रय	मैं हूँ	अद्वैत

518. सर्वात्मकोऽहं सर्वोऽहं सर्वातीतोऽहमद्वयः ।
केवलाक्षण्डबोधोऽहमानन्दोऽहं निरन्तरः ।।

अनुष्टुभ् छंद

सर्वात्म	कोहंस	र्वोहं	
ऽ ऽ ।	ऽ ऽ ऽ	ऽ ऽ	तमगग, मृत्युंजय छंद
सर्वाती	तोहम	द्वयः	
ऽ ऽ ऽ	ऽ । ऽ	। ऽ	मरलग, क्षमा छंद
केवला	क्षण्डबो	धोऽहम्	
ऽ । ऽ	ऽ । ऽ	ऽ ऽ	ररगग, पद्ममाला छंद
आनन्दो	हंनिरं	न्तरः	
ऽ ऽ ऽ	ऽ । ऽ	। ऽ	मरलग, क्षमा छंद

पाद टिप्पणी :

इस अनुष्टुभ् छंद के विषम चरण 1 में पहले चार अक्षरों के बाद य गण (। ऽ ऽ) के स्थान पर म (ऽ ऽ ऽ) गण आने के कारण – विषम चरण 3 में प्रथम चार अक्षरों के पश्चात् य गण (। ऽ ऽ) गण और सम चरण 2 और 4 में प्रथम चार अक्षरों के पश्चात् ज (। ऽ ।) गण आ कर भी इस चार चरणों के पद्य में श्लोक छंद सिद्ध नहीं हुआ है.

संधि–विग्रह.

सर्वात्मकोः	अहं	सर्वः	अहं	सर्वातीतः	अहं	अद्वयः
सर्वजीवात्मक	मैं हूँ	सर्व	मैं हूँ	सबसे परे	मैं हूँ	अद्वैत

केवलाक्षण्ड-बोधः	अहं	आनन्दः	अहं	निरन्तरः
केवल वित्त बोध	मैं हूँ	आनंद	मैं हूँ	निरंतर

519. स्वाराज्यसाम्राज्यविभूतिरेषा भवत्कृपाश्रीमहिमप्रसादात् ।
प्राप्ता मया श्रीगुरवे महात्मने नमो नमस्तेऽस्तु पुनर्नमोऽस्तु ।।

उपजाति : इंद्रवज्रा-उपेंद्रवज्रा-इंद्रवंशा-उपेंद्रवज्रा छंद

स्वाराज्य	साम्राज्य	विभूति	रेषा		
ऽ ऽ ।	ऽ ऽ ।	। ऽ ।	ऽ ऽ	त त ज ग ग	इंद्रवज्रा छंद
भवत्कृ	पाश्रीम	हिमप्र	सादात्		

। ऽ ।	ऽ ऽ ।	। ऽ ।	ऽ ऽ	ज त ज ग ग	उपेंद्रवज्रा छंद
प्राप्ताम	याश्रीगु	रवेम	हात्मने		
ऽ ऽ ।	ऽ ऽ ।	। ऽ ।	ऽ । ऽ	त त ज र	इंद्रवंशा छंद
नमोन	मस्तेस्तु	पुनर्न	मोस्तु		
। ऽ ।	ऽ ऽ ।	। ऽ ।	ऽ ऽ	ज त ज ग ग	उपेंद्रवज्रा छंद

संधि-विग्रह.

स्वाराज्य-साम्राज्य-विभूतिः		एषा	
ब्रह्मा की स्वर्गीय साम्राज्य विभूति		यह	
भवत्कृपा-श्रीमहिम-प्रसादात्			
हे गुरो! आपके कृपप्रसाद से			
प्राप्ता	मया	श्रीगुरवे	महात्मने
प्राप्त हुई है	मुझे	हे श्री गुरो	महात्मा
नमोनमस्ते	अस्तु	पुनः	नमोस्तु
नमस्कार आपको नमन	हो	बारंबार	नमस्कार हो

520. महास्वप्ने मायाकृतजनिजरामृत्युगहने
भ्रमन्तं क्लिश्यन्तं बहुलतरतापैरनुदिनम् ।
अहंकारव्याघ्रव्यथितमिममत्यन्तकृपया
प्रबोध्य प्रस्वापात्परमवितवान्मामसि गुरो ।।

शिखरिणी छंद : (य म न स भ ल ग)

महास्व	प्रेमाया	कृतज	निजरा	मृत्युग	हने
। ऽ ऽ	ऽ ऽ ऽ	। । ।	। । ऽ	ऽ । ।	। ऽ
भ्रमन्तं	क्लिश्यन्तं	बहुल	तरता	पैरनु	दिनम्
। ऽ ऽ	ऽ ऽ ऽ	। । ।	। । ऽ	ऽ । ।	। ऽ
अहंका	रव्याघ्र	व्यथित	मिमम	त्यन्तकृ	पया
। ऽ ऽ	ऽ ऽ ऽ	। । ।	। । ऽ	ऽ । ।	। ऽ
प्रबोध्य	प्रस्वापा	त्परम	वितवा	न्मामसि	गुरो
। ऽ ऽ	ऽ ऽ ऽ	। । ।	। । ऽ	ऽ । ।	। ऽ

संधि-विग्रह.

महास्वप्ने	मायाकृत-जनि-जरा-मृत्यु-गहने
महान स्वप्न में	माया से प्राप्त हुए जन्म जरा मृत्यु आदि के अरण्य में

भ्रमन्तं	क्लिश्यन्तं	बहुलतरतापैः	अनुदिनम्
भटकते हुए	क्लेश पाते हुए	विविध दुखों के ताप से	प्रतिदिन

अहंकार-व्याघ्र-व्यथितं	इमं	अत्यन्त-कृपया
अहंकार रूपी व्याघ्र से भयभीत	इस	–अत्यंत कृपा से

प्रबोध्य	प्रस्वापात्	परं	अवितवान्	मां	असि	गुरो
जगा कर	निद्रा से	मात्र–	बचाया	मुझे	आपने	गुरो

521. नमस्तस्मै सदैकस्मै कस्मैचिन्महसे नमः ।
यदेतद्विश्वरूपेण राजते गुरुराज ते ॥

अनुष्टुभ् श्लोक छंद

नमस्त	स्मैसदै	कस्मै	
। ऽ ऽ	ऽ । ऽ	ऽ ऽ	यरगग, कुलाधारी छंद
कस्मैचि	न्महसे	नमः	
ऽ ऽ ऽ	ऽ । ऽ	। ऽ	मरलग, क्षमा छंद
यदेत	द्विश्वरू	पेण	
। ऽ ऽ	ऽ । ऽ	ऽ ।	यरगल, सुचंद्रभा छंद
राजते	गुरुरा	जते	
ऽ । ऽ	। । ऽ	। ऽ	रसलग, पथ्यावक्त्र छंद

संधि–विग्रह.

नमस्तस्मै	सदैकस्मै	कस्मैचित्	महसे	नमः
नमस्कार उसे	सदा एकरूप जो	किसी प्रकार	महान को	नमस्कार

यत्	एतत्	विश्वरूपेण	राजते	गुरुराज	ते
जो	यह	विश्वरूप से	दृष्ट है	गुरुराज!	आपको

522. इति नतमवलोक्य शिष्यवर्यं समधिगतात्मसुखं प्रबुद्धतत्त्वम् ।
प्रमुदितहृदयः स देशिकेन्द्रः पुनरिदमाह वचः परं महात्मा ॥

पुष्पिताग्रा छंद : (न न र य – न ज ज र ग) कामदत्ता + अचला छंद

इतिन	तमव	लोक्यशि	ष्यवर्यं	

। । ।	। । ।	ऽ । ऽ	। ऽ ऽ	कामदत्ता छंद	
समधि	गतात्म	सुखंप्र	बुद्धत	त्वम्	
। । ।	। ऽ ।	। ऽ ।	ऽ । ऽ	ऽ	अचला छंद
प्रमुदि	तहृद	यःसदे	शिकेन्द्रः		
। । ।	। । ।	ऽ । ऽ	। ऽ ऽ	कामदत्ता छंद	
पुनरि	दमाह	वचःप	रंमहा	त्मा	
। । ।	। ऽ ।	। ऽ ।	ऽ । ऽ	ऽ	अचला छंद

संधि–विग्रह.

इति	नतं	अवलोक्य	शिष्यवर्यं
इस प्रकार	नत मस्तक हुए-	देख कर	श्रेष्ठ शिष्य को
समधिगतात्म-सुखं		प्रबुद्ध-तत्त्वम्	
समाधिगत आत्मसुख प्राप्त को-		ब्रह्म तत्त्व का ज्ञान पाए हुए-	
प्रमुदित-हृदयः	सः	देशिकेन्द्रः	
हृदय से प्रमुदित	वह	पथप्रदर्शक आध्यात्मिक गुरुश्री	
पुनः इदं आह वचः परं महात्मा			
महात्मा फिर से यह परम वचन बोले			

523. ब्रह्मप्रत्ययसन्ततिर्जगदतो ब्रह्मैव तत्सर्वतः
पश्याध्यात्मदृशा प्रशान्तमनसा सर्वास्ववस्थास्वपि ।
रूपादन्यदवेक्षितं किमभितश्चक्षुष्मतां दृश्यते
तद्वद्ब्रह्मविदः सतः किमपरं बुद्धेर्विहारास्पदम् ।।

शार्दूलविक्रीडित छंद : (म स ज स त त ग)

ब्रह्मप्र	त्ययस	न्ततिर्ज	गदतो	ब्रह्मैव	तत्सर्व	तः
ऽ ऽ ऽ	। । ऽ	। ऽ ।	। । ऽ	ऽ ऽ ।	ऽ ऽ ।	ऽ
पश्याध्या	त्मदृशा	प्रशान्त	मनसा	सर्वास्व	वस्थास्व	पि
ऽ ऽ ऽ	। । ऽ	। ऽ ।	। । ऽ	ऽ ऽ ।	ऽ ऽ ।	ऽ *
रूपाद	न्यदवे	क्षितंकि	मभित	श्चक्षुष्म	तांदृश्य	ते
ऽ ऽ ऽ	। । ऽ	। ऽ ।	। । ऽ	ऽ ऽ ।	ऽ ऽ ।	ऽ
तद्वद्ब्र	ह्मविदः	सतःकि	मपरं	बुद्धेर्वि	हारास्प	दम्
ऽ ऽ ऽ	। । ऽ	। ऽ ।	। । ऽ	ऽ ऽ ।	ऽ ऽ ।	ऽ

* चरण की अंतिम लघु मात्रा दीर्घ मानी गई है.

संधि–विग्रह.

ब्रह्म-प्रत्यय-सन्ततिः	जगत्	अतः	ब्रह्म	एव	तत्	सर्वतः
ब्रह्मप्रतीति का स्रोत	विश्व	अतः	ब्रह्म	ही	वह	सर्वत्र

पश्य	अध्यात्मदृशा	प्रशान्त-मनसा	सर्वासु अवस्थासु अपि
देखो	अध्यात्म दृष्टि से	प्रशांत मन से	सभी अवस्थाओं में

रूपात्	अन्यत्	अवेक्षितं	किं	अभितः	चक्षुष्मतां	दृश्यते
रूप से	भिन्न	देखा	क्या	समक्ष	दृष्टियुक्त मनुष्य को	दिखता

तद्वत्	ब्रह्मविदः	सतः	किं	अपरं	बुद्धेः	विहारास्पदम्
वैसा	ब्रह्मज्ञानी	ब्रह्म का	क्या	भिन्न	बुद्धि का	विहार योग्य स्थान

524. कस्तां परानन्दरसानुभूतिमुत्सृज्य शून्येषु रमेत विद्वान् ।
चन्द्रे महाल्हादिनि दीप्यमाने चित्रेन्दुमालोकयितुं क इच्छेत् ।।

उपजाति : उपेंद्रवज्रा-इंद्रवज्रा-इंद्रवज्रा-इंद्रवज्रा छंद

कस्तांप	रानन्द	रसानु	भूति		
। ऽ ।	ऽ ऽ ।	। ऽ ।	ऽ ऽ *	ज त ज ग ग	उपेंद्रवज्रा छंद
मुत्सृज्य	शून्येषु	रमेत	विद्वान्		
ऽ ऽ ।	ऽ ऽ ।	। ऽ ।	ऽ ऽ	त त ज ग ग	इंद्रवज्रा छंद
चन्द्रेम	हाल्हादि	निदीप्य	माने		
ऽ ऽ ।	ऽ ऽ ।	। ऽ ।	ऽ ऽ	त त ज ग ग	इंद्रवज्रा छंद
चित्रेन्दु	मालोक	यितुंक	इच्छेत्		
ऽ ऽ ।	ऽ ऽ ।	। ऽ ।	ऽ ऽ	त त ज ग ग	इंद्रवज्रा छंद

* चरण की अंतिम लघु मात्रा दीर्घ मानी गई है.

संधि–विग्रह.

कः	तां	परानन्द-रसानुभूतिं
कौन	उस-	परमानंद रसानुभूति को

उत्सृज्य	शून्येषु	रमेत	विद्वान्
छोड़ कर	कल्पित विषयों में	रममाण होगा	ज्ञानी मनुष्य

चन्द्रे महाल्हादिनि	दीप्यमाने
–अत्यंत आनंद देने वाले चंद्र प्रकाश में	दीप्तिमान–

चित्रेन्दुं	आलोकयितुं	कः	इच्छेत्
चंद्र के चित्र को	देखने के लिए	कौन	इच्छा करे

525. असत्पदार्थानुभवेन किंचिन्न ह्यस्ति तृप्तिर्न च दुःखहानिः ।
तदद्वयानन्दरसानुभूत्या तृप्तः सुखं तिष्ठ सदात्मनिष्ठया ।।

उपजाति : उपेंद्रवज्रा-इंद्रवज्रा-उपेंद्रवज्रा-वंशस्थ छंद

असत्प	दार्थानु	भवेन	किंचित्		
। ऽ ।	ऽ ऽ ।	। ऽ ।	ऽ ऽ	ज त ज ग ग	उपेंद्रवज्रा छंद
नह्यस्ति	तृप्तिर्न	चदुःख	हानिः		
ऽ ऽ ।	ऽ ऽ ।	। ऽ ।	ऽ ऽ	त त ज ग ग	इंद्रद्रवज्रा छंद
तदद्व	यानन्द	रसानु	भूत्या		
। ऽ ।	ऽ ऽ ।	। ऽ ।	ऽ ऽ	ज त ज ग ग	उपेंद्रवज्रा छंद
तृप्तःसु	खंतिष्ठ	सदात्म	निष्ठया		
। ऽ ।	ऽ ऽ ।	। ऽ ।	ऽ । ऽ	ज त ज र	वंशस्थ छंद

संधि–विग्रह.

असत्	पदार्थानुभवेन	किंचित्
मिथ्या	वस्तु के अनुभव से	जरा भी

न	हि	अस्ति	तृप्तिः	न	च	दुःख-हानिः
नहीं	भी	है	तृप्ति	नहीं	और	दुःख हानि

तत्	अद्वयानन्द-रसानुभूत्या
वह	अद्वैत के आनंद रस के अनुभव से

तृप्तः	सुखं	तिष्ठ	सदात्म-निष्ठया
तृप्त	सुख पूर्वक	रहो	अद्वैतनिष्ठा से

526. स्वमेव सर्वथा पश्यन्मन्यमानः स्वमद्वयम् ।
स्वानन्दमनुभुञ्जानः कालं नय महामते ।।

अनुष्टुभ् श्लोक छंद

स्वमेव	सर्वथा	पश्यन्	
। ऽ ।	ऽ । ऽ	ऽ ऽ	जरगग, यशस्करी छंद
मन्यमा	नःस्वम	द्वयम्	
ऽ । ऽ	ऽ । ऽ	। ऽ	ररलग, हेमरूप छंद
स्वानन्द	मनुभु	ञ्जानः	

ऽ ऽ ।	। । ऽ	ऽ ऽ	तसगग, श्यामा छंद
कालंन	यमहा	मते	
ऽ ऽ ।	। । ऽ	। ऽ	तसलग, अपरिचित छंद

संधि–विग्रह.

स्वं	एव	सर्वथा	पश्यन्	मन्यमानः	स्वं	अद्वयम्
अपने आप को	ही	सबविध	देखते हुए	मानने वाला	अपने को	अद्वैत

स्वानन्दं	अनुभुञ्जानः	कालं	नय	महामते
आत्मानंद को	अनुभूति प्राप्त	काल	व्यतीत करो	हे महामति!

527. अखण्डबोधात्मनि निर्विकल्पे विकल्पनं व्योम्नि पुरप्रकल्पनम् ।
तदद्वयानन्दमयात्मना सदा शान्तिं परामेत्य भजस्व मौनम् ।।

उपजाति : उपेंद्रवज्रा-वंशस्थ-वंशस्थ-इंद्रवज्रा छंद

अखण्ड	बोधात्म	निनिर्वि	कल्पे		
। ऽ ।	ऽ ऽ ।	। ऽ ।	ऽ ऽ	ज त ज ग ग	उपेंद्रवज्रा छंद
विकल्प	नंव्योम्नि	पुरप्र	कल्पनम्		
। ऽ ।	ऽ ऽ ।	। ऽ ।	ऽ । ऽ	ज त ज र	वंशस्थ छंद
तदद्व	यानन्द	मयात्म	नासदा		
। ऽ ।	ऽ ऽ ।	। ऽ ।	ऽ । ऽ	ज त ज र	वंशस्थ छंद
शान्तिंप	रामेत्य	भजस्व	मौनम्		
ऽ ऽ ।	ऽ ऽ ।	। ऽ ।	ऽ ऽ	त त ज ग ग	इंद्रवज्रा छंद

संधि–विग्रह.

अखण्ड-बोधात्मनि	निर्विकल्पे
अखंड ज्ञान से समझा जाने वाले आत्मा में	निर्विकल्प में

विकल्पनं	व्योम्नि	पुरप्रकल्पनम्
विकल्प मानना	आकाश में	नगरी की कल्पना करना
तत्	अद्वयानन्दमयात्मना	सदा
वह	अद्वैत आनंद मय मन से	सदा

शान्तिं	पराम	एत्य	भजस्व	मौनम्
शांति	परम को	पा कर	चिंतन करो	मौन

528. तूष्णीमवस्था परमोपशान्तिर्बुद्धेरसत्कल्पविकल्पहेतोः ।
ब्रह्मात्मना ब्रह्मविदो महात्मनो यत्राद्वयानन्दसुखं निरन्तरम् ।।

उपजाति : इंद्रवज्रा- इंद्रवज्रा- इंद्रवंशा-इंद्रवंशा छंद

तूष्णीम	वस्थाप	रमोप	शान्तिः		
ऽ ऽ ।	ऽ ऽ ।	। ऽ ।	ऽ ऽ	त त ज ग ग	इंद्रवज्रा छंद
बुद्धेर	सत्कल्प	विकल्प	हेतोः		
ऽ ऽ ।	ऽ ऽ ।	। ऽ ।	ऽ ऽ	त त ज ग ग	इंद्रवज्रा छंद
ब्रह्मात्म	नाब्रह्म	विदोम	हात्मनो		
ऽ ऽ ।	ऽ ऽ ।	। ऽ ।	ऽ । ऽ	त त ज र	इंद्रवंशा छंद
यत्राद्व	यानन्द	सुखंनि	रन्तरम्		
ऽ ऽ ।	ऽ ऽ ।	। ऽ ।	ऽ । ऽ	त त ज र	इंद्रवंशा छंद

संधि-विग्रह.

तूष्णीं	अवस्था	परमा	उपशान्तिः
मौन	अवस्था	परम	विराम

बुद्धेः	असत्कल्प-विकल्प-हेतोः
बुद्धि के	मिथ्या कल्प-विकल्प हेतु का

ब्रह्मात्मना	ब्रह्मविदः	महात्मनः
आत्मा द्वारा	ब्रह्मज्ञानी-	महात्मा का
यत्र	अद्वयानन्द-सुखं	निरन्तरम्
जिस अवस्था में	अद्वैत के आनंद का सुख	निरंतर

529. नास्ति निर्वासनान्मौनात्परं सुखकृदुत्तमम् ।
विज्ञातात्मस्वरूपस्य स्वानन्दरसपायिनः ।।

अनुष्टुभ् श्लोक छंद

नास्तिनि	र्वासना	न्मौनात्	
ऽ । ऽ	ऽ । ऽ	ऽ ऽ	ररगग, पद्ममाला छंद
परंसु	खकृदु	त्तमम्	
। ऽ ।	। । ऽ	। ऽ	जसलग, अपरिचित छंद
विज्ञाता	त्मस्वरू	पस्य	
ऽ ऽ ऽ	ऽ । ऽ	ऽ ऽ	मरगग, मधुमालती छंद

स्वानन्द	रसपा	यिनः	
ऽ ऽ ।	। । ऽ	। ऽ	तसलग, अपरिचित छंद

संधि-विग्रह.

नास्ति	निर्वासनात्	मौनात्	परं	सुखकृत्	उत्तमम्
नहीं है	वासनारहित-	मौन से	अन्य	सुखद	उत्तम
विज्ञातात्म-स्वरूपस्य			स्वानन्द-रस-पायिनः		
आत्मतत्त्व स्वरूप का			आत्मानंद के रस पान करने वाले का		

530. गच्छंस्तिष्ठन्नुपविशञ्छयानो वान्यथापि वा।
यथेच्छया वेसेद्विद्वानात्मारामः सदा मुनिः ।।

अनुष्टुभ् छंद

गच्छंस्ति	ष्ठन्नुप	विश	
ऽ ऽ ऽ	ऽ । ।	। ऽ	मभलग, अतिजनी छंद
ञ्छयानो	वान्यथा	पिवा	
। ऽ ऽ	ऽ । ऽ	। ऽ	यरलग, भाषा छंद
यथेच्छ	यावेसे	द्विद्वा	
। ऽ ।	ऽ ऽ ऽ	ऽ ऽ	जमगग, हाकली छंद
नात्मारा	मःसदा	मुनिः	
ऽ ऽ ऽ	ऽ । ऽ	। ऽ	मरलग, क्षमा छंद

पाद टिप्पणी :

इस अनुष्टुभ् छंद के विषम चरण 1 में पहले चार अक्षरों के बाद य गण (। ऽ ऽ) के स्थान पर न (। । ।) गण और विषम चरण 3 में प्रथम चार अक्षरों के बाद म (ऽ ऽ ऽ) गण आने के कारण – सम चरण 2 और 4 में प्रथम चार अक्षरों के पश्चात् ज (। ऽ ।) गण आ कर भी इस चार चरणों के पद्य में श्लोक छंद सिद्ध नहीं हुआ है.

संधि-विग्रह.

गच्छन्	स्तिष्ठम्	उपविशन्	शयानः	वा	अन्यथा	अपि	वा
जाते-	उठते-	बैठते-	सोते-	या	अन्यथा	भी	अथवा

यथा	इच्छया	वसेत्	विद्वान्	आत्मारामः	सदा	मुनिः
जैसे	स्वेच्छा से	रहे	ज्ञानी	आत्मतृप्त	सदा	योगी

531. न देशकालासनदिग्यमादिलक्ष्याद्यपेक्षाप्रतिबद्धवृत्तेः ।
संसिद्धतत्त्वस्य महात्मनोऽस्ति स्ववेदने का नियमाद्यवस्था ।।

उपजाति : उपेंद्रवज्रा-इंद्रवज्रा-इंद्रवज्रा-उपेंद्रवज्रा छंद

नदेश	कालास	नदिग्य	मादि		
। ऽ ।	ऽ ऽ ।	। ऽ ।	ऽ ऽ *	ज त ज ग ग	उपेंद्रवज्रा छंद
लक्ष्याद्य	पेक्षाप्र	तिबद्ध	वृत्तेः		
ऽ ऽ ।	ऽ ऽ ।	। ऽ ।	ऽ ऽ	त त ज ग ग	इंद्रवज्रा छंद
संसिद्ध	तत्त्वस्य	महात्म	नोस्ति		
ऽ ऽ ।	ऽ ऽ ।	। ऽ ।	ऽ ऽ *	त त ज ग ग	इंद्रवज्रा छंद
स्ववेद	नेकानि	यमाद्य	वस्था		
। ऽ ।	ऽ ऽ ।	। ऽ ।	ऽ ऽ	ज त ज ग ग	उपेंद्रवज्रा छंद

* चरण की अंतिम लघु मात्रा दीर्घ मानी गई है.

संधि–विग्रह.

न	देश-कालासन-दिग्यमादि-
नहीं	देश काल अवस्था दिशा यम आदि

लक्ष्याद्यपेक्षा	अ-प्रतिबद्ध-वृत्तेः
लक्ष्य आदि की अपेक्षा	प्रतिबद्ध रहित वृत्ति का

संसिद्ध-तत्त्वस्य	महात्मनः	अस्ति
स्वयं सिद्ध तत्त्व के	ज्ञानी का	है

स्ववेदने	का	नियमाद्यवस्था
आत्म निवेदन के लिए	कौनसी	नियम की व्यवस्था

532. घटोऽयमिति विज्ञातुं नियमः कोऽन्ववेक्षते ।
विना प्रमाणसुष्ठुत्वं यस्मिन्सति पदार्थधीः ।।

अनुष्टुभ् श्लोक छंद

घटोय	मितिवि	ज्ञातुं	
। ऽ ।	। । ऽ	ऽ ऽ	जसगग, भांर्गी छंद
नियमः	कोन्ववे	क्षते	
। । ऽ	ऽ । ऽ	। ऽ	सरलग, शलुकलुप्ता छंद
विनाप्र	माणसु	ष्ठुत्वं	

। ऽ ऽ	ऽ । ऽ	ऽ ऽ	यरगग, कुलाधारी छंद
यस्मिन्स	तिपदा	र्थधीः	
ऽ ऽ ।	। । ऽ	। ऽ	तसलग, अपरिचित छंद

घटः	अयं	इति विज्ञातुं	नियमः	कः	नु	अवेक्षते
घट	यह	ऐसा समझने के लिए	नियम	कौनसा	भला	देखा जाता है

विना	प्रमाण-सुष्ठुत्वं	यस्मिन्	सति	पदार्थधीः
बिना	योग्य प्रमाण	जिसमें	होने से	वस्तुज्ञान

533. अयमात्मा नित्यसिद्धः प्रमाणे सति भासते ।
न देशं नापि कालं न शुद्धिं वाप्यपेक्षते ।।

अनुष्टुभ् छंद

अयमा	त्मानित्य	सिद्धः	
। । ऽ	ऽ ऽ ।	ऽ ऽ	सतगग, कौचमार छंद
प्रमाणे	सतिभा	सते	
। ऽ ऽ	। । ऽ	। ऽ	यसलग, अपरिचित छंद
नदेशं	नापिवा	कालं	
। ऽ ऽ	ऽ । ऽ	ऽ ऽ	यरगग, कुलाधारी छंद
नशुद्धिं	वाप्यपे	क्षते	
। ऽ ऽ	ऽ । ऽ	। ऽ	तरलग, नाराचक छंद

पाद टिप्पणी :

इस अनुष्टुभ् छंद के विषम चरण 1 में पहले चार अक्षरों के बाद य गण (। ऽ ऽ) के स्थान पर र (ऽ । ऽ) गण आने के कारण – विषम चरण 3 में प्रथम चार अक्षरों के पश्चात् य गण (। ऽ ऽ) गण और सम चरण 2 और 4 में प्रथम चार अक्षरों के पश्चात् ज (। ऽ ।) गण आ कर भी इस चार चरणों के पद्य में श्लोक छंद सिद्ध नहीं हुआ है.

संधि-विग्रह.

अयं	आत्मा	नित्यसिद्धः	प्रमाणे	सति	भासते
यह	आत्मा	शाश्वत	प्रमाण	होने से	प्रतीत होता है

न	देशं	न	अपि	कालं	न	शुद्धिं	वा	अपि	अपेक्षते
नहीं	देश	नहीं	भी	काल	नहीं	पवित्रता	या	भी	अपेक्षा करते

534. देवदत्तोऽहमित्येतद्विज्ञानं निरपेक्षकम् ।
तद्वद्ब्रह्मविदोऽप्यस्य ब्रह्माहमिति वेदनम् ।।

अनुष्टुभ् श्लोक छंद

देवद	त्तोहमि	त्येतत्	
ऽ । ऽ	ऽ । ऽ	ऽ ऽ	ररगग, पद्ममाला छंद
विज्ञानं	निरपे	क्षकम्	
ऽ ऽ ऽ	। । ऽ	। ऽ	मसलग, अपरिचित छंद
तद्वद्ब्र	ह्मविदो	प्यस्य	
ऽ ऽ ऽ	। । ऽ	ऽ ऽ	मसगग, वक्त्र छंद
ब्रह्माह	मितिवे	दनम्	
ऽ ऽ ।	। । ऽ	। ऽ	तसलग, अपरिचित छंद

संधि-विग्रह.

देवदत्तः	अहं	इति	एतद्	विज्ञानं	निरपेक्षकम्
देवदत्त	मैं	ऐसा	यह	विज्ञान	निरपेक्ष है

तद्वत्	ब्रह्मविदः	अपि	अस्य	ब्रह्म	अहं	इति	वेदनम्
वैसा	ब्रह्मज्ञानी	भी	इसका	ब्रह्म	मैं हूँ	यह	ज्ञान

535. भानुनेव जगत्सर्वं भासते यस्य तेजसा ।
अनात्मकमसत्तुच्छं किं नु तस्यावभासकम् ।।

अनुष्टुभ् श्लोक छंद

भानुने	वजग	त्सर्वं	
ऽ । ऽ	। । ऽ	ऽ ऽ	रसगग, गाथ छंद
भासते	यस्यते	जसा	
ऽ । ऽ	ऽ । ऽ	। ऽ	ररलग, हेमरूप छंद
अनात्म	कमस	त्तुच्छं	
। ऽ ।	। । ऽ	ऽ ऽ	जसगग, भार्गी छंद
किंनुत	स्यावभा	सकम्	
ऽ । ऽ	ऽ । ऽ	। ऽ	ररलग, हेमरूप छंद

संधि-विग्रह.

भानुना	इव	जगत्सर्वं	भासते	यस्य	तेजसा
सूर्य से	जैसे	सब विश्व	प्रकाशित होता है	जिसके	तेज से

अनात्मकं	असत्	तुच्छं	किं नु	तस्य	अवभासकम्
आत्मा से भिन्न	मिथ्या	अगण्य	क्या	उसका	दृष्ट करने वाला

536. वेदशास्त्रपुराणानि भूतानि सकलान्यपि ।
येनार्थवन्ति तं किन्नु विज्ञातारं प्रकाशयेत् ।।

अनुष्टुभ् श्लोक छंद

वेदशा	स्त्रपुरा	णानि	
ऽ । ऽ	। । ऽ	ऽ ।	रसगल, गाथ छंद
भूतानि	सकला	न्यपि	
ऽ ऽ ।	। । ऽ	। ऽ *	तसलग, अपरिचित छंद
येनार्थ	वन्तितं	किन्नु	
ऽ ऽ ।	ऽ । ऽ	ऽ ।	तरगल, विभा छंद
विज्ञाता	रंप्रका	शयेत्	
ऽ ऽ ऽ	ऽ । ऽ	। ऽ	मरलग, क्षमा छंद

* चरण की अंतिम लघु मात्रा दीर्घ मानी गई है.

वेद-शास्त्र-पुराणानि	भूतानि	सकलानि अपि
वेद शास्त्र पुराण	पंच महाभूत	सभी को

येन	अर्थवन्ति	तं	किं नु	विज्ञातारं	प्रकाशयेत्
जिससे	समर्थ होते हैं	उस-	कौन	ज्ञानदाता को	प्रकाशित कर सके

537. एष स्वयंज्योतिरनन्तशक्तिरात्माप्रमेयः सकलानुभूतिः ।
यमेव विज्ञाय विमुक्तबन्धो जयत्ययं ब्रह्मविदुत्तमोत्तमः ।।

उपजाति : इंद्रवज्रा- इंद्रवज्रा- उपेंद्रवज्रा- वंशस्थ छंद

एषस्व	यंज्योति	रनन्त	शक्तिः		
ऽ ऽ ।	ऽ ऽ ।	। ऽ ।	ऽ ऽ	त त ज ग ग	इंद्रवज्रा छंद
आत्माप्र	मेयःस	कलानु	भूतिः		
ऽ ऽ ।	ऽ ऽ ।	। ऽ ।	ऽ ऽ	त त ज ग ग	इंद्रवज्रा छंद

यमेव	विज्ञाय	विमुक्त	बन्धो		
। ऽ ।	ऽ ऽ ।	। ऽ ।	ऽ ऽ	ज त ज ग ग	उपेंद्रवज्रा छंद
जयत्य	यंब्रह्म	विदुत्त	मोत्तमः		
। ऽ ।	ऽ ऽ ।	। ऽ ।	ऽ । ऽ	ज त ज र	वंशस्थ छंद

संधि-विग्रह.

एषः	स्वयं-ज्योतिः	अनन्त-शक्तिः
यह	आत्मप्रकाश	असीम सामर्थ्य

आत्मा	अप्रमेयः	सकलानुभूतिः
आत्मा	प्रमाणातीत	सब ने अनुभव किया हुआ

यं	एव	विज्ञाय	विमुक्त-बन्धः
जिसको	ही	जानन कर	बंधनमुक्त मनुष्य

जयति	अयं	ब्रह्म-विदुत्तमोत्तमः
सफल होता है	यह	ब्रह्मज्ञानी

538. न खिद्यते नो विषयैः प्रमोदते न सज्जते नापि विरज्यते च ।
स्वस्मिन्सदा क्रीडति नन्दति स्वयं निरन्तरानन्दरसेन तृप्तः ।।

उपजाति : वंशस्थ-उपेंद्रवज्रा-इंद्रवंशा-उपेंद्रवज्रा छंद

नखिद्य	तेनोवि	षयैःप्र	मोदते		
। ऽ ।	ऽ ऽ ।	। ऽ ।	ऽ । ऽ	ज त ज र	वंशस्थ छंद
नसज्ज	तेनापि	विरज्य	तेच		
। ऽ ।	ऽ ऽ ।	। ऽ ।	ऽ ऽ *	ज त ज ग ग	उपेंद्रवज्रा छंद
स्वस्मिन्स	दाक्रीड	तिनन्द	तिस्वयं		
ऽ ऽ ।	ऽ ऽ ।	। ऽ ।	ऽ । ऽ	त त ज र	इंद्रवंशा छंद
निरन्त	रानन्द	रसेन	तृप्तः		
। ऽ ।	ऽ ऽ ।	। ऽ ।	ऽ ऽ	ज त ज ग ग	उपेंद्रवज्रा छंद

* चरण की अंतिम लघु मात्रा दीर्घ मानी गई है.

संधि-विग्रह.

न	खिद्यते	नो	विषयैः	प्रमोदते
नहीं	खेद पाता	नहीं	विषयों द्वारा	मुदित होता

न	सज्जते	न	अपि	विरज्यते	च
नहीं	आसक्त होता	नहीं	भी	उद्वेग पाता	और

स्वस्मिन्	सदा	क्रीडति	नन्दति	स्वयं
अपने आप में	सदा	रममाण होता है	आनंद पाता है	स्वयं

निरन्तरानन्द-रसेन	तृप्तः
निरंतर आनंद रस से	तृप्त

539. क्षुधां देहव्यथां त्यक्त्वा बालः क्रीडति वस्तुनिः ।
तथैव विद्वान्रमते निर्ममो निरहं सुखी ।।

अनुष्टुभ् छंद

क्षुधांदे	हव्यथां	त्यक्त्वा	
। ऽ ऽ	ऽ । ऽ	ऽ ऽ	यरगग, कुलाधारी छंद
बालःक्री	डतिव	स्तुनि	
ऽ ऽ ऽ	। । ऽ	। ऽ *	मसलग, अपरिचित छंद
तथैव	विद्वान्र	मते	
। ऽ ।	ऽ ऽ ।	। ऽ	जतलग, विता छंद
निर्ममो	निरहं	सुखी	
ऽ । ऽ	। । ऽ	। ऽ	रसलग, पथ्यावक्त्र छंद

* चरण की अंतिम लघु मात्रा दीर्घ मानी गई है.

पाद टिप्पणी :

इस अनुष्टुभ् छंद के विषम चरण 3 में पहले चार अक्षरों के बाद य गण (। ऽ ऽ) के स्थान पर भ (ऽ । ।) गण आने के कारण – विषम चरण 1 में प्रथम चार अक्षरों के पश्चात् य गण (। ऽ ऽ) गण और सम चरण 2 और 4 में प्रथम चार अक्षरों के पश्चात् ज (। ऽ ।) गण आ कर भी इस चार चरणों के पद्य में श्लोक छंद सिद्ध नहीं हुआ है.

संधि–विग्रह.

क्षुधां	देह-व्यथां	त्यक्त्वा	बालः	क्रीडति	वस्तुनिः
भूख	देह पीड़ा	छोड़ कर	बालक	खेलता है	खेल

तथैव	विद्वान्	रमते	निर्ममः	निरहं	सुखी
वैसे ही	ज्ञानी	रममाण होता है	निर्मम	निरहंकार	सुखी

540. चिन्ताशून्यमदैन्यभैक्षमशनं पानं सरिद्वारिषु

स्वातन्त्र्येण निरङ्कुशा स्थितिरभीर्निद्रा श्मशाने वने ।
वस्त्रं क्षालनशोषणादिरहितं दिग्वास्तु शय्या मही
संचारो निगमान्तवीथिषु विदां क्रीडा परे ब्रह्मणि ।।

शार्दूलविक्रीडित छंद : (म स ज स त त ग)

चिन्ताशू	न्यमदै	न्यभैक्ष	मशनं	पानंस	रिद्वारि	षु
ऽ ऽ ऽ	। । ऽ	। ऽ ।	। । ऽ	ऽ ऽ ।	ऽ ऽ ।	ऽ *
स्वातन्त्र्ये	णनिर	ङ्कुशास्थि	तिरभी	र्निद्राश्म	शानेव	ने
ऽ ऽ ऽ	। । ऽ	। ऽ ।	। । ऽ	ऽ ऽ ।	ऽ ऽ ।	ऽ
वस्त्रंक्षा	लनशो	षणादि	रहितं	दिग्वास्तु	शय्याम	ही
ऽ ऽ ऽ	। । ऽ	। ऽ ।	। । ऽ	ऽ ऽ ।	ऽ ऽ ।	ऽ
संचारो	निगमा	न्तवीथि	षुविदां	क्रीडाप	रेब्रह्म	णि
ऽ ऽ ऽ	। । ऽ	। ऽ ।	। । ऽ	ऽ ऽ ।	ऽ ऽ ।	ऽ *

* चरण की अंतिम लघु मात्रा दीर्घ मानी गई है.

संधि-विग्रह.

चिन्ताशून्यं	अमदैन्यभैक्षं	अशनं	पानं	सरिद्वारिषु
चिंता विरहित	बिना दैन्य मिली हुई भिक्षा	खाना	पीना	नदी के नीर पर

स्वातन्त्र्येण	निरङ्कुशा	स्थितिः	अभीः	निद्रा	श्मशाने	वने
स्वतंत्रता से	निरंकुश	स्थिति	निर्भय	निद्रा	स्मशान में	वन में

वस्त्रं	क्षालन-शोषणादि-रहितं	दिक्	वा	अस्तु	शय्या	मही
वस्त्र	धोना-सुखाना आदि के बिना	दिशा	या	हो	शैया	धरती

संचारः	निगमान्तवीथिषु	विदां	क्रीडा	परे ब्रह्मणि
विचरना	उपनिषद् रूप मार्ग पर	ज्ञानियों की	क्रीड़ा	परब्रह्म में

541. विमानमालम्ब्य शरीरमेतद्भुनक्त्यशेषान्विषयानुपस्थितान् ।
परेच्छया बालवदात्मवेत्ता योऽव्यक्तलिङ्गोऽननुषक्तबाह्यः ।।

उपजाति : उपेंद्रवज्रा-इंद्रवंशा-उपेंद्रवज्रा-इंद्रवज्रा छंद

विमान	मालम्ब्य	शरीर	मेतद्		
। ऽ ।	ऽ ऽ ।	। ऽ ।	ऽ ऽ	ज त ज ग ग	उपेंद्रवज्रा छंद
भुनक्त्य	शेषान्वि	षयानु	पस्थितान्		
ऽ ऽ ।	ऽ ऽ ।	। ऽ ।	ऽ । ऽ	त त ज र	इंद्रवंशा छंद

परेच्छ	याबाल	वदात्म	वेत्ता		
। ऽ ।	ऽ ऽ ।	। ऽ ।	ऽ ऽ	ज त ज ग ग	उपेंद्रवज्रा छंद
योव्यक्त	लिङ्गोन	नुषक्त	बाह्यः		
ऽ ऽ ।	ऽ ऽ ।	। ऽ ।	ऽ ऽ	त त ज ग ग	इंद्रवज्रा छंद

संधि–विग्रह.

विमानं	आलम्ब्य	शरीरं	एतद्
विमान को	आश्रय के लिए लेकर	शरीर	यह
भुनक्ति	अशेषान्	विषयान्	उपस्थितान्
उपभोग करता है	सर्व	विषयों को	उपस्थित

परेच्छया	बालवत्	आत्मवेत्ता
दूसरों की इच्छा से	बालक समान	आत्मज्ञानी
यः	अव्यक्तलिङ्गः	अनुषक्त-बाह्यः
जो	अप्रकट	बाह्य विषयों से अनासक्त

542. दिगम्बरो वापि च साम्बरो वा त्वगम्बरो वापि चिदम्बरस्थः ।
उन्मत्तवद्वापि च बालवद्वा पिशाचवद्वापि चरत्यवन्याम् ।।

उपजाति : उपेंद्रवज्रा-उपेंद्रवज्रा-इंद्रवज्रा-उपेंद्रवज्रा छंद

दिगम्ब	रोवापि	चसाम्ब	रोवा		
। ऽ ।	ऽ ऽ ।	। ऽ ।	ऽ ऽ	ज त ज ग ग	उपेंद्रवज्रा छंद
त्वगम्ब	रोवापि	चिदम्ब	रस्थः		
। ऽ ।	ऽ ऽ ।	। ऽ ।	ऽ ऽ	ज त ज ग ग	उपेंद्रवज्रा छंद
उन्मत्त	वद्वापि	चबाल	वद्वा		
ऽ ऽ ।	ऽ ऽ ।	। ऽ ।	ऽ ऽ	त त ज ग ग	इंद्रवज्रा छंद
पिशाच	वद्वापि	चरत्य	वन्याम्		
। ऽ ।	ऽ ऽ ।	। ऽ ।	ऽ ऽ	ज त ज ग ग	उपेंद्रवज्रा छंद

संधि–विग्रह.

दिगम्बरः	वा	अपि	च	साम्बरः	वा
वस्त्रहीन	अथवा	भी	और	स–वस्त्र	या

त्वगम्बरः	वा	अपि	चिदम्बरस्थः
चर्मवस्त्रधारी	अथवा	भी	चिदात्मधारी

उन्मत्तवत्	वा	अपि	च	बालवत्	वा
बावले के समान	या	भी	और	शिशु समान	अथवा

पिशाचवत्	वा	अपि	चरति	अवन्याम्
पिशाच समान	अथवा	भी	विचरता है	भूमि पर

543. कामान्निष्कामरूपी संश्चरत्येकचरो मुनिः।
स्वात्मनैव सदा तुष्टः स्वयं सर्वात्मना स्थितः ॥

अनुष्टुभ् श्लोक छंद

कामान्नि	ष्कामरू	पीसन्	
ऽ ऽ ऽ	ऽ । ऽ	ऽ ऽ	मरगग, मधुमालती छंद
चरत्ये	कचरो	मुनिः	
। ऽ ऽ	। । ऽ	। ऽ	यसलग, अपरिचित छंद
स्वात्मनै	वसदा	तुष्टः	
ऽ । ऽ	। । ऽ	ऽ ऽ	रसगग, गाथ छंद
स्वयंस	र्वात्मना	स्थितः	
। ऽ ऽ	ऽ । ऽ	। ऽ	यरलग, भाषा छंद

संधि-विग्रह.

कामान् निष्काम-रूपी	सन् चरति एकचरः	मुनिः
काम को निष्काम रूप	होकर अकेला फिरता है	योगी

स्वात्मना	एव	सदा	तुष्टः	स्वयं	सर्वात्मना	स्थितः
अपने आपसे	ही	सदा	संतुष्ट	स्वयं	स्वतः से	स्थित

544. क्वचिन्मूढो विद्वान्क्वचिदपि महाराजविभवः
क्वचिद्भ्रान्तः सौम्यः क्वचिदजगराचारकलितः ॥

शिखरिणी छंद : (य म न स भ ल ग)

क्वचित्पा	त्रीभूतः	क्वचिद	वमतः	क्वाप्यवि	दितः
। ऽ ऽ	ऽ ऽ ऽ	। । ।	। । ऽ	ऽ । ।	। ऽ
चरत्ये	वंप्राज्ञः	सतत	परमा	नन्दसु	खितः
। ऽ ऽ	ऽ ऽ ऽ	। । ।	। । ऽ	ऽ । ।	। ऽ

क्वचित्	मूढः	विद्वान्	क्वचित्	अपि	महाराज-विभवः
कभी	विमूढ़	ज्ञानी	कभी	भी	सम्राट

क्वचित्	भ्रान्तः	सौम्यः	क्वचित्	अजगराचार-कलितः
कभी	भ्रांत	सौम्य	कभी	अजगर वृत्ति के समान

545. निर्धनोऽपि सदा तुष्टोऽप्यसहायो महाबलः ।
नित्यतृप्तोऽप्यभुञ्जानोऽप्यसमः समदर्शनः ॥

अनुष्टुभ् श्लोक छंद

निर्धनो	पिसदा	तुष्टो	
ऽ । ऽ	। । ऽ	ऽ ऽ	रसगग, गाथ छंद
प्यसहा	योमहा	बलः	
। । ऽ	ऽ । ऽ	। ऽ	सरलग, शलुकलुप्ता छंद
नित्यतृ	प्तोप्यभु	ञ्जानो	
ऽ । ऽ	ऽ । ऽ	ऽ ऽ	ररगग, पद्ममाला छंद
प्यसमः	समद	र्शनः	
। । ऽ	। । ऽ	। ऽ	ससलग, मही छंद

संधि-विग्रह.

निर्धनः	अपि	सदा	तुष्टः	अपि	असहायः	महाबलः
निर्धन	भी	सदा	संतुष्ट	भी	असहाय	महाबली

नित्य-तृप्तः	अपि	अभुञ्जानः	अपि	असमः	समदर्शनः
सदा तृप्त	भी	विरक्त	भी	बेजोड़	सम दृष्टि वाला

546. अपि कुर्वन्नकुर्वाणश्चाभोक्ता फलभोग्यपि ।
शरीर्यप्यशरीर्येष परिच्छिन्नोऽपि सर्वगः ॥

अनुष्टुभ् श्लोक छंद

अपिकु	र्वन्नकु	र्वाण	
। । ऽ	ऽ । ऽ	ऽ ऽ	सरगग, परिधारा छंद
श्चाभोक्ता	फलभो	ग्यपि	
ऽ ऽ ऽ	। । ऽ	। ऽ *	मसलग, अपरिचित छंद

शरीर्य	प्यशरी	र्येष	
। ऽ ऽ	। । ऽ	ऽ ।	यसगल, मनोला छंद
परिच्छि	न्नोपिस	र्वगः	
। ऽ ऽ	ऽ । ऽ	। ऽ	यरलग, भाषा छंद

* चरण की अंतिम लघु मात्रा दीर्घ मानी गई है.

अपि	कुर्वन्	अकुर्वाणः	च	अभोक्ता	फल-भोगी	अपि
भी	करते हुए	न करते हुए	और	त्यागी	फल भोगी	भी

शरीरी	अपि	अशरीरी	एषः	परिच्छिन्नः	अपि	सर्वगः
देहधारी	भी	देह संबंध शून्य	यह	सीमाबद्ध	भी	सर्वगामी

547. अशरीरं सदा सन्तमिमं ब्रह्मविदं क्वचित् ।
प्रियाप्रिये न स्पृशतस्तथैव च शुभाशुभे ।।

अनुष्टुभ् छंद

अशरी	रंसदा	सन्त	
। । ऽ	ऽ । ऽ	ऽ ।	सरगल, सुविलासा छंद
मिमंब्र	ह्मविदं	क्वचित्	
। ऽ ऽ	ऽ । ऽ	। ऽ	यरलग, भाषा छंद
प्रियाप्रि	येनस्पृ	शत	
। ऽ ।	ऽ ऽ ।	। ऽ	जतलग, विता छंद
स्तथैव	चशुभा	शुभे	
। ऽ ।	। । ऽ	। ऽ	जसलग, अपरिचित छंद

पाद टिप्पणी :

इस अनुष्टुभ् छंद के विषम चरण 3 में पहले चार अक्षरों के बाद य गण (। ऽ ऽ) के स्थान पर भ (ऽ । ।) गण आने के कारण – विषम चरण 1 में प्रथम चार अक्षरों के पश्चात् य गण (। ऽ ऽ) गण और सम चरण 2 और 4 में प्रथम चार अक्षरों के पश्चात् ज (। ऽ ।) गण आ कर भी इस चर चरणों के पद्य में श्लोक छंद सिद्ध नहीं हुआ है.

संधि–विग्रह.

अशरीरं	सदा सन्तं	इमं	ब्रह्म-विदं	क्वचित्
देह निराभिमानी	सदा विद्यमान	इस-	ब्रह्मज्ञानी को	कभी

प्रियाप्रिये	न	स्पृशतः	तथैव	च	शुभा-शुभे
प्रिय–अप्रिय में	नहीं	संबंध	तथा ही	और	शुभ–अशुभ में

548. स्थूलादिसंबन्धवतोऽभिमानिनः सुखं च दुःखं च शुभाशुभे च ।
विध्वस्तबन्धस्य सदात्मनो मुनेः कुतः शुभं वाप्यशुभं फलं वा ।।

उपजाति : इंद्रवंशा-उपेंद्रवज्रा-इंद्रवंशा-उपेंद्रवज्रा छंद

स्थूलादि	सम्बन्ध	वतोभि	मानिनः		
ऽ ऽ ।	ऽ ऽ ।	। ऽ ।	ऽ । ऽ	त त ज र	इंद्रवंशा छंद
सुखंच	दुःखंच	शुभाशु	भेच		
। ऽ ।	ऽ ऽ ।	। ऽ ।	ऽ ऽ *	ज त ज ग ग	उपेंद्रवज्रा छंद
विध्वस्त	बन्धस्य	सदात्म	नोमुनेः		
ऽ ऽ ।	ऽ ऽ ।	। ऽ ।	ऽ । ऽ	त त ज र	इंद्रवंशा छंद
कुतःशु	भंवाप्य	शुभंफ	लंवा		
। ऽ ।	ऽ ऽ ।	। ऽ ।	ऽ ऽ	ज त ज ग ग	उपेंद्रवज्रा छंद

* चरण की अंतिम लघु मात्रा दीर्घ मानी गई है.

स्थूलादि-संबन्धवतः	अभिमानिनः
स्थूल देहादि से संबंधित	अभिमानी का

सुखं	च	दुःखं	च	शुभाशुभे	च
सुख	और	दुख	और	शूभ–अशुभ में	और

विध्वस्त-बन्धस्य	सदात्मनः	मुनेः
बंधनमुक्त–	सदात्मा–	योगी का

कुतः	शुभं	वा	अपि	अशुभं	फलं	वा
कहाँ से	शुभ	या	भी	अशुभ	फल	अथवा

549. तमसा ग्रस्तवद्भानादग्रस्तोऽपि रविर्जनैः ।
ग्रस्त इत्युच्यते भ्रान्त्या ह्यज्ञात्वा वस्तुलक्षणम् ।।

अनुष्टुभ् श्लोक छंद

तमसा	ग्रस्तव	द्भाना	
। । ऽ	ऽ । ऽ	ऽ ऽ	सरगग, परिधारा छंद
दग्रस्तो	पिरवि	र्जनैः	
ऽ ऽ ऽ	। । ऽ	। ऽ	मसलग, अपरिचित छंद

ग्रस्तइ	त्युच्यते	भ्रान्त्या	
ऽ । ऽ	ऽ । ऽ	ऽ ऽ	ररगग, पद्ममाला छंद
ह्यज्ञात्वा	वस्तुल	क्षणम्	
ऽ ऽ ऽ	ऽ । ऽ	। ऽ	मरलग, क्षमा छंद

संधि-विग्रह.

तमसा	ग्रस्तवत्	भानात्	अग्रस्तः	अपि	रविः	जनैः
अंधकार से	ढके जैसे	आभास से	न ढका हुआ	भी	सूर्य	लोगों द्वारा

ग्रस्तः	इत्युच्यते	भ्रान्त्या	हि	अज्ञात्वा	वस्तु-लक्षणम्
ढका	कहा जाता है	भ्रम के कारण	ही	न जान कर	वस्तु स्वरूप

550. तद्वद्देहादिबन्धेभ्यो विमुक्तं ब्रह्मवित्तमम् ।
पश्यन्ति देहिवन्मूढाः शरीराभासदर्शनात् ।।

अनुष्टुभ् श्लोक छंद

तद्वद्दे	हादिब	न्धेभ्यो	
ऽ ऽ ऽ	ऽ । ऽ	ऽ ऽ	मरगग, मधुमालती छंद
विमुक्तं	ब्रह्मवि	त्तमम्	
। ऽ ऽ	ऽ । ऽ	। ऽ	यरलग, भाषा छंद
पश्यन्ति	देहिव	न्मूढाः	
ऽ ऽ ।	ऽ । ऽ	ऽ ऽ	तरगग, विभा छंद
शरीरा	भासद	र्शनात्	
। ऽ ऽ	ऽ । ऽ	। ऽ	यरलग, भाषा छंद

संधि-विग्रह.

तद्वत्	देहादि-बन्धेभ्यः	विमुक्तं	ब्रह्म-वित्तमं
उसी प्रकार से	देहादि बंधन से	विमुक्त	ब्रह्मज्ञानी को

पश्यन्ति	देहिवत्	मूढाः	शरीराभास-दर्शनात्
देखते हैं	देहधारी समान	मूढ़ लोग	शरीर के आभास से

551. अहिर्निर्ल्वयनीं वायं मुक्त्वा देहं तु तिष्ठति ।
इतस्ततश्चाल्यमानो यत्किंचित्प्राणवायुना ।।

अनुष्टुभ् छंद

अहिर्नि	र्ल्वयनीं	वायं	
। ऽ ऽ	ऽ । ऽ	ऽ ऽ	यरगग, कुलाधारी छंद
मुक्त्वादे	हंतुति	ष्ठति	
ऽ ऽ ऽ	ऽ । ऽ	। ऽ *	मरलग, क्षमा छंद
इतस्त	तश्चाल्य	मानो	
। ऽ ।	ऽ ऽ ।	ऽ ऽ	जतगग, वारिशाला छंद
यत्किंचि	त्प्राणवा	युना	
ऽ ऽ ऽ	ऽ । ऽ	। ऽ	मरलग, क्षमा छंद

* चरण की अंतिम लघु मात्रा दीर्घ मानी गई है.

पाद टिप्पणी :

इस अनुष्टुभ् छंद के विषम चरण 3 में पहले चार अक्षरों के बाद य गण (। ऽ ऽ) के स्थान पर र (ऽ । ऽ) गण आने के कारण – विषम चरण 1 में प्रथम चार अक्षरों के पश्चात् य गण (। ऽ ऽ) गण और सम चरण 2 और 4 में प्रथम चार अक्षरों के पश्चात् ज (। ऽ ।) गण आ कर भी इस चार चरणों के पद्य में श्लोक छंद सिद्ध नहीं हुआ है.

अहिः	निर्ल्वयनीं	वा	अयं	मुक्त्वा	देहं	तु	तिष्ठति
सर्प की	केंचुली	या	यह	छोड़ कर	देह	भी	रहता है

इतः ततः	चाल्यमानः	यत्	किञ्चित्	प्राणवायुना
इधर उधर	हिलने वाला	जो	कुछ	प्राणवायु से

552. स्त्रोतसा नीयते दारु यथा निम्नोन्नतस्थलम् ।
दैवेन नीयते देहो यथाकालोपभुक्तिषु ।।

अनुष्टुभ् श्लोक छंद

स्त्रोतसा	नीयते	दारु	
ऽ । ऽ	ऽ । ऽ	ऽ ।	ररगल, लक्ष्मी छंद
यथानि	म्नोन्नत	स्थलम	
। ऽ ऽ	ऽ । ऽ	। ऽ	यरलग, भाषा छंद
दैवेन	नीयते	देहो	
ऽ ऽ ।	ऽ । ऽ	ऽ ऽ	तरगग, विभा छंद

यथाका	लोपभु	क्तिषु	
। ऽ ऽ	ऽ । ऽ	। ऽ *	यरलग, भाषा छंद

* चरण की अंतिम लघु मात्रा दीर्घ मानी गई है.

संधि-विग्रह.

स्त्रोतसा	नीयते	दारु	यथा	निम्नोन्नत-स्थलम्
पानी के प्रवाह से	बहाया जाता	काष्ठ	जैसे	नीचे वाले स्थान को
दैवेन	नीयते	देहः	यथा	कालोपभुक्तिषु
दैव से	ले जाया जाता	देह	जैसे	प्रारब्ध के अनुसार

553. प्रारब्धकर्मपरिकल्पितवासनाभिः संसारिवच्चरति भुक्तिषु मुक्तदेहः ।
सिद्धः स्वयं वसति साक्षिवदत्र तूष्णीं चक्रस्य मूलमिव कल्पविकल्पशून्यः ।।

वसंततिलका छंद : (त भ ज ज ग ग)

प्रारब्ध	कर्मप	रिकल्पि	तवास	नाभिः
ऽ ऽ ।	ऽ । ।	। ऽ ।	। ऽ ।	ऽ ऽ
संसारि	वच्चर	तिभुक्ति	षुमुक्त	देहः
ऽ ऽ ।	ऽ । ।	। ऽ ।	। ऽ ।	ऽ ऽ
सिद्धःस्व	यंवस	तिसाक्षि	वदत्र	तूष्णीं
ऽ ऽ ।	ऽ । ।	। ऽ ।	। ऽ ।	ऽ ऽ
चक्रस्य	मूलमि	वकल्प	विकल्प	शून्यः
ऽ ऽ ।	ऽ । ।	। ऽ ।	। ऽ ।	ऽ ऽ

संधि-विग्रह.

प्रारब्धकर्म-परिकल्पित-वासनाभिः			
वासना और कर्मफलों के अनुसार प्रारब्ध के योग से			
संसारिवत्	चरति	भुक्तिषु	मुक्तदेहः
संसारी समान	प्रवृत्त होता है	उपभोग में	मुक्त पुरुष

सिद्धः	स्वयं	वसति	साक्षिवत्	अत्र	तूष्णीं
सिद्ध	स्वयं	रहता है	साक्षी समान	यहाँ देह में	स्वस्थ

चक्रस्य	मूलं	इव	कल्प-विकल्प-शून्यः
चक्र के	मूल	के समान	बिना कल्प विकल्प

554. नैवेन्द्रियाणि विषयेषु नियुङ्क्त एष नैवापयुङ्क्त उपदर्शनलक्षणस्थः ।
नैव क्रियाफलमपीषदवेक्षते स स्वानन्दसान्द्ररसपानसुमत्तचित्तः ।।

वसंततिलका छंद : (त भ ज ज ग ग)

नैवेन्द्रि	याणिवि	षयेषु	नियुङ्क्त	एष
ऽ ऽ ।	ऽ । ।	। ऽ ।	। ऽ ।	ऽ ऽ
नैवाप	युङ्क्तउ	पदर्श	नलक्ष	णस्थः
ऽ ऽ ।	ऽ । ।	। ऽ ।	। ऽ ।	ऽ ऽ
नैवक्रि	याफल	मपीष	दवेक्ष	तेस
ऽ ऽ ।	ऽ । ।	। ऽ ।	। ऽ ।	ऽ ऽ *
स्वानन्द	सान्द्रर	सपान	सुमत्त	चित्तः
ऽ ऽ ।	ऽ । ।	। ऽ ।	। ऽ ।	ऽ ऽ

* चरण की अंतिम लघु मात्रा दीर्घ मानी गई है.

न	एव	इन्द्रियाणि	विषयेषु	नियुङ्क्ते	एषः
न	ही	इंद्रियों को	विषयों में	प्रवृत्त करता	यह ज्ञानी

न	एव	अपयुङ्क्ते	उपदर्शन-लक्षणस्थः
न	ही	निवृत्त करता है	निर्विकार साक्षी स्वरूप

न	एव	क्रियाफलं	अपि	ईषत्	अवेक्षते	सः
न	ही	कर्मफल	भी	बिलकुल	चाहता	वह

स्वानन्द-सान्द्र-रस-पान-सुमत्त-चित्तः
स्वानंद आर्द्र रस पान से संपृक्त हुआ ब्रह्मवेत्ता

555. लक्ष्यालक्ष्यगतिं त्यक्त्वा यस्तिष्ठेत्केवलात्मना ।
शिव एव स्वयं साक्षादयं ब्रह्मविदुत्तमः ।।

अनुष्टुभ् श्लोक छंद

लक्ष्याल	क्ष्यगतिं	त्यक्त्वा	
ऽ ऽ ऽ	ऽ । ऽ	ऽ ऽ	मरगग, मधुमालती छंद
यस्तिष्ठे	त्केवला	त्मना	
ऽ ऽ ऽ	ऽ । ऽ	। ऽ	मरलग, क्षमा छंद

शिवए	वस्वयं	साक्षा	
। । ऽ	ऽ । ऽ	ऽ ऽ	सरगग, परिधारा छंद
दयंब्र	ह्मविदु	त्तमः	
। ऽ ऽ	। । ऽ	। ऽ	यसलग, अपरिचित छंद

संधि-विग्रह.

लक्ष्यालक्ष्य-गतिं	त्यक्त्वा	यः	स्तिष्ठेत्	केवलात्मना	
गोचर-अगोचर वृत्ति को	छोड़ कर	जो	रहे	मात्र आत्मा से	
शिवः	एव	स्वयं	साक्षात्	अयं	ब्रह्म-विदुत्तमः
शिव	ही	स्वयं	साक्षात्	यह	ब्रह्मज्ञानी

556. जीवन्नेव सदा मुक्तः कृतार्थो ब्रह्मवित्तमः ।
उपाधिनाशाद्ब्रह्मैव सन्ब्रह्माप्येति निर्द्वयम् ।।

अनुष्टुभ् छंद

जीवन्ने	वसदा	मुक्तः	
ऽ ऽ ऽ	। । ऽ	ऽ ऽ	मसगग, वक्त्र छंद
कृतार्थो	ब्रह्मवि	त्तमः	
। ऽ ऽ	ऽ । ऽ	। ऽ	यरलग, भाषा छंद
उपाधि	नाशाद्ब्र	ह्मैव	
। ऽ ।	ऽ ऽ ऽ	ऽ ।	जमगल, विजात छंद
सन्ब्रह्मा	प्येतिनि	र्द्वयम्	
ऽ ऽ ऽ	ऽ । ऽ	। ऽ	मरलग, क्षमा छंद

पाद टिप्पणी :

इस अनुष्टुभ् छंद के विषम चरण 3 में पहले चार अक्षरों के बाद य गण (। ऽ ऽ) के स्थान पर म (ऽ ऽ ऽ) गण आने के कारण - विषम चरण 1 में प्रथम चार अक्षरों के पश्चात् य गण (। ऽ ऽ) गण और सम चरण 2 और 4 में प्रथम चार अक्षरों के पश्चात् ज (। ऽ ।) गण आ कर भी इस चार चरणों के पद्य में श्लोक छंद सिद्ध नहीं हुआ है.

संधि-विग्रह.

जीवन्	एव	सदा	मुक्तः	कृतार्थः	ब्रह्म-वित्तमः
जीते हुए	ही	सदा	मुक्त	कृतकृत	ब्रह्मज्ञानी

उपाधिनाशात्	ब्रह्म	एव	सन्	ब्रह्म	अपि	एति	निर्द्वयम्
बिना उपाधि	ब्रह्म	ही	होते हुए	ब्रह्म	भी	प्राप्त होता	अद्वैत

557. शैलूषो वेषसद्भावा भावयोश्च यथा पुमान् ।
तथैव ब्रह्मविच्छ्रेष्ठः सदा ब्रह्मैव नापरः ।।

अनुष्टुभ् श्लोक छंद

शैलूषो	वेषस	द्भावा	
ऽ ऽ ऽ	ऽ । ऽ	ऽ ऽ	मरगग, मधुमालती छंद
भावयो	श्चयथा	पुमान्	
ऽ । ऽ	। । ऽ	। ऽ	रसलग, पथ्यावक्त्र छंद
तथैव	ब्रह्मवि	च्छ्रेष्ठः	
। ऽ ऽ	ऽ । ऽ	ऽ ऽ	यरगग, कुलाधारी छंद
सदाब्र	ह्मैवना	परः	
। ऽ ऽ	ऽ । ऽ	। ऽ	यरलग, भाषा छंद

संधि-विग्रह.

शैलूषः	वेष-सद्भावाभावयोः	च	यथा	पुमान्
कलाकार	वेष धारण करता या बदलता	और	जैसे	मनुष्य

तथा	एव	ब्रह्मविच्छ्रेष्ठः	सदा	ब्रह्म	एव	न	अपरः
तथा	ही	श्रेष्ठ ब्रह्मज्ञानी	सदा	ब्रह्म	ही	नही	अन्य

558. यत्र क्वापि विशीर्णं सत्पर्णमिव तरोर्वपुः पततात् ।
ब्रह्मीभूतस्य यतेः प्रागेव तच्चिदग्निना दग्धम् ।।

आर्या उद्गाथा छंद (मात्रा 12-18, 12-18)

यत्रक्वा	पिविशी	र्णं	
ऽ ऽ ऽ	। । ऽ	ऽ	12

सत्पर्ण	मिवत	रोर्वपुः	पततात्	
ऽ ऽ ।	। । ।	ऽ । ऽ	। । ऽ	17 *

ब्रह्मीभू	तस्यय	तेः	
ऽ ऽ ऽ	ऽ । ।	ऽ	12

प्रागेव	तच्चिद	ग्निनाद	ग्धम्	
ऽ ऽ ।	ऽ । ऽ	। ऽ ऽ	ऽ	17 *

* कवि को एक मात्रा कम या अधिक प्रयुक्त करने का अधिकार होता है.

संधि–विग्रह.

यत्र	क्वापि	विशीर्णं	सत्	पर्णं	इव	तरोः	वपुः	पततात्
जहाँ	कहीं भी	गिरा	हो	पर्ण	समान	वृक्ष के	देह	गिरे

ब्रह्मीभूतस्य	यतेः	प्राक्	एव	तत्	चिदग्निना	दग्धम्
ब्रह्मज्ञानी–	यति का	पहले	ही	वह देह	चिदग्नि से	दग्ध

559. सदात्मनि ब्रह्मणि तिष्ठतो मुनेः पूर्णाद्वयानन्दमयात्मना सदा ।
न देशकालाद्युचितप्रतीक्षा त्वङ्मांसविट्पिण्डविसर्जनाय ।।

उपजाति : वंशस्थ-इंद्रवंशा-उपेंद्रवज्रा-इंद्रवज्रा छंद

सदात्म	निब्रह्म	णितिष्ठ	तोमुनेः		
। ऽ ।	ऽ ऽ ।	। ऽ ।	ऽ । ऽ	ज त ज र	वंशस्थ छंद
पूर्णाद्व	यानन्द	मयात्म	नासदा		
ऽ ऽ ।	ऽ ऽ ।	। ऽ ।	ऽ । ऽ	त त ज र	इंद्रवंशा छंद
नदेश	कालाद्यु	चितप्र	तीक्षा		
। ऽ ।	ऽ ऽ ।	। ऽ ।	ऽ ऽ	ज त ज ग ग	उपेंद्रवज्रा छंद
त्वङ्मांस	विट्पिण्ड	विसर्ज	नाय		
ऽ ऽ ।	ऽ ऽ ।	। ऽ ।	ऽ ऽ *	त त ज र	इंद्रवज्रा छंद

* चरण की अंतिम लघु मात्रा दीर्घ मानी गई है.

संधि–विग्रह.

सदात्मनि	ब्रह्मणि	तिष्ठतः	मुनेः
सदात्म–	ब्रह्म में	स्थिर हुए	योगी का

पूर्णाद्वयानन्दमयात्मना	सदा
पूर्ण अद्वैत आनंद मय चित्त से	सदा

न	देश-कालाद्युचितप्रतीक्षा
नहीं	देश काल आदि की अपेक्षा उचित

त्वङ्मांस-विट्पिण्ड-विसर्जनाय
त्वचा माँस विष्ठा युक्त अपवित्र देह के विसर्जन के लिए

560. देहस्य मोक्षो नो मोक्षो न दण्डस्य कमण्डलोः ।

अविद्याहृदयग्रन्थिमोक्षो मोक्षो यतस्ततः ।।

अनुष्टुभ् छंद

देहस्य	मोक्षोनो	मोक्षो	
ऽ ऽ ।	ऽ ऽ ऽ	ऽ ऽ	तमगग, मृत्युंजय छंद
नदण्ड	स्यकम	ण्डलोः	
। ऽ ऽ	। । ऽ	। ऽ	यसलग, अपरिचित छंद
अविद्या	हृदय	ग्रन्थि	
। ऽ ऽ	। । ऽ	ऽ ।	यसगल, मनोला छंद
मोक्षोमो	क्षोयत	स्ततः	
ऽ ऽ ऽ	ऽ । ऽ	। ऽ	मरलग, क्षमा छंद

पाद टिप्पणी :

इस अनुष्टुभ् छंद के विषम चरण 1 में पहले चार अक्षरों के बाद य गण (। ऽ ऽ) के स्थान पर म (ऽ ऽ ऽ) गण आने के कारण – विषम चरण 3 में प्रथम चार अक्षरों के पश्चात् य गण (। ऽ ऽ) गण और सम चरण 2 और 4 में प्रथम चार अक्षरों के पश्चात् ज (। ऽ ।) गण आ कर भी इस चार चरणों के पद्य में श्लोक छंद सिद्ध नहीं हुआ है.

संधि-विग्रह.

देहस्य	मोक्षः	नो	मोक्षः	न	दण्डस्य	कमण्डलोः
देह का	मोक्ष	नहीं	मोक्ष	नही	दंड का	कमंडलु के

अविद्या-हृदय-ग्रन्थि-मोक्षः	मोक्षः	यतः ततः
अविद्या से प्राप्त हृदय की ग्रंथी की	मुक्ति	जैसे भी

561. कुल्यायामथ नद्यां वा शिवक्षेत्रेऽपि चत्वरे ।
पर्णं पतति चेत्तेन तरोः किं नु शुभाशुभम् ।।

अनुष्टुभ् श्लोक छंद

कुल्याया	मथन	द्यांवा	
ऽ ऽ ऽ	। । ऽ	ऽ ऽ	मसगग, वक्त्र छंद
शिवक्षे	त्रेपिच	त्वरे	
। ऽ ऽ	ऽ । ऽ	। ऽ	यरलग, भाषा छंद

पर्णंप	ततिचे	त्तेन	
ऽ ऽ ।	। । ऽ	ऽ ।	तसगल, अपरिचित छंद
तरोःकिं	नुशुभा	शुभम्	
। ऽ ऽ	। । ऽ	। ऽ	यसलग, अपरिचित छंद

संधि-विग्रह.

कुल्यायां	अथ	नद्यां	वा	शिवक्षेत्रे	अपि	चत्वरे
नहर में	या	नदी में	वा	शिवालय में	भी	चौंक में

पर्णं	पतति	चेत्	तेन	तरोः	किं	नु	शुभाशुभम्
पत्ता	गिरता है	यदि	उससे	वृक्ष का	क्या	हो	शुभ-अशुभ

562. पत्रस्य पुष्पस्य फलस्य नाशवद्देहेन्द्रियप्राणधियां विनाशः।
नैवात्मनः स्वस्य सदात्मकस्या नन्दाकृतेर्वृक्षवदस्ति चैषः ॥

उपजाति : इंद्रवंशा-इंद्रवज्रा-इंद्रवज्रा-इंद्रवज्रा छंद

पत्रस्य	पुष्पस्य	फलस्य	नाशवद्		
ऽ ऽ ।	ऽ ऽ ।	। ऽ ।	ऽ । ऽ	त त ज र	इंद्रवंशा छंद
देहेन्द्रि	यप्राण	धियांवि	नाशः		
ऽ ऽ ।	ऽ ऽ ।	। ऽ ।	ऽ ऽ	त त ज ग ग	इंद्रवज्रा छंद
नैवात्म	नःस्वस्य	सदात्म	कस्या		
ऽ ऽ ।	ऽ ऽ ।	। ऽ ।	ऽ ऽ	त त ज ग ग	इंद्रवज्रा छंद
नन्दाकृ	तेर्वृक्ष	वदस्ति	चैषः		
ऽ ऽ ।	ऽ ऽ ।	। ऽ ।	ऽ ऽ	त त ज ग ग	इंद्रवज्रा छंद

संधि-विग्रह.

पत्रस्य	पुष्पस्य	फलस्य	नाशवत्
पत्ते के	पुष्प के	फल के	नाश समान

देहेन्द्रिय-प्राण-धियां	विनाशः
देह-इंद्रिय प्राण बुद्धि का	विनाश

नैव	आत्मनः	स्वस्य	सदात्मकस्य
नहीं	आत्मा का	स्वस्थ	शाश्वत का

आनन्दाकृतेः	वृक्षवत्	अस्ति	च	एषः
आनंद आकृति	वृक्ष की तरह	है	और	यह

563. प्रज्ञानघन इत्यात्मलक्षणं सत्यसूचकम् ।
अनूद्यौपाधिकस्यैव कथयन्ति विनाशनम् ॥

अनुष्टुभ् श्लोक छंद

प्रज्ञान	घनइ	त्यात्म	
ऽ ऽ ।	। । ऽ	ऽ ।	तसगल, श्यामा छंद
लक्षणं	सत्यसू	चकम्	
ऽ । ऽ	ऽ । ऽ	। ऽ	ररलग, हेमरूप छंद
अनूद्यौ	पाधिक	स्यैव	
। ऽ ऽ	ऽ । ऽ	ऽ ।	यरगल, भाषा छंद
कथय	न्तिविना	शनम्	
। । ऽ	ऽ । ऽ	। ऽ	सरलग, शलुकलुप्ता छंद

संधि-विग्रह.

प्रज्ञानघनः	इति	आत्म-लक्षणं	सत्य-सूचकम्
प्रज्ञानघन	यह	आत्मा का स्वरूप	सत्य सूचक

अनूद्य	औपाधिकस्य	एव	कथयन्ति	विनाशनम्
कह कर	विशिष्ट उपाधि का	ही	कहते हैं	विनाश

564. अविनाशी वा अरेऽयमात्मेति श्रुतिरात्मनः ।
प्रब्रवीत्यविनाशित्वं विनश्यत्सु विकारिषु ॥

अनुष्टुभ् छंद

अविना	शीवाअ	रेय	
। । ऽ	ऽ ऽ ।	ऽ ।	सतगल, कौचमार छंद
मात्मेति	श्रुतिरा	त्मनः	
ऽ ऽ ऽ	ऽ । ऽ	। ऽ	मरलग, क्षमा छंद
प्रब्रवी	त्यविना	शित्वं	
ऽ । ऽ	। । ऽ	ऽ ऽ	रसगग, गाथ छंद
विनश्य	त्सुविका	रिषु	
। ऽ ऽ	। । ऽ	। ऽ *	यसलग, अपरिचित छंद

* चरण की अंतिम लघु मात्रा दीर्घ मानी गई है.

पाद टिप्पणी :

इस अनुष्टुभ् छंद के विषम चरण 1 में पहले चार अक्षरों के बाद य गण (। ऽ ऽ) के स्थान पर र (ऽ । ऽ) गण आने के कारण – विषम चरण 3 में प्रथम चार अक्षरों के पश्चात् य गण (। ऽ ऽ) गण और सम चरण 2 और 4 में प्रथम चार अक्षरों के पश्चात् ज (। ऽ ।) गण आ कर भी इस चार चरणों के पद्य में श्लोक छंद सिद्ध नहीं हुआ है.

संधि-विग्रह.

अविनाशी	वा	अरे	अयं	आत्मा	इति	श्रुतिः	आत्मनः
अविनाशी	या	अहो!	यह	आत्मा	यह	शास्त्र	आत्मा का

प्रब्रवीति	अविनाशित्वं	विनश्यत्सु	विकारिषु
कहता है	अविनाशित्व	विनाशवान में	विकारवान में

565. पाषाणवृक्षतृणधान्यकडङ्कराद्या दग्धा भवन्ति हि मृदेव यथा तथैव ।
देहेन्द्रियासुमन आदि समस्तदृश्यं ज्ञानाग्निदग्धमुपयाति परात्मभावम् ।।

वसंततिलका छंद : (त भ ज ज ग ग)

पाषाण	वृक्षतृ	णधान्य	कडङ्क	राद्या
ऽ ऽ ।	ऽ । ।	। ऽ ।	। ऽ ।	ऽ ऽ
दग्धाभ	वन्तिहि	मृदेव	यथात	थैव
ऽ ऽ ।	ऽ । ।	। ऽ ।	। ऽ ।	ऽ ऽ
देहेन्द्रि	यासुम	नआदि	समस्त	दृश्यं
ऽ ऽ ।	ऽ । ।	। ऽ ।	। ऽ ।	ऽ ऽ
ज्ञानाग्नि	दग्धमु	पयाति	परात्म	भावम्
ऽ ऽ ।	ऽ । ।	। ऽ ।	। ऽ ।	ऽ ऽ

संधि-विग्रह.

पाषाण-वृक्ष-तृण-धान्य-कडङ्कराद्याः						
पाषाण, वृक्ष, तृण धान्य, कंकड़, आदि						
दग्धा	भवन्ति	हि	मृद्	एव	यथा	तथैव
जल कर	होते हैं	मात्र	मिट्टी	ही	जैसे	वैसे ही
देहेन्द्रिया-सुमन-आदि			समस्त-दृश्यं			

देह, इंद्रियाँ, पुष्प, आदि		समस्त दृष्ट पदार्थ
ज्ञानाग्निदग्धं	उपयाति	परात्म-भावम्
ज्ञानाग्नि में जल कर	प्राप्त होते हैं	परमात्म स्वरूप को

566. विलक्षणं यथा ध्वान्तं लीयते भानुतेजसि ।
तथैव सकलं दृश्यं ब्रह्मणि प्रविलीयते ।।

अनुष्टुभ् श्लोक छंद

विलक्ष	णंयथा	ध्वान्तं	
।ऽ।	ऽ।ऽ	ऽऽ	जरगग, यशस्करी छंद
लीयते	भानुते	जसि	
ऽ।ऽ	ऽ।ऽ	।ऽ *	ररलग, हेमरूप छंद
तथैव	सकलं	दृश्यं	
।ऽ।	।।ऽ	ऽऽ	जसगग, भांर्गी छंद
ब्रह्मणि	प्रविली	यते	
ऽ।ऽ	ऽ।ऽ	।ऽ	ररलग, हेमरूप छंद

* चरण की अंतिम लघु मात्रा दीर्घ मानी गई है.

संधि-विग्रह.

विलक्षणं	यथा	ध्वान्तं	लीयते	भानु-तेजसि
असामान्य	जैसे	अंधकार	लय पाता है	सूर्य प्रकाश में
तथैव	सकलं	दृश्यं	ब्रह्मणि	प्रविलीयते
वैसे ही	सर्व	दृष्ट प्रपंच	ब्रह्म में	विलीन होता है

567. घटे नष्टे यथा व्योम व्योमैव भवति स्फुटम् ।
तथैवोपाधिविलये ब्रह्मैव ब्रह्मवित्स्वयम् ।।

अनुष्टुभ् छंद

घटेन	ष्टेयथा	व्योम	
।ऽऽ	ऽ।ऽ	ऽऽ	यरगग, कुलाधारी छंद
व्योमैव	भवति	स्फुटम्	
ऽऽ।	।।ऽ	।ऽ	तसलग, अपरिचित छंद
तथैवो	पाधिवि	लये	

। ऽ ऽ	ऽ । ।	। ऽ	यभलग, नीत छंद
ब्रह्मैव	ब्रह्मवि	त्स्वयम्	
ऽ ऽ ऽ	ऽ । ऽ	। ऽ	मरलग, क्षमा छंद

पाद टिप्पणी :

इस अनुष्टुभ् छंद के विषम चरण 3 में पहले चार अक्षरों के बाद य गण (। ऽ ऽ) के स्थान पर न (। । ।) गण आने के कारण – विषम चरण 1 में प्रथम चार अक्षरों के पश्चात् य गण (। ऽ ऽ) गण और सम चरण 2 और 4 में प्रथम चार अक्षरों के पश्चात् ज (। ऽ ।) गण आ कर भी इस चार चरणों के पद्य में श्लोक छंद सिद्ध नहीं हुआ है.

संधि–विग्रह.

घटे	नष्टे	यथा	व्योम	व्योम	एव	भवति	स्फुटम्
घट के-	टूटने पर	जैसे	आकाश	आकाश	ही	रहता है	स्पष्ट

तथैव	उपाधिविलये	ब्रह्म	एव	ब्रह्मविद्	स्वयम्
वैसे ही	उपाधि के बिना भी	ब्रह्म	ही	ब्रह्मज्ञानी	स्वयं

568. क्षीरं क्षीरे यथा क्षिप्तं तैलं तैले जलं जले ।
संयुक्तमेकतां याति तथात्मन्यात्मविन्मुनिः ।।

अनुष्टुभ् श्लोक छंद

क्षीरंक्षी	रेयथा	क्षिप्तं	
ऽ ऽ ऽ	ऽ । ऽ	ऽ ऽ	मरगग, मधुमालती छंद
तैलंतै	लेजलं	जले	
ऽ ऽ ऽ	ऽ । ऽ	। ऽ	मरलग, क्षमा छंद
संयुक्त	मेकतां	याति	
ऽ ऽ ।	ऽ । ऽ	ऽ ।	तरगल, विभा छंद
तथात्म	न्यात्मवि	न्मुनिः	
। ऽ ऽ	ऽ । ऽ	। ऽ	यरलग, भाषा छंद

संधि–विग्रह.

क्षीरं	क्षीरे	यथा	क्षिप्तं	तैलं	तैले	जलं	जले
दूध	दूध में	जैसे	मिलाया हुआ	तेल	तेल में	पानी	पानी में

संयुक्तं	एकतां	याति	तथा	आत्मनि	आत्मविद्	मुनिः

मिश्र	एकत्व	पाते हैं	वैसे	आत्म में	आत्मज्ञानी	योगी

569. एवं विदेहकैवल्यं सन्मात्रत्वमखण्डितम् ।
ब्रह्मभावं प्रपद्यैष यतिर्नावर्तते पुनः ।।

अनुष्टुभ् श्लोक छंद

एवंवि	देहकै	वल्यं	
ऽ ऽ ।	ऽ । ऽ	ऽ ऽ	तरगग, विभा छंद
सन्मात्र	त्वमख	ण्डितम्	
ऽ ऽ ऽ	ऽ । ऽ	। ऽ	मरलग, क्षमा छंद
ब्रह्मभा	वंप्रप	द्यैष	
ऽ । ऽ	ऽ । ऽ	ऽ ।	ररगल, लक्ष्मी छंद
यतिर्ना	वर्तते	पुनः	
। ऽ ऽ	ऽ । ऽ	। ऽ	यरलग, भाषा छंद

संधि-विग्रह.

एवं	विदेह-कैवल्यं	सन्मात्रत्वं	अखण्डितम्
जैसे	देहमुक्त कैवल्य	सद्रूपता	शाश्वत

ब्रह्मभावं	प्रपद्य	एषः	यतिः	न	आवर्तते	पुनः
ब्रह्मस्वरूप	प्राप्त होकर	यह	योगी	नहीं	लौटता	फिर से

570. सदात्मैकत्वविज्ञानदग्धाविद्यादिवर्ष्मणः ।
अमुष्य ब्रह्मभूतत्वाद्ब्रह्मणः कुत उद्भवः ।।

अनुष्टुभ् श्लोक छंद

सदात्मै	कत्ववि	ज्ञान	
। ऽ ऽ	ऽ । ऽ	ऽ ।	यरगल, सुचंद्रभा छंद
दग्धावि	द्यादिव	र्ष्मणः	
ऽ ऽ ऽ	ऽ । ऽ	। ऽ	मरलग, क्षमा छंद
अमुष्य	ब्रह्मभू	तत्वा	
। ऽ ऽ	ऽ । ऽ	ऽ ऽ	यरगग, कुलाधारी छंद
द्ब्रह्मणः	कुतउ	द्भवः	

ऽ । ऽ	। । ऽ	। ऽ	रसलग, पथ्यावक्त्र छंद

संधि-विग्रह.

सदात्मैकत्व-विज्ञान-दग्धाविद्यादिवर्ष्मणः				
ब्रह्म तद्रूप साक्षात्कार से जिसके अज्ञानादि सर्व नष्ट हुए हैं वैसे-				
अमुष्य	ब्रह्मभूतत्वात्	ब्रह्मणः	कुतः	उद्भवः
इस	ब्रह्मरूप होने से	ब्रह्मज्ञानी का	कहाँ से	पुनर्जन्म

571. मायाक्लृप्तौ बन्धमोक्षौ न स्तः स्वात्मनि वस्तुतः ।
यथा रज्जौ निष्क्रियायां सर्पाभासविनिर्गमौ ।।

अनुष्टुभ् छंद

मायाक्लृ	प्तौबन्ध	मोक्षौ	
ऽ ऽ ऽ	ऽ ऽ ।	ऽ ऽ	मतगग, उल्लाला छंद
नस्तःस्वा	त्मनिव	स्तुतः	
ऽ ऽ ऽ	। । ऽ	। ऽ	मसलग, अपरिचित छंद
यथार	ज्जौनिष्क्रि	यायां	
। ऽ ऽ	ऽ ऽ ।	ऽ ऽ	यतगग, पारांतचारी छंद
सर्पाभा	सविनि	र्गमौ	
ऽ ऽ ऽ	। । ऽ	। ऽ	मसलग, अपरिचित छंद

पाद टिप्पणी :

इस अनुष्टुभ् छंद के विषम चरण 1 में पहले चार अक्षरों के बाद य गण (। ऽ ऽ) के स्थान पर र (ऽ । ऽ) गण आने से और वषम चरण 3 में प्रथम चार अक्षरों के पश्चात् य गण (। ऽ ऽ) गण के स्थान पर भी र (ऽ । ऽ) गण आने के कारण - सम चरण 2 और 4 में प्रथम चार अक्षरों के पश्चात् ज (। ऽ ।) गण आ कर भी इस चार चरणों के पद्य में श्लोक छंद सिद्ध नहीं हुआ है.

संधि-विग्रह.

मायाक्लृप्तौ	बन्धमोक्षौ	न	स्तः	स्वात्मनि	वस्तुतः
माया कल्पित	बंधन-मुक्ति	नहीं	हैं दोनों	आत्म में	वास्तविक

यथा	रज्जौ	निष्क्रियायां	सर्पाभास-विनिर्गमौ
जैसे	-रज्जु पर स्थित	निष्क्रिय-	सर्प और उसका आभास दोनों का विनाश

572. आवृतेः सदसत्त्वाभ्यां वक्तव्ये बन्धमोक्षणे ।
नावृतिर्ब्रह्मणः काचिदन्याभावादनावृतम् ।
यद्यस्त्यद्वैतहानिः स्याद्वैतं नो सहते श्रुतिः ।।

अनुष्टुभ् श्लोक छंद

आवृतेः	सदस	त्वाभ्यां	
ऽ । ऽ	। । ऽ	ऽ ऽ	रसगग, गाथ छंद
वक्तव्ये	बन्धमो	क्षणे	
ऽ ऽ ऽ	ऽ । ऽ	। ऽ	मरलग, क्षमा छंद
नावृति	र्ब्रह्मणः	काचि	
ऽ । ऽ	ऽ । ऽ	ऽ ।	ररगल, लक्ष्मी छंद
दन्याभा	वादना	वृतम्	
ऽ ऽ ऽ	ऽ । ऽ	। ऽ	मरलग, क्षमा छंद
यद्यस्त्य	द्वैतहा	निःस्या	
ऽ ऽ ऽ	ऽ । ऽ	ऽ ऽ	मरगग, मधुमालती छंद
द्वैतंनो	सहते	श्रुतिः	
ऽ ऽ ऽ	। । ऽ	। ऽ	मसलग, अपरिचित छंद

संधि–विग्रह.

आवृतेः	सदसत्त्वाभ्यां	वक्तव्ये	बन्ध-मोक्षणे
आवरण के	होने न होने पर	कहने में	बंधन मुक्ति दोनों

न	आवृतिः	ब्रह्मणः	काचित्	अन्याभावात्	अनावृतम्
नहीं	आवरण	ब्रह्म का	कोई भी	अन्य वस्तु के अभाव से	आवरण रहित

यदि	अस्ति	अद्वैतहानिः	स्यात्	द्वैतं	नो	सहते	श्रुतिः
अगर	है	अद्वैत सिद्ध नहीं	होगा	द्वैत	नही हैं	मान्य	शास्त्र को

573. बन्धश्च मोक्षश्च मृषैव मूढा बुद्धेर्गुणं वस्तुनि कल्पयन्ति ।
दृगावृतिं मेघकृतां यथा रवौ यतोऽद्वयासङ्गचिदेतदक्षरम् ।।

उपजाति : इंद्रवज्रा- इंद्रवज्रा- वंशस्थ-वंशस्थ छंद

बन्धश्च	मोक्षश्च	मृषैव	मूढा		
ऽ ऽ ।	ऽ ऽ ।	। ऽ ।	ऽ ऽ	त त ज ग ग	इंद्रवज्रा छंद

बुद्धेर्गु	णंवस्तु	निकल्प	यन्ति		
ऽ ऽ ।	ऽ ऽ ।	। ऽ ।	ऽ ऽ *	त त ज ग ग	इंद्रवज्रा छंद
दृगावृ	तिंमेघ	कृतांय	थारवौ		
। ऽ ।	ऽ ऽ ।	। ऽ ।	ऽ । ऽ	ज त ज र	वंशस्थ छंद
यतोद्व	यासङ्ग	चिदेत	दक्षरम्		
। ऽ ।	ऽ ऽ ।	। ऽ ।	ऽ । ऽ	ज त ज र	वंशस्थ छंद

* चरण की अंतिम लघु मात्रा दीर्घ मानी गई है.

संधि–विग्रह.

बन्धं	च	मोक्षं	च	मृषा	एव	मूढाः
बंधन	और	मुक्ति	और	मिथ्या	ही	मूढ़ लोग

बुद्धे	र्गुणं	वस्तुनि	कल्पयन्ति
बुद्धि के	गुण को	वस्तु	मानते हैं

दृगावृतिं	मेघकृतां	यथा	रवौ
-दृष्टि के आवरण को	मेघ कृत-	जैसे	सूर्य पर

यतः	अद्वयासङ्गचित्	एतत्	अक्षरम्
क्यों कि	अद्वैत असंग चेतन स्वरूप	यह	अक्षर

574. अस्तीति प्रत्ययो यश्च यश्च नास्तीति वस्तुनि ।
बुद्धेरेव गुणावेतौ न तु नित्यस्य वस्तुनः ।।

अनुष्टुभ् श्लोक छंद

अस्तीति	प्रत्ययो	यश्च	
ऽ ऽ ऽ	ऽ । ऽ	ऽ ।	मरगल, मधुमालती छंद
यश्चना	स्तीतिव	स्तुनि	
ऽ । ऽ	ऽ । ऽ	। ऽ *	ररलग, हेमरूप छंद
बुद्धेरे	वगुणा	वेतौ	
ऽ ऽ ऽ	। । ऽ	ऽ ऽ	मसगग, वक्त्र छंद
नतुनि	त्यस्यव	स्तुनः	
। । ऽ	ऽ । ऽ	। ऽ	सरलग, शलुकलुप्ता छंद

* चरण की अंतिम लघु मात्रा दीर्घ गिनी गई है.

संधि–विग्रह.

अस्ति	इति	प्रत्ययः	यः	च	यः	च	न अस्ति	इति	वस्तुनि

है	नामक	प्रत्यय	जो	और	जो	और	नहीं है	नामक	प्रत्यय

बुद्धेः	एव	गुणौ	एतौ	न	तु	नित्यस्य	वस्तुनः
बुद्धि के	ही	गुण	ये दोनों	नहीं	मगर	शाश्वत	ब्रह्म के

575. अतस्तौ मायया क्लृप्तौ बन्धमोक्षौ न चात्मनि ।
निष्कले निष्क्रिये शान्ते निरवद्ये निरञ्जने ।
अद्वितीये परे तत्त्वे व्योमवत्कल्पना कुतः ।।

अनुष्टुभ् श्लोक छंद

अतस्तौ	मायया	क्लृप्तौ	
। ऽ ऽ	ऽ । ऽ	ऽ ऽ	यरगग, कुलाधारी छंद
बन्धमो	क्षौनचा	त्मनि	
ऽ । ऽ	ऽ । ऽ	। ऽ *	ररलग, हेमरूप छंद
निष्कले	निष्क्रिये	शान्ते	
ऽ । ऽ	ऽ । ऽ	ऽ ऽ	ररगग, पद्ममाला छंद
निरव	द्येनिर	ञ्जने	
। । ऽ	ऽ । ऽ	। ऽ	सरगल, सुविलासा छंद
अद्विती	येपरे	तत्त्वे	
ऽ । ऽ	ऽ । ऽ	ऽ ऽ	ररगग, पद्ममाला छंद
व्योमव	त्कल्पना	कुतः	
ऽ । ऽ	ऽ । ऽ	। ऽ	ररलग, हेमरूप छंद

संधि-विग्रह.

अतः	तौ	मायया	क्लृप्तौ	बन्ध-मोक्षौ	न	च	आत्मनि
अतः	वे दोनों	माया ने	रचे हुए	बंधन-मुक्ति	नहीं	और	आत्मा द्वारा

निष्कले	निष्क्रिये	शान्ते	निरवद्ये	निरञ्जने
निरवयव-	निष्क्रिय-	शांत-	निर्दोष-	निरंजन-

अद्वितीये	परे	तत्त्वे	व्योमवत्	कल्पना	कुतः
अद्वैत-	परम	तत्त्व में	व्योम जैसै	कल्पना	कहाँ से

576. न निरोधो न चोत्पत्तिर्न बन्धो न च साधकः ।

न मुमुक्षुर्न वै मुक्त इत्येषा परमार्थता ।।

अनुष्टुभ् श्लोक छंद

ननिरो	धोनचो	त्पत्तिः	
। । ऽ	ऽ । ऽ	ऽ ऽ	सरगग, परिधारा छंद
नबन्धो	नचसा	धकः	
। ऽ ऽ	। । ऽ	। ऽ	यसलग, अपरिचित छंद
नमुमु	क्षुर्नवै	मुक्त	
। । ऽ	ऽ । ऽ	ऽ ।	सरगल, सुविलासा छंद
इत्येषा	परमा	र्थता	
ऽ ऽ ऽ	। । ऽ	। ऽ	मरलग, क्षमा छंद

संधि-विग्रह.

न	निरोधः	न	च	उत्पत्तिः	न	बन्धः	न	च	साधकः
नहीं	विनाश	नहीं	और	उत्पत्ति	नहीं	बंधन	नहीं	और	साधक

न	मुमुक्षुः	न	एव	मुक्तः	इति	एषा	परमार्थता
नहीं	मुमुक्षु	नहीं	भी	मुक्त	नामक	यह	परमार्थ

577. सकलनिगमचूडास्वान्तसिद्धान्तरूपं
परमिदमतिगुह्यं दर्शितं ते मयाद्य ।
अपगतकलिदोषं कामनिर्मुक्तबुद्धिं
स्वसुतवदसकृत्त्वां भावयित्वा मुमुक्षुम् ।।

मालिनी छंद : (न न म य य)

सकल	निगम	चूडास्वा	न्तसिद्धा	न्तरूपम्
। । ।	। । ।	ऽ ऽ ऽ	। ऽ ऽ	। ऽ ऽ
परमि	दमति	गुह्यंद	र्शितंते	मयाद्य
। । ।	। । ।	ऽ ऽ ऽ	। ऽ ऽ	। ऽ ऽ *
अपग	तकलि	दोषंका	मनिर्मु	क्तबुद्धिं
। । ।	। । ।	ऽ ऽ ऽ	। ऽ ऽ	। ऽ ऽ
स्वसुत	वदस	कृत्त्वांभा	वयित्वा	मुमुक्षुम्
। । ।	। । ।	ऽ ऽ ऽ	। ऽ ऽ	। ऽ ऽ

* चरण की अंतिम लघु मात्रा दीर्घ मानी गई है.

संधि–विग्रह.

सकल		निगम		चूडास्वान्तसिद्धान्त-रूपं		
सर्व		शास्त्र-		-शिरोमणि सिद्धांत सार रूप		
परं	इदं	अतिगुह्यं	दर्शितं	ते	मया	अद्य
परम	यह	अति गुह्य	दिखाया	तुम्हें	मैने	आज
अपगत-कलि-दोषं			काम-निर्मुक्त-बुद्धिं			
कलि मल के दोष नष्ट होकर–			कामना विमुक्त बुद्धि वाले–			
स्व-सुतवत्	असकृत्	त्वां	भावयित्वा	मुमुक्षुम्		
अपने पुत्र समान	बारंबार	तुम्हें-	–जान कर	मोक्षेच्छु शिष्य–		

578. इति श्रुत्वा गुरोर्वाक्यं प्रश्रयेण कृताननतिः ।
स तेन समनुज्ञातो ययौ निर्मुक्तबन्धनः ।।

अनुष्टुभ् श्लोक छंद

इतिश्रु	त्वागुरो	र्वाक्यं	
। ऽ ऽ	ऽ । ऽ	ऽ ऽ	यरगग, कुलाधारी छंद
प्रश्रये	णकृता	नतिः	
ऽ । ऽ	। । ऽ	। ऽ	रसलग, पथ्यावक्त्र छंद
सतेन	समनु	ज्ञातो	
। ऽ ।	। । ऽ	ऽ ऽ	जसगग, भांर्गी छंद
ययौनि	र्मुक्तब	न्धनः	
। ऽ ऽ	ऽ । ऽ	। ऽ	यरलग, भाषा छंद

संधि–विग्रह.

इति	श्रुत्वा	गुरोः	वाक्यं	प्रश्रयेण	कृताननतिः
इस प्रकार से	सुन कर	गुरु का	वक्तव्य	प्रश्न करके	नत मस्तक
सः	तेन	समनुज्ञातः	ययौ	निर्मुक्त-बन्धनः	
वह	गुरु द्वारा	आज्ञा पा कर	हुआ	बंधन मुक्त	

579. गुरुरेव सदानन्दसिन्धौ निर्मग्नमानसः ।
पावयन्वसुधां सर्वाण्विचचार निरन्तरः ।।

अनुष्टुभ् श्लोक छंद

गुरुरे	वसदा	नन्द	
। । ऽ	। । ऽ	ऽ ।	ससगल, पंचशिखा छंद
सिन्धौनि	र्मग्नमा	नसः	
ऽ ऽ ऽ	ऽ । ऽ	। ऽ	मरलग, क्षमा छंद
पावय	न्वसुधां	सर्वा	
ऽ । ऽ	। । ऽ	ऽ ऽ	रसगग, गाथ छंद
ण्विचचा	रनिर	न्तरः	
। । ऽ	। । ऽ	। ऽ	ससलग, मही छंद

गुरुः	एव	सदानन्द-सिन्धौ	निर्मग्न-मानसः	
गुरु	ही	सदानंद सिंधु	निमग्न मन वाला	
पावयन्	वसुधां	सर्वां	विचचार	निरन्तरः
पावन करते हुए	भूमि को	सकल	चले गए	अविराम

580. इत्याचार्यस्य शिष्यस्य संवादेनात्मलक्षणम् ।
निरूपितं मुमुक्षूणां सुखबोधोपपत्तये ।।

अनुष्टुभ् श्लोक छंद

इत्याचा	र्यस्यशि	ष्यस्य	
ऽ ऽ ऽ	ऽ । ऽ	ऽ ।	मरगल, मधुमालती छंद
संवादे	नात्मल	क्षम्	
ऽ ऽ ऽ	ऽ । ऽ	। ऽ	मरलग, क्षमा छंद
निरूपि	तंमुमु	क्षूणां	
। ऽ ।	ऽ । ऽ	ऽ ऽ	जरगग, यशस्करी छंद
सुखबो	धोपप	त्तये	
। । ऽ	ऽ । ऽ	। ऽ	सरलग, शलुकलुप्ता छंद

संधि-विग्रह.

इति	आचार्यस्य	शिष्यस्य	संवादेन	आत्मलक्षणम्
इस प्रकार से	गुरु के	शिष्य के	संवाद से	आत्मस्वरूप
निरूपितं	मुमुक्षूणां	सुख-बोधोपपत्तये		
निरूपण किया हुआ	मुमुक्षुओं के	सुलभ बोध प्राप्ति के लिए		

581. हितमिदमुपदेशमाद्रियन्तां विहितनिरस्तसमस्तचित्तदोषाः ।
भवसुखविरताः प्रशान्तचित्ताः श्रुतिरसिका यतयो मुमुक्षवो ये ।।

पुष्पिताग्रा छंद : (न न र य – न ज ज र ग) कामदत्ता + अचला छंद

हितमि	दमुप	देशमा	द्रियन्तां	
। । ।	। । ।	ऽ । ऽ	। ऽ ऽ	कामदत्ता छंद

विहित	निरस्त	समस्त	चित्तदो	षाः	
। । ।	। ऽ ।	। ऽ ।	ऽ । ऽ	ऽ	अचला छंद

भवसु	खविर	ताःप्रशा	न्तचित्ताः	
। । ।	। । ।	ऽ । ऽ	। ऽ ऽ	कामदत्ता छंद

श्रुतिर	सिकाय	तयोमु	मुक्षवो	ये	
। । ।	। ऽ ।	। ऽ ।	ऽ । ऽ	ऽ	अचला छंद

संधि–विग्रह.

हितं	इमं	उपदेशं	आद्रियन्तां
हित	यह	उपदेश	प्रेम से स्वीकार करें
विहित-निरस्त-समस्त-चित्त-दोषाः			
शास्त्र विहित उपदेशों से समस्त चित्तदोष हटाने वाला			
भव-सुख-विरताः		प्रशान्त-चित्ताः	
भव विलास से ऊबे हुए-		शांत हुए चित्त लोग	
श्रुति-रसिकाः	यतयः	मुमुक्षवः	ये
शास्त्र श्रवण के रसिक लोग	योगी	मुमुक्षु लोग	जो

582. संसाराध्वनि तापभानुकिरणप्रोद्भूतदाहव्यथा
खिन्नानां जलकाङ्क्षया मरुभुवि भ्रान्त्या परिभ्राम्यताम् ।
अत्यासन्नसुधाम्बुधिं सुखकरं ब्रह्माद्वयं दर्शयत्य्
एषा शंकरभारती विजयते निर्वाणसंदायिनी ।।

शार्दूलविक्रीडित छंद : (म स ज स त त ग)

संसारा	ध्वनिता	पभानु	किरण	प्रोद्भूत	दाहव्य	था
ऽ ऽ ऽ	। । ऽ	। ऽ ।	। । ऽ	ऽ ऽ ।	ऽ ऽ ।	ऽ
खिन्नानां	जलका	ङ्क्षयाम	रुभुवि	भ्रान्त्याप	रिभ्राम्य	ताम्

ऽ ऽ ऽ	। । ऽ	। ऽ ।	। । ऽ	ऽ ऽ ।	ऽ ऽ ।	ऽ
अत्यास	न्नसुधा	म्बुधिंसु	खकरं	ब्रह्माद्व	यंदर्श	यत्य्
ऽ ऽ ऽ	। । ऽ	। ऽ ।	। । ऽ	ऽ ऽ ।	ऽ ऽ ।	ऽ
एषाशं	करभा	रतीवि	जयते	निर्वाण	संदायि	नी
ऽ ऽ ऽ	। । ऽ	। ऽ ।	। । ऽ	ऽ ऽ ।	ऽ ऽ ।	ऽ

संधि–विग्रह.

संसाराध्वनि	ताप-भानु-किरण-प्रोद्भूत-दाह-व्यथा-
खंसार पथ पर	भानु किरण के ताप से उद्भुत दाह से व्यथित–

खिन्नानां	जलकाङ्क्षया	मरुभुवि	भ्रान्त्या	परिभ्राम्यताम्
खिन्न लोगों का	जल प्राशन इच्छा से	मरुस्थल में	भ्रम से	भटकने वालों को

अत्यासन्न-सुधाम्बुधिं	सुखकरं	ब्रह्म	अद्वयं	दर्शयन्ति
अति निकट अमृत सिंधु को	सुखद	ब्रह्म	अद्वैत	दर्शक

एषा	शंकर-भारती	विजयते	निर्वाण-संदायिनी
यह	श्री शंकराचार्य की वाणी	–उत्कर्ष पा रही है	निर्वाण दात्री–

प्रो.रत्नाकर नराले, संक्षिप्त परिचय

नाम : डॉ. रत्नाकर नराले

प्रो. हिन्दी, रायर्सन विश्वविद्यालय, टोरंटो कनाडा
53 वर्ष से कनाडा में हिंदी का प्रसार

शैक्षणिक :

पीएच.डी. (आई. आई टी. खड़गपुर),

पीएच.डी. कालीदास संस्कृत विश्वविद्यालय, नागपुर.

औद्योगिक :

प्रो. हिन्दी, रायर्सन विश्वविद्यालय, टोरंटो कनाडा

पूर्ववर्ती प्रो. हिन्दी, यार्क विश्वविद्यालय, टोरंटो कनाडा

पूर्ववर्ती प्रो. हिन्दी, टोरंटो विश्वविद्यालय, टोरंटो कनाडा

अध्यापक हिन्दी, टोरंटो स्कूलबोर्ड, टोरंटो, कनाडा
अध्यापक संस्कृत, टोरंटो स्कूलबोर्ड, टोरंटो, कनाडा

अध्यक्ष, संस्कृत हिन्दी रिसर्च इन्स्टिट्यूट, टोरंटो, कनाडा
अध्यक्ष, पुस्तक भारती, टोरंटो, कनाडा

प्रधानानार्य, हिंदु इन्स्टिट्यूट, टोरंटो, कनाडा 1995 से
प्रमुख संपादक, पुस्तक भारती रिसर्च जर्नल, त्रैमासिक, टोरंटो, कनाडा
मुख्य संपादक, साहित्य सौरभ त्रैमासिक, टोरंटो, कनाडा

मुख्य पुरस्कार:

"संगीताचार्य सम्मान" कनेडियन हिंदू मिशन, स्कारबरो (2020)

"विश्व हिंदी सम्मान" विदेश मंत्रालय, भारत सरकार (2018)

"सरस्वती सम्मान" हिंदी राइटर्स गिल्ड, टोरंटो, कनाडा, 2018

"कला वारिधि सम्मान" अखिल विश्व हिंदी समिति, टोरंटो, 2018

"हिन्दू रत्न" पुरस्कार, कनाडा के 150-वी जयंती महोत्सव पर, 2017

"Artist of the Year Award" Panwar Music Produ. टोरंटो, कनाडा, 2016

"Author, Linguist and Accomplished Scholar Award" HIL, टोरंटो, 2010

रुची : काव्य, प्रकाशन, संगीत, चित्रकला

भाषाएँ :

हिन्दी, संस्कृत, मराठी, बंगाली, पंजाबी, तमिल, उर्दू, अंग्रेज़ी, फ्रेंच